Evaluación del impacto socioeconómico de la inversión extranjera directa en América Latina y el Caribe

UN ENFOQUE EN LAS INVERSIONES DE LA UE

OCDE

dev
CENTRO DE DESARROLLO

Por favor, cite esta publicación de la siguiente manera:
OECD (2025), *Evaluación del impacto socioeconómico de la inversión extranjera directa en América Latina y el Caribe: Un enfoque en las inversiones de la UE*, OECD Publishing, Paris, https://doi.org/10.1787/13c7d291-es.

ISBN 978-92-64-44270-2 (impresa)
ISBN 978-92-64-42642-9 (PDF)
ISBN 978-92-64-91021-8 (HTML)

Publicado originalmente por la OCDE con el título: OECD (2025), *Assessing the Socio-economic Impact of Foreign Direct Investment in Latin America and the Caribbean: A Focus on EU Investments*, OECD Publishing, Paris, https://doi.org/10.1787/fd8fb41c-en.

Imágenes: Portada © Gustavo Enrique Cortez/iStock por Getty Images Plus.

Las erratas de las publicaciones se encuentran en línea en: https://www.oecd.org/en/publications/support/corrigenda.html.

Preámbulo

El presente informe se elaboró a petición de la Comisión Europea. Su objetivo es evaluar y dar a conocer el impacto socioeconómico de la inversión extranjera directa (IED) en la región de América Latina y el Caribe (ALC), con especial atención a las inversiones de la Unión Europea (UE) y en el contexto de la Agenda de Inversiones Global Gateway (AIGG) de la UE-ALC.

El informe, que abarca el período 2003-2024, analiza los efectos socioeconómicos de la inversión extranjera en la región ALC, haciendo hincapié en las contribuciones de la UE. Combina diversas metodologías y herramientas analíticas de la OCDE adaptadas a los contextos regionales y nacionales. Se basa en los Indicadores de Calidad de la IED de la OCDE, integra diversas fuentes de datos y aplica perspectivas tanto a nivel macro como a nivel de empresa para analizar el papel de las empresas extranjeras en la productividad, I + D e innovación, la creación de empleos, la calidad y formalidad del trabajo, la educación y el desarrollo de competencias y la igualdad de género.

El informe contribuye a informar y reforzar el diálogo político interregional, especialmente en el período previo a la IV Cumbre CELAC- EU de 2025. Al proporcionar datos y pruebas sólidos, su objetivo es apoyar los debates políticos entre la UE y sus socios de ALC sobre la forma de mejorar el impacto de las inversiones en el desarrollo.

A medida que las inversiones se vuelven cada vez más estratégicas, tanto desde el punto de vista geopolítico como económico, y que las agendas de cooperación para el desarrollo y de inversión privada convergen, es esencial promover una agenda más sólida en materia de impacto de la IED alineada con los objetivos más amplios de las políticas públicas de desarrollo inclusivo y sostenible. El informe sienta las bases para futuros esfuerzos destinados a ampliar la base empírica sobre el impacto de la IED en los distintos países y sectores de ALC e identificar de qué manera las herramientas de cooperación para el desarrollo pueden amplificar estos efectos. En este contexto, también puede contribuir a informar la medición, el seguimiento y la comunicación del impacto de las inversiones en el desarrollo sostenible en el marco de la AIGG UE-ALC.

El informe fue elaborado mediante un esfuerzo conjunto entre varios directorados de la OCDE, el Directorado de Asuntos Financieros y Empresariales (DAF), el Centro de Desarrollo de la OCDE (DEV) y el Directorado de Relaciones Globales y Cooperación (GRC). Fue dirigido por Letizia Montinari (DAF) y Rita da Costa (DEV), y redactado por Nunzia Saporito (DAF), René Orozco, Mariana Navarro, Michał Oskroba, Martina Lejtreger, Evely Geroulakos, Adriana Caicedo (DEV), Victoria de la Puente Alvarez y Marta Encinas-Martín (GRC). Antonio Gomes, Director Adjunto, junto con Fares Al-Hussami, Jefe del Equipo de Calidades e Impacto de la IED; Andrea Marín Odio, Iris Mantovani y Fernando Mistura, jefes de proyecto y economistas del directorado DAF, aportaron valiosos comentarios y observaciones. Lucinda Pearson y María Paz Salas (DAF) prepararon el documento para su publicación, y Henri-Bernard Solignac-Lecomte (DEV) aportó contribuciones editoriales. La orientación general fue proporcionada por José Antonio Ardavín, Jefe de la División de América Latina y el Caribe (GRC); Federico Bonaglia, Director Adjunto (DEV); Ana Novik, Jefa de la División de Inversión (DAF); Sebastián Nieto Parra, Jefe de la División de Dinámicas del Desarrollo Regional (DEV); y Martin Wermelinger, Jefe de la Unidad de Inversión Sostenible (DAF).

El informe se benefició de los comentarios y contribuciones de Emma Clua Vandellòs, Marc Vothknecht y Horst Pilger de la Dirección General de Asociaciones Internacionales de la Comisión Europea, en colaboración con Laurent Sillano, Ermina Sokou, Alexis Hoyaux, Karin Uuskam, Melvin Asin y Frederique Same Ekobo y bajo la dirección de Diana Montero Melis, Subjefa de Unidad, Felice Zaccheo, Jefe de Unidad de Programas Regionales para América Latina y el Caribe, y Felix Fernández-Shaw, Director para América Latina y el Caribe y Relaciones con todos los Países y Territorios de Ultramar.

Melissa Vega Monge, del Banco Central de Costa Rica, así como Ledys C. Feliz y David Tejada, de la Dirección General de Impuestos Internos (DGII) de la República Dominicana, brindaron un valioso apoyo en el procesamiento y análisis de datos del Capítulo 4. Asimismo, varias personas contribuyeron con importantes comentarios e información para este informe: Kimberly Valverde Fallas y Mónica Umaña Delgado (Procomer, Costa Rica); Isabel Rata García-Junceda y Germán Bejarano García (Ministerio de Asuntos Económicos y Transformación Digital, España); Sonia Fuentes (Fundación para la Internacionalización de las Administraciones Públicas, FIAP); Cristina Mora, Andrea Rojas Jiménez, Natalia Porras Zamora y Tatiana Vargas (Ministerio de Comercio Exterior de Costa Rica); el Embajador David Puig y Cherybelle Gómez, Consejera (Embajada de la República Dominicana en Francia), Hamlet Gutierrez (Asociación de Industrias de la República Dominicana); el Embajador Luis Fernando Medina Sierra y Angie Contreras (Delegación de Colombia ante la OCDE).

El informe también se benefició de los aportes de representantes del sector privado europeo, entre ellos Hispasat, EDF Renewables, G-RAU, MeKo MedTech y AKUO (Capítulo 4), así como Siemens, Volkswagen, Santander y Telefónica (Capítulo 5).

Índice

Preámbulo 3

Abreviaturas y acrónimos 11

Resumen ejecutivo 12

1 Resumen y consideraciones iniciales sobre políticas 15
1.1. La trayectoria de desarrollo de América Latina y el Caribe: ¿qué papel puede desempeñar la IED? 16
1.2. Impacto de la IED en ALC: principales conclusiones de la evaluación 20
1.3. Áreas políticas a considerar y perspectivas futuras 29
Referencias 33

2 El papel de la IED en la configuración de la transformación estructural en ALC: Un análisis detallado de las inversiones de la UE 35
2.1. Resumen 36
2.2. Tendencias de la IED en ALC 37
2.3. El impacto de la IED en la innovación, la mejora tecnológica, la transformación digital y la transición ecológica 51
2.4. El impacto de la IED en la diversificación de las exportaciones y la integración en las CMV 73
Referencias 84
Anexo 2.A. Modelo empírico para estimar el efecto de la IED en la combinación energética 87
Anexo 2.B. Modelo empírico para estimar el efecto de la IED en la sofisticación de las exportaciones, la diversificación y el valor agregado de la manufactura. 88
Anexo 2.C. Evaluación de las ventajas comparativas reveladas en los países de ALC 89

3 La IED para impulsar resultados inclusivos en el mercado laboral: un análisis pormenorizado de la contribución de la UE 91
3.1. Resumen 92
3.2. El papel de la IED en el apoyo a la creación de empleo 94
3.3. El papel de la IED en la promoción de la calidad del empleo 123
Referencias 147
Anexo 3.A. Identifying EU-LAC GGIA Sectors 150

4 Análisis de las tendencias y el impacto de la IED a nivel nacional: los casos de Colombia, Costa Rica y República Dominicana 153
4.1. Resumen 154

4.2. Colombia: Tendencias e impacto de la IED, con especial atención a las inversiones de la UE 156
4.3. Costa Rica: Tendencias e impacto de la IED, con especial atención a las inversiones de la UE 174
4.4. República Dominicana: Tendencias e impacto de la IED, con especial atención a las inversiones de la UE 190
Referencias 207
Anexo 4.A. Métodos 214
Anexo 4.B. Datos 217

5 La contribución de la IED de la UE al desarrollo de competencias en ALC: perspectivas de las empresas privadas 221
5.1. Resumen 222
5.2. El reto de las competencias en ALC 224
5.3. Sistemas de formación en ALC: funciones de los sectores público y privado 224
5.4. Las empresas de ALC se enfrentan a una escasez de competencias superior al promedio, con grandes disparidades 227
5.5. Sistemas de EFTP: una fortaleza europea exportada a ALC 228
5.6. Perspectivas de cuatro empresas de la UE: el papel en la promoción y el apoyo a las iniciativas de EFTP 229
5.7. Fortalecimiento de los sistemas de aprendizaje de adultos en ALC: perspectivas y repercusiones políticas 241
Referencias 242
Anexo 5.A. Estudios de casos detallados de empresas 248

GRÁFICOS

Gráfico 1.1. Brechas persistentes en materia de productividad e inversión en ALC 17
Gráfico 1.2. La región de ALC ha sido durante mucho tiempo un importante destino de la IED 19
Gráfico 1.3. La UE es uno de los principales inversionistas en ALC y se centra cada vez más en los sectores incluidos en GGIA UE-ALC 20
Gráfico 1.4. La proporción de IED en proyectos nuevos en los sectores de las energías renovables y digitales está creciendo 21
Gráfico 1.5. Impacto de la IED en el suministro de energía renovable y la matriz energética 22
Gráfico 1.6. Los inversionistas de la UE y EE.UU. generaron casi el 60% del total de empleos de IED en ALC 23
Gráfico 1.7. Los trabajadores de los sectores intensivos en IED de la UE ganan salarios significativamente más altos 24
Gráfico 1.8. Las empresas extranjeras en Costa Rica y la República Dominicana son más productivas, pagan salarios más altos y exportan más 26
Gráfico 1.9. Indicadores clave sobre la capacitación en el trabajo, por región (2009-2025) 27
Gráfico 2.1. La IED promedió 3% del PIB en ALC durante las dos décadas pasadas 38
Gráfico 2.2. La participación de ALC en las reservas mundiales de IED se ha mantenido estable desde 2003. 39
Gráfico 2.3. Brasil por sí solo representa cerca del 40% del total de entradas netas de IED 41
Gráfico 2.4. México y Brasil son los principales receptores de IED en proyectos nuevos 42
Gráfico 2.5. Brasil, Chile, México, Perú, Colombia y Argentina representan casi el 90% de todas las operaciones de M&A en ALC 42
Gráfico 2.6. Las energías renovables registraron los mayores aumentos en la participación de la IED en proyectos nuevos 43
Gráfico 2.7. Las operaciones de fusión y adquisición son frecuentes en los sectores eléctrico, de minería, finanzas e información y comunicaciones. 45
Gráfico 2.8. Las empresas de la UE y EE. UU. representan el 60% del total de la IED en proyectos nuevos 46
Gráfico 2.9. Las transacciones transfronterizas dentro de ALC son el principal motor de la actividad de fusiones y adquisiciones en la región 47

Gráfico 2.10. Las empresas de la UE dominan los sectores de la energía y la industria manufacturera, pero su participación ha disminuido. 48
Gráfico 2.11. En el periodo 2014-2024, la participación de la inversión en energía en la inversión total de la UE aumentó sustancialmente, mientras que las participaciones de la industria manufacturera y los servicios disminuyeron. 49
Gráfico 2.12. La inversión de la UE en proyectos nuevos aumentó significativamente en energías renovables y fabricación de alimentos 50
Gráfico 2.13. En promedio, las empresas extranjeras son más productivas que las nacionales en la mayoría de los países de ALC. 52
Gráfico 2.14. Los tres sectores más productivos recibieron el 39% del total de la IED en proyectos nuevos y el 44% de la IED de la UE en proyectos nuevos. 54
Gráfico 2.15. Las filiales de la UE más productivas en ALC operan en sectores prioritarios de la GGIA UE-ALC 55
Gráfico 2.16. La IED en los sectores de alta tecnología y de uso intensivo del conocimiento se ha mantenido estable durante las dos últimas décadas 57
Gráfico 2.17. La IED en servicios intensivos en conocimiento y alta tecnología ha aumentado ligeramente durante la última década 58
Gráfico 2.18. La IED en proyectos nuevos se concentra en actividades relacionadas con la producción 60
Gráfico 2.19. La relevancia de los principales inversionistas varía según la actividad de la cadena de valor 61
Gráfico 2.20. Costa Rica y Colombia muestran señales de mejora hacia actividades de mayor valor. 62
Gráfico 2.21. En promedio, las empresas extranjeras son más propensas a introducir un nuevo producto y a invertir en I+D. 63
Gráfico 2.22. Alrededor del 2% de la IED en proyectos nuevos se destina a actividades de I+D 64
Gráfico 2.23. Las empresas extranjeras son más propensas a utilizar sitios web y pagos electrónicos en sus operaciones comerciales. 65
Gráfico 2.24. La IED en proyectos nuevos en los sectores digitales representó más del 13% del total de la IED y generó casi el 20% de todos los empleos relacionados con la IED. 66
Gráfico 2.25. En las últimas dos décadas, la composición de la IED digital pasó de una inversión en telecomunicaciones liderada por la UE a una inversión impulsada por EE. UU. en servicios digitales. 67
Gráfico 2.26. Entre 2014 y 2024, el 23% de la inversión en proyectos nuevos de EE. UU. se destinó a sectores digitales, en comparación con solo el 8% de la inversión de la UE. 68
Gráfico 2.27. La relevancia de las energías renovables aumenta gradualmente en la matriz energética de ALC. 69
Gráfico 2.28. Las empresas extranjeras son, en promedio, menos eficientes desde el punto de vista energético, pero más propensas a controlar las emisiones de CO_2 que las empresas nacionales. 70
Gráfico 2.29. La IED en proyectos nuevos en el sector de las energías renovables de ALC se ha incrementado significativamente 71
Gráfico 2.30. La IED en proyectos nuevos de energía renovable en la UE ha aumentado significativamente desde principios de la década del 2000. 72
Gráfico 2.31. Impacto de la IED en el suministro de energía renovable y en la matriz energética 73
Gráfico 2.32. La composición del comercio difiere significativamente entre los países de ALC 74
Gráfico 2.33. Muchas economías de ALC siguen dependiendo de las exportaciones de productos básicos 75
Gráfico 2.34. La IED de la UE en proyectos nuevos tiene un impacto positivo en la sofisticación de las exportaciones y el valor agregado de la manufactura en ALC 76
Gráfico 2.35. Una parte considerable de la IED en proyectos nuevos se ha dirigido a los sectores de tecnología media y alta 77
Gráfico 2.36. Los sectores con VCR varían ampliamente según los países de ALC 79
Gráfico 2.37. La contribución de la IED de la UE en sectores VCR y no VCR varía según el país y el sector de ALC 80
Gráfico 2.38. En promedio, las empresas extranjeras exportan una mayor proporción de sus ventas y obtienen una mayor proporción de sus insumos del extranjero 82
Gráfico 2.39. Los sectores más intensivos en IED tienden a una mayor integración posterior en las CMV. 83
Gráfico 3.1. Mil millones de dólares estadounidenses de IED en proyectos nuevos en ALC generan casi 3 mil nuevos empleos 96
Gráfico 3.2. Los inversionistas de EE. UU. y la UE en conjunto representaron casi el 60% de todos los empleos de IED en 2014-2024 98
Gráfico 3.3. México representa casi el 50% de todos los empleos de IED en proyectos nuevos generados en ALC 100
Gráfico 3.4. La industria manufacturera representó más del 50% de todos los empleos generados por la IED en proyectos nuevos 103

Gráfico 3.5. Los vehículos automotores representan casi el 20% del total de empleos de IED en proyectos nuevos 104
Gráfico 3.6. Los vehículos automotores, así como la información y comunicación representan la mayor parte de los empleos generados por los inversionistas en proyectos nuevos de la UE 106
Gráfico 3.7. Los empleos generados por la IED de UE se concentran en sólo algunos países 107
Gráfico 3.8. Las filiales de la UE registraron el mayor número de empleados en Brasil y México 109
Gráfico 3.9. Las filiales de la UE tienen el mayor número de empleados en el comercio al mayoreo y menudeo, y en actividades administrativas y profesionales 110
Gráfico 3.10. Aproximadamente el 20% de todos los empleos relacionados con la IED en ALC se generan en los sectores digitales 111
Gráfico 3.11. Durante la última década, los empleos generados por la IED en proyectos nuevos en los sectores digitales aumentaron casi un 30%, impulsados por EE. UU. y la UE 112
Gráfico 3.12. Más del 10% de los empleos de la IED proyectos nuevos de EE. UU. y la UE se generaron en los servicios digitales 113
Gráfico 3.13. Los empleos relacionados con la IED en energías renovables se duplicaron en la última década, encabezados por la inversión de la UE 114
Gráfico 3.14. La energía solar representó el 77% del crecimiento del empleo en la IED en energías renovables. 115
Gráfico 3.15. Los inversionistas de la UE lideran la creación de empleo en todas las tecnologías de energía renovable en ALC 116
Gráfico 3.16. La relevancia de los empleos generados por la IED en energías renovables varía considerablemente entre países 117
Gráfico 3.17. La intensidad de empleo de la IED en ALC varía según el sector y el inversionista 118
Gráfico 3.18. La IED proyectos nuevos procedente de EE. UU. crea más puestos de trabajo por cada mil millones de dólares invertidos 120
Gráfico 3.19. La inversión en proyectos nuevos de la UE se centra en sectores con menor intensidad de creación de empleo por IED 121
Gráfico 3.20. La inversión de la UE en ALC muestra tendencias estables en el empleo en la mayoría de los sectores 123
Gráfico 3.21. Las empresas extranjeras tienden a pagar salarios más altos en la mayoría de los países de ALC 125
Gráfico 3.22. En Bolivia, Argentina y El Salvador, las empresas extranjeras pagan salarios más altos en la parte inferior de la distribución salarial en comparación con las empresas nacionales 128
Gráfico 3.23. Las filiales de la UE tienen el costo laboral promedio por persona más alto en la minería y la explotación de canteras 130
Gráfico 3.24. Las empresas extranjeras son más propensas a ofrecer contratos permanentes en la mayoría de los países de ALC 132
Gráfico 3.25. La inversión en proyectos nuevos es predominante en sectores dominados por los hombres 133
Gráfico 3.26. Las empresas extranjeras emplean, en promedio, una mayor proporción de mujeres, pero no son más propensas a tener mujeres en puestos de alta dirección 134
Gráfico 3.27. Los trabajadores de los sectores intensivos en IED de la UE ganan salarios significativamente más altos 135
Gráfico 3.28. Los sectores intensivos en IED de la UE con proyectos totalmente nuevos ofrecen salarios de mayor calidad 136
Gráfico 3.29. Los sectores intensivos en IED en proyectos nuevos de la UE muestran un mayor uso de contratos escritos y permanentes 138
Gráfico 3.30. Los trabajadores de los sectores intensivos en IED en proyectos nuevos de la UE tienden a trabajar más horas a la semana 139
Gráfico 3.31. Los sectores intensivos en IED de la UE tienen menores tasas de informalidad 140
Gráfico 3.32. Los trabajadores de los sectores intensivos en IED de la UE son más propensos a cotizar a un plan de pensiones 141
Gráfico 3.33. Los trabajadores de los sectores intensivos en IED de la UE también son más propensos a tener cobertura de seguro médico 142
Gráfico 3.34. Más de la mitad de la IED en proyectos nuevos de actividades de educación y formación se destinó al sector manufacturero, con un aumento de la inversión en servicios educativos 143
Gráfico 3.35. Aunque la IED en proyectos nuevos de actividades de educación y formación sigue siendo relativamente baja, ha aumentado durante la última década 144
Gráfico 3.36. La inversión en actividades de educación y formación se concentra en México, Colombia y Brasil 145

Gráfico 3.37. Los sectores con una actividad significativa de los inversionistas de la UE tienden a emplear mano de obra con un nivel educativo más alto 146
Gráfico 3.38. En muchos países de ALC, la proporción de mujeres empleadas en sectores que reciben IED de la UE es menor 147
Gráfico 4.1. La electricidad y la información y comunicaciones experimentaron un gran aumento en la última década, mientras que la IED en minería y canteras creció a un ritmo mucho más lento 156
Gráfico 4.2. Las energías renovables y el procesamiento de datos registraron grandes aumentos en la participación de la IED en proyectos nuevos 157
Gráfico 4.3. La UE es el principal inversionista en electricidad, con un papel cada vez más importante en el transporte y la construcción 159
Gráfico 4.4. IED de la UE en proyectos nuevos en todos los sectores y subsectores, 2014-2024 160
Gráfico 4.5. La IED en proyectos nuevos en los sectores de TKI en Colombia está aumentando 161
Gráfico 4.6. La IED en proyectos nuevos procedente de la UE se concentra en sectores con mayor productividad laboral 162
Gráfico 4.7. Las actividades de I+D representan el 2% del total de la IED en proyectos nuevos 163
Gráfico 4.8. La UE ocupa el primer lugar en la creación total de empleo en Colombia, pero el tercero en términos de intensidad de empleo 164
Gráfico 4.9. Los empleos generados por la UE se concentran en los sectores de servicios administrativos y de apoyo, TIC, manufactura y construcción 165
Gráfico 4.10. EE. UU. y la UE encabezan la creación de empleo en los sectores digitales 166
Gráfico 4.11. La IED procedente de ALC se concentra ligeramente en los sectores mejor remunerados 167
Gráfico 4.12. Las inversiones de la UE en educación y formación aumentaron significativamente en la última década 168
Gráfico 4.13. La IED de la UE se concentra en sectores con menor empleo femenino 169
Gráfico 4.14. Flujos oficiales a los sectores productivos en Colombia y ALC como porcentaje del INB, 2014-2023 171
Gráfico 4.15. El financiamiento privado movilizado se concentra en los servicios bancarios y financieros, seguidos de la energía 172
Gráfico 4.16. La AOD de la UE a los sectores productivos se concentra en la energía 173
Gráfico 4.17. La IED en el sector manufacturero creció sustancialmente en las últimas dos décadas. 175
Gráfico 4.18. La fabricación de equipos médicos registró el mayor aumento en la proporción de IED en proyectos nuevos 176
Gráfico 4.19. La UE es la segunda fuente de IED en proyectos nuevos en el sector manufacturero predominante de Costa Rica 177
Gráfico 4.20. IED de la UE en proyectos nuevos por sectores y subsectores, Costa Rica, 2014-2024 178
Gráfico 4.21. Estados Unidos es el principal inversionista en los sectores TKI 180
Gráfico 4.22. Menos del 5% del total de la IED en proyectos nuevos se destina a actividades de I+D 181
Gráfico 4.23. Estados Unidos lidera la creación total de empleos en Costa Rica y ocupa el segundo lugar en intensidad de empleo de sus inversiones 182
Gráfico 4.24. Los empleos de la IED en proyectos nuevos se concentran en los sectores de manufactura y de TIC 183
Gráfico 4.25. La creación de empleo en el sector manufacturero se concentra en los equipos y suministros médicos, procedentes principalmente de Estados Unidos 184
Gráfico 4.26. Las empresas extranjeras pagan salarios más altos, son más productivas y exportan más que las empresas nacionales 185
Gráfico 4.27. Las empresas extranjeras del sector de la tecnología médica son más productivas y pagan salarios más altos 186
Gráfico 4.28. La UE encabeza la IED en proyectos nuevos de educación y formación en Costa Rica en 2014-2024 187
Gráfico 4.29. A pesar de la volatilidad, los flujos oficiales hacia los sectores productivos han aumentado recientemente 188
Gráfico 4.30. El financiamiento privado movilizado en Costa Rica se concentra en el transporte y el almacenamiento 189
Gráfico 4.31. El sector de alojamiento y servicios de alimentación concentró más de la mitad de la IED en proyectos nuevos 191
Gráfico 4.32. La energía solar registró el segundo mayor aumento en la participación de la IED en proyectos nuevos 192
Gráfico 4.33. La UE es el principal inversionista en alojamiento y servicios de alimentación, electricidad y manufactura. 193

Gráfico 4.34. La IED de la UE se concentra en el alojamiento, las energías renovables y la industria manufacturera 194
Gráfico 4.35. Aunque es fundamental para República Dominicana, la IED en los sectores de TKI disminuyó 196
Gráfico 4.36. La IED en actividades de investigación y desarrollo sigue siendo limitada 197
Gráfico 4.37. La UE ocupa el primer lugar en creación total de empleo 198
Gráfico 4.38. La creación de empleo por parte de la IED en proyectos totalmente nuevos de la UE se concentra en los sectores de alojamiento y servicios de alimentación, y la industria manufacturera 199
Gráfico 4.39. Los empleos de la IED en la industria manufacturera se concentran cada vez más en equipo médico, siendo la UE el principal origen 200
Gráfico 4.40. Las empresas extranjeras pagan salarios más altos, son más productivas y tienen una mayor intensidad exportadora que las empresas nacionales 201
Gráfico 4.41. Los empleos creados por la IED en nuevos proyectos de la UE se concentran en sectores con menor informalidad laboral femenina y salarios de mayor calidad para las mujeres 202
Gráfico 4.42. Los flujos oficiales en República Dominicana alcanzaron su máximo en 2020 204
Gráfico 4.43. El financiamiento privado movilizado por las intervenciones oficiales de desarrollo se ha concentrado en los servicios bancarios y financieros en República Dominicana 205
Gráfico 4.44. La AOD de la UE a los sectores productivos de República Dominicana fluctúa significativamente entre el transporte y almacenamiento, y la energía 206
Gráfico 5.1. Indicadores clave sobre la capacitación en el puesto de trabajo, por región (2009-2025) 225
Gráfico 5.2. Indicadores clave sobre la formación en el trabajo, por país de ALC. 226

CUADROS

Cuadro 2.1. Sectores intensivos en tecnología y conocimiento (TKI) 56
Cuadro 2.2. Clasificación de las actividades de la cadena de valor de la IED 59
Cuadro 5.1. Cuadro resumen: Estudios de casos de empresas de la UE que invierten en EFTP en ALC 230

Cuadro Anexo 3.A.1. Sectores intensivos en IED de la UE incluidos en la Agenda de Inversión Global Gateway de la UE-ALC 150
Cuadro Anexo 4.A.1. Clasificación sectorial de los indicadores de Tipo 2 215
Cuadro Anexo 4.B.1. Indicadores de Tipo 1 de Costa Rica 217
Cuadro Anexo 4.B.2. Indicadores Tipo 1 de Costa Rica (subsector de fabricación de dispositivos médicos) 218
Cuadro Anexo 4.B.3. Indicadores Tipo 1 em República Dominicana 218
Cuadro Anexo 4.B.4. Indicadores de tipo 2 de Colombia 219

Abreviaturas y acrónimos

CELAC	Comunidad de Estados Latinoamericanos y Caribeños
IFD	Institución financiera de Desarrollo
BEI	Banco Europeo de Inversiones
UE	Unión Europea
IED	Inversión extranjera directa
PIB	Producto Interno Bruto
AIGG	Agenda de inversión de Global Gateway
CMV	Cadenas mundiales de valor
TIC	Tecnología de la información y comunicación
OIT	Organización Internacional del Trabajo
API	Agencia de promoción de inversiones
ALC	América Latina y el Caribe
F&A	Fusiones y adquisiciones
MENA	Medio Oriente y África del Norte
EMN	Empresa multinacional
BND	Bancos nacionales de desarrollo
AOD	Ayuda oficial al desarrollo
OCDE	Organización para la Cooperación y el Desarrollo Económicos
PPA	Paridad de poder adquisitivo
VCR	Ventaja comparativa revelada
I+D	Investigación + Desarrollo
CER	Conducta Empresarial responsable
ODS	Objetivo de desarrollo sostenible
PYME	Pequeña y mediana empresa
STEM	Ciencia, tecnología, ingeniería y matemáticas
TACB	Asistencia técnica y creación de capacidades
TKI	Intensivo en tecnología y conocimientos
EFTP	Educación y Formación Técnica y Profesional
UK	Reino Unido
ONU	Organización de las Naciones Unidas
UNCTAD	Conferencia de las Naciones Unidas sobre Comercio y Desarrollo
EE.UU.	Estados Unidos
USD	Dólar estadounidense

Resumen ejecutivo

Los países de América Latina y el Caribe (ALC) tienen realidades de desarrollo y retos políticos diversos, pero comparten la aspiración común de alcanzar vías de crecimiento más sostenibles, resilientes e inclusivas. Los gobiernos y los actores regionales buscan ir más allá de los modelos de crecimiento tradicionales mediante el fomento de la diversificación y la búsqueda de transiciones ecológicas y digitales, junto con el progreso social. Sin embargo, los retos estructurales persistentes son generalizados. Entre ellos se encuentran la dependencia de los sectores basados en los recursos, la baja productividad, la informalidad y las profundas desigualdades. En este contexto, la inversión extranjera directa (IED) se ha convertido en una piedra angular de las estrategias nacionales de desarrollo, ya que se espera que contribuya a la productividad y la innovación, la diversificación de las exportaciones y la integración en las cadenas de valor mundiales (CMV). La IED también genera empleos de calidad. Este informe analiza la forma en que la IED influye en los resultados de desarrollo en la región ALC, con especial atención a las inversiones de la UE, y esboza algunas consideraciones políticas iniciales para aprovechar la IED con el fin de impulsar las prioridades de la región.

La IED promueve el desarrollo sostenible, pero su potencial de transformación e inclusión puede aprovecharse aún más

La IED es un impulsor clave de la transformación estructural y la integración global en ALC. Durante las dos últimas décadas, una parte sustancial de la IED se ha destinado a sectores basados en los recursos, como la minería y los combustibles fósiles, así como a la industria manufacturera de tecnología media. Estas inversiones han impulsado la industrialización, pero han generado una creación de valor interno limitada. Además, han reforzado la dependencia de los ciclos de las materias primas, exponiendo a las economías a las crisis externas. En los últimos años, la IED en ALC se ha diversificado, registrando un aumento significativo de las inversiones en proyectos nuevos en el sector de las energías renovables y las actividades digitales. En conjunto, estos sectores han representado casi un tercio del total de la IED en proyectos nuevos desde 2003Además, alrededor del 30% de la inversión total *greenfield*, se dirige a sectores de tecnología media y alta, así como a sectores intensivos en conocimiento. Este cambio indica una reorientación gradual de la inversión hacia actividades con mayor potencial de innovación y productividad.

La IED también ha sido un motor fundamental para la creación de empleo. Entre 2003 y 2024, los proyectos totalmente nuevos generaron aproximadamente 5.5 millones de empleos directos en la región ALC, alrededor del 12% de todos los empleos relacionados con la IED en todo el mundo, por encima de la participación del 8% de la región en la población mundial. La región de ALC tiene una de las intensidades de empleo más altas del mundo: cada mil millones de dólares invertidos han generado aproximadamente 3 000 empleos directos, gracias a la industria manufacturera y los servicios digitales, que representan el 50% y el 12%, respectivamente, de los empleos creados por los proyectos de IED. El sector energético también está evolucionando: los empleos en este sector aumentaron del 1% al 3%, y las energías renovables representan el 63% de los empleos de IED en el sector energético. Esto pone de manifiesto que la orientación de la IED hacia los sectores ecológicos ha aumentado, y no limitado, la creación de empleo. La IED también ha ayudado a abordar la informalidad y a mejorar la calidad del empleo. Las empresas extranjeras suelen ofrecer contratos indefinidos y salarios más altos, incluso en los niveles más bajos de la escala salarial, que las empresas nacionales. También emplean a un mayor porcentaje de mujeres que las empresas nacionales. Sin embargo, la inversión sigue concentrándose en sectores dominados por los hombres, lo que plantea el riesgo de perpetuar las desigualdades de género.

La UE es un socio clave en materia de inversiones que apoya el desarrollo ecológico, digital y de competencias de la región ALC

La UE ha sido durante mucho tiempo la principal fuente de IED en nuevos proyectos de la región. Las inversiones de la UE apoyan la diversificación de las exportaciones y la modernización industrial. Un aumento del 10% en las inversiones de la UE se traduce en un incremento de 0.05 puntos porcentuales en la proporción de productos de tecnología media y alta en el total de las exportaciones. Sin embargo, aún existen importantes oportunidades para canalizar más inversiones hacia sectores de mayor valor. La Agenda de Inversión Global Gateway (AIGG) de la UE-ALC se centra en esos sectores prioritarios, en particular en las actividades ecológicas, digitales y sanitarias, en los que la proporción de la inversión de la UE aumentó del 33% al 44% en la última década. Este aumento se ha visto impulsado por las energías renovables, que han ayudado a ALC a desarrollar una combinación energética más diversificada y sostenible: un aumento del 10% en la IED de la UE se traduce en un incremento de 0.3 puntos porcentuales en la proporción de energías renovables en la combinación energética de los países receptores. La inversión de la UE también ha desempeñado un papel fundamental en el avance de la transformación digital en toda la región de ALC, especialmente en lo que respecta a la infraestructura y los servicios digitales.

La UE representa casi un tercio de los empleos relacionados con la IED en ALC. Más allá de su escala, la inversión de la UE se concentra en sectores con salarios superiores al promedio, mayor formalidad, mejores prestaciones de seguridad social y mejores oportunidades de capacitación que las que suelen ofrecer las empresas nacionales. Sin embargo, la IED de la UE sigue concentrándose en sectores dominados por hombres, limitando el potencial de las mujeres para aprovechar los beneficios de las inversiones de manera equitativa, a menos que se implementen medidas inclusivas para mitigar este riesgo.

La inversión de la UE en ALC también apoya las competencias y la capacitación. Las entrevistas con grandes empresas de la UE ponen de relieve iniciativas en materia de educación y formación técnica y profesional (EFTP) para abordar la informalidad y las deficiencias en materia de competencias. Estas iniciativas suelen implicar asociaciones público-privadas, se ajustan a las necesidades del mercado laboral, promueven la inclusión, utilizan métodos digitales e incluyen herramientas de seguimiento y evaluación. Proporcionan modelos para fortalecer los sistemas de aprendizaje para adultos e ilustran la forma en que la inversión de la UE puede ir más allá del capital para influir en las prácticas institucionales y apoyar el desarrollo social.

Las experiencias concretas de cada país ilustran aún más la contribución de la UE al desarrollo sostenible. En Colombia, los inversionistas de la UE han apoyado la diversificación, con importantes proyectos de nueva planta (*greenfield*) en energías renovables, sectores digitales y fabricación de alta productividad. En Costa Rica, la inversión de la UE ha fortalecido la fabricación avanzada, en particular en dispositivos médicos y productos farmacéuticos, fomentando el empleo de calidad y la innovación. En República Dominicana, las empresas de la UE son importantes inversionistas en energías renovables y turismo, lo que contribuye a una combinación energética más diversificada y a un crecimiento inclusivo. En estos tres países, la cooperación internacional se ha orientado a ámbitos que potencian el impacto de la IED, mediante el fortalecimiento de las capacidades nacionales, en particular en áreas como el desarrollo de las competencias y las infraestructuras.

Impulsar la próxima fase de crecimiento de ALC mediante IED de calidad: Consideraciones iniciales sobre políticas

La IED ha apoyado la diversificación, la modernización tecnológica y el empleo formal en la región ALC, pero su potencial para promover el desarrollo sostenible aún no se ha aprovechado por completo. Para maximizar este potencial se requieren políticas coherentes que mejoren la calidad de las inversiones, profundicen los vínculos internos y armonicen la IED con los objetivos de desarrollo sostenible. Las siguientes directrices políticas pueden servir de orientación para las medidas futuras:

- **Mejorar la gobernanza y la coherencia de las políticas mediante la armonización de la política de inversión con objetivos** de desarrollo más amplios y la coordinación entre los ámbitos industrial, laboral, social, educativo, digital y medioambiental.
- **Mejorar el entorno empresarial y los marcos** normativos para garantizar la apertura, la transparencia y la previsibilidad, incorporando una conducta empresarial responsable y armonizando las normas con los estándares internacionales en materia laboral y medioambiental.
- **Mejorar el impacto de la IED en el desarrollo**, dirigiendo el apoyo financiero y técnico hacia inversiones con un fuerte potencial socioeconómico de repercusión y promoviendo los vínculos y ecosistemas locales sostenibles mediante el desarrollo de proveedores, innovación social, la mejora de las pequeñas y medianas empresas (PYME) y la capacitación de la fuerza laboral. Los incentivos deben ser transparentes, tener un plazo determinado y ser evaluados de forma periódica. Se necesita un mayor enfoque de política pública sobre cómo la IED puede contribuir a resultados laborales inclusivos en materia de género, empoderando a las mujeres mediante un acceso equitativo al empleo, al desarrollo de competencias y a oportunidades de liderazgo.
- **Aprovechar la cooperación para el desarrollo a fin de armonizar la IED con los objetivos de desarrollo sostenible**. Los marcos de cooperación, movilizados en torno a estrategias de inversión basadas en valores, como el AIGG UE-ALC, pueden contribuir a fomentar la capacidad institucional, el desarrollo de competencias y la integración de las PYME en las CMV.

1 Resumen y consideraciones iniciales sobre políticas

Este capítulo general sienta las bases del informe y reúne las principales conclusiones de los cuatro capítulos temáticos. Describe la ambición de América Latina y el Caribe (ALC) de construir un modelo económico más sostenible, resiliente e inclusivo, así como los avances y retos que enfrenta la región para lograrlo. Se analiza la forma en que la región puede aprovechar la inversión extranjera directa (IED), en particular la inversión de la UE, para impulsar sus prioridades, basándose en su importancia estructural en las economías de América Latina y el Caribe y en los recientes cambios en los patrones de inversión. El capítulo destaca las pruebas de la contribución de la IED a la transformación estructural y a los resultados del mercado laboral, acompañadas de conclusiones derivadas de estudios de casos tanto de países como de empresas. Concluye identificando las áreas políticas prioritarias para los responsables políticos de ALC, así como las oportunidades que existen para profundizar en la colaboración con la UE en el marco de la Agenda de Inversiones Global Gateway UE-ALC.

1.1. La trayectoria de desarrollo de América Latina y el Caribe: ¿qué papel puede desempeñar la IED?

1.1.1. Las economías de la región de América Latina y el Caribe (LAC) se enfrentan a realidades de desarrollo distintas, aunque comparten la aspiración común de avanzar hacia un modelo de crecimiento más sostenible e inclusivo.

Los países de América Latina y el Caribe (ALC) transitan por un camino complejo y en constante evolución hacia el desarrollo sostenible, que se caracteriza por avances notables en materia de inclusión social y reformas institucionales. Desde la adopción de la Agenda 2030 para el Desarrollo Sostenible de las Naciones Unidas, los países de ALC han realizado esfuerzos sostenidos para alinear sus estrategias nacionales de desarrollo con los Objetivos de Desarrollo Sostenible (ODS). Sin embargo, alcanzar estos objetivos requerirá una gran cantidad de recursos financieros: se estima que el déficit anual de financiamiento para los ODS en la región es de alrededor de 99 000 millones de dólares estadounidenses. Para cubrir este déficit se necesita un enfoque integral y coordinado que movilice financiamiento público y privado a nivel nacional, regional e internacional. La inversión extranjera directa (IED) puede ser un factor clave en este proceso, ya que fomenta la transformación productiva y promueve la innovación y la generación de empleo de calidad en toda la economía. La Agenda de Inversión de la estrategia Global Gateway UE-ALC (GGIA) (Recuadro 1.1) se basa en este potencial y sirve de marco estratégico para estimular el crecimiento inclusivo y ecológico mediante la inversión en conectividad digital, energías renovables y cadenas de valor sostenibles.

En las últimas dos décadas, la región ha logrado avances sociales significativos, pero el débil desempeño económico ha frenado estos logros, lo que refleja los retos estructurales que existen desde hace mucho tiempo. La pobreza se redujo notablemente, pasando del 45.7% de la población en 2003 al 26.8% en 2024, mientras que la pobreza extrema disminuyó de manera más moderada, del 12.2% al 10.4% durante el mismo período. La elevada informalidad es la causa subyacente de los ingresos bajos y la protección social limitada, ya que más de la mitad de los trabajadores latinoamericanos (55.1%) tenían un empleo informal en 2023. La actividad económica sigue siendo frágil, y el crecimiento potencial del PIB per cápita se mantiene constantemente por debajo del de las economías avanzadas en aproximadamente 1 punto porcentual. La desigualdad persistente y la vulnerabilidad climática siguen limitando las perspectivas de desarrollo (OECD et al, 2025[1]).

El bajo crecimiento de la productividad sigue siendo una limitante estructural significativa, que restringe la capacidad de la región para lograr un crecimiento sostenido e inclusivo. En 2024, la productividad laboral promedio por hora trabajada en América Latina y el Caribe representaba solo el 38% del promedio de la OCDE, en comparación con el 43% en 1990 (Gráfico 1.1, Panel A). Esta brecha cada vez mayor refleja diversos factores, entre ellos los bajos niveles de innovación y adopción tecnológica, el alto grado de informalidad y la ineficiente asignación de recursos entre sectores y empresas. En particular, la persistente baja inversión en capital físico y humano ha limitado las ganancias de productividad, lo que ha reducido la capacidad de la región para fomentar la transformación estructural y llevar a cabo la necesaria transformación productiva hacia la sostenibilidad ambiental, la inclusión social y la resiliencia (OECD et al, 2024[2]; OECD et al, 2025[1]).

La baja inversión sigue siendo un cuello de botella estructural importante para ALC, lo que limita el avance hacia una mayor productividad y mejores niveles de vida. En 2024, la inversión total promedió el 19.4% del PIB, por debajo de las economías avanzadas (22.3%) y muy por detrás de los países emergentes de Asia (37.5%) y de Medio Oriente y Asia Central (26.2%) (Gráfico 1.1, Panel B). La inversión en ALC se ha mantenido en torno al 20% del PIB desde principios de la década de 1980, constantemente por debajo de la mayoría de las regiones en desarrollo. La baja inversión sigue frenando el crecimiento, la productividad y el progreso social en toda la región (OECD et al, 2024[2]).

Gráfico 1.1. Brechas persistentes en materia de productividad e inversión en ALC

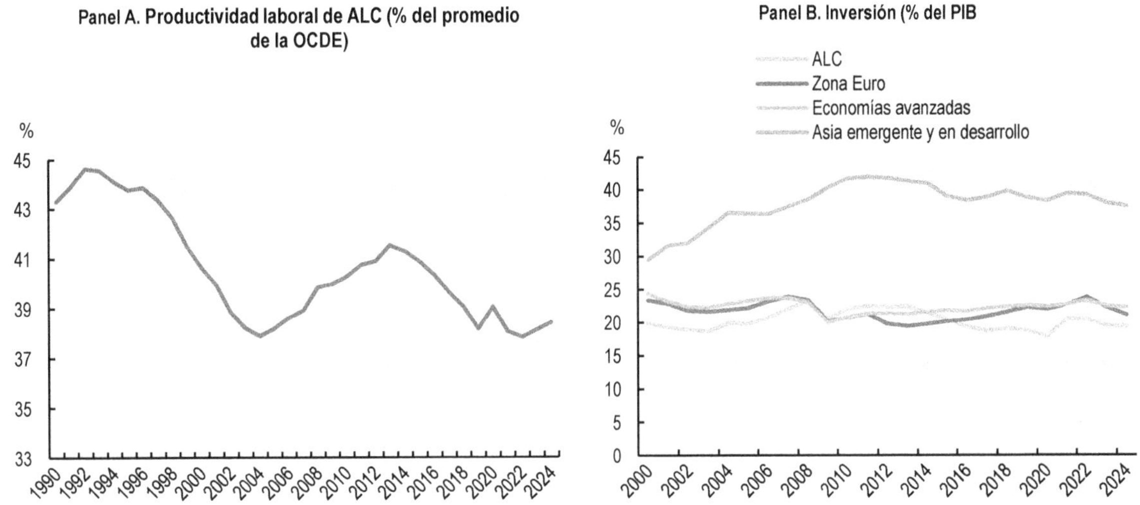

Nota: El Panel A se refiere a la productividad laboral por persona empleada. Se comparan los promedios simples entre 38 economías de la OCDE y 15 economías de ALC. El Panel B se refiere a la inversión total como porcentaje del PIB.
Fuente: OCDE con base en The Conference Board, Total Economy Database, https://www.conference-board.org/topics/total-economy-database y FMI (2025) Base de Datos de Perspectivas de la Economía Mundial, Abril 2025, https://www.imf.org/en/Publications/WEO/weo-database/2025/april

A pesar de la necesidad de impulsar la inversión, el escaso margen fiscal limita la capacidad de la región para actuar a corto plazo. Los ingresos fiscales en ALC, imprescindibles para financiar los servicios públicos, las infraestructuras y los programas de bienestar social, siguen siendo insuficientes para financiar la inversión que se requiere para alcanzar los objetivos de desarrollo. En 2023, los ingresos fiscales de América Latina y el Caribe ascendieron a solo el 21.2% del PIB, oscilando entre el 11.5% de Guyana y el 32.0% de Brasil, muy por debajo de la media de la OCDE, que se situó en el 33.9% (OECD et al., 2025[3]). La deuda pública en América Latina y el Caribe sigue siendo elevada a pesar de los signos de estabilización. En 2024, la relación promedio entre la deuda y el PIB de la región seguía estando por encima de los niveles previos a la pandemia, lo que refleja una mejora de los saldos fiscales, pero también una necesidad persistente de financiamiento. Impulsados por el endurecimiento de las condiciones financieras mundiales y el aumento de las primas de riesgo regionales, el incremento de los costos del servicio de la deuda y el aumento de las tasas de interés implícitas están erosionando aún más el espacio fiscal. La vulnerabilidad climática, especialmente en el Caribe, agrava estas presiones al aumentar el costo del capital (OECD et al, 2024[2]).

No obstante, surgen importantes oportunidades en ALC para fomentar un modelo de crecimiento más sostenible e inclusivo. La abundante riqueza de la región en recursos energéticos renovables, minerales críticos y biodiversidad constituye una base sólida para desarrollar industrias verdes y servicios relacionados (OECD et al, 2023[4]). Las tendencias demográficas y las mejoras en la calidad de la educación han fortalecido gradualmente la base de competencias de la región. Sin embargo, persisten desajustes considerables entre las necesidades del mercado laboral y las competencias de la mano de obra, especialmente en los ámbitos de la ciencia, la tecnología, la ingeniería y la tecnología digital. No obstante, si se canalizan de manera eficaz, estas dinámicas podrían favorecer un aumento de la inversión, ganancias de productividad y un crecimiento más resiliente.

Recuadro 1.1. Agenda de Inversión de la estrategia Global Gateway UE-ALC

La Estrategia Global Gateway de la UE es una iniciativa puesta en marcha por la Comisión Europea y el Alto Representante de la Unión Europea en 2021 para apoyar el desarrollo de infraestructuras a nivel mundial. Su objetivo es movilizar hasta 300 000 millones de euros en inversiones para 2027 mediante esfuerzos coordinados de la UE, sus Estados miembros y las instituciones financieras europeas. La estrategia se centra en las infraestructuras que favorecen el crecimiento económico inclusivo, la transición digital y ecológica, así como la resiliencia en los países socios. En ella se definen cinco ámbitos prioritarios para las asociaciones y se hace hincapié en el cumplimiento de las normas internacionales, incluidas las relacionadas con la gobernanza, la protección del medio ambiente, los derechos sociales y laborales y la participación de la comunidad. La iniciativa Global Gateway se alinea con los objetivos de la Agenda 2030 para el Desarrollo Sostenible de las Naciones Unidas y el Acuerdo de París sobre el cambio climático.

- **Digital** – Promoción de conectividad e infraestructura digitales seguras e inclusivas.
- **Clima y energía** – Apoyo a las energías renovables, la eficiencia energética y las infraestructuras resistentes al clima.
- **Transporte** – Mejora a las redes de transporte sostenible y los corredores comerciales.
- **Salud** – Fortalecimiento de los sistemas de salud y del acceso a los servicios esenciales, centrándose en la seguridad de las cadenas de suministro farmacéuticas, la fabricación local y la preparación ante epidemias.
- **Educación e investigación** – Promover la educación inclusiva, el desarrollo de habilidades y el intercambio de conocimientos.

En 2023, la tercera Cumbre de Jefes de Estado y de Gobierno de la UE y la CELAC (Comunidad de Estados Latinoamericanos y Caribeños) acordó una Agenda de Inversión Global Gateway (GGIA) conjunta entre la UE y ALC para impulsar las inversiones sostenibles entre ambas regiones en sectores clave de interés común. Se centra en proyectos de inversión transformadores en toda la región ALC y las acciones giran en torno a pilares clave, entre los que se encuentran: transiciones ecológicas justas, transformación digital inclusiva, resiliencia sanitaria y acceso equitativo a productos sanitarios, incluidas las vacunas, así como desarrollo humano con especial atención a la educación, las competencias y la reducción de las desigualdades.

Fuente: EC (2025[5]), Global gateway Overview; https://international-partnerships.ec.europa.eu/policies/global-gateway/global-gateway-overview_en.

1.1.2. La IED ha contribuido a configurar la trayectoria económica de ALC y puede ayudar al impulso de prioridades futuras

La IED es fundamental para cerrar la brecha de inversión de la región en un contexto de espacio fiscal limitado que restringe la inversión pública. Como fuente clave de capital privado, la IED ya desempeña un papel importante en el financiamiento de actividades productivas, y su contribución es fundamental para dirigir los recursos hacia sectores estratégicos y apoyar un crecimiento sostenible e inclusivo. Durante mucho tiempo, este tipo de inversión ha sido una piedra angular del crecimiento en ALC. Ha proporcionado financiamiento, ha dado forma al desarrollo industrial y ha respaldado la integración de la región en las cadenas de valor mundiales (OECD et al, 2023[4]). En las últimas dos décadas, las entradas de IED representaron en promedio alrededor del 3% del PIB, por encima de otras regiones como Medio Oriente y África del Norte (2.7%), Asia Oriental y el Pacífico (2.3%) y Asia Meridional (1.4%) (Gráfico 1.2). Desde

2013, la IED ha sido volátil debido a los cambios en las condiciones mundiales y regionales, y al aumento de la competencia de otros mercados emergentes; sin embargo, ha conservado su importancia estructural, lo que pone de relieve el continuo atractivo de ALC para los inversionistas extranjeros.

Gráfico 1.2. La región de ALC ha sido durante mucho tiempo un importante destino de la IED

Entradas netas de IED como % del PIB, 2003-2023

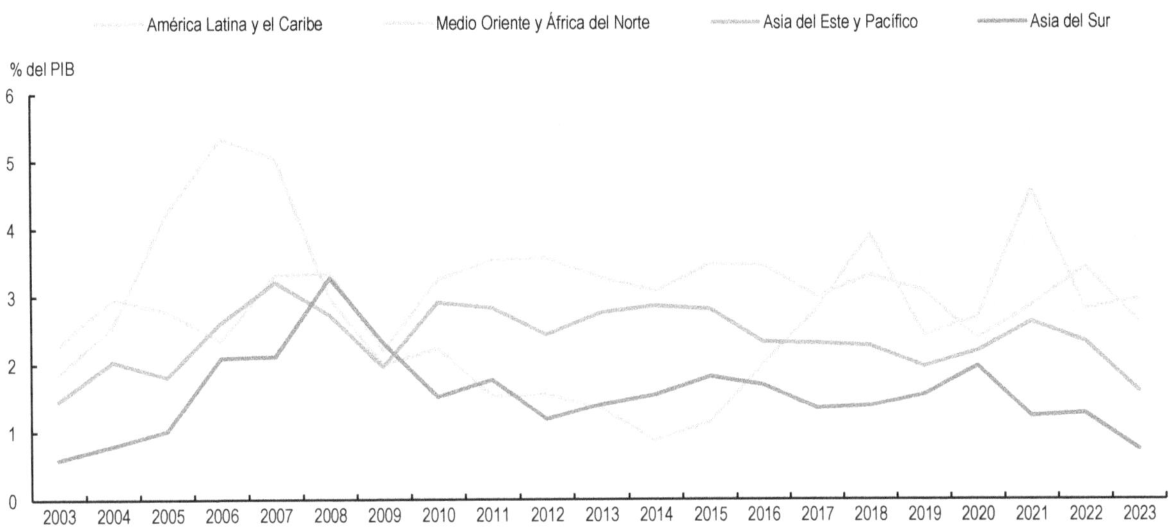

Fuente: OCDE con base en Banco Mundial (2024[6]), https://data.worldbank.org/indicator/BM.KLT.DINV.CD.WD

La Unión Europea (UE) ha sido un inversionista líder y confiable en ALC. Entre 2014 y 2024, las empresas de la UE representaron alrededor de 331 000 millones de dólares en IED en proyectos nuevos, aproximadamente el 32% del total, por delante de los inversionistas de Estados Unidos (26%), la propia ALC (8%), China (7%) y el Reino Unido (5%) (Gráfico 1.3, Panel A). Esto confirma una tendencia que se remonta a muchos años atrás, ya que las empresas de la UE han sido la principal fuente de inversión en nuevos proyectos en la región desde principios de la década del 2000. Con el tiempo, sus inversiones se han ido alineando cada vez más con las prioridades de la Agenda de Inversión Global Gateway (GGIA) de la UE-ALC (Recuadro 1.1). La proporción de IED de la UE destinada a sectores relacionados con la GGIA aumentó del 37% al 50% en la última década, impulsada por el fuerte crecimiento de las energías renovables, junto con una expansión significativa en los sectores químico, de servicios digitales y sanitario (Gráfico 1.3, Panel B).

Gráfico 1.3. La UE es uno de los principales inversionistas en ALC y se centra cada vez más en los sectores incluidos en GGIA UE-ALC

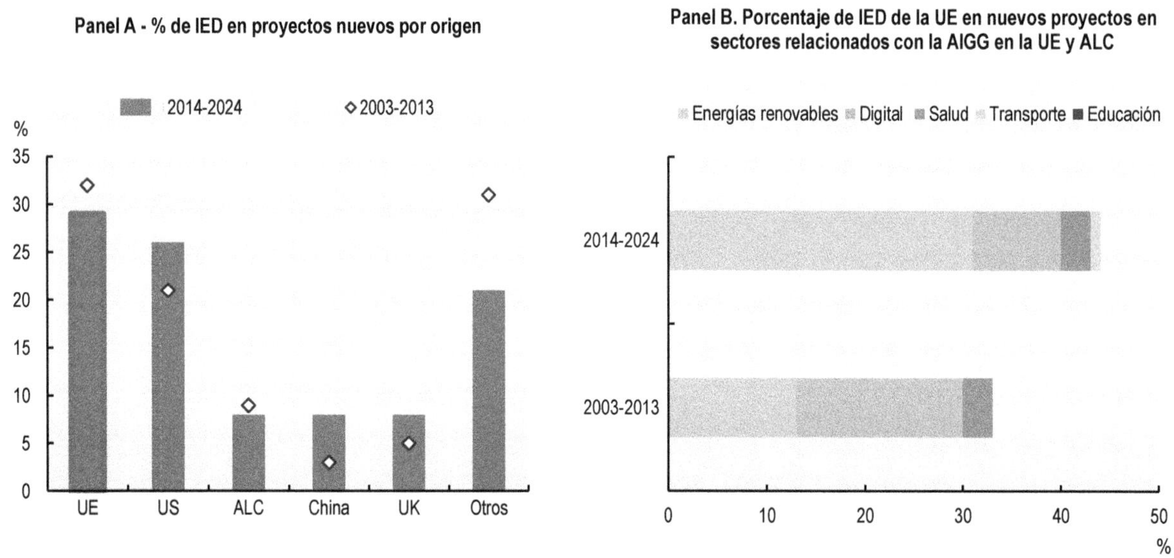

Nota: Las IED nuevas en sectores relacionados con la GGIA incluyen: digital (información y comunicación, electrónica, maquinaria eléctrica); clima y energía (energías renovables); transporte (vehículos eléctricos dentro de "vehículos automotores") y salud (productos químicos, productos farmacéuticos, instrumentos médicos, salud y trabajo social). Las inversiones en educación e investigación son de naturaleza transversal y no pueden incluirse en la clasificación sectorial de la ISIC Rev. 4.
Fuente: OCDE con base en FDI Market (2025[7]), https://www.fdimarkets.com/

1.2. Impacto de la IED en ALC: principales conclusiones de la evaluación

1.2.1. La IED en ALC sigue concentrándose en los sectores tradicionales basados en los recursos y de tecnología media, pero está evolucionando hacia actividades más sostenibles y de mayor valor agregado

La IED es un motor fundamental de la transformación estructural y la integración en las cadenas de valor mundiales (CMV) en ALC. Durante la última década, alrededor del 15% del total de la IED en nuevos proyectos se destinó a sectores tradicionales basados en los recursos, especialmente la minería y los combustibles fósiles. Alrededor del 40% se destinó a la industria manufacturera, en particular a los sectores de vehículos automotores y productos químicos de tecnología media, que en conjunto representaron alrededor del 20% de la IED en nuevos proyectos.

Si bien estas inversiones han respaldado la industrialización, también han reforzado los patrones de dependencia de las materias primas y las exportaciones de baja tecnología. Como resultado, la inserción de la región en las CMV es tal que sus materias primas y productos semielaborados se exportan para ser transformados en otros lugares. Esto ha dejado a muchas economías de ALC en una situación vulnerable frente a la demanda externa y la volatilidad de los precios mundiales. Además, la concentración de la IED en actividades basadas en los recursos ha generado efectos indirectos limitados, ha restringido el valor añadido interno y ha contribuido a las presiones medioambientales, incluido el aumento de las emisiones de CO_2.

En los últimos años, la inversión de ALC ha comenzado a desplazarse hacia los sectores prioritarios de la Agenda de Inversión Global Gateway (GGIA) de la UE-ALC. Las energías renovables han atraído una parte cada vez mayor de los proyectos totalmente nuevos, representando alrededor del 17% del total de la IED totalmente nueva entre 2014 y 2024, 10 puntos porcentuales más que en la década anterior. La

UE es el principal inversionista en energías renovables, con más de la mitad de la inversión total en el sector.

La IED también ha contribuido a la modernización tecnológica, lo que ha permitido a la región acceder a segmentos de mayor valor de las CMV. Entre 2014 y 2024, aproximadamente el 36% de la IED en nuevos proyectos se destinó a actividades de alta tecnología y intensivas en conocimiento. De esta cifra, alrededor del 13% se destinó a servicios digitales, como el alojamiento de datos, la programación y el desarrollo de software, alejándose de las inversiones iniciales en infraestructura de telecomunicaciones (Gráfico 1.4). En términos más generales, las empresas de la UE tienen una fuerte presencia en la fabricación de tecnología media y alta.

Gráfico 1.4. La proporción de IED en proyectos nuevos en los sectores de las energías renovables y digitales está creciendo

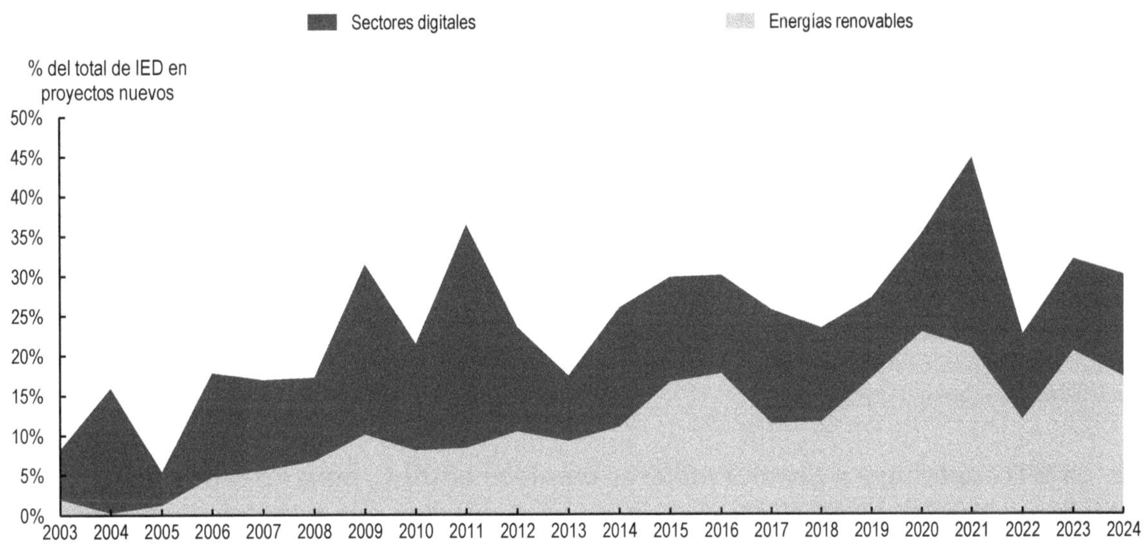

Nota: Los sectores digitales incluyen los servicios digitales (por ejemplo, actividades de programación informática, actividades de procesamiento y alojamiento de datos, actividades de servicios de información, etc.); los productos de TIC (electrónica, equipos informáticos, etc.); los componentes eléctricos (baterías, equipos eléctricos, dispositivos de cableado, etc.); y las telecomunicaciones (actividades de telecomunicaciones por cable e inalámbricas y actividades satelitales).
Fuente: OCDE con base en FDI Market (2025[7]), https://www.fdimarkets.com/

La IED de la UE es un importante motor de la diversificación de las exportaciones y la modernización industrial en ALC. Los datos empíricos recopilados para este informe muestran que un aumento del 10% en la inversión de capital de la UE se traduce en un incremento de 0.05 puntos porcentuales en la proporción de productos de tecnología media y alta en el total de las exportaciones y en un aumento de 0.01 puntos porcentuales en el valor añadido de la industria manufacturera como porcentaje del PIB. Estos hallazgos ponen de relieve el papel de las inversiones de la UE en nuevos proyectos para impulsar la fabricación de tecnología media y alta, así como la importancia de atraer más IED a estos sectores. Aunque los países de ALC presentan estructuras económicas diversas, siguen existiendo importantes oportunidades para canalizar la IED hacia actividades en las que aún no se ha aprovechado plenamente el potencial de la región.

La IED de la UE también ha contribuido a ampliar la capacidad de energía limpia y a apoyar la transición de la región hacia una combinación energética más diversificada y sostenible. Las estimaciones muestran que un aumento del 10% en la IED de nueva creación procedente de la UE se asocia con un aumento de 0.3 puntos porcentuales en la cuota de las energías renovables en la combinación energética, un aumento de 1.2 toneladas equivalentes de petróleo (tep) por cada 1 000 personas en el suministro de energía renovable y 0.1 tep por cada millón de dólares estadounidenses del PIB (PPA) (Gráfico 1.5).

Gráfico 1.5. Impacto de la IED en el suministro de energía renovable y la matriz energética

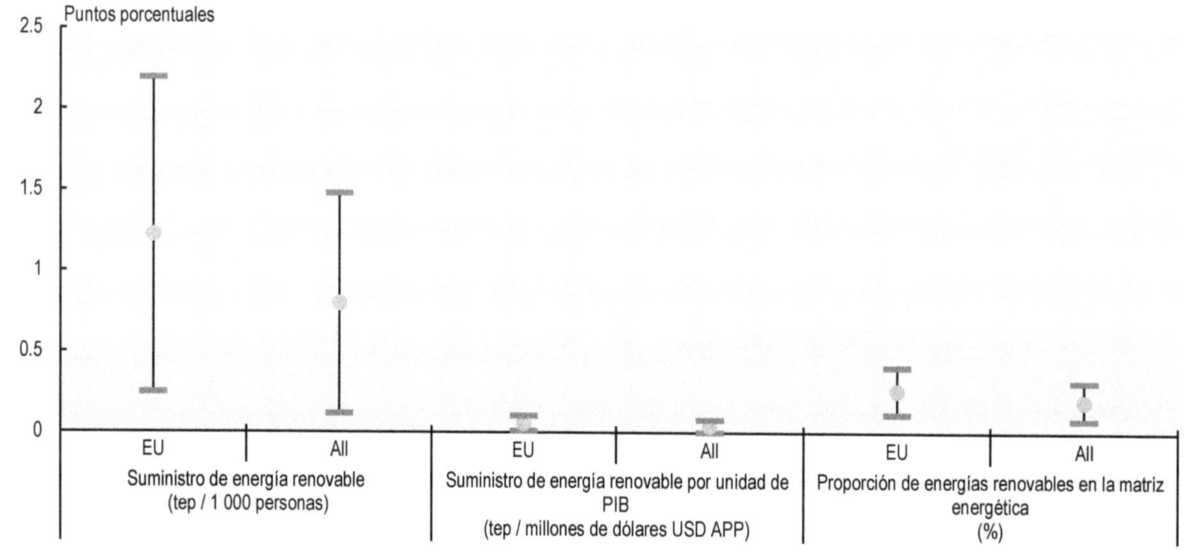

Nota: El gráfico muestra el impacto estimado en puntos porcentuales de un aumento del 10% en la inversión de capital diferida durante dos años de los proyectos nuevos de IED anunciados en el sector de las energías renovables sobre tres variables, junto con sus intervalos de confianza del 95%. "Todos" se refiere a todos los países de origen.
Fuente: Cálculos de la OCDE basados en IRENA (2023[8]) https://www.irena.org/Data , FDI Markets (2025[7]), https://www.fdimarkets.com/ y OLADE (2023[9]), https://sielac.olade.org/.

1.2.2. La IED contribuye a generar mejores empleos en ALC, pero no todos los trabajadores pueden beneficiarse de ello, en particular los que trabajan en los sectores ecológicos y digitales, que están creciendo rápidamente

La IED es un motor fundamental para la creación de empleos en la región ALC. Entre 2003 y 2024, los proyectos de IED totalmente nuevos generaron directamente alrededor de 5.5 millones de empleos en la región. Si se compara con los mercados laborales nacionales de ALC, el impacto es significativo: el número de empleos creados por la IED totalmente nueva en las últimas dos décadas representa aproximadamente el 4% del empleo formal de la región. También equivale al 12% de todos los empleos relacionados con la IED en todo el mundo. Esta proporción es notablemente superior a la importancia demográfica de la región (8%), lo que significa que la IED en ALC genera un número desproporcionadamente elevado de oportunidades de empleo. Dicho de otro modo, la IED en ALC tiene una intensidad de empleo especialmente elevada.

En promedio, cada mil millones de dólares estadounidenses invertidos en la región generan directamente alrededor de 2 700 empleos, una de las proporciones más altas a nivel mundial. En las últimas dos décadas, ha aumentado el número promedio de empleos creados por unidad de inversión en ALC, lo que refleja un cambio subyacente en la composición de la inversión. Mientras que los proyectos anteriores de IED en ALC se centraban en sectores más intensivos en capital, como la minería, los combustibles fósiles y las telecomunicaciones, la IED más reciente se ha orientado hacia actividades intensivas en mano de obra, como la manufactura, el transporte, los servicios empresariales y, cada vez más, los servicios digitales.

La industria manufacturera sigue desempeñando un papel fundamental, ya que representa el 54% de todos los empleos relacionados con la IED en la región. Dentro de este sector, los vehículos automotores, los alimentos y los equipos eléctricos siguen siendo importantes fuentes de empleo. Los servicios representan una parte importante del empleo generado por la IED, ya que suman el 35% del total. Cabe destacar la contribución de los servicios digitales, que por sí mismos representan el 12% de los empleos relacionados con la IED. Esta trayectoria pone de relieve la manera en que la inversión extranjera ha abierto oportunidades en sectores intensivos en conocimiento, que son fundamentales para la modernización tecnológica y el crecimiento de la productividad.

El sector energético también destaca como un área de rápidos cambios. Aunque históricamente ha estado dominado por los combustibles fósiles y otras actividades basadas en los recursos, el sector está experimentando actualmente un auge de los proyectos de energía renovable. El empleo relacionado con la IED en el sector de las energías renovables se ha duplicado en la última década, pasando del 1% al 3% del total de puestos de trabajo relacionados con la IED en la región. Aunque todavía discreta en términos absolutos, esta tendencia confirma la creciente alineación de la inversión extranjera con el cambio global hacia una producción con bajas emisiones de carbono. En la última década, el 63% de los empleos relacionados con la IED en el sector energético se generaron en el sector de las energías renovables, lo que supone un aumento significativo con respecto al 35% de la década anterior. Esta tendencia muestra los beneficios potenciales para la región de ALC de posicionarse como un actor clave en la transición ecológica, aprovechando sus abundantes recursos naturales para la generación y exportación de energía limpia.

La Unión Europea, junto con los Estados Unidos, ha sido sistemáticamente una de las principales fuentes de creación de empleo relacionado con la IED en ALC. En las últimas dos décadas, cada uno de ellos ha representado alrededor del 30% de todos los empleos relacionados con la IED en la región (Gráfico 1.6). Aunque otros actores, como China, han irrumpido en el panorama de las inversiones, su presencia sigue siendo menor, ya que parten de una base mucho más baja.

Gráfico 1.6. Los inversionistas de la UE y EE.UU. generaron casi el 60% del total de empleos de IED en ALC

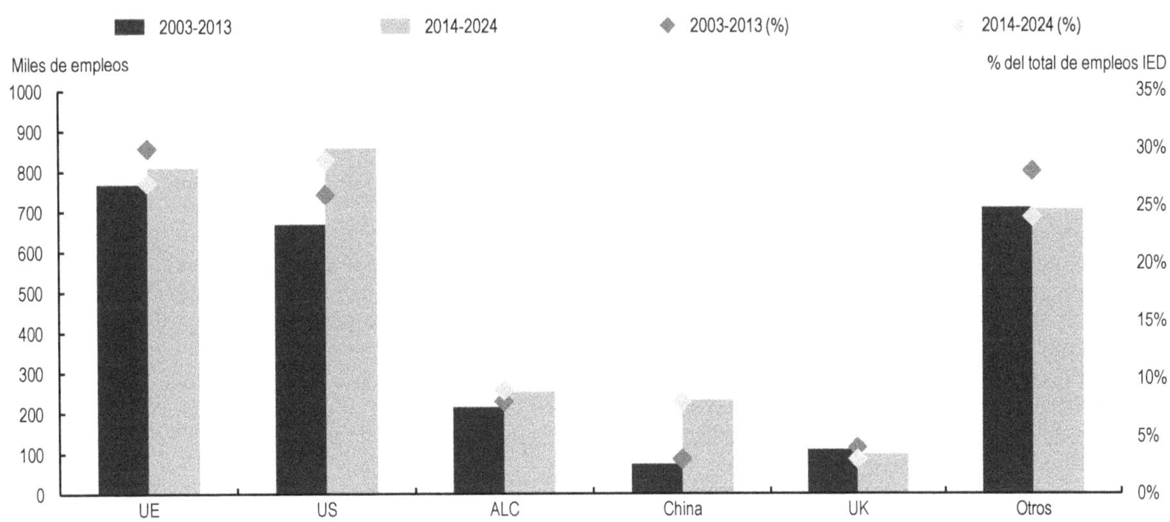

Fuente: OCDE con base en FDI Market (2025[2]), https://www.fdimarkets.com/

La IED en ALC ha contribuido no solo a la creación de empleos, sino también a la mejora de la calidad de los mismos. Las empresas extranjeras tienden a ofrecer contratos permanentes y salarios más altos que las empresas nacionales. En Bolivia y El Salvador, la prima salarial relacionada con las empresas extranjeras es especialmente marcada entre los trabajadores con salarios bajos. Esto sugiere que la IED puede contribuir a la reducción de la desigualdad salarial al elevar los ingresos en el extremo inferior de la distribución.

Las inversiones de la UE se concentran en sectores asociados a mejores resultados en el mercado laboral, muchos de los cuales se ajustan a las prioridades estratégicas de la GGIA UE-ALC. Las inversiones de la UE en proyectos totalmente nuevos predominan en industrias donde los salarios son, en promedio, entre 1.5 y 1.8 veces más altos que en otros sectores. (Gráfico 1.7). Estos sectores también se caracterizan por tener mayores niveles de formalidad laboral, un mayor acceso a la seguridad social, incluyendo pensiones y seguro médico, así como mejores resultados en cuanto a competencias. Al mismo tiempo, la inversión de la UE se concentra de manera desproporcionada en sectores en los que las disparidades de género son más pronunciadas. Muchas industrias con una elevada inversión de la UE en nuevos proyectos siguen estando dominadas por los hombres y ofrecen salarios más bajos a las mujeres en comparación con otros sectores del mercado laboral.

Gráfico 1.7. Los trabajadores de los sectores intensivos en IED de la UE ganan salarios significativamente más altos

Relación salarial media entre los sectores que reciben IED de la UE en comparación con otros sectores

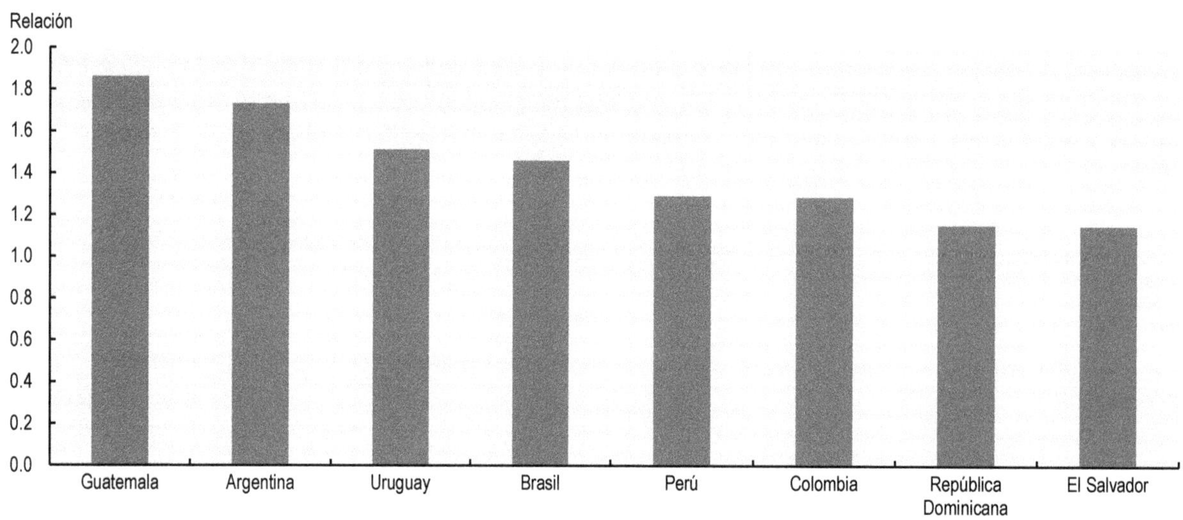

Nota: Los sectores seleccionados representan al menos el 80% de los puestos de trabajo creados por la IED de la UE en el país e incluyen un mínimo de cinco sectores, según las estadísticas de fDi Markets correspondientes a los cinco años previos a la última encuesta de hogares disponible. Los resultados que se muestran en los siguientes gráficos son promedios ponderados para estos sectores, utilizando como ponderación la participación de cada sector en la creación total de puestos de trabajo relacionados con la IED de la UE. Para los sectores restantes —aquellos que reciben poca o ninguna IED de la UE— se presentan promedios simples (no ponderados). La relación salarial se calcula como el salario promedio en el sector de la IED dividido por el salario promedio en el sector no relacionado con la IED, basándose en el empleo principal. Para obtener más detalles, véase el Capítulo 3 (Recuadro 3.6).
Fuente: Cálculos de la OCDE basados en FDI Markets (2025[7]) y OCDE (2024[10]).

1.2.3. La IED ha impulsado la transformación sectorial, las competencias y la creación de empleos en Colombia, Costa Rica y la República Dominicana, y la UE ha jugado un papel clave en ello

La experiencia de Colombia, Costa Rica y la República Dominicana ilustra la importancia de la IED procedente de la Unión Europea para el avance del desarrollo sostenible en toda la región. En las últimas dos décadas, la IED en Colombia, Costa Rica y la República Dominicana ha evolucionado hacia inversiones más diversificadas, intensivas en conocimiento y sostenibles, al igual que en el resto de la región. Los inversionistas de la UE han orientado la IED en proyectos nuevos hacia las energías renovables, las tecnologías digitales y la fabricación de mayor valor agregado, lo que ha favorecido la creación de empleo y el desarrollo de competencias. Estos países ponen de relieve tanto la diversidad regional como el peso estratégico de la inversión de la UE: Colombia, uno de los principales receptores de IED de América del Sur, ha visto cómo las empresas de la UE impulsaban la diversificación más allá de las industrias extractivas; Costa Rica ha aprovechado la IED para la fabricación avanzada, especialmente en el ámbito de los productos médicos y farmacéuticos; y la República Dominicana se ha beneficiado de la inversión de la UE en energía y turismo.

En las últimas dos décadas, la IED en energías renovables se ha expandido rápidamente en Colombia, con más de tres cuartas partes de los proyectos eléctricos totalmente nuevos de la UE entre 2014 y 2024 destinados a la energía limpia, seguidos por las tecnologías de la información y la comunicación (TIC) y la industria manufacturera. La UE también fue el mayor inversionista en proyectos totalmente nuevos en la República Dominicana (2003-2024), centrándose en el turismo y la electricidad, en particular la energía solar, que pasó del 2% a casi el 15% del total de inversiones entre las dos décadas, lo que contribuyó a los objetivos de diversificación energética y sostenibilidad. En Costa Rica, la IED ha sido fundamental para el desarrollo, ya que las inversiones de la UE y EE. UU. han fortalecido la fabricación de alta tecnología y la integración en la cadena de valor mundial, lo que ha contribuido a posicionar al país como un centro líder en dispositivos médicos y productos farmacéuticos.

Durante el periodo 2003-2024, la Unión Europea y los Estados Unidos impulsaron la inversión en sectores intensivos en tecnología y conocimiento (TKI, por sus siglas en inglés) en Colombia y Costa Rica, mientras que dicha inversión se ha desacelerado en la República Dominicana, excepto la proveniente de fuentes de ALC. En Colombia, la participación de la UE en la IED en los sectores de TKI se ha mantenido estable, pero ha disminuido en términos absolutos, lo que sugiere que existe margen para reforzar su papel en actividades de mayor valor agregado. En Costa Rica, Estados Unidos sigue siendo el principal inversionista en TKI e I+D, mientras que la inversión de la UE, aunque menor, ha crecido de manera constante. En los tres países, la IED para proyectos totalmente nuevos en I+D sigue siendo limitada, siendo la UE la mayor fuente para Colombia y la República Dominicana, mientras que Estados Unidos ha liderado en Costa Rica durante las últimas dos décadas.

La IED ha contribuido de manera significativa no solo a la transformación estructural de los tres países, sino también a la creación de más y mejores empleos y a la promoción de las habilidades. Entre 2003 y 2024, las empresas de la UE encabezaron la creación de empleo en Colombia (37% del total de puestos de trabajo) y la República Dominicana (36%), mientras que en Costa Rica ocuparon el segundo lugar después de Estados Unidos (17%). La intensidad de empleo de la IED en Colombia y Costa Rica aumentó considerablemente durante las dos décadas, mientras que en la República Dominicana solo creció moderadamente. F La IED también ha contribuido al desarrollo de competencias, mejorando las capacidades de la fuerza laboral. En Colombia, la IED en educación y formación se ha expandido de manera notable, y la UE es ahora la segunda fuente más importante después de la región ALC. En Costa Rica, aunque la IED en educación y formación es limitada, las empresas de la UE contribuyen activamente a la mejora de la fuerza laboral.

Las empresas extranjeras tienen un mayor impacto en el desarrollo que las nacionales. Los datos sobre las empresas nacionales muestran que, tanto en Costa Rica como en la República Dominicana, las empresas extranjeras pagan salarios considerablemente más altos, son más productivas y exportan más que sus contrapartes nacionales (Gráfico 1.8). Los sectores en los que se concentra la IED de la UE muestran resultados importantes en materia de desarrollo. En Colombia, los empleos generados por la IED de la UE se concentran en sectores con salarios más altos y mayor formalidad, pero que son ocupaciones dominadas por los hombres. En la República Dominicana, los empleos creados por la IED de la UE se concentran en sectores con salarios más altos y menor informalidad laboral, y que están dominados por los hombres, pero también pagan a las mujeres salarios de mejor calidad.

Gráfico 1.8. Las empresas extranjeras en Costa Rica y la República Dominicana son más productivas, pagan salarios más altos y exportan más

¿Las empresas extranjeras obtienen mejores resultados que sus homólogas nacionales? (sí, si la puntuación es >0; no, si la puntuación es <0)

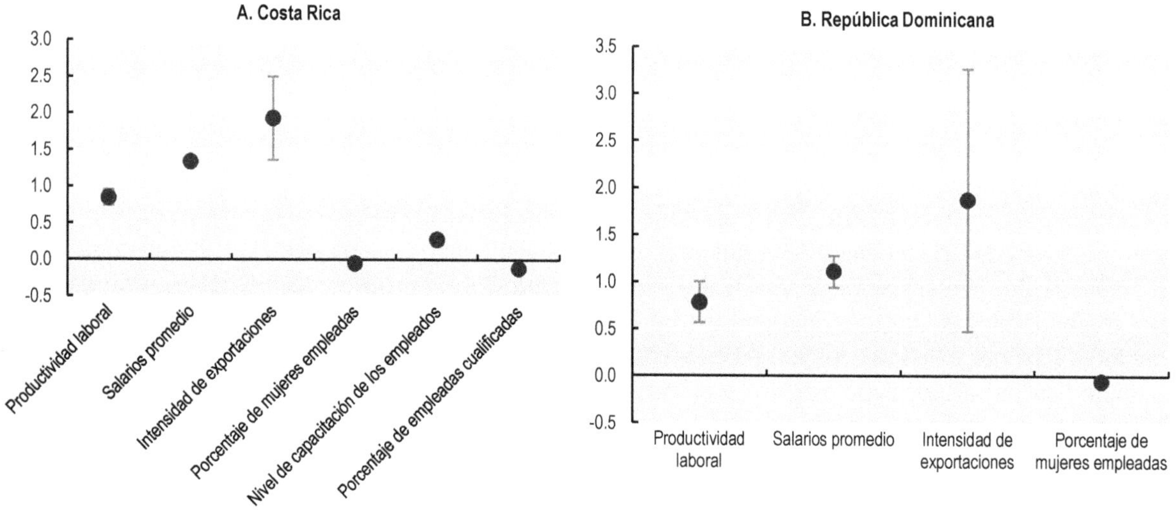

Nota: Este gráfico muestra la diferencia relativa entre las empresas extranjeras y nacionales en cuanto a resultados. Las barras representan intervalos de confianza del 95%. El Panel A. Costa Rica se basa en datos de 2022, mientras que el Panel B. República Dominicana se calculó con datos de 2024. En el Panel A. Costa Rica, la variable subyacente a la intensidad de las exportaciones no se examinó a fondo, por lo que el valor exacto del coeficiente debe interpretarse con cautela. Para más detalles, consulte los Anexos 4.A y 4.B.
Fuente: Cálculos de la OCDE basados en (Central Bank of Costa Rica, 2025[11]) y (DGII, 2025[12])

1.2.4. La cooperación internacional para el desarrollo puede magnificar los efectos de la IED

La cooperación internacional para el desarrollo ha complementado cada vez más los esfuerzos del sector privado en los tres países. Ha contribuido a movilizar la IED y a fortalecer los sectores productivos de los países, centrándose en la mejora de las infraestructuras y las competencias de la mano de obra y reforzando la normativa. De este modo, la cooperación internacional para el desarrollo mejora el atractivo general de los países para las inversiones. En Colombia, la Ayuda Oficial al Desarrollo (AOD), incluido el apoyo destinado a catalizar la movilización del sector privado, se ha alineado en gran medida con las tendencias sectoriales de la IED, en particular en los sectores de energías renovables y de conocimiento intensivo. Esto pone de relieve el potencial para seguir garantizando una mayor coherencia entre la cooperación internacional para el desarrollo y los esfuerzos de inversión privada. Entre 2003 y 2024, la UE dedicó el 36% de su AOD al sector energético, mientras que el 82% del financiamiento privado movilizado en Colombia se destinó a las energías renovables. Existen tendencias similares en la República Dominicana, donde el financiamiento privado movilizado apenas está surgiendo, pero en general, la AOD se centra principalmente en las energías renovables; y en Costa Rica, donde el financiamiento privado movilizado, históricamente limitado, se ha expandido recientemente a nuevos sectores, tales como el transporte y el almacenamiento, un área clave de la IED.

El desarrollo de competencias y la formación son canales fundamentales a través de los cuales la AOD puede impulsar la transformación sectorial, la empleabilidad y el atractivo para la inversión. Los países y las instituciones de la UE fueron los mayores donantes de AOD para la educación y las competencias en

Costa Rica y la República Dominicana, y los segundos después del Reino Unido en Colombia. En los tres países, la AOD de la UE se destinó principalmente a la educación y la formación profesional, lo que contribuyó directamente al desarrollo de las capacidades de la fuerza laboral.

1.2.5. Los programas de Educación y Formación Técnica y Profesional (EFTP) de las empresas de la UE en América Latina y el Caribe pueden fomentar el desarrollo de competencias, impulsar el empleo juvenil y promover la inclusión social

La educación y las competencias son fundamentos esenciales para la productividad, la innovación y el crecimiento inclusivo, pero siguen existiendo importantes deficiencias en la región ALC. Los resultados del aprendizaje básico siguen siendo deficientes y el gasto público en educación se situó en el 4.6% del PIB en 2020 (Arias et al., 2023[13]). La inversión en educación y formación técnica y profesional (EFTP) es aún menor, con un promedio inferior al 0.2% del PIB (World Bank, UNESCO & ILO, 2023[14]).

Según las encuestas empresariales del Banco Mundial, alrededor del 39% de las empresas de la región ofrecen formación a sus empleados fijos, aunque las tasas de participación varían mucho entre los distintos países (Gráfico 1.9). Si bien alrededor del 63% de los trabajadores participan en algún tipo de capacitación, estas oportunidades son financiadas en gran medida por las propias empresas, con un apoyo público mínimo. En comparación con las empresas locales, las empresas europeas en ALC suelen invertir más en capacitación, ofrecen salarios más altos y emplean a más trabajadores permanentes.

Los trabajadores informales, que representan más de la mitad de la fuerza laboral de ALC (OECD, 2024[15]), Los trabajadores informales, que representan más de la mitad de la fuerza laboral de América Latina y el Caribe, tienen un acceso especialmente limitado a este tipo de capacitación. Del mismo modo, las pequeñas y medianas empresas (PYME), que constituyen la columna vertebral de las economías regionales, registran bajos niveles de participación en la EFTP (Flores-Lima et al., 2014[16]). Estas disparidades contribuyen a la persistencia de las diferencias de productividad, a la limitación de la movilidad social y al aumento de la desigualdad. Gran parte de la inversión del sector privado en materia de capacitación es reactiva, impulsada por la escasez de competencias existentes. Los empleadores suelen destacar esta cuestión, y casi una de cada cuatro empresas menciona que la falta de competencias adecuadas de la fuerza laboral es un obstáculo importante para el crecimiento.

Gráfico 1.9. Indicadores clave sobre la capacitación en el trabajo, por región (2009-2025)

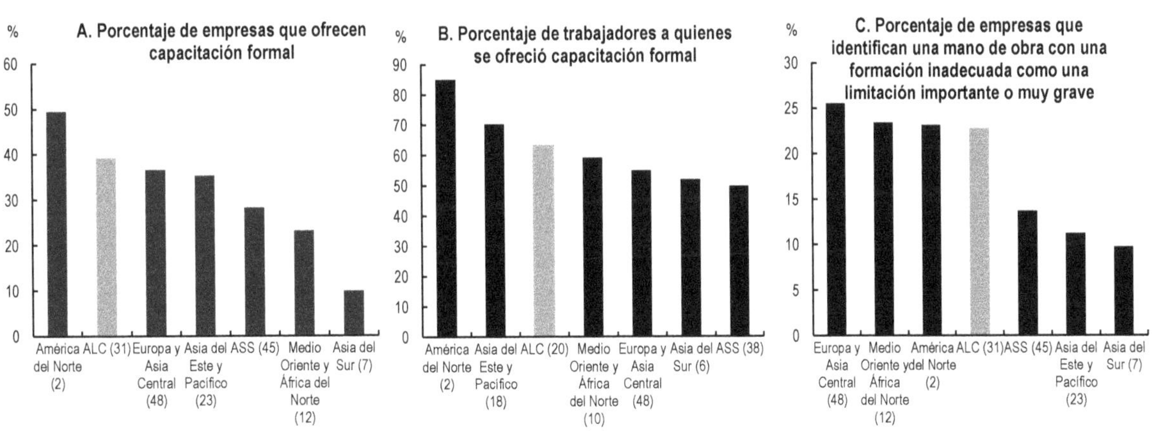

Nota: Los promedios regionales que se indican aquí se basan en el número de países que se indica entre paréntesis después del nombre de la región. Los promedios regionales se basan en datos recopilados a lo largo de diferentes años dentro del periodo 2009-2025, ya que el año fiscal de referencia varía según el país.

Fuente: Elaboración del autor basada en las Encuestas Empresariales del Banco Mundial (2024[17]), https://www.enterprisesurveys.org/en/data/exploretopics/workforce

La EFTP es un pilar tradicional de los sistemas educativos europeos. Los sólidos marcos institucionales, la estrecha coordinación con los empleadores y la integración de las experiencias de aprendizaje y laborales han ayudado a los sistemas europeos a lograr una transición más fluida de la escuela al trabajo y a promover un crecimiento inclusivo. Los modelos de formación dual, impulsados por primera vez en países como Alemania, Austria y Suiza, combinan la enseñanza en el aula con la experiencia práctica en el trabajo. Muchos países de ALC se han inspirado en estos modelos, adaptándolos a las condiciones del mercado laboral local en lugar de replicarlos íntegramente.

Varias empresas europeas que operan en la región han desempeñado un papel fundamental en el fortalecimiento de los sistemas de capacitación. Este informe se enfoca en cuatro empresas de los sectores de telecomunicaciones, manufactura y banca que han invertido en capacitación en la región ALC. Estas empresas comparten varias prácticas recomendadas, lo que las convierte en modelos valiosos para otras empresas europeas e internacionales que buscan fortalecer el desarrollo de capacidades en la región:

- **Las asociaciones público-privadas sólidas impulsan los resultados en materia de empleo**: Las empresas europeas han ampliado las oportunidades de EFTP en ALC a través de este tipo de asociaciones. Por ejemplo, el Centro de Formación Dual de Volkswagen de México con la Universidad Tecnológica de Puebla ha formado a casi 6 000 graduados en mecatrónica que ahora trabajan en Volkswagen o con sus proveedores, mientras que su colaboración con el Colegio de Estudios Científicos y Tecnológicos de Guanajuato forma directamente a los estudiantes para puestos de trabajo en la planta de motores de Silao.
- **Alinear la capacitación con la demanda del mercado laboral mejora la empleabilidad.** Las cuatro empresas dan prioridad a la empleabilidad, centrándose en habilidades muy demandadas, como la alfabetización digital, la automatización, la programación y el liderazgo. Iniciativas como los Campus de Programación y Digital Minds de Telefónica promueven la inclusión digital y la mejora de las habilidades de estudiantes, profesores, jóvenes y su propia plantilla.
- **Los modelos digitales e híbridos amplían el acceso y la flexibilidad.** Las plataformas digitales y el aprendizaje híbrido han ampliado considerablemente el acceso a la EFTP. Santander Open Academy es un ejemplo de este enfoque, ya que ofrece programas flexibles y escalables, tanto en línea como híbridos, en competencias digitales, idiomas y liderazgo, en consonancia con las necesidades del mercado laboral.
- **La inclusión promueve la igualdad de género y la inclusión de las personas con discapacidad.** El programa Mujeres en Red de Telefónica prepara a mujeres de Perú y Colombia para carreras técnicas en telecomunicaciones, ofreciéndoles apoyo tanto técnico como psicosocial. La estrategia de personal de la empresa también da prioridad a la inclusión de personas con discapacidad, con la contratación de 2 700 personas con discapacidad en 2023.
- **Involucrar a los jóvenes y empoderar a los educadores para mantener la excelencia de la EFTP.** Conscientes de la importancia de atraer a los jóvenes hacia las carreras técnicas, las empresas han puesto en marcha iniciativas de divulgación y sensibilización en las escuelas. El programa Experimento de Siemens promueve el aprendizaje de las disciplinas STEM a través de actividades prácticas y ofrece a los profesores formación profesional gratuita y recursos didácticos de alta calidad.
- **La evaluación basada en datos refuerza la calidad y la relevancia para el mercado laboral.** El monitoreo y la evaluación continuos garantizan que la capacitación siga siendo eficaz y se ajuste a las necesidades del mercado laboral. Santander aplica un marco sólido para dar seguimiento a la participación, la finalización, la satisfacción y el compromiso institucional en todas sus iniciativas de EFTP, y utiliza esta información para perfeccionar los programas y mejorar los resultados en materia de empleabilidad.

1.3. Áreas políticas a considerar y perspectivas futuras

La IED, que durante mucho tiempo ha sido un motor clave del crecimiento en ALC, puede impulsar significativamente el desarrollo sostenible en la región. Puede apoyar la diversificación económica, la modernización tecnológica y la creación de empleos de calidad con medidas políticas deliberadas y bien coordinadas. Las áreas políticas esbozadas en esta sección destacan los aspectos en los que los gobiernos de ALC podrían centrarse para maximizar los beneficios de la inversión y cómo los gobiernos de ALC y la UE pueden definir prioridades comunes para futuras acciones conjuntas. La adaptación de los indicadores de calidad de la IED de la OCDE al contexto UE-ALC y la incorporación de enfoques basados en datos empíricos (OECD et al, 2024[2]) en los diálogos políticos estructurados (incluidos los marcos UE-CELAC y Global Gateway) podrían acercar las estrategias de inversión al desarrollo sostenible. Estas consideraciones políticas se basan en la Recomendación del Consejo de la OCDE sobre las Cualidades de la IED y el Kit de Herramientas Políticas sobre las Cualidades de la IED (Recuadro 1.2).

Junto con los Indicadores de Calidad de la IED, el Kit de Herramientas Políticas y las Recomendaciones, la *Guía de Calidad de la IED para la Cooperación al Desarrollo* proporciona un marco para fortalecer la cooperación al desarrollo con el fin de movilizar mejor la IED y potenciar su impacto positivo. La guía revisa las políticas destinadas a mejorar el impacto de la IED en el desarrollo sostenible. Describe las formas en que los socios para el desarrollo pueden tener en cuenta el impacto de la IED en sus estrategias y apoya el diseño, la implementación y el seguimiento de la asistencia relacionada con la IED (OECD, 2022[18]).

Recuadro 1.2. Principios políticos fundamentales de la Recomendación del Consejo de la OCDE sobre las Cualidades de la IED

La Recomendación sobre las cualidades de la IED se estructura en torno a los siguientes principios y directrices de alto nivel, extraídos del Kit de Herramientas de Políticas sobre las Cualidades de la IED.:

- **Gobernanza:** Proporcionar una orientación estratégica coherente sobre el fomento de la inversión para el desarrollo sostenible y el fomento de la continuidad de las políticas y la aplicación efectiva de dichas políticas.
- **Política interna y marcos jurídicos:** Garantizar que las políticas nacionales y los marcos jurídicos apoyen las inversiones que tienen un impacto positivo en el desarrollo sostenible.
- **Apoyo financiero y técnico:** Dar prioridad a los objetivos de desarrollo sostenible al proporcionar apoyo financiero y técnico para estimular la inversión.
- **Servicios de información y facilitación:** Facilitar y promover la inversión en oportunidades de desarrollo sostenible abordando las deficiencias en materia de información y las barreras administrativas.
- **Cooperación para el desarrollo:** Fortalecer el papel de la cooperación para el desarrollo a fin de movilizar la IED y potenciar su impacto positivo en los países en desarrollo.

El Kit de Herramientas sobre Políticas de Calidad de la IED también se estructura en torno a estos principios políticos y ofrece orientación detallada a los gobiernos sobre cómo mejorar la contribución de la IED al desarrollo económico. La Recomendación se basa en otras normas elaboradas por la OCDE en materia de inversión internacional, entre ellas la Declaración sobre la Inversión Internacional y las Empresas Multinacionales.

Fuente: OCDE (2022[19]), FDI Qualities Policy Toolkit, https://www.oecd.org/en/publications/fdi-qualities-policy-toolkit_7ba74100-en.html.

1.3.1. Fortalecer la gobernanza, la coordinación de políticas y la capacidad institucional

Fortalecer la alineación entre los marcos de inversión y los objetivos de desarrollo más amplios es una prioridad política fundamental para los gobiernos de ALC. En toda la región, las estrategias de inversión están cada vez más vinculadas a agendas más amplias, como la mejora de la productividad, la transición ecológica y la digitalización, pero estos vínculos no siempre son coherentes ni se guían por una visión común a largo plazo. Su implementación también puede resultar difícil, ya que las responsabilidades en materia de políticas económicas, sociales y medioambientales están repartidas entre varios ministerios y organismos, lo que dificulta una coordinación eficaz y diluye el impacto de las estrategias nacionales de inversión. El fortalecimiento de la coordinación entre los distintos ámbitos políticos, especialmente las políticas de inversión, industria, trabajo, educación, medio ambiente e innovación, puede generar sinergias y mejorar la coherencia de las estrategias de desarrollo. Esto es especialmente relevante en ALC, donde la actividad económica se concentra en un número limitado de sectores, la informalidad está muy extendida y las capacidades institucionales varían significativamente.

El desarrollo de sistemas de datos y marcos de supervisión más sólidos es un ámbito importante al que deben seguir prestando atención las políticas. En muchas economías de ALC, los datos sobre la IED solo están disponibles en forma agregada, lo que limita la evaluación de los efectos más amplios de la inversión en la economía y el mercado laboral. El fortalecimiento de la capacidad estadística para generar datos coherentes, desglosados y comparables mejoraría la capacidad de los responsables políticos de ALC para evaluar la calidad y el carácter inclusivo de las inversiones. La mejora de los datos también facilitaría el seguimiento de la interacción de la IED con las grandes transformaciones que se están produciendo en las economías de ALC, como la transformación digital y la transición ecológica, y ofrecería una imagen más precisa del impacto que la IED está teniendo en los diferentes segmentos de la población activa. Estos sistemas también permiten anticipar las necesidades emergentes en materia de competencias, incluyendo las de los inversionistas extranjeros, en sectores en expansión. La coordinación entre las políticas de inversión y de competencias es especialmente relevante en la región ALC, donde el avance de la modernización productiva y tecnológica y la reducción de las desigualdades sociales son prioridades fundamentales.

1.3.2. Garantizar que los marcos jurídicos y normativos nacionales generen un entorno propicio para los negocios, al tiempo que apoyan los resultados del desarrollo sostenible

Para atraer y retener inversiones de calidad es esencial contar con un entorno empresarial transparente, predecible y abierto. En algunas economías de ALC, la complejidad normativa, las barreras administrativas y las restricciones sectoriales generan incertidumbre entre los inversionistas. Garantizar un marco nacional estable y coherente, al tiempo que se mantienen las salvaguardias para las prioridades nacionales, puede fomentar la confianza de los inversionistas y permitir que la IED desempeñe un papel más importante en el avance de los objetivos de desarrollo a largo plazo (OECD, 2015[20]).

Una mayor armonización con las normas internacionales laborales y medioambientales sigue siendo un área importante de interés para la región ALC. Fortalecer la coherencia entre la legislación y la aplicación nacionales y las normas mundiales, como las Líneas Directrices de la OCDE para Empresas Multinacionales sobre Conducta Empresarial Responsable (CER) (OECD, 2023[21]) y la Guía de la OCDE de Diligencia Debida para la Conducta Empresarial Responsable (OECD, 2018[22]), refuerza la conexión entre la inversión y los resultados positivos en materia social, laboral y medioambiental. En una región caracterizada por la informalidad, la desigualdad y las oportunidades laborales desiguales, la incorporación de estas normas contribuye a que la IED sea un motor del trabajo decente, la igualdad de género y el crecimiento sostenible, al tiempo que profundiza la integración en las CMV.

1.3.3. Aprovechar el apoyo financiero y técnico, así como los servicios de facilitación, para fortalecer las capacidades locales y profundizar los vínculos con la IED

Los instrumentos de apoyo financiero, incluidos los incentivos fiscales, pueden atraer inversiones que contribuyan al crecimiento sostenible e inclusivo. Sin embargo, su eficacia y eficiencia dependen de un diseño sólido de las políticas y de una evaluación sistemática. Dado el limitado margen fiscal de muchos países de ALC, estas medidas deben ser transparentes, eficaces en términos de costos y estar estrechamente alineadas con las prioridades nacionales de desarrollo (OECD, 2025[23]) (OECD, forthcoming[24]). Para maximizar su impacto sostenible, los gobiernos de la región deberían evaluar periódicamente que los instrumentos de apoyo financiero reduzcan efectivamente el costo del capital para inversiones adicionales que de otro modo no se realizarían. Sería conveniente que los gobiernos reevaluaran las herramientas existentes para garantizar que el apoyo se canalice hacia sectores y actividades con fuertes efectos indirectos, como la diversificación económica, la mejora de la cadena de valor y el desarrollo de competencias. Vincular los instrumentos de apoyo financiero a objetivos sociales más amplios, como la igualdad de género, también puede garantizar que los beneficios de la IED se distribuyan de manera más amplia y equitativa en toda la sociedad.

El apoyo técnico es fundamental para maximizar el impacto del desarrollo de la IED en la región ALC, ayudando a las empresas locales, especialmente a las pequeñas y medianas empresas (PYME) al igual que a los trabajadores a beneficiarse en mayor medida de los efectos indirectos del conocimiento y la tecnología. Las barreras estructurales para la mejora productiva con frecuencia impiden que las empresas nacionales se conecten con los inversionistas extranjeros y asciendan en las cadenas de valor. El apoyo técnico es fundamental para maximizar el impacto del desarrollo de la IED en la región ALC, ayudando a las empresas locales, especialmente a las pequeñas y medianas empresas (PYME) al igual que a los trabajadores a beneficiarse en mayor medida de los efectos indirectos del conocimiento y la tecnología. Las barreras estructurales para la mejora productiva con frecuencia impiden que las empresas nacionales se conecten con los inversionistas extranjeros y asciendan en las cadenas de valor.

Brindar apoyo a la fuerza laboral mediante políticas activas del mercado laboral (PAML) y sistemas de educación y formación profesional (EFP) bien diseñados reduce el desajuste de competencias y amplía el acceso a empleos de calidad, especialmente para los grupos vulnerables. La colaboración con inversionistas extranjeros, incluyendo a empresas de la UE que ya se dedican a la capacitación, puede consolidar aún más estos esfuerzos al alinear el desarrollo de competencias con la demanda del mercado laboral, especialmente en áreas de alto crecimiento, como los sectores ecológico y digital. Para maximizar su impacto, estas políticas también deberían vincularse de forma más estrecha a los objetivos de inclusión social, tales como la promoción de la igualdad de género y el aumento de la participación de los grupos menos representados.

Los servicios de información y facilitación contribuyen a reducir las barreras a la inversión al aclarar las normas y los procedimientos y crear un entorno en el que los inversionistas puedan operar de manera eficiente. En la mayoría de los países, las agencias de promoción de inversiones (API) actúan como principal punto de contacto para los inversionistas extranjeros y como punto de entrada clave a la economía local (OECD, 2018[25]). Más allá de esta función de puerto de entrada, también prestan servicios de seguimiento para maximizar el impacto en el desarrollo de las inversiones ya presentes en la región. Para muchos países de América Latina y el Caribe, la prioridad estratégica no es solo atraer nuevos inversionistas, sino también retener a los ya existentes y profundizar sus vínculos con las empresas y los mercados nacionales. Para lograrlo, los gobiernos de ALC deberían considerar la posibilidad de fortalecer la capacidad de las API y los servicios relacionados, garantizando que puedan ofrecer información oportuna y transparente, poner en contacto a los inversionistas con socios locales, apoyar la expansión hacia actividades de mayor valor agregado y promover el cumplimiento de las normas sociales y medioambientales.

1.3.4. Alinear los esfuerzos de cooperación al desarrollo de la UE y otros socios con las prioridades de inversión de ALC

La cooperación internacional para el desarrollo es una herramienta importante para los gobiernos de la región ALC, ya que les ayuda a armonizar mejor la IED con sus ambiciones de desarrollo a largo plazo. La interacción entre la IED y la cooperación para el desarrollo se está intensificando, con la UE y su Agenda de Inversión Global Gateway (GGIA) a la vanguardia. Los socios recurren cada vez más a garantías, financiamiento combinado y coinversiones de capital, junto con el apoyo a la elaboración de políticas y proyectos, para reducir el riesgo de los proyectos, atraer a los inversionistas institucionales y armonizar el financiamiento con las prioridades nacionales. Al mismo tiempo, la cooperación para el desarrollo cumple una función crucial en el fortalecimiento de un entorno propicio para la IED al apoyar las reformas normativas, el desarrollo de competencias y las iniciativas de capacitación que mejoran la calidad de las inversiones y maximizan el impacto en el desarrollo.

La cooperación y la IED deben funcionar conjuntamente como un sistema integrado para maximizar el impacto en el desarrollo (OECD, 2022[18]). Alinear la cooperación, incluida la movilización del sector privado, la ayuda oficial al desarrollo (AOD) y los flujos de financiamiento oficial más amplios con los sectores clave de la IED puede crear sinergias más sólidas entre los objetivos públicos y las prioridades e incentivos de la inversión privada. La creciente alineación entre la cooperación y la IED para apoyar la transición ecológica es un valioso ejemplo que puede servir de base. El fortalecimiento de esta coherencia puede conectar mejor la inversión con medidas que mejoren la sostenibilidad y el impacto, en particular mediante el apoyo de la AOD a factores clave como las infraestructuras, las competencias y las finanzas. Una mayor armonización permitiría aprovechar al máximo los escasos recursos de la AOD, de modo que estos fueran más específicos y predecibles, lo que reduciría la volatilidad y la dependencia de proyectos puntuales.

El objetivo del recientemente creado Global Gateway Investment Hub es crear un sistema de este tipo que sirva como punto único de entrada para que las empresas de la UE presenten propuestas de inversión y accedan a la ayuda financiera y no financiera de la UE. Conecta proyectos privados con recursos de la Comisión Europea, el Banco Europeo de Inversiones (BEI), instituciones financieras de desarrollo (IFD), agencias de crédito a la exportación y gobiernos nacionales, fomentando inversiones de impacto que promuevan el desarrollo sostenible, a la vez que genera oportunidades para las empresas de la UE. Es esencial fortalecer la coordinación entre los bancos multilaterales de desarrollo (BMD), las instituciones bilaterales de financiamiento del desarrollo (IBF), las instituciones nacionales de financiamiento del desarrollo y el sector privado en los países de ALC para mejorar el impacto del desarrollo de la IED. El establecimiento de mecanismos de colaboración estructurados, tales como plataformas de inversión conjunta o diálogos sobre políticas, puede orientar la inversión hacia sectores y regiones prioritarios, al tiempo que promueve efectos positivos indirectos a través de iniciativas centradas en el desarrollo de proveedores, el contenido local, la creación de empleos de calidad y la transferencia de tecnología. Esta cooperación también puede apoyar las infraestructuras, las competencias y los ecosistemas de innovación en las zonas desfavorecidas, garantizando que los beneficios de la IED sean más inclusivos y equilibrados desde el punto de vista territorial.

La cooperación para el desarrollo debe reforzar la asistencia técnica y el desarrollo de capacidades (TACB) para ayudar a los países de América Latina y el Caribe a navegar por el entorno cambiante del financiamiento del desarrollo sostenible. La mejora de las capacidades permite un uso eficaz de instrumentos innovadores, como las herramientas de gestión de la deuda y del riesgo de desastres; los bonos verdes, sociales y sustentables (SVS); el financiamiento combinado y los créditos de carbono soberanos, al tiempo que se apoya un entorno propicio para la inversión. Las instituciones sólidas facilitan el desarrollo de los mercados financieros locales, atraen IED de alta calidad y ejecutan proyectos financiables que maximizan el impacto en el desarrollo. Un ejemplo es la Iniciativa Global de Bonos Verdes, auspiciada por la iniciativa Global Gateway de la UE, que apoya a la región ALC en el desarrollo de mercados de bonos verdes y proporciona asistencia técnica para ayudar a establecer marcos de bonos verdes, mejorar la capacidad y atraer a inversionistas internacionales para promover una transición hacia una economía baja en carbono.

Aprovechar el impacto del desarrollo de la IED en ALC es fundamental en un contexto de recursos limitados, incertidumbre geopolítica y cambios en las relaciones económicas. Reforzar la base empírica sobre el impacto socioeconómico de la IED y la eficacia de las herramientas de cooperación para fomentar las inversiones y maximizar su impacto es un primer paso en esta dirección. Además, garantizar la coherencia entre la inversión, el comercio y la cooperación al desarrollo beneficia tanto a la UE como a la región. La Agenda de Inversión Global Gateway (GGIA) de la UE es un buen ejemplo de ello. Con su enfoque de 360°, la GGIA contribuye a atraer la IED, mejora el entorno propicio de los países de ALC y promueve inversiones orientadas a los resultados, complementadas con las Iniciativas del Equipo Europa, como la Alianza Digital UE-ALC y las Sociedades Inclusivas y Equitativas. En conjunto, estos esfuerzos permiten a la UE y a sus socios utilizar la IED como catalizador de un desarrollo inclusivo, sostenible e impulsado por la innovación en ALC.

Referencias

Arias, E. et al. (2023), *The State of Education in Latin America and the Caribbean 2023*, https://publications.iadb.org/en/state-education-latin-america-and-caribbean-2023. [13]

Central Bank of Costa Rica (2025), *Registro de variables economicas del Banco Central de Costa Rica (REVEC)*. [11]

DGII (2025), *Registro de contribuyentes de la Dirección General de Impuestos Internos de la República Dominicana (DGII)*. [12]

European Commission (2025), *Global gateway Overview*, https://international-partnerships.ec.europa.eu/policies/global-gateway/global-gateway-overview_en. [5]

Financial Times (2025), *fDi Markets*, https://www.fdimarkets.com/. [7]

Financial Times (2024), *fDi Markets*, https://www.fdimarkets.com/. [26]

Flores-Lima et al. (2014), *Cinco hechos sobre la capacitación en firma en América Latina y el Caribe*. [16]

IRENA (2023), *Renewable Energy Statistics*, International Renewable Energy Agency, https://www.irena.org/Data. [8]

OECD (2025), "OECD Investment Tax Incentives Database 2024 update: Corporate income tax incentives in emerging and developing economies", *OECD Business and Finance Policy Papers*, No. 79, OECD, Paris Cedex 16, https://doi.org/10.1787/b0de19dc-en. [23]

OECD (2024), *Breaking the Vicious Circles of Informal Employment and Low-Paying Work*, OECD Publishing, Paris, https://doi.org/10.1787/f95c5a74-en. [15]

OECD (2024), *Key Indicators of Informality based on Individuals and their Households (KIIbIH) database*. [10]

OECD (2023), *OECD Guidelines for Multinational Enterprises on Responsible Business Conduct*, https://doi.org/10.1787/81f92357-en. [21]

OECD (2022), *FDI Qualities Guide for Development Co-operation: Strengthening the Role of Development Co-operation for Sustainable Investment*, OECD Development Policy Tools, OECD Publishing, Paris, https://doi.org/10.1787/7f251bac-en. [18]

OECD (2022), *FDI Qualities Policy Toolkit*, OECD Publishing, Paris, https://doi.org/10.1787/7ba74100-en. [19]

OECD (2018), *Mapping of investment promotion agencies in OECD countries*, OECD Publishing, https://doi.org/10.1787/098e4f0e-en. [25]

OECD (2018), *OECD Due Diligence Guidance for Responsible Business Conduct*, OECD Publishing, Paris, https://doi.org/10.1787/15f5f4b3-en. [22]

OECD (2015), *Policy Framework for Investment, 2015 Edition*, https://doi.org/10.1787/9789264208667-en. [20]

OECD (forthcoming), *A Practical Guide to Investment Tax Incentives*, OECD Publishing. [24]

OECD et al (2025), *Latin American Economic Outlook 2025: Financing productive transformation (Forthcoming)*, OECD Publishing, Paris. [1]

OECD et al (2024), *Latin American Economic Outlook 2024: Financing Sustainable Development*, https://doi.org/10.1787/c437947f-en. [2]

OECD et al (2023), *Latin American Economic Outlook 2023: Investing in Sustainable Development*, https://doi.org/10.1787/8c93ff6e-en. [4]

OECD et al. (2025), *Revenue Statistics in Latin America and the Caribbean 2025*, OECD Publishing, Paris, https://doi.org/10.1787/7594fbdd-en. [3]

OLADE (2023), *sieLAC: Energy Information System of Latin America and the Caribbean*, https://sielac.olade.org/. [9]

World Bank (2024), *Foreign direct investment, net inflows (% of GDP)*, https://data.worldbank.org/indicator/BM.KLT.DINV.CD.WD. [6]

World Bank (2024), *World Bank Enterprise Surveys*, https://www.enterprisesurveys.org/en/data/exploretopics/workforce. [17]

World Bank, UNESCO & ILO (2023), *Building Better Formal TVET Systems: Principles and Practice in Low- and Middle-Income Countries*, https://www.worldbank.org/en/topic/skillsdevelopment/publication/better-technical-vocational-education-training-TVET. [14]

2 El papel de la IED en la configuración de la transformación estructural en ALC: Un análisis detallado de las inversiones de la UE

En este capítulo se analizan las tendencias de la inversión extranjera directa (IED) y su impacto en la transformación estructural de ALC (ALC) entre los años 2003 y 2024, haciendo especial hincapié en la inversión procedente de la Unión Europea (UE). Comienza con una visión general de las tendencias de la IED, incluyendo las inversiones en proyectos nuevos y las fusiones y adquisiciones (M&A), desglosadas por países de destino, economías de origen y sectores. A continuación, explora la forma en que la IED contribuye a la productividad, la innovación, la modernización tecnológica, la transformación digital y la transición ecológica, incluyendo los cambios en la combinación de fuentes de energía. Por último, evalúa el papel de la IED en el fomento de la diversificación y la mejora de las exportaciones, así como en una mayor integración en las cadenas de valor mundiales (CMV).

2.1. Resumen

La región de ALC (ALC) está atravesando un complejo proceso de transformación económica y social, marcado por persistentes retos estructurales y esfuerzos renovados por promover un crecimiento inclusivo y sostenible. En los últimos años, muchos países han puesto en marcha o actualizado estrategias de desarrollo industrial y productivo para fortalecer las capacidades tecnológicas, mejorar las cadenas de valor y diversificarse más allá de los sectores tradicionales cuya base son los productos básicos. Estas estrategias tienen por objeto impulsar la innovación, mejorar las competencias y la generación de valor agregado, así como promover transiciones ecológicas y digitales (ECLAC, 2024[1]; OECD, 2024[2]).

La IED desempeña un papel fundamental en esta transformación estructural. Aunque las entradas han fluctuado con los cambios en la dinámica mundial y regional, siguen siendo estructuralmente significativas, con un promedio de cerca del 3% del PIB en la última década, una de las proporciones más altas del mundo. La participación de ALC en el acervo mundial de IED también se ha mantenido relativamente estable, en torno al 6% en las últimas dos décadas, por encima de la de otras regiones emergentes. Las principales economías, como Brasil, México, Chile, Colombia y Argentina, absorben sistemáticamente las mayores proporciones de IED, lo que refleja el tamaño de sus mercados, la riqueza de sus recursos y la competitividad de sus estructuras de costos.

Entre 2014 y 2024, la IED en proyectos nuevos se dirigió principalmente a la industria manufacturera (35%), con fuertes entradas en los sectores de vehículos automotores, alimentos y bebidas y productos químicos. Los sectores de energía y minería representaron el 24% y el 13%, respectivamente. Los servicios representaron aproximadamente una cuarta parte de la IED en proyectos nuevos, liderados por la información y la comunicación, y el transporte y el almacenamiento. En cambio, las fusiones y adquisiciones transfronterizas se concentraron en los servicios (alrededor del 50%), en particular las finanzas y la información y la comunicación, seguidos de la energía (21%). La Unión Europea (UE) es un actor central en el panorama de las inversiones en ALC, ya que representa casi el 30% de la IED en proyectos nuevos, superando a los Estados Unidos (26%) y a los inversionistas intrarregionales (8%). En las fusiones y adquisiciones, los inversionistas de la UE representaron el 18% del valor de las operaciones, por detrás de ALC (32%) y Estados Unidos (26%). Las empresas de la UE son especialmente activas en sectores alineados con las prioridades de la Agenda de Inversión Global Gateway (GGIA) de la UE-ALC, en particular las energías renovables y la información y las comunicaciones, con un notable crecimiento de la inversión en energías renovables.

La IED contribuye positivamente a la productividad, la innovación y la modernización tecnológica en ALC. Las empresas extranjeras son sistemáticamente más productivas que las nacionales y más propensas a participar en actividades de innovación, investigación y desarrollo (I+D). En particular, las empresas de la UE obtienen mejores resultados en sectores intensivos en capital y de alta productividad, como la energía, los vehículos automotores y las finanzas. Aproximadamente el 39% del total de la IED en proyectos nuevos y el 44% de la IED proveniente de la UE se ha dirigido a estos sectores de mayor productividad. Alrededor del 30% de la IED en proyectos nuevos se ha destinado a sectores de tecnología media y alta y de intensidad de conocimiento, una proporción que se ha mantenido prácticamente estable durante las dos últimas décadas. Las empresas de la UE han sido impulsoras clave de la inversión en sectores de tecnología media-alta, especialmente en el sector del automóvil, y representan alrededor del 25% de la IED en proyectos nuevos en este segmento. Los inversionistas estadounidenses han estado más activos en la fabricación de alta tecnología y los servicios intensivos en conocimiento; sin embargo, la inversión sigue concentrándose en funciones de producción básicas y de apoyo (por ejemplo, la fabricación y la logística): entre 2014 y 2024, más del 80% de los proyectos, muchos de ellos de empresas de la UE, se centraron en este tipo de actividades. Si bien son esenciales para el crecimiento de la productividad y potencialmente más propicias para los efectos indirectos locales, estas actividades generan un valor agregado relativamente menor. Solo una parte limitada de la inversión en proyectos nuevos implica funciones de mayor valor (por ejemplo, I+D o actividades corporativas estratégicas), lo que apunta a un importante potencial sin explotar para una mejora más profunda de las redes de producción mundiales.

Desde 2003, ALC ha atraído aproximadamente 260 mil millones de dólares estadounidenses en inversiones digitales en proyectos nuevos, lo que representa alrededor del 13% del total de la IED en proyectos nuevos. La inversión digital es también un pilar estratégico de la Asociación Global de Inversión y Comercio UE-ALC y un motor clave de la transformación digital de la región. Las primeras entradas, especialmente las que provienen de la UE, se centraron en las infraestructuras de telecomunicaciones, sentando las bases para la conectividad digital. Las inversiones más recientes se han desplazado hacia los servicios digitales, incluidos el alojamiento de datos, la programación y el desarrollo de software. La Unión Europea y los Estados Unidos siguen siendo los principales inversionistas en los sectores digitales de ALC. Las empresas estadounidenses han tomado la delantera en los servicios digitales. Las empresas de la UE han aumentado también sus inversiones en este sector, pero su papel ha disminuido en términos relativos en todos los sectores digitales, ya que las inversiones de otras regiones han crecido más rápidamente. La IED también está desempeñando un papel crítico en el apoyo a la transición ecológica de ALC, ya que la región se está convirtiendo en un destino mundial clave para las inversiones alineadas con el clima. Entre 2014 y 2024, las energías renovables representaron el 17% del total de la IED en proyectos nuevos, lo que supone un aumento de 10 puntos porcentuales en comparación con la década anterior. La UE sigue siendo el principal inversionista en la transición hacia las energías limpias de la región, desempeñando un papel fundamental en la expansión del suministro de energías limpias y en el avance de la transformación de la combinación energética, aunque su cuota de mercado relativa haya disminuido ante el creciente interés de otros inversionistas internacionales en este sector.

La IED es también un importante motor de la diversificación de las exportaciones y la modernización industrial. Si bien las estructuras comerciales de ALC difieren entre los distintos países, muchos siguen dependiendo de las exportaciones de materias primas y productos de baja tecnología. La inversión en los sectores de tecnología media y alta, especialmente en las economías más complejas, ha favorecido el cambio hacia actividades de mayor valor agregado. Particularmente, la inversión de la UE se ha relacionado con una mayor sofisticación de las exportaciones y al desarrollo industrial. La IED también ha profundizado la integración de ALC en las CMV, ya que las empresas extranjeras están más orientadas a la exportación y dependen más de las importaciones que las nacionales. Sin embargo, la integración de la región sigue orientada principalmente hacia el futuro, especialmente en los sectores basados en los recursos, donde se concentra en gran medida la inversión de la UE en proyectos nuevos.

2.2. Tendencias de la IED en ALC

2.2.1. La IED ha sido estructuralmente importante para ALC

La IED ha sido durante mucho tiempo un impulsor clave del crecimiento en ALC. Más allá de brindar financiamiento, la IED ha configurado los patrones de desarrollo industrial y ha facilitado la integración de la región en las cadenas de valor mundiales (CMV) (OECD, 2023[3]). Entre 2003 y 2013, la región experimentó una notable expansión de las entradas de IED, respaldada por un entorno externo favorable (Gráfico 2.2 y Recuadro 2.1). Los altos precios de las materias primas, junto con las reformas de las políticas internas, incluida la liberalización del comercio, la privatización y las mejoras regulatorias en varios países de ALC, aumentaron el atractivo de la región para los inversionistas extranjeros. Este crecimiento también se mostró resistente a la crisis financiera mundial de 2008-2009, que provocó una contracción brusca pero breve, tras la cual las entradas se recuperaron rápidamente.

Desde 2013, las entradas de IED en ALC han seguido una trayectoria descendente. La caída en los precios de las materias primas, el endurecimiento de las condiciones financieras mundiales y la volatilidad macroeconómica recurrente minaron la confianza de los inversionistas, mientras que el auge de centros de inversión dinámicos en Asia y otras regiones intensificó la competencia por el capital. No obstante, las entradas de IED se recuperaron rápidamente tras la crisis de la COVID-19. Tras una fuerte contracción en 2020, las entradas aumentaron notablemente, respaldadas por la estabilización de las condiciones macroeconómicas. Los rendimientos cada vez más atractivos en sectores como el de las energías renovables, junto con estrategias de promoción de la inversión más específicas, también contribuyeron a esta recuperación (OECD, 2023[4]).

Gráfico 2.1. La IED promedió 3% del PIB en ALC durante las dos décadas pasadas

Entradas netas de IED en ALC, 2003-2023

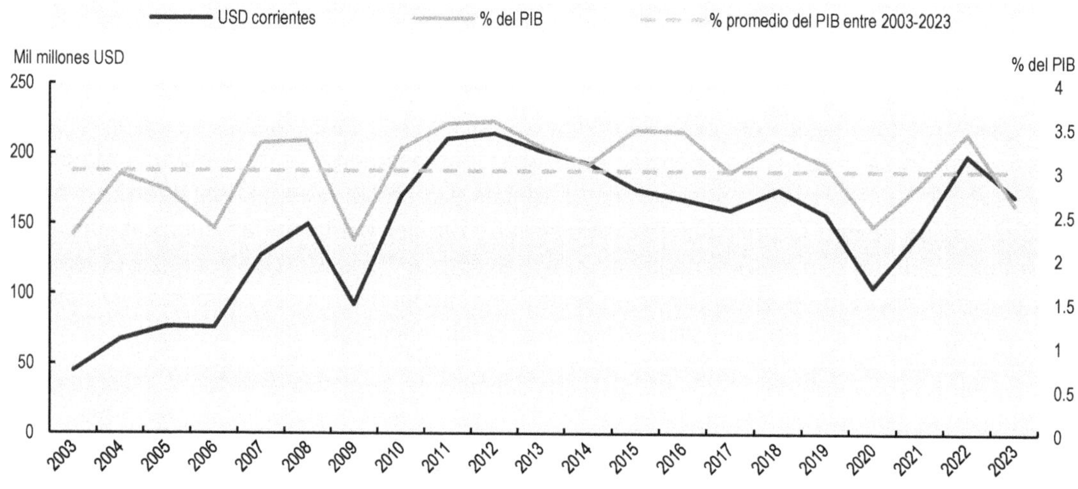

Nota: El agregado para ALC excluye a Aruba, las Bahamas, las Islas Caimán, Curazao y las Islas Turcas y Caicos.
Fuente: Basado en Banco Mundial (2024[5]), Inversión extranjera directa, flujos netos (Balanza de pagos, dólares estadounidenses corrientes), https://data.worldbank.org/indicator/BM.KLT.DINV.CD.WD.

Desde 2013, las entradas de IED en ALC han seguido una trayectoria descendente. La caída de los precios de las materias primas, el endurecimiento de las condiciones financieras mundiales y la volatilidad macroeconómica recurrente debilitaron la confianza de los inversionistas, mientras que el auge de centros de inversión dinámicos en Asia y otras regiones intensificó la competencia por el capital. Sin embargo, las entradas de IED se recuperaron rápidamente tras la crisis de la COVID-19. Después de una fuerte contracción en 2020, las entradas aumentaron notablemente, respaldadas por la estabilización de las condiciones macroeconómicas. Los rendimientos cada vez más atractivos en sectores como el de las energías renovables, junto con estrategias de promoción de la inversión más específicas, también contribuyeron a esta recuperación (OECD, 2023[4]).

La importancia estructural de la IED para ALC se ha mantenido estable durante las dos últimas décadas. En promedio, las entradas anuales han equivalido a cerca del 3% del PIB, una cifra significativamente superior a la de otras regiones del mundo, como Medio Oriente y África del Norte (2.7%), Asia Oriental y el Pacífico (2.3%), África Subsahariana (2.2%) y Asia Meridional (1.4%) (Gráfico 2.1). El acervo de IED entrante subraya la importancia de la región como destino de inversiones. ALC representa poco más del 6% del total mundial, muy por debajo de las participaciones de la UE (30%) y América del Norte (26%), pero por encima de las de otras regiones emergentes, como Asia Oriental y el Pacífico o Medio Oriente y África del Norte, ambas cerca del 4%. Esta participación también se ha mantenido prácticamente estable durante la última década, lo que pone de manifiesto el atractivo sostenido de la región para los inversionistas extranjeros (Gráfico 2.2).

Gráfico 2.2. La participación de ALC en las reservas mundiales de IED se ha mantenido estable desde 2003.

Reservas de IED,% del total mundial

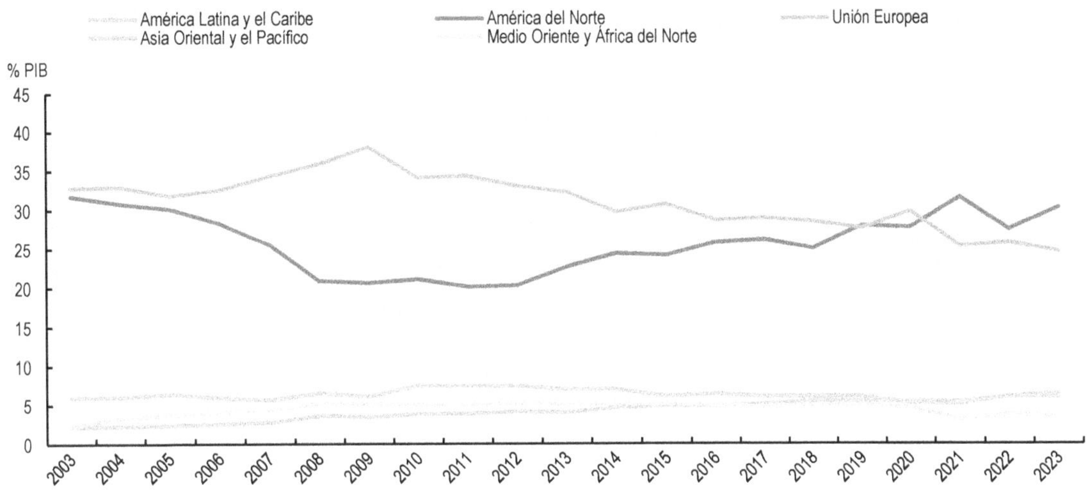

Fuente: Basado en UNCTAD (2024[6]), Inversión extranjera directa: flujos entrantes y salientes y acervo, anualhttps://unctadstat.unctad.org/datacentre/dataviewer/US.FdiFlowsStock .

Recuadro 2.1. Entender los datos de IED: definiciones y cobertura

Este informe se basa en diversas fuentes y tipos de datos sobre la IED para ofrecer una visión integral de las tendencias de inversión en ALC. Cada tipo de datos recoge una dimensión distinta de la actividad de la IED:

Estadísticas oficiales sobre la IED (2003-2023), tal como las autoridades nacionales las dieron a conocer y recopiladas por organismos internacionales, siguen los marcos de la balanza de pagos (BoP) y la posición de inversión internacional (PII). La IED se define como una inversión transfronteriza en la que un inversionista de un país adquiere una participación duradera (usualmente, al menos el 10% del poder de voto) en una empresa ubicada en otro país. Este informe utiliza dos indicadores clave:

- **Entradas netas de IED**: el valor de la inversión directa extranjera realizada por inversionistas no residentes en la economía objeto del informe, incluyendo las ganancias reinvertidas y los préstamos intraempresariales, neto de la repatriación de capital y el reembolso de préstamos.
- **Entradas netas de IED como porcentaje del PIB**: las entradas netas de IED expresadas como porcentaje del producto interno bruto, lo que permite la comparabilidad entre países de diferente dimensión económica.
- **Saldo de la IED como porcentaje del total mundial**: la proporción de la IED acumulada de un país o región en relación con el saldo total mundial de IED. Indica la importancia relativa de ese país o región como destino de la inversión extranjera en comparación con el resto del mundo.

Las estadísticas oficiales, obtenidas del Banco Mundial y la UNCTAD, están disponibles hasta 2023 y abarcan las entradas de IED por país de destino. Sin embargo, no proporcionan información desglosada por sector o país de origen del inversionista.

La IED en proyectos nuevos (2003-2024) se refiere al establecimiento de nuevas instalaciones o la expansión de operaciones existentes por parte de inversionistas extranjeros, normalmente asociada a la formación de capital y la creación de empleo. Los datos utilizados en este informe proceden de la base de datos fDi Markets *del Financial Times*, que realiza un seguimiento de los anuncios a nivel de proyectos en todos los países, sectores y actividades. Los datos sobre proyectos totalmente nuevos abarcan el periodo de 2003 a 2024 y están desglosados por país de destino, país de origen, sector y tipo de actividad. Si bien son directamente comparables con las estadísticas oficiales de IED, ya que recogen los flujos de inversión anunciados y no los realizados, ofrecen una valiosa perspectiva de futuro. Algunos elementos nacionales pueden estar incluidos en los valores de los proyectos comunicados (por ejemplo, si un inversionista extranjero recibe un préstamo local), y los datos siguen un sistema de clasificación propio que se ha adaptado a la Clasificación Industrial Internacional Uniforme de Todas las Actividades Económicas (CIIU), Rev. 4.

Las fusiones y adquisiciones (M&A) (2018-2024) implican la adquisición parcial o total de empresas existentes por parte de inversionistas extranjeros. Es posible que estas transacciones no den lugar a una nueva capacidad productiva, pero pueden aportar importantes beneficios mediante la inyección de capital, la reestructuración o la transferencia de conocimientos. Los datos de M&A que se utilizan en este informe proceden de LSEG (antes Refinitiv) y abarcan las transacciones transfronterizas en la región de ALC entre 2018 y 2024. Están desglosados por país de destino y de origen, así como por sector. Si bien el número de transacciones proporciona una medida sólida de la actividad inversionista, solo se divulga el valor de las operaciones en aproximadamente el 35% de los casos, lo que limita el análisis de las tendencias de valor.

Fuente: Basado en el Banco Mundial (2024[7]) , Inversión extranjera directa, entradas netas (% del PIB),https://data.worldbank.org/indicator/BX.KLT.DINV.WD.GD.ZS; Basado en Financial Times (2025[8]) , Mercados de IED (base de datos),https://www.fdimarkets.com/.
LSEG(2025[9]), Fusiones y adquisiciones (M&A),https://www.lseg.com/en/investor-relations/refinitiv-acquisition-documents.

2.2.2. La mayor parte de la IED se dirige a unos cuantos países de ALC

La concentración de la IED en las economías de ALC refleja en gran medida la estructura económica y demográfica subyacente de la región. Al igual que en otras partes del mundo, las economías más grandes con mayor potencial de mercado, recursos naturales abundantes y costos laborales competitivos tienden a atraer una porción desproporcionada de la IED. Brasil, México, Chile, Colombia y Argentina, los países más poblados y económicamente más importantes de ALC, han sido de forma sistemática los principales destinos de la inversión extranjera en la región (ECLAC, 2024[1]). Además de su peso económico, estos países ofrecen infraestructuras relativamente más desarrolladas, mercados de capitales más profundos y marcos institucionales más maduros, todos ellos factores clave que influyen en las decisiones de los inversionistas (Mistura and Roulet, 2019[10]; OECD, 2023[3]).

Entre 2013 y 2023, Brasil, México, Chile, Colombia, Argentina y Perú recibieron casi el 88% de todas las entradas de IED en la región (Gráfico 2.3). Tan solo Brasil representó cerca del 40% del total de entradas, seguido por México (21%), Chile (9%), Colombia (7%), Argentina (6%) y Perú (4%). Esta distribución solamente representa una evolución modesta con respecto a la década anterior (2003-2012), en la que Brasil, México y Colombia aumentaron ligeramente sus participaciones relativas, mientras que Chile, Argentina y Perú registraron pequeños descensos.

Gráfico 2.3. Brasil por sí solo representa cerca del 40% del total de entradas netas de IED

Entradas netas de IED por país de ALC,% del total de IED

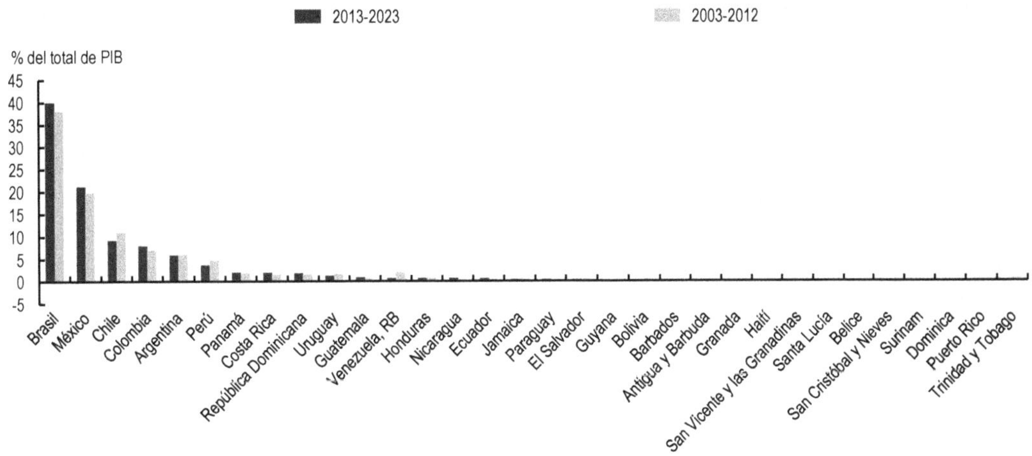

Fuente: Basado en el Banco Mundial (2024[5]), Inversión extranjera directa, flujos netos (Balanza de pagos, dólares estadounidenses corrientes),https://data.worldbank.org/indicator/BM.KLT.DINV.CD.WD.

La inversión extranjera directa en proyectos nuevos, usualmente relacionada con nueva capacidad productiva, muestra un patrón muy similar, aunque con algunas variaciones a nivel nacional (Recuadro 2.1). Entre 2013 y 2023, seis países (México, Brasil, Chile, Argentina, Perú y Colombia) captaron aproximadamente el 77% del valor total de la inversión anunciada en proyectos nuevos (Gráfico 2.4). México se convirtió en el principal destino, con un 30% del valor de los proyectos regionales, seguido de Brasil (23%) y Chile (9%). Argentina, Perú y Colombia atrajeron cada uno entre un 4% y un 7%.

Del mismo modo, las fusiones y adquisiciones (M&A), operaciones que implican la compra o consolidación de empresas existentes, siguieron concentrándose en gran medida en las seis economías más grandes de la región, aunque la clasificación de los países difiere ligeramente de la observada en el caso de la IED oficial y la inversión en proyectos nuevos (Recuadro 2.1). Entre 2018 y 2024, Brasil, Chile, México, Perú, Colombia y Argentina representaron en conjunto casi el 90% de todas las transacciones de M&A en ALC y aproximadamente el 92% del valor de las operaciones divulgadas, teniendo en cuenta que solo se cuenta con información pública sobre el valor de cerca del 35% de las operaciones concluidas durante este periodo (Gráfico 2.5). Brasil fue, con amplia diferencia, el mayor receptor con un 40% del valor total de las operaciones divulgadas, detrás de él se ubicaron Chile (18%) y México (14%). Perú y Colombia representaron cada uno el 7%, mientras que Argentina atrajo el 5%. Se observa una tendencia similar en cuanto al número de transacciones, con Brasil de nuevo a la cabeza con el 41% del total de operaciones, por delante de México (14%), Colombia (12%), Chile (11%), Argentina (6%) y Perú (5%).

Gráfico 2.4. México y Brasil son los principales receptores de IED en proyectos nuevos

IED en proyectos nuevos por país de ALC,% del total

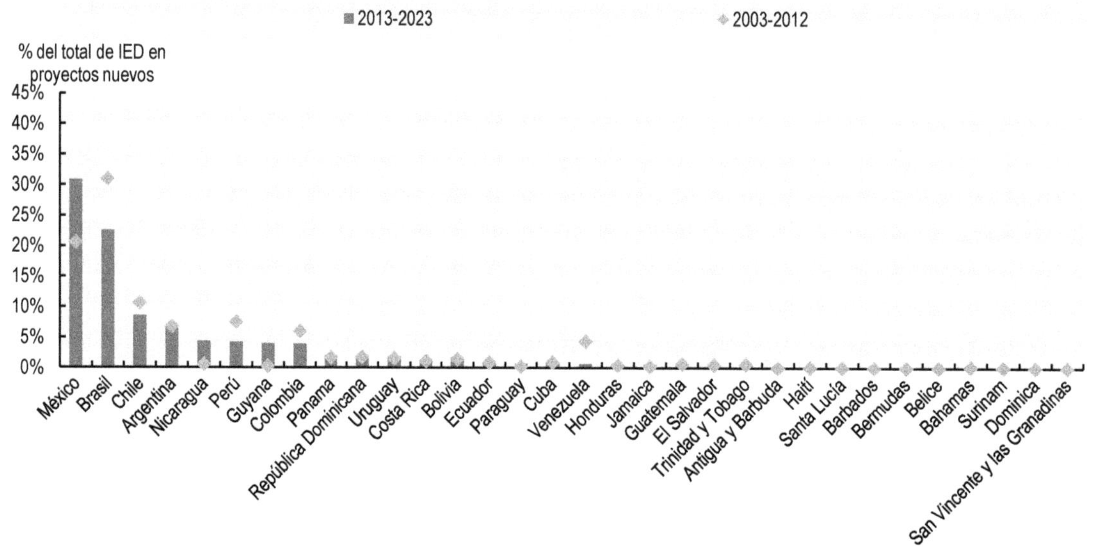

Nota: La IED en proyectos nuevos recoge los anuncios a nivel de proyecto.
Fuente: Basado en Financial Times (2025[8]), FDI Markets (base de datos), https://www.fdimarkets.com/.

Gráfico 2.5. Brasil, Chile, México, Perú, Colombia y Argentina representan casi el 90% de todas las operaciones de M&A en ALC

Operaciones de M&A por país de ALC, 2018-2024,% del total

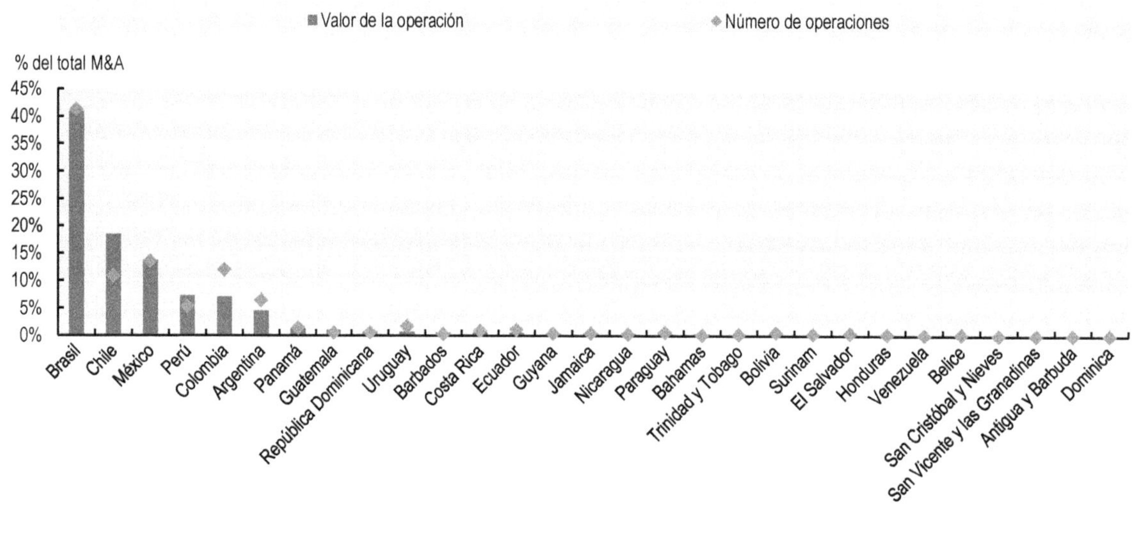

Nota: Solo se divulga el valor del 35% de las transacciones de M&A.
Fuente: Basado en LSEG (2025[9]), Fusiones y adquisiciones (M&A), https://www.lseg.com/en/investor-relations/refinitiv-acquisition-documents.

2.2.3. La IED en proyectos nuevos domina el sector manufacturero, mientras que las fusiones y adquisiciones (M&A) prevalecen en el sector de servicios.

Entre 2014 y 2024, ALC atrajo algo más de 1 billón de dólares estadounidenses en inversión extranjera directa (IED) en proyectos nuevos, concentrada en unos cuantos sectores clave. La industria manufacturera siguió siendo el principal destino (35%), enfatizando su peso estructural en el perfil de la IED de la región, y los vehículos automotores (11%), alimentos, bebidas y tabaco (4%), productos y sustancias químicas (3%) y los metales básicos (3%) absorbieron la mayor parte de la IED en proyectos nuevos (Gráfico 2.6). Tras ellos se ubicaron los servicios con alrededor del 25%, liderados por la información y comunicación (10%) y el transporte y almacenamiento (5%), mientras que la energía representó el 22%, principalmente energías renovables. El sector primario siguió desempeñando un papel importante (14%), en gran parte gracias a la minería (14%), mientras que la agricultura siguió siendo marginal (menos del 1%). La construcción representó alrededor del 5%.

Gráfico 2.6. Las energías renovables registraron los mayores aumentos en la participación de la IED en proyectos nuevos

IED total en proyectos nuevos en ALC, por sector, % del total de la IED en proyectos nuevos

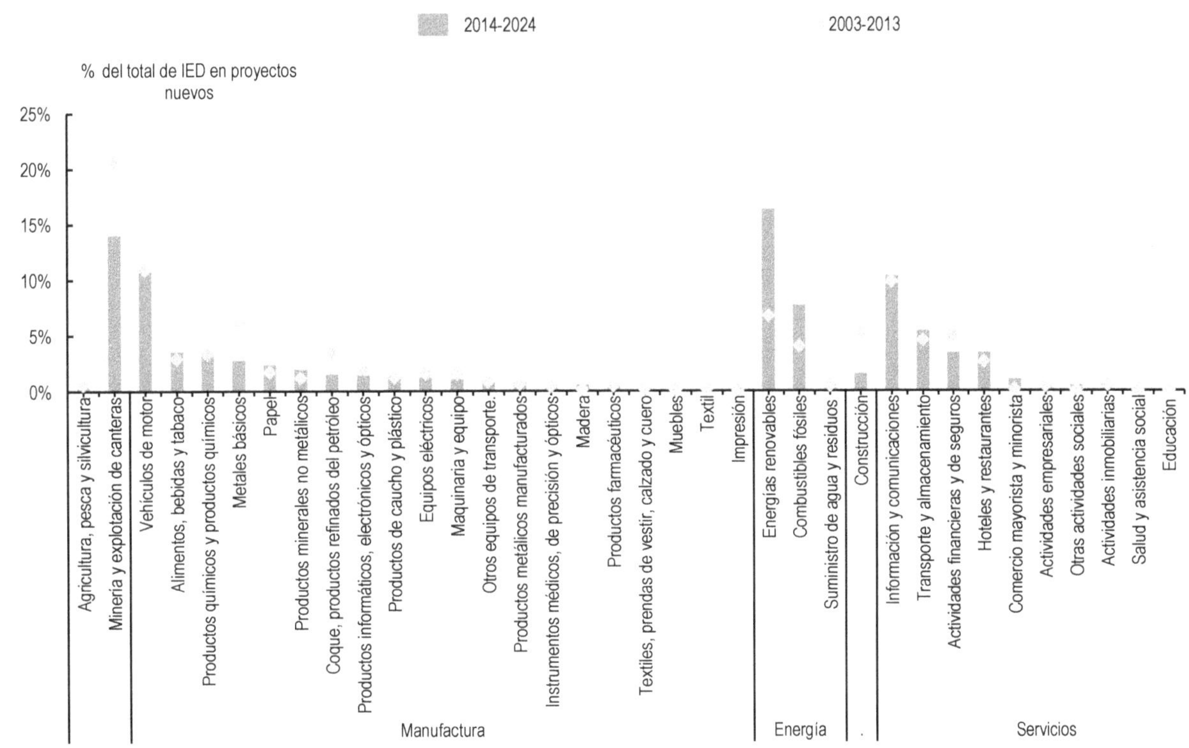

Nota: Las actividades empresariales incluyen actividades profesionales, científicas y técnicas.
Fuente: Basado en Financial Times (2025[8]) , FDI Markets (base de datos), https://www.fdimarkets.com/.

En comparación con el periodo 2003-2013, la estructura general de la IED solo cambió moderadamente, pero se produjeron cambios notables dentro de los sectores. La industria manufacturera disminuyó ligeramente a causa de la reducción de la inversión en las industrias relacionadas con los metales y los combustibles fósiles. Los servicios se expandieron moderadamente, apoyados por el transporte y el almacenamiento, el comercio al mayoreo y menudeo, y los hoteles y restaurantes, mientras que las actividades financieras disminuyeron. La reasignación más significativa se produjo en el sector energético, ya que los combustibles fósiles aumentaron 4 puntos porcentuales, impulsados principalmente por nuevas inversiones en gas. Las energías renovables ganaron más de 10 puntos porcentuales, lo que confirma el creciente atractivo de ALC para los proyectos de energía limpia, respaldados por la caída de los costos de la tecnología, la mejora de la rentabilidad y la innovación rápida (IEA, 2023[11]).

Entre 2018 y 2024, ALC registró más de 1 500 operaciones transfronterizas de M&A por un valor superior a los 285 mil millones de dólares, aunque es probable que el valor real sea mayor, dado que no revelaron detalles financieros de la mayoría de las operaciones. Aproximadamente la mitad de todas las transacciones tuvieron lugar en el sector de los servicios, seguido del de energía (21%), industria manufacturera (13%) y minería (12%) (Gráfico 2.7). La mayor concentración de fusiones y adquisiciones en el sector de los servicios, en comparación con la IED en proyectos nuevos, refleja la naturaleza de estas operaciones, que suelen implicar la adquisición de empresas ya establecidas, algo especialmente común en las industrias basadas en los servicios.

Dentro de los servicios, la mayor parte del valor de las M&A divulgadas se concentró en las actividades financieras y de seguros (14%), la información y la comunicación (12%), el comercio al menudeo (6%) y el transporte y el almacenamiento (5%), lo que muestra el papel principal del sector en las transacciones transfronterizas. En el sector energético, toda la actividad se concentró en la electricidad (21%), en su gran mayoría energías renovables, poniendo de relieve el creciente interés estratégico de los inversionistas por las energías limpias. Las operaciones en el sector manufacturero fueron de menor envergadura y se concentraron en productos y sustancias químicas (4%), alimentos, bebidas y tabaco (3%) y productos minerales no metálicos (2%), mientras que la minería atrajo un 12% adicional. En general, la distribución de las M&A entre las actividades dentro de los sectores reflejó en gran medida la de la IED en proyectos nuevos, con una excepción clave: los vehículos automotores, donde la limitada presencia de empresas locales ha hecho que la inversión en proyectos nuevos sea la forma de entrada preferida frente a las adquisiciones.

Gráfico 2.7. Las operaciones de fusión y adquisición son frecuentes en los sectores eléctrico, de minería, finanzas e información y comunicaciones.

Operaciones de fusiones y adquisiciones, por sector, 2018-2024,% del total

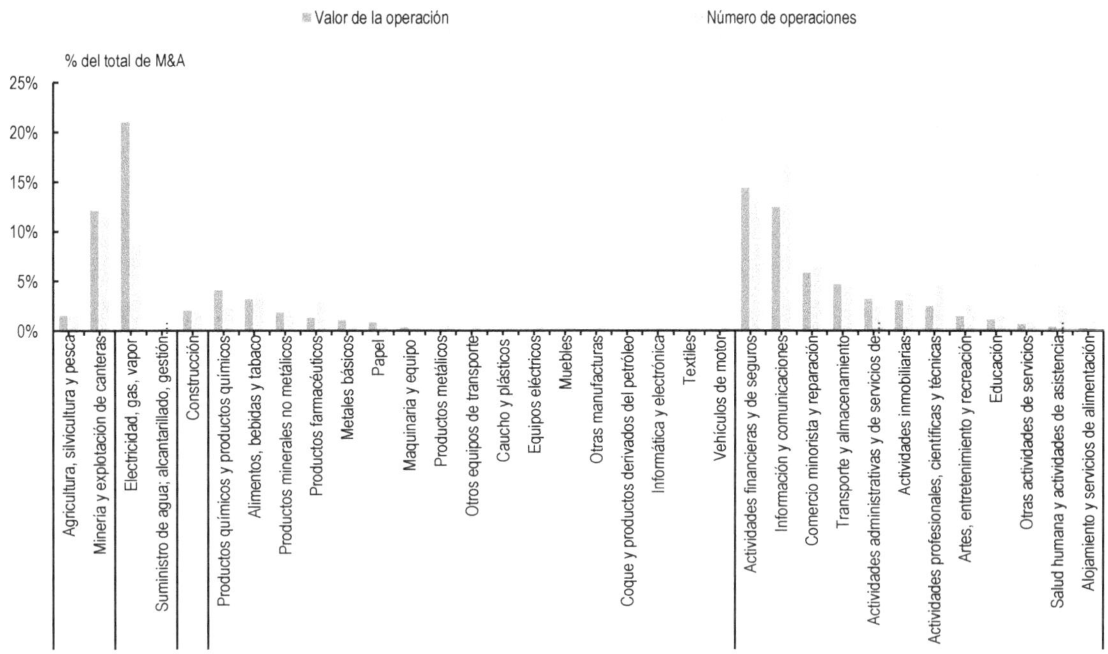

Nota: Solo se divulga el valor del 35% de las transacciones de fusiones y adquisiciones.
Fuente: Basado en LSEG (2025[9]) , Fusiones y adquisiciones (M&A),https://www.lseg.com/en/investor-relations/refinitiv-acquisition-documents.

2.2.4. La Unión Europea y Estados Unidos son los principales inversionistas en ALC

Entre 2014 y 2024, las empresas de la UE fueron la principal fuente de IED en ALC, con una inversión de alrededor de 300 mil millones de dólares (30% del total). Les siguieron las empresas de Estados Unidos (26%), ALC (8%), Reino Unido (8%) y China (7%) (Gráfico 2.8, Panel A). En comparación con la década anterior, la inversión en proyectos nuevos de la UE disminuyó ligeramente, en 2 puntos porcentuales de la participación total, pero la UE siguió siendo el principal inversionista y consolidó aún más su posición. El crecimiento más dinámico provino de Estados Unidos y China: la inversión en proyectos nuevos de EE. UU. aumentó en 65 mil millones de dólares (un aumento de 6 puntos porcentuales en la participación) y la inversión china creció en 51 mil millones de dólares (un aumento de 5 puntos porcentuales). La inversión del Reino Unido creció de forma más moderada, ganando 2 puntos porcentuales en participación. Por el contrario, la IED en proyectos nuevos procedente de ALC disminuyó ligeramente tanto en términos absolutos como en participación relativa.

Este desempeño reciente se basa en patrones a más largo plazo. Desde principios de la década del 2000, las empresas de la UE han sido sistemáticamente los principales inversionistas en proyectos nuevos en ALC, con una inversión que se ha mantenido muy por encima de otras fuentes, a pesar de las fluctuaciones periódicas, y que ha mostrado un dinamismo renovado desde 2021 (Gráfico 2.8, Panel B). Estados Unidos también ha jugado un papel clave, con un impulso de la IED en proyectos nuevos a partir de 2017, mientras que el Reino Unido, los países de ALC y China han ampliado gradualmente su presencia. En particular, la inversión china en proyectos nuevos se aceleró a partir de 2018, lo que refleja la profundización de los lazos económicos y el interés estratégico en sectores clave de toda la región. La inversión del Reino Unido aumentó considerablemente en 2024.

Gráfico 2.8. Las empresas de la UE y EE. UU. representan el 60% del total de la IED en proyectos nuevos

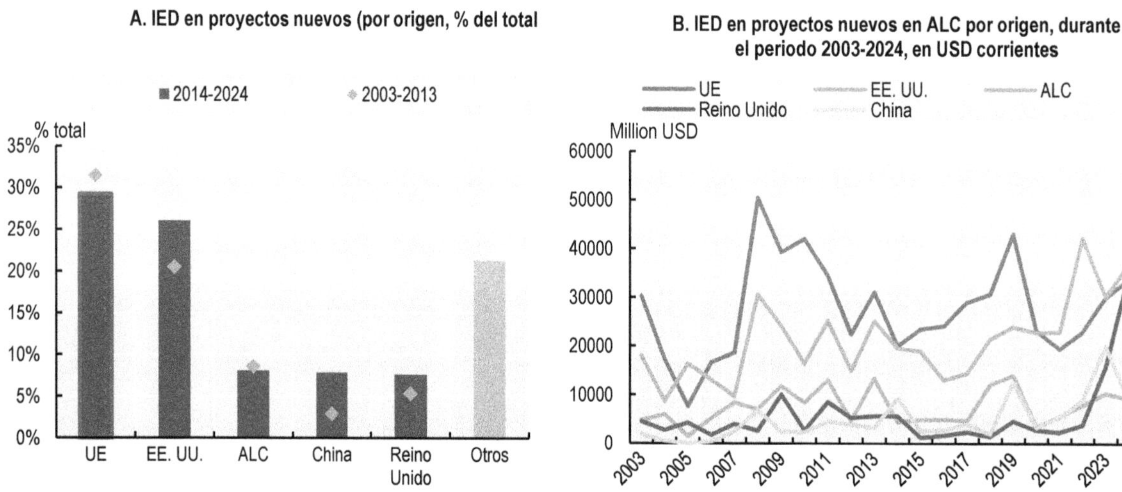

Fuente: Basado en Financial Times (2025[8]) , FDI Markets (base de datos), https://www.fdimarkets.com/.

Al analizar la actividad de fusiones y adquisiciones transfronterizas, el papel más destacado lo desempeñan las propias empresas de ALC. Durante el periodo 2018-2024, las empresas de ALC representaron la mayor parte de las transacciones, aproximadamente el 37% del total, y el mayor valor acumulado, alrededor del 32% (Gráfico 2.9). Esta dinámica intrarregional probablemente refleja las ventajas de invertir en mercados familiares, entre las que se incluyen la proximidad geográfico y cultural, las similitudes lingüísticas, menores costos operativos y logísticos, así como una mayor armonización de los marcos jurídicos y normativos. Estados Unidos es la segunda fuente más importante de actividad de M&A, con un 24% de las operaciones y un 23% del valor total, seguido de cerca por la Unión Europea, con un 18% en ambas categorías. Por el contrario, la actividad de M&A con origen en China y el Reino Unido se ha mantenido relativamente limitada.

Gráfico 2.9. Las transacciones transfronterizas dentro de ALC son el principal motor de la actividad de fusiones y adquisiciones en la región

Fusiones y adquisiciones en ALC, por origen, suma acumulada entre 2018 y 2024

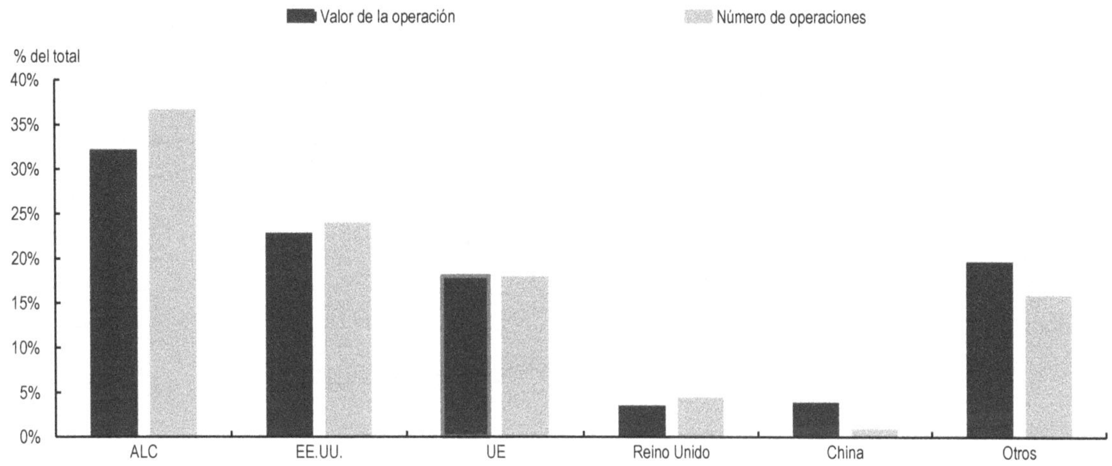

Nota: Solo se divulga el valor de las operaciones en el 35% de las fusiones y adquisiciones.
Fuente: Basado en Financial Times (2025[8]) , FDI Markets (base de datos),https://www.fdimarkets.com/.

2.2.5. *Los principales inversionistas en ALC presentan perfiles sectoriales diversos*

Los principales inversionistas en ALC presentan perfiles sectoriales distintos, tanto en términos de su contribución relativa a la inversión total en cada sector como de la composición de sus propias carteras de inversión en la región. Entre 2014 y 2024, las empresas de la UE destacaron como los principales inversionistas en proyectos nuevos en los sectores de la energía y la industria manufacturera, representando más del 40% de todos los proyectos relacionados con la energía y cerca de un tercio de los relacionados con la industria manufacturera. También mantuvieron una fuerte presencia en los servicios, así como en la minería y la explotación de canteras (Gráfico 2.10, Panel A). Estados Unidos se colocó como líder de inversión en proyectos nuevos en los servicios y la minería, al tiempo que jugó un papel importante en la industria manufacturera y la energía. Las empresas de ALC en general contribuyeron menos y sus inversiones se concentraron relativamente en los servicios. La inversión de China fue más destacada en la minería y la industria manufacturera, mientras que el Reino Unido tuvo una presencia modesta, con su posición más fuerte en la energía.

Excepto por la construcción y la minería, la participación de las empresas de la UE en la IED en proyectos nuevos disminuyó en la mayoría de los sectores (Gráfico 2.10, Panel B). Por el contrario, Estados Unidos y China fueron los inversionistas más dinámicos, aumentando su participación en casi todos los sectores. Las empresas del Reino Unido aumentaron su presencia en el sector energético, mientras que la inversión de las empresas de ALC mostró un rendimiento desigual, con pequeñas variaciones generales en su participación sectorial.

Gráfico 2.10. Las empresas de la UE dominan los sectores de la energía y la industria manufacturera, pero su participación ha disminuido.

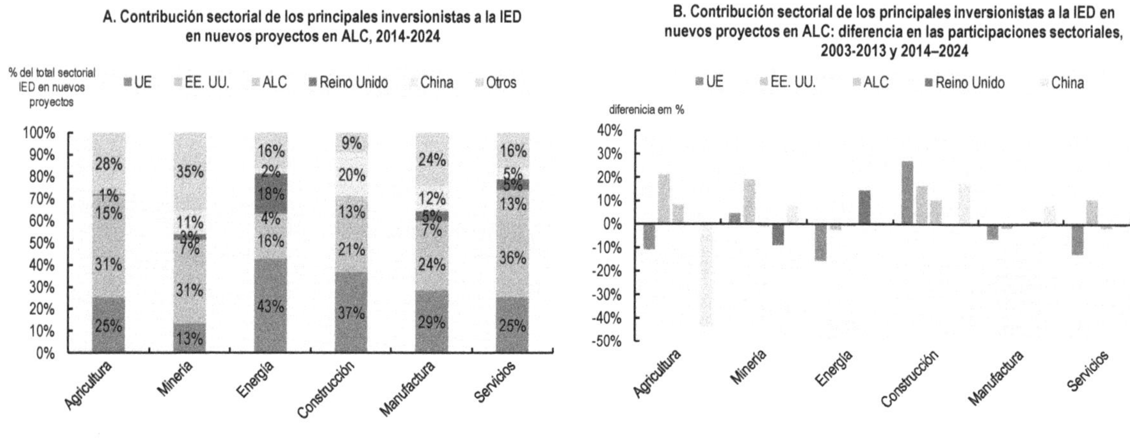

Fuente: Basado en Financial Times (2025[8]) , FDI Markets (base de datos),https://www.fdimarkets.com/.

Los principales inversionistas en ALC muestran prioridades sectoriales distintas. Las empresas de la UE han mostrado una tendencia hacia invertir más en manufactura y energía, con participaciones menores en servicios y otros sectores (Gráfico 2.11). Este patrón se refleja en gran medida en las empresas del Reino Unido, mientras que los inversionistas de EE. UU. y ALC destinan una parte relativamente mayor de su capital a servicios y minería. Las empresas chinas se destacan por un enfoque mucho más marcado en la manufactura y la minería, así como una inversión comparativamente limitada en energía y servicios. A lo largo de la década pasada, cambiaron las estrategias de inversión. La minería disminuyó en general, salvo en el caso de los inversionistas estadounidenses, mientras que la energía recobró importancia en la mayoría de los grupos, en particular en la UE y el Reino Unido. La manufactura perdió terreno para algunos de los inversionistas más tradicionales, pero se expandió para otros, incluyendo las empresas de ALC. Los servicios se expandieron para la mayoría de los principales actores; sin embargo, la UE y el Reino Unido son notorias excepciones, ya que experimentaron una disminución en su participación.

Gráfico 2.11. En el periodo 2014-2024, la participación de la inversión en energía en la inversión total de la UE aumentó sustancialmente, mientras que las participaciones de la industria manufacturera y los servicios disminuyeron.

Composición sectorial de la IED en nuevos proyectos por origen

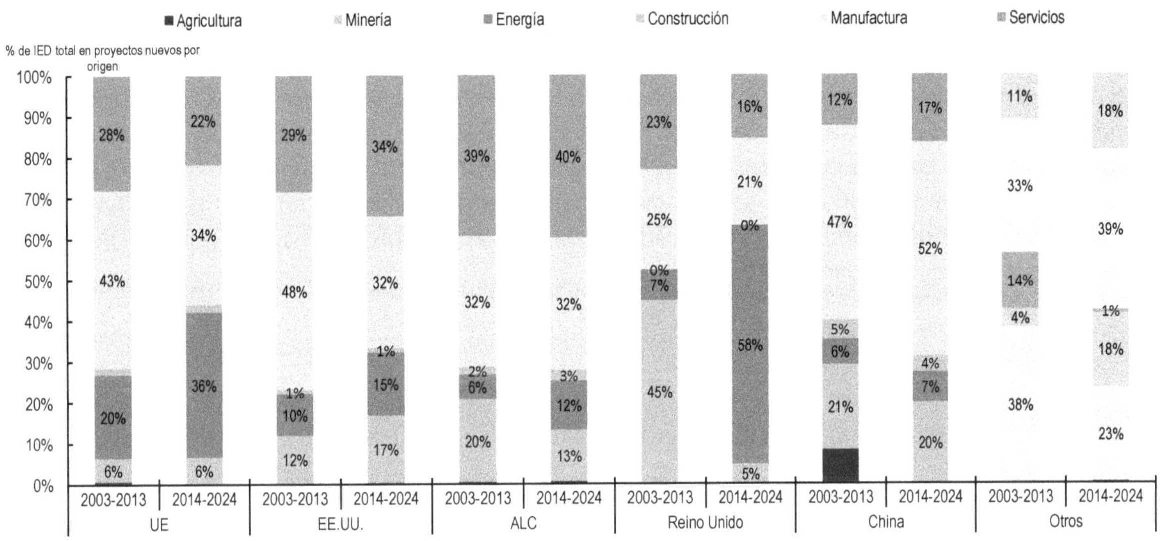

Fuente: Basado en Financial Times (2025[8]), FDI Markets (base de datos),https://www.fdimarkets.com/.

2.2.6. *La inversión de la UE se centra cada vez más en los sectores prioritarios de la Agenda de Inversión Global Gateway de la UE y ALC.*

La inversión de la UE en ALC actualmente experimenta un cambio estratégico, orientándose cada vez más hacia áreas incluidas en la GGIA UE-ALC, a saber, la transformación digital, la transición ecológica (incluyendo energía y transporte sostenibles), la educación y la resiliencia sanitaria. Mediante la promoción de la inversión en estos sectores, la UE pretende reforzar las infraestructuras que fomentan el crecimiento inclusivo, apoyan las transiciones digital y ecológica y mejoran la resiliencia en los países socios.

Si bien la industria manufacturera sigue siendo uno de los principales sectores de destino de la inversión de la UE (34% del total de la IED en proyectos nuevos entre 2014 y 2024), el peso relativo tanto de la industria manufacturera como de los servicios disminuyó entre 2003-2013 y 2014-2024, ya que los inversionistas de la UE centraron su atención en la energía, sobre todo en las energías renovables. La proporción de la IED de la UE en proyectos nuevos en el sector de las energías renovables casi se duplicó durante la última década, pasando del 13% al 31% del total de la inversión de la UE en la región (Gráfico 2.12). Al mismo tiempo, la inversión en la generación de energía a partir de combustibles fósiles (carbón, petróleo y gas) disminuyó ligeramente del 7% al 5%, lo que sugiere un reposicionamiento gradual que se aleja de las actividades intensivas en carbono.

A pesar de un descenso relativo, la industria manufacturera sigue siendo fundamental para la inversión de la UE en ALC y se ha concentrado cada vez más en subsectores alineados con los objetivos del GGIA UE-ALC. El sector automotriz siguió siendo el principal destino, a pesar de un descenso de 5 puntos porcentuales, con un modesto aumento de los proyectos relacionados con los vehículos eléctricos. La importancia de los alimentos, las bebidas y el tabaco aumentó también, representando el 5% de la inversión total, frente al 1% del periodo anterior. Los productos y sustancias químicas, que respaldan la resiliencia de las cadenas de suministro farmacéuticas y relacionadas con la salud, representaron el 2%

de la inversión total de la UE en 2014-2024, lo que supone un descenso de un punto porcentual en comparación con la década anterior. Del mismo modo, la inversión en metales básicos se redujo del 9% al 4%, y la inversión en electrónica y maquinaria eléctrica, facilitadores fundamentales de la conectividad digital, se mantuvo baja y disminuyó durante el periodo.

El sector de los servicios experimentó un descenso en la participación de inversión de la UE en proyectos nuevos en ALC durante la última década, debido en gran medida a una fuerte contracción de los servicios de información y comunicación, que disminuyeron tanto en términos relativos (del 13% al 8% de la inversión total) como en valor absoluto. Este descenso se debió principalmente a una reducción significativa de los proyectos de telecomunicaciones, un catalizador fundamental de la expansión de los servicios digitales. Es probable que esta contracción refleje la maduración de los mercados de telecomunicaciones en toda la región, lo que limita las oportunidades de nueva entrada y expansión. La proporción de la inversión de la UE en servicios siguió siendo significativa también en el transporte y el almacenamiento (alrededor del 4%), con un ligero aumento en comparación con el periodo anterior, y en hoteles y restaurantes (poco menos del 4%).

Gráfico 2.12. La inversión de la UE en proyectos nuevos aumentó significativamente en energías renovables y fabricación de alimentos

IED de la UE en proyectos nuevos en ALC, por sector, % del total de la IED de la UE en proyectos nuevos

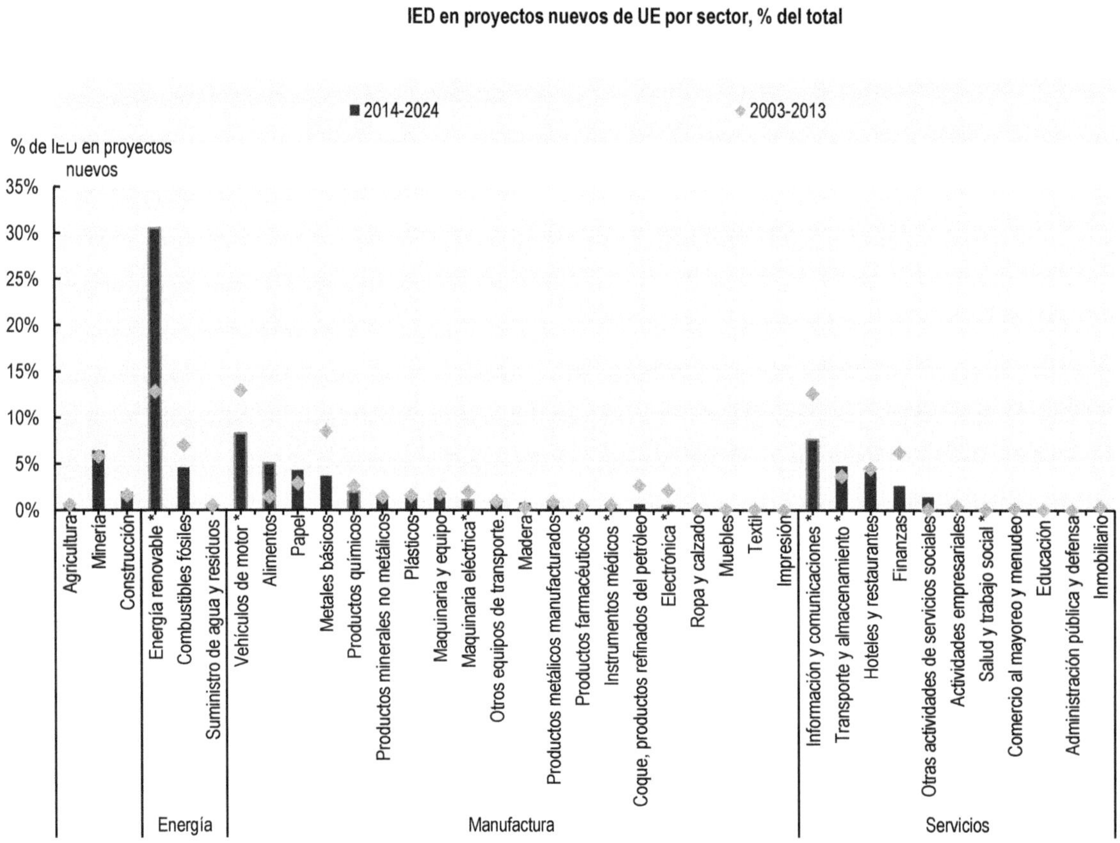

Nota: Las barras con bordes rojos indican los sectores que se alinean con las áreas de asociación en el marco de la GGIA UE-ALC (Recuadro 1.1 del Capítulo 1). Áreas de asociación: digital (información y comunicación, electrónica, maquinaria eléctrica); clima y energía (energías renovables); transporte (vehículos eléctricos dentro de la categoría "vehículos automotores"); salud (productos químicos, farmacéuticos, instrumentos médicos, salud y trabajo social). Las inversiones en educación e investigación son de naturaleza transversal y no pueden recogerse en la clasificación sectorial de la ISIC Rev. 4. Las actividades empresariales incluyen actividades profesionales, científicas y técnicas.
Fuente: Basado en Financial Times (2025[8]), FDI Markets (base de datos), https://www.fdimarkets.com/.

Las operaciones de M&A realizadas por empresas de la UE muestran también una creciente alineación con los sectores prioritarios de la GGIA UE-ALC. Entre 2018 y 2024, aproximadamente el 28% del valor total de las operaciones de M&A correspondió al sector energético, en particular a proyectos de energías renovables. El sector de los servicios atrajo la mayor parte del total, con alrededor del 48% del valor total de las operaciones. Dentro de este sector, un segmento importante del sector digital como son la información y las comunicaciones fue el principal objetivpo ya que recibió un 13% del valor total de las fusiones y adquisiciones. Otros sectores de servicios significativos fueron las actividades financieras y de seguros (12%) y el transporte y el almacenamiento (7%). La minería y la explotación de canteras también atrajeron una parte considerable de la inversión, con un 8% del valor total de las operaciones. La industria manufacturera recibió una parte comparativamente menor (14%), y la actividad de M&A se concentró en metales básicos (5%), productos minerales no metálicos (3%), alimentos, bebidas y tabaco (2%) y papel y productos de papel (2%).

2.3. El impacto de la IED en la innovación, la mejora tecnológica, la transformación digital y la transición ecológica

2.3.1. La IED contribuye a una mayor productividad, pero se concentra en sectores con menor potencial de vínculos internos

La región de ALC se encuentra en medio de una importante reconfiguración económica y social, marcada por limitaciones estructurales persistentes, como el bajo crecimiento de la productividad, la limitada capacidad fiscal, el alto nivel de informalidad y la desigualdad persistente (OECD, 2024[2]). Al mismo tiempo, la región ha renovado su compromiso con la promoción de un desarrollo inclusivo y sostenible. En toda la región, los gobiernos han introducido o revisado recientemente estrategias nacionales para estimular la capacidad industrial y productiva. Estos esfuerzos se centran en la creación de conocimientos tecnológicos, la ampliación de la participación en los segmentos superiores de las cadenas de valor mundiales y la reducción de la dependencia de las industrias extractivas. Se hace hincapié en el fomento de la innovación, el desarrollo del capital humano y el avance de las transiciones hacia una economía verde y digital (ECLAC, 2024[1]; OECD, 2024[2]).

La IED puede tener un papel fundamental en la mejora de la productividad, el fomento de la innovación y el apoyo a la transferencia de tecnología y la mejora del valor agregado. Los datos de una amplia gama de países demuestran que la IED contribuye al aumento de la productividad no solo dentro de las empresas extranjeras, sino también en el conjunto de la economía a través de efectos indirectos, como la difusión de conocimientos, los vínculos en la cadena de suministro y el aumento de la competitividad. En promedio, las empresas extranjeras tienden a ser más productivas que sus homólogas nacionales, debido a las tecnologías superiores de las empresas matrices, así como a una mayor experiencia en materia de gestión y prácticas empresariales (OECD, 2022[12]).

Además de este impacto directo, la IED puede generar también ganancias indirectas de productividad para las empresas nacionales a través de los efectos indirectos de la tecnología y el conocimiento. Sin embargo, estos efectos indirectos no son automáticos; su alcance y eficacia dependen en gran medida de la capacidad de absorción del país receptor, la solidez de los vínculos entre las empresas nacionales y extranjeras, el enfoque sectorial de la inversión y la calidad de los marcos normativos e institucionales. Los datos del Kit de Herramientas Políticas sobre las Cualidades de la IED de la OCDE (OECD, 2022[12]) muestran que la IED es especialmente eficaz para impulsar la productividad cuando busca la eficiencia y se integra en las CMV.

Las empresas extranjeras contribuyen de manera significativa y directa a la productividad en la mayoría de los países de ALC. Los indicadores de calidad de la IED (Recuadro 2.2) muestran que, en 24 de las 31 economías de ALC, las empresas extranjeras tienen un mayor valor agregado por empleado, una medida clave de la productividad laboral, en comparación con las empresas nacionales (Gráfico 2.13). Sin embargo, estos promedios ocultan variaciones considerables dentro de los países y los sectores. Las investigaciones indican que, en muchos casos, un pequeño número de empresas extranjeras de alto rendimiento impulsan gran parte de las ganancias de productividad a nivel sectorial, lo que significa que los resultados generales pueden verse muy influidos por este grupo limitado de inversionistas extranjeros altamente productivos (OECD, 2019[13]; Garone et al., 2020[14]).

Gráfico 2.13. En promedio, las empresas extranjeras son más productivas que las nacionales en la mayoría de los países de ALC.

Diferencia relativa entre los resultados de las empresas extranjeras y nacionales, 2010-2023

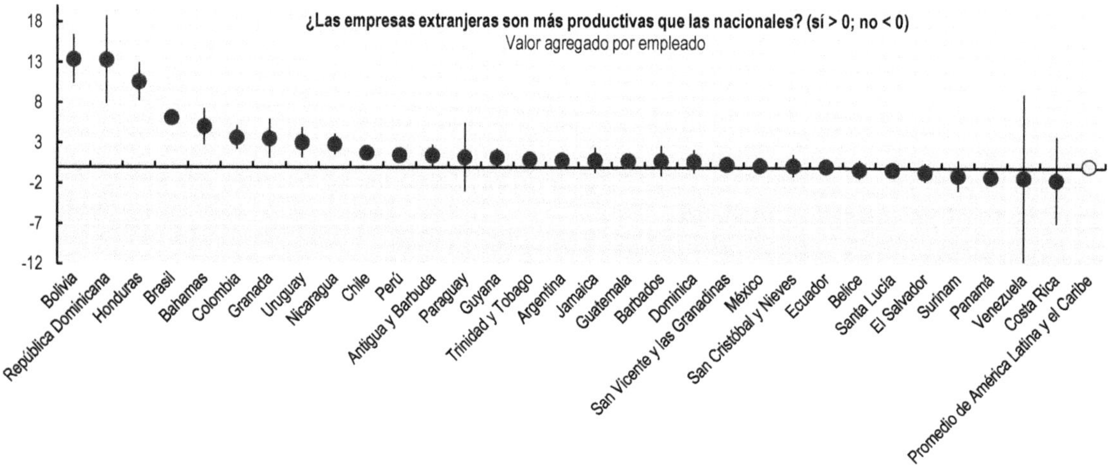

Nota: Los indicadores muestran la diferencia relativa entre la productividad media de las empresas extranjeras y nacionales, dividida entre la productividad media de las empresas nacionales. Los valores positivos indican que las empresas extranjeras son más productivas, mientras que los valores negativos sugieren lo contrario. Los años de referencia varían según los países y van desde 2010 hasta 2023.
Fuente: Basado en el Banco Mundial (2023[15]) , Indicadores del desarrollo mundial, https://www.enterprisesurveys.org/en/enterprisesurveys.

La distribución sectorial de la IED proporciona más información sobre sus posibles contribuciones indirectas a la productividad. Cuando se mide por el valor agregado por trabajador, la productividad laboral en ALC es más alta en la minería y la explotación de canteras, seguida de los servicios financieros y la energía (Gráfico 2.14). Esto no es ninguna sorpresa, dada la naturaleza intensiva en capital de la minería y la energía, así como la alta generación de ingresos que suele asociarse al sector financiero. En conjunto, estos tres sectores representaron aproximadamente el 39% del total de la IED en proyectos nuevos y el 44% de la IED en proyectos nuevos procedente de la UE entre 2014 y 2023.

Si bien estos sectores se encuentran entre los más productivos, la IED en minería, energía y servicios financieros suele estar más orientada a la búsqueda de recursos o de mercados que a la búsqueda de eficiencia. En minería y energía, los inversionistas extranjeros se sienten atraídos principalmente por los abundantes recursos naturales de la región, mientras que en los servicios financieros la inversión suele estar impulsada por el acceso a grandes mercados de consumo, más que por los bajos costos de producción o la integración en las redes de producción locales. Como resultado de ello, las empresas extranjeras de estos sectores pueden operar de forma relativamente aislada de la economía nacional, dependiendo menos de los proveedores o la mano de obra locales más allá de las operaciones básicas. Esto reduce el alcance de los eslabonamientos regresivos, la transferencia de conocimientos o la difusión de tecnología a las empresas nacionales, lo que limita el potencial de efectos indirectos más amplios en la productividad de toda la economía.

El sector manufacturero, a pesar de atraer la mayor parte de la IED en proyectos nuevos (37% del total de inversiones y 35% de las procedentes de la UE durante el mismo periodo), presenta una productividad laboral media significativamente inferior, estimada en aproximadamente una octava parte de la de minería y la explotación de canteras. Esta disparidad refleja las estructuras de producción más intensivas en mano de obra, comunes a muchos segmentos manufactureros. De hecho, la productividad dentro de la industria manufacturera varía sustancialmente entre los distintos subsectores. Las industrias de tecnología media-alta, como la automotriz, en las que se concentra una parte significativa de la IED, incluida la procedente de la UE, suelen presentar niveles de productividad más elevados en comparación con las actividades manufactureras más tradicionales o de menor tecnología. A diferencia de los sectores impulsados por los recursos, la IED en la industria manufacturera suele estar motivada por objetivos de búsqueda de eficiencia y se integra en las CMV, lo que crea mayores oportunidades para la transferencia de conocimientos, la difusión de tecnología y vínculos más sólidos con las empresas nacionales. Como resultado, se espera que los efectos indirectos de la IED en la productividad sean más pronunciados en la industria manufacturera.

Recuadro 2.2. Indicadores de calidad de la IED de la OCDE: medición del impacto de la inversión en el desarrollo sostenible

Los indicadores de calidad de la IED de la OCDE ofrecen un marco integral para evaluar la manera en que la inversión extranjera directa (IED) contribuye al desarrollo sostenible en las dimensiones económica, social y medioambiental. Desarrollados en el marco de la Iniciativa sobre la Calidad de la IED de la OCDE, los indicadores no solo miden el volumen de los flujos de IED, sino que evalúan su impacto en áreas políticas clave, como la productividad y la innovación, la transformación digital, el empleo y la calidad del trabajo, el desarrollo de competencias, la igualdad de género y la transición ecológica. Los indicadores se elaboran utilizando datos comparables y disponibles de forma pública, procedentes de fuentes nacionales e internacionales, y están diseñados para permitir la comparación entre países, sectores y a lo largo del tiempo.

- **Los indicadores a nivel sectorial** se basan en estadísticas oficiales de IED y bases de datos comerciales sobre inversiones en proyectos nuevos y fusiones y adquisiciones (M&A). Estos indicadores permiten comparar la inversión extranjera y la nacional en sectores clave y se utilizan para explorar las correlaciones con los resultados socioeconómicos (por ejemplo, la productividad o el empleo femenino).
- **Los indicadores basados en datos a nivel de empresa** se alimentan de encuestas empresariales nacionales y fuentes de microdatos comparables a nivel internacional, como las encuestas empresariales del Banco Mundial. Estos datos ayudan a evaluar el rendimiento de las empresas de propiedad extranjera en relación con sus homólogas nacionales en diversas dimensiones políticas; sin embargo, no todas las fuentes de microdatos permiten identificar claramente el origen de la inversión.

Fuente: OECD (2022[12]), FDI Qualities Policy Toolkit, https://www.oecd.org/en/publications/fdi-qualities-policy-toolkit_7ba74100-en.html.

En consonancia con el análisis anterior, las filiales más productivas de las empresas de la UE ubicadas en ALC se concentran en sectores intensivos en capital y conocimientos, como el energético, en particular el suministro de electricidad, gas, vapor y aire acondicionado, así como la fabricación de vehículos automotores, productos químicos y farmacéuticos (Gráfico 2.15). Estos sectores también se ajustan a las prioridades de la GGIA UE-ALC y han atraído una parte sustancial de la inversión en proyectos nuevos de la UE. Además, las filiales de la UE en los sectores de servicios financieros y de seguros, comercio mayorista y minorista, y minería y explotación de canteras también muestran un fuerte rendimiento en materia de productividad. Cabe destacar que, en la mayoría de estos sectores de alta productividad, excepto el comercio al mayoreo y al menudeo, las filiales de la UE también tienden a pagar salarios medios más altos, lo que apunta a una relación positiva entre la productividad y la remuneración (véase el Capítulo 3).

Gráfico 2.14. Los tres sectores más productivos recibieron el 39% del total de la IED en proyectos nuevos y el 44% de la IED de la UE en proyectos nuevos.

Valor agregado por persona (2023) e IED en proyectos nuevos (suma acumulada entre 2014 y 2023), por sector

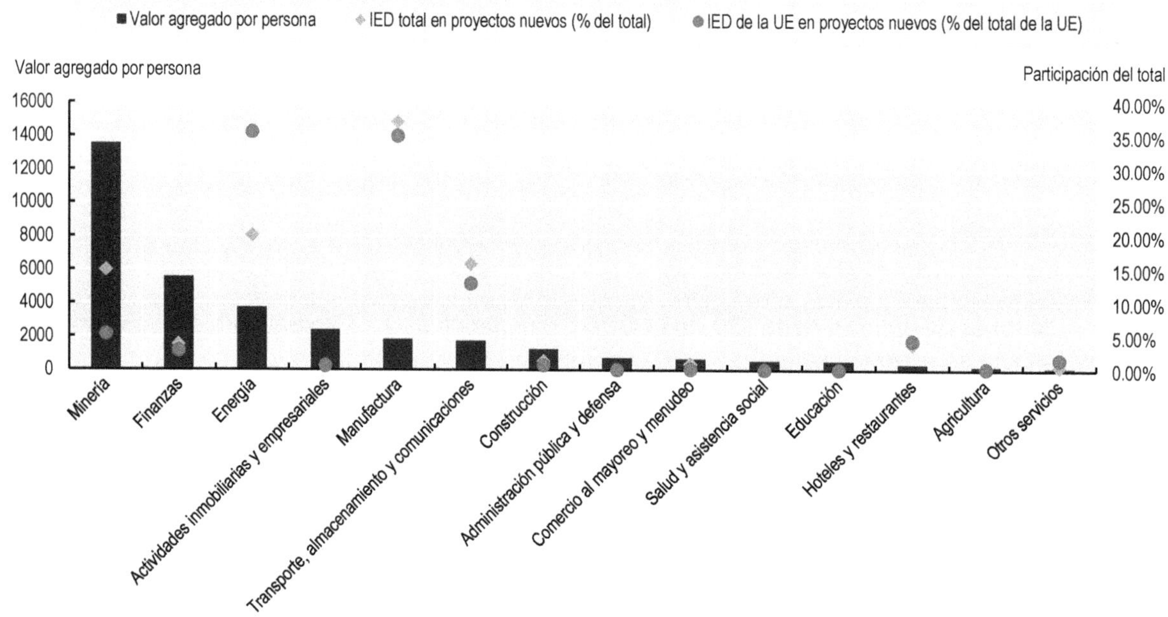

Nota: Debido a las limitaciones de los datos, solo se tiene en cuenta el valor agregado de los cinco principales países de ALC en términos de destino de la IED y creación de empleo: Argentina, Brasil, Chile, Colombia y México. El año de referencia para el valor agregado varía según los países, entre 2011 y 2023. El valor acumulado de la IED en proyectos nuevos durante el periodo 2014-2023 se utiliza como indicador sustitutivo del acervo de IED.

Fuente: Basado en ONU (2024[16]), Datos de la cuenta nacional - Valor agregado bruto por sector, https://unstats.un.org/unsd/nationalaccount/data.asp; ILOSTAT (2024[17]), Empleados por actividad económica, https://ilostat.ilo.org/data/; Financial Times (2025[8]), Mercados de IED (base de datos), https://www.fdimarkets.com/.

Gráfico 2.15. Las filiales de la UE más productivas en ALC operan en sectores prioritarios de la GGIA UE-ALC

Ingreso neto promedio por empleado, 2021-2022

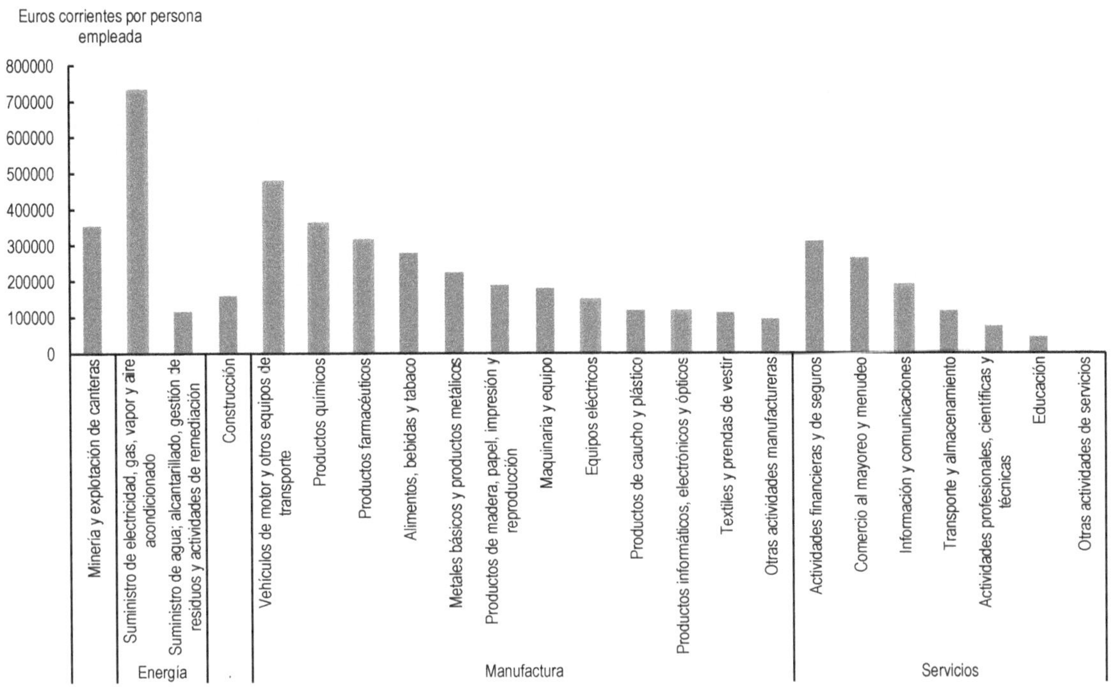

Nota: * El ingreso neto por empleado y el costo laboral por empleado se calculan para cada sector y se promedian entre cuatro países de ALC: Argentina, Brasil, Chile y México. Se excluyen del análisis los sectores con menos de cinco empresas que presentan informes.
** Las barras con bordes rojos indican los sectores que se ajustan a las áreas de asociación del GGIA UE-ALC (Recuadro 1.1 del Capítulo 1). Áreas de asociación: digital (información y comunicación, electrónica, maquinaria eléctrica); clima y energía (energías renovables); transporte (vehículos eléctricos dentro de "vehículos automotores"); salud (productos químicos, productos farmacéuticos, instrumentos médicos, salud y trabajo social). Las inversiones en educación e investigación son de naturaleza transversal y no pueden recogerse en la clasificación sectorial de la CIIU Rev. 4.
Fuente: Basado en Eurostat (2021/2022[18]), Empresas extranjeras que controlan empresas de la UE - FATS exteriores,https://ec.europa.eu/eurostat/databrowser/view/fats_out_activ/default/table?lang=en&category=gbs.fats_ou.

2.3.2. La IED impulsa el desarrollo de los sectores intensivos en tecnología y conocimientos

La IED en proyectos nuevos en ALC apoya el desarrollo de sectores intensivos en tecnología y conocimiento (TKI) (Cuadro 2.1). Estos sectores, que se caracterizan por su dependencia de los conocimientos científicos, I+D, innovación y mano de obra cualificada, son motores clave de la productividad, la innovación y el crecimiento económico a largo plazo. También desempeñan un papel fundamental en la mejora de la competitividad y tienden a generar empleos de mayor calidad, con mejores salarios, mejores condiciones de trabajo y mayores oportunidades para el desarrollo de competencias. Cabe destacar que muchos de estos sectores se ajustan a las áreas prioritarias del GGIA UE-ALC (Recuadro 1.1 del Capítulo 1), en particular en lo que se refiere a los sectores digitales (por ejemplo, productos de tecnologías de la información y la comunicación (TIC), equipos eléctricos, telecomunicaciones y servicios digitales), los sectores relacionados con la salud (por ejemplo, productos químicos y farmacéuticos) y el transporte ecológico (por ejemplo, vehículos eléctricos).

Cuadro 2.1. Sectores intensivos en tecnología y conocimiento (TKI)

Fabricación de alta y media tecnología	
Fabricación de alta tecnología: fabricación de productos farmacéuticos básicos y preparados farmacéuticos; fabricación de productos informáticos, electrónicos y ópticos	Fabricación de tecnología media-alta: fabricación de productos químicos y productos químicos; fabricación de equipos eléctricos; fabricación de maquinaria y equipos n.c.p.; fabricación de vehículos automotores, remolques y semirremolques; fabricación de otros equipos de transporte
Servicios intensivos en conocimiento[1]	
Servicios intensivos en conocimiento de alta tecnología: producción de películas cinematográficos, vídeos y programas de televisión, actividades de grabación de sonido y edición musical; actividades de programación y radiodifusión; telecomunicaciones; programación informática, consultoría y actividades relacionadas; actividades de servicios de información; servicios profesionales científicos y técnicos	

Nota: Eurostat clasifica la investigación y el desarrollo científicos dentro de la categoría más amplia de servicios intensivos en conocimientos de alta tecnología. Sin embargo, debido a las limitaciones de los datos sobre IED en proyectos nuevos, que no permiten aislar los proyectos de IED dirigidos específicamente a este subsector, nuestro análisis tiene en cuenta la totalidad de la sección 69-75 de la CIIU Rev.4 (Servicios profesionales, científicos y técnicos). Esta categoría incluye la I+D científica, así como otros servicios profesionales y técnicos relacionados.
Fuente: Eurostat, (n.d.[19]), Clasificación tecnológica de las industrias manufactureras,https://ec.europa.eu/eurostat/statistics-explained/index.php?title=Glossary:High-tech_classification_of_manufacturing_industries; Eurostat (n.d.[20]), Clasificación tecnológica y de conocimientos de los servicios,https://ec.europa.eu/eurostat/statistics-explained/index.php?title=Glossary:Knowledge-intensive_services_(KIS).

En ALC, la IED en proyectos nuevos en los sectores de la industria manufacturera tradicional se ha mantenido prácticamente estable durante la última década. Estos sectores atrajeron alrededor de 620 mil millones de dólares estadounidenses en inversiones en proyectos nuevos, lo que representa aproximadamente el 30% del total de la IED (Gráfico 2.16). A pesar de la ausencia de crecimiento general, la composición de la inversión dentro de estos sectores ha evolucionado ligeramente. La industria manufacturera de tecnología media-alta, en particular la de vehículos automotores y productos químicos, ha aumentado modestamente, manteniendo su posición dominante que representa el 58% de la inversión total en TKI. La industria manufacturera de alta tecnología, incluyendo los productos farmacéuticos y la electrónica, se ha mantenido estable en torno al 7-8%. Por su parte, la inversión en servicios de alta tecnología e intensivos en conocimiento ha aumentado del 32% al 35%.

Gráfico 2.16. La IED en los sectores de alta tecnología y de uso intensivo del conocimiento se ha mantenido estable durante las dos últimas décadas

IED en proyectos nuevos en sectores de alta tecnología e intensivos en conocimiento

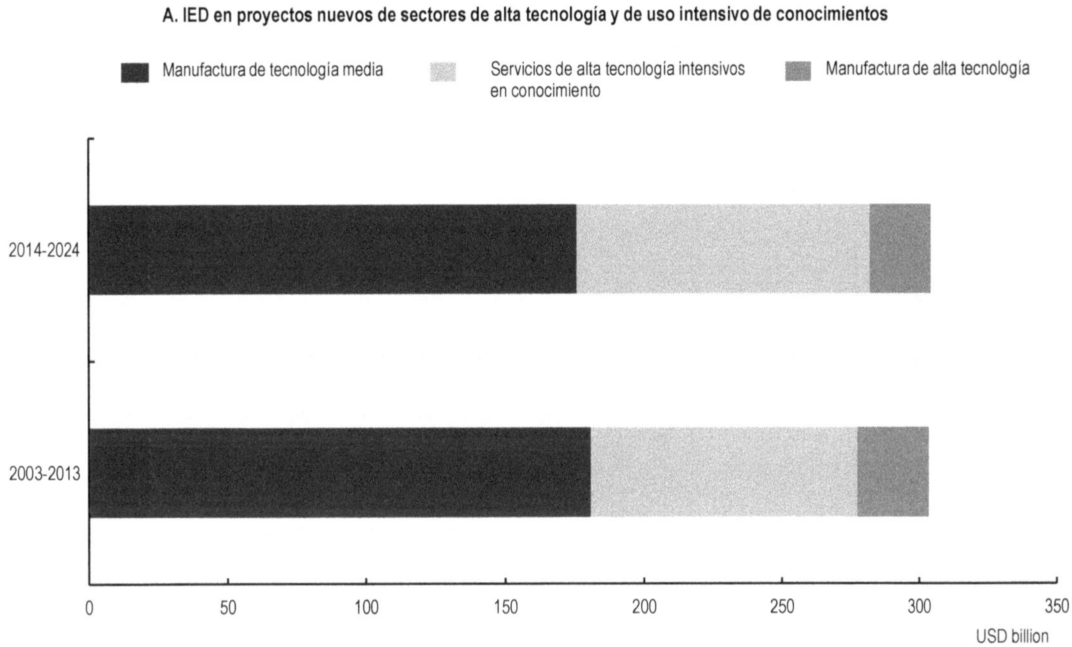

Nota: La clasificación de los sectores de alta tecnología y de conocimiento intensivo sigue la metodología de Eurostat. Para más detalles, véase el Cuadro 1.1.
Fuente: Basado en Financial Times (2025[8]), FDI Markets (base de datos), https://www.fdimarkets.com/.

La Unión Europea y Estados Unidos son las principales fuentes de inversión en los sectores de TKI en ALC, aunque sus perfiles de inversión difieren de manera significativa. Entre 2014 y 2024, Estados Unidos fue el principal inversionista en la industria manufacturera de tecnología media-alta, con un 26% de la IED en proyectos nuevos, apenas delante de la Unión Europea, con un 23% (Gráfico 2.17). Estados Unidos dominó los segmentos de alta tecnología, con una contribución del 32% de la IED en proyectos nuevos de fabricación de alta tecnología y del 49% en servicios intensivos en conocimiento de alta tecnología, frente al 18% y el 22% de la UE, respectivamente. Mientras que la participación de la UE en los sectores de TKI se redujo en alrededor de 40 puntos porcentuales en comparación con la década anterior, especialmente en la fabricación de alta tecnología y otras industrias intensivas en conocimiento, Estados Unidos reforzó su liderazgo, sobre todo en los servicios de alta tecnología, donde su participación aumentó en 21 puntos porcentuales. China también se ha convertido en un inversionista en crecimiento en los sectores TKI. Aunque su cuota global sigue siendo relativamente pequeña, su presencia se ha expandido rápidamente en los últimos años, especialmente en la fabricación de tecnología media. La inversión en los sectores TKI por parte del Reino Unido se ha mantenido modesta durante las dos últimas décadas, con solo un ligero aumento en la fabricación.

Gráfico 2.17. La IED en servicios intensivos en conocimiento y alta tecnología ha aumentado ligeramente durante la última década

IED en proyectos nuevos en sectores de alta tecnología e intensivos en conocimiento, por origen

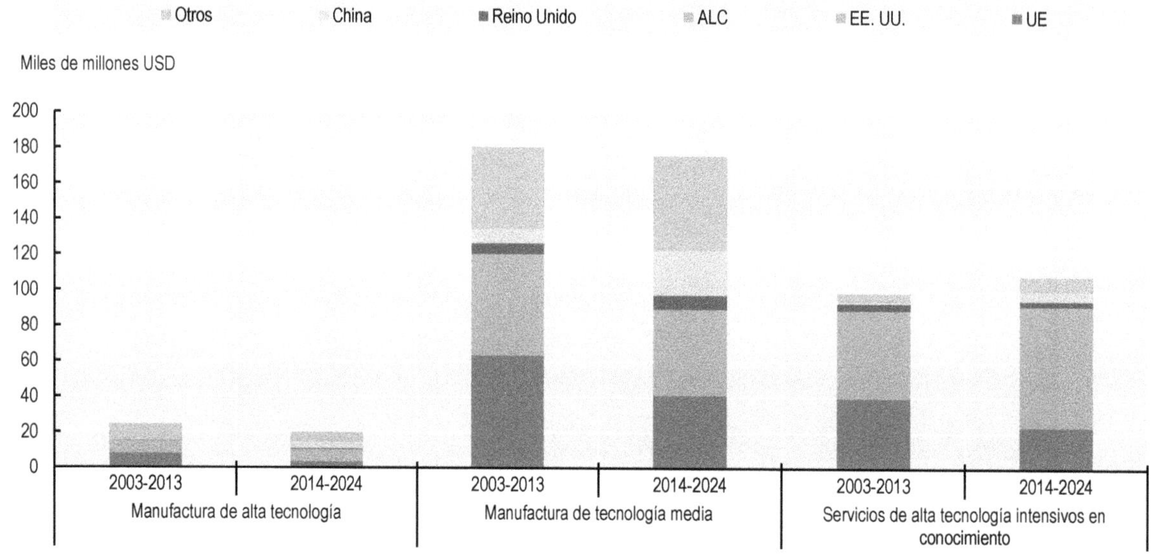

Nota: La clasificación de los sectores de alta tecnología y de conocimiento intensivo sigue la metodología de Eurostat. Para más detalles, véase el Cuadro 1.1

Fuente: Basado en Financial Times (2025[8]), FDI Markets (base de datos), https://www.fdimarkets.com/.

2.3.3. Las inversiones en proyectos nuevos, especialmente las procedentes de la UE, se centran en actividades de producción básicas y de apoyo

Las actividades empresariales, incluso dentro del mismo sector, generan diferentes niveles de valor a lo largo de la cadena de valor. El valor más alto se encuentra normalmente en las funciones corporativas estratégicas (por ejemplo, la sede central, los servicios empresariales), así como en las etapas previas a la producción, como la I+D y el diseño, y en las actividades posteriores a la producción, como el marketing, la creación de marca y los servicios posventa (Cuadro 2.2). Por el contrario, las actividades de producción básicas y de apoyo (por ejemplo, la fabricación y la extracción), junto con la logística y la distribución, tienden a generar menos valor agregado. Sin embargo, las actividades de producción básicas y de apoyo, en particular la fabricación, siguen siendo esenciales para crear capacidad industrial e impulsar el crecimiento de la productividad. También ofrecen mayores oportunidades de vinculación con las fases anteriores y posteriores de la cadena, lo que genera fuertes efectos indirectos a nivel local.

Cuadro 2.2. Clasificación de las actividades de la cadena de valor de la IED

Actividad empresarial	Actividad de la cadena de valor	Valor agregado de la IED
Sede Servicios empresariales Centros de servicios compartidos	Actividades corporativas estratégicas	Mayor valor
Investigación y desarrollo Formación y educación	Actividades de preproducción	Máximo valor
Extracción Construcción Fabricación Reciclaje	Actividades productivas principales	Menor valor
Electricidad TIC e infraestructura de Internet	Actividades de apoyo a la producción	Menor valor
Servicios de ventas, mercadotecnia y apoyo Centros de apoyo técnico Mantenimiento y reparación Centros de atención al cliente	Actividades de posproducción	Mayor valor
Logística, distribución y transporte	Logística y distribución	Valor medio

Fuente: Adaptado de Crescenzi, Pietrobelli y Rabelotti(2013[21]) , Innovation drivers, value chains and the geography of multinational corporations in Europe,https://academic.oup.com/joeg/article/14/6/1053/903721; Crescenzi y Harman(2023[22]) , Harnessing Global Value Chains for regional development. How to upgrade through regional policy, FDI and trade,https://www.routledge.com/Harnessing-Global-Value-Chains-for-regional-development-How-to-upgrade-through-regional-policy-FDI-and-trade/Crescenzi-Harman/p/book/9781032410760.

La IED en proyectos nuevos en ALC sigue concentrándose en actividades de producción básicas y de apoyo. Entre 2014 y 2024, las actividades de producción básicas, como la extracción, la construcción y la manufactura, atrajeron alrededor del 63% de la IED en proyectos nuevos, mientras que las actividades de apoyo, incluyendo la electricidad y la infraestructura de TIC, representaron otro 21% (Gráfico 2.18). En comparación con la década anterior, la proporción de la producción básica disminuyó ligeramente, mientras que la de las actividades de producción de apoyo aumentó, impulsada por las inversiones en electricidad. La logística y la distribución representaron alrededor del 8% de la inversión total en proyectos nuevos, con un crecimiento de casi el 70% en comparación con el periodo 2003-2013, lo que refleja en gran medida el aumento de la inversión en infraestructura de transporte y almacenamiento. Por el contrario, las funciones de mayor valor agregado, como las actividades corporativas estratégicas, de preproducción y posproducción, han atraído alrededor del 5% de la inversión en proyectos nuevos, con pocos cambios a lo largo del tiempo.

Gráfico 2.18. La IED en proyectos nuevos se concentra en actividades relacionadas con la producción

IED en proyectos nuevos por actividad de la cadena de valor, % del total de IED

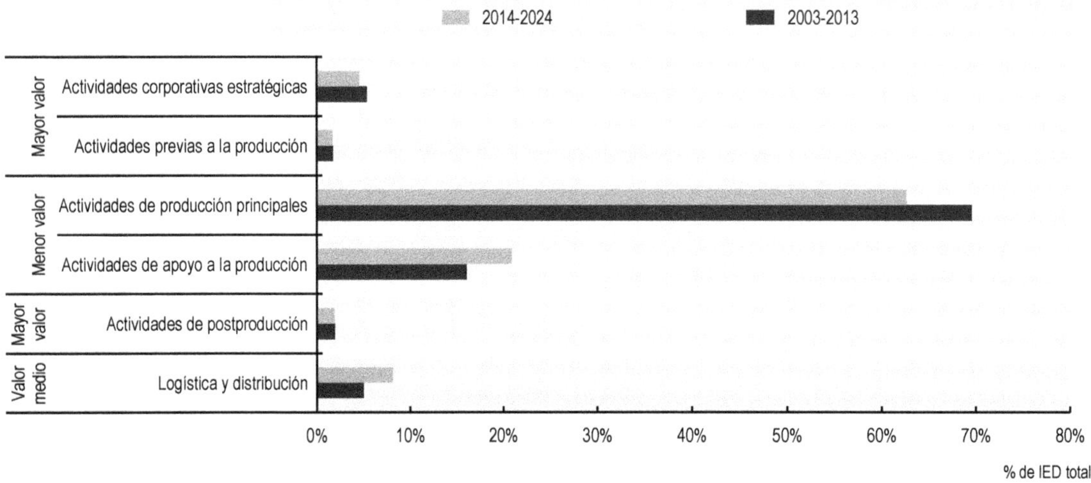

Nota: La clasificación de la IED en proyectos nuevos por actividades de la cadena de valor sigue la metodología de Crescenzi, Pietrobelli y Rabelotti (2013[21]) y Crescenzi y Harman(2023[22]). Para conocer más detalles sobre la clasificación, véase el Cuadro 1.2.
Fuente: Basado en Financial Times (2025[8]), FDI Markets (base de datos),https://www.fdimarkets.com/.

El papel de los principales inversionistas en ALC varía según las actividades de la cadena de valor. La Unión Europea ocupa una posición de liderazgo en las actividades relacionadas con la producción, que se ha mantenido constante durante la última década, especialmente en el ámbito de las energías renovables (producción de apoyo) y la fabricación (producción básica) (Gráfico 2.19). Estados Unidos sigue liderando las actividades de mayor valor, con una fuerte presencia en funciones corporativas estratégicas, de preproducción y posproducción. China ha ampliado su presencia en la producción básica, las actividades de apoyo y la logística, lo que refleja una creciente atención a las operaciones físicas y la infraestructura de la cadena de suministro, aunque su presencia en actividades en la fase inicial de la cadena y de alto valor sigue siendo limitada. El Reino Unido muestra signos de reorientación hacia funciones más estratégicas, con un aumento de la inversión en actividades de la oficina central y preproducción. Por el contrario, se ha debilitado la participación de ALC en los segmentos de mayor valor.

Gráfico 2.19. La relevancia de los principales inversionistas varía según la actividad de la cadena de valor

IED en proyectos nuevos, por actividad de la cadena de valor y origen, % del total de IED

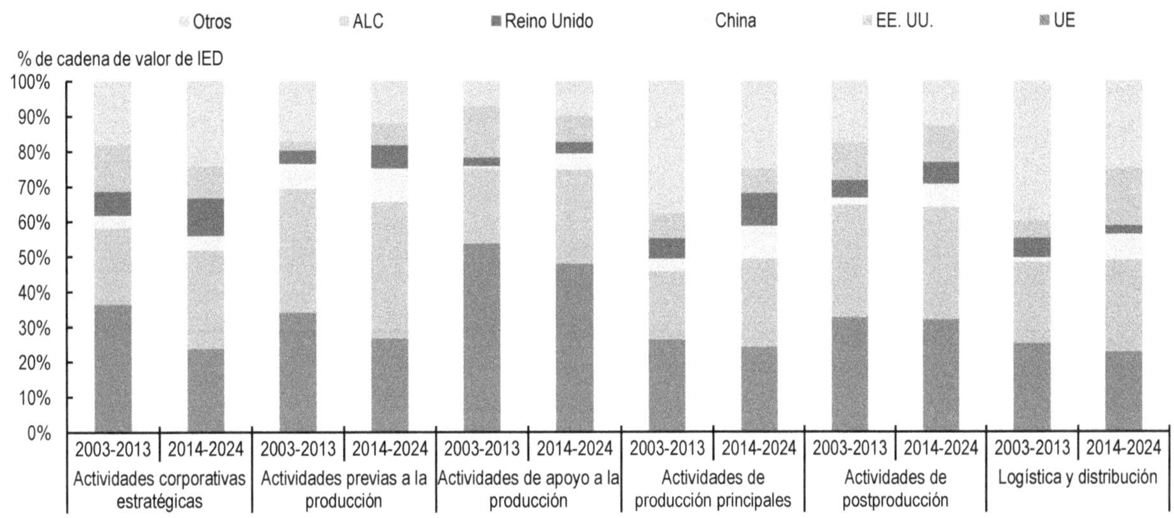

Nota: La clasificación de la IED en proyectos nuevos por actividades de la cadena de valor sigue la metodología de Crescenzi, Pietrobelli y Rabelotti(2013[21]) y Crescenzi y Harman(2023[22]) . Para más detalles sobre la clasificación, véase el Cuadro 1.2.
Fuente: Basado en Financial Times (2025[8]), FDI Markets (base de datos),https://www.fdimarkets.com/.

Si bien la inversión en actividades productivas básicas y de apoyo es importante para crear una base manufacturera productiva y genera vínculos más sólidos con la economía nacional, actividades como las funciones corporativas estratégicas y las tareas de preproducción y posproducción son fundamentales para la creación de valor. La IED en estos segmentos puede ser especialmente transformadora, ya que fomenta la transferencia de conocimientos avanzados, la difusión de las mejores prácticas de gestión y formación, y el crecimiento de los ecosistemas de innovación locales. Para los países receptores, atraer este tipo de inversiones es fundamental para mejorar su posición en las CMV, ya que ayuda a las empresas nacionales a avanzar hacia los segmentos más innovadores y de mayor valor de las redes de producción mundiales.

Los países de ALC pueden aprovechar aún más el potencial transformador de la IED de alto valor. Si bien el progreso ha sido gradual para muchos países, algunos están comenzando a mostrar señales prometedoras de mejora. Costa Rica se destaca y Colombia también está avanzando, y ambos países están ampliando su participación en actividades más intensivas en conocimiento (Gráfico 2.20). Estos primeros avances señalan un cambio hacia una participación de mayor valor y pueden ofrecer lecciones valiosas para otros países de la región (véase el Capítulo 3).

Algunas de las economías más productivas y atractivas para la inversión de ALC, como Chile, México y Brasil, siguen siendo destinos líderes para la IED, aunque gran parte de esta inversión sigue concentrándose en industrias basadas en los recursos y en la manufactura de complejidad media. Esto refleja la fortaleza continuada de estos sectores, pero también pone de relieve el potencial sin explotar para atraer actividades de mayor valor. La fuerte productividad laboral es una base importante, pero otros factores adicionales, como la capacidad de innovación, las habilidades y los marcos propicios, serán fundamentales para atraer formas de inversión más sofisticadas. Aprovechando sus bases industriales consolidadas, estos países tienen la oportunidad de aprovechar la IED no solo para el crecimiento horizontal, sino también para promover la mejora vertical y la diversificación funcional dentro de las cadenas de valor mundiales.

Gráfico 2.20. Costa Rica y Colombia muestran señales de mejora hacia actividades de mayor valor.

IED en proyectos nuevos de alto valor y productividad laboral (PPA), 2003-2013 y 2014-2024, % del total de IED

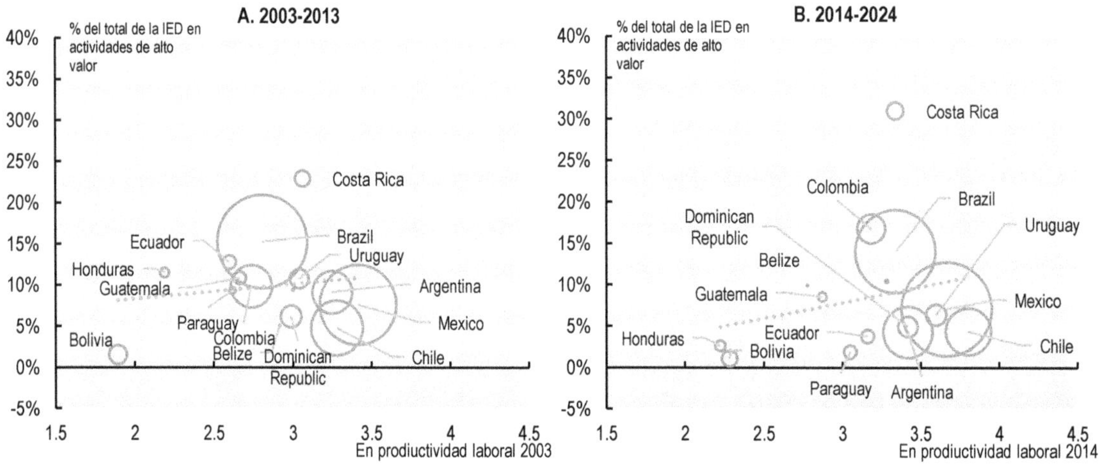

Nota: El tamaño de cada burbuja indica la participación del país en el total de la IED en proyectos nuevos en ALC durante el periodo considerado. La clasificación de la IED en proyectos nuevos por actividades de la cadena de valor sigue la metodología de Crescenzi, Pietrobelli y Rabelotti (2013[21]) y Crescenzi y Harman (2023[22]). Para más detalles sobre la clasificación, véase el Cuadro 1.2.
Fuente: Basado en Financial Times (2025[8]), FDI Markets (base de datos),https://www.fdimarkets.com/.; Banco Mundial (2021[23]) , Productividad global: tendencias, factores impulsores y políticas,https://www.worldbank.org/en/research/publication/global-productivity.

2.3.4. Las empresas extranjeras en ALC son más innovadoras que las nacionales

La investigación y el desarrollo (I+D) que llevan a cabo las empresas, es decir, las actividades destinadas a ampliar los conocimientos y aplicarlos a la creación de nuevos productos, servicios o procesos, desempeñan un papel fundamental en el impulso de la innovación y la mejora de la productividad. La I+D también está estrechamente relacionada con un empleo de mayor calidad, ya que tiende a generar puestos de trabajo cualificados y a promover el aprendizaje y el desarrollo del capital humano. El apoyo a la inversión en I+D es un pilar fundamental del GGIA UE-ALC, que busca fortalecer la colaboración científica y tecnológica con los países socios, incluidas las economías de ALC.

Como se ha mostrado anteriormente, las empresas extranjeras que operan en ALC son, en general, más productivas que sus homólogas nacionales. Esta ventaja se debe en gran medida a su acceso a tecnologías avanzadas a través de sus empresas matrices, así como a sus mayores capacidades de gestión y prácticas empresariales más eficientes. Por razones similares, las empresas extranjeras también participan más activamente en I+D. Con frecuencia tienen mejor acceso a mano de obra cualificada y están más integradas en redes de conocimiento, incluidas las sinergias con las empresas matrices y otras filiales. Según los indicadores de calidad de la IED, las empresas extranjeras en ALC son significativamente más propensas que las nacionales a participar en actividades innovadoras. En la mayoría de los países de la región (24 de los 31 con datos disponibles), las empresas extranjeras son más propensas a introducir nuevos productos. En una proporción casi igual (25 de 31), también son más propensas a invertir en I+D (Gráfico 2.21).

Gráfico 2.21. En promedio, las empresas extranjeras son más propensas a introducir un nuevo producto y a invertir en I+D.

Diferencia relativa entre los resultados de las empresas extranjeras y nacionales, 2010-2023

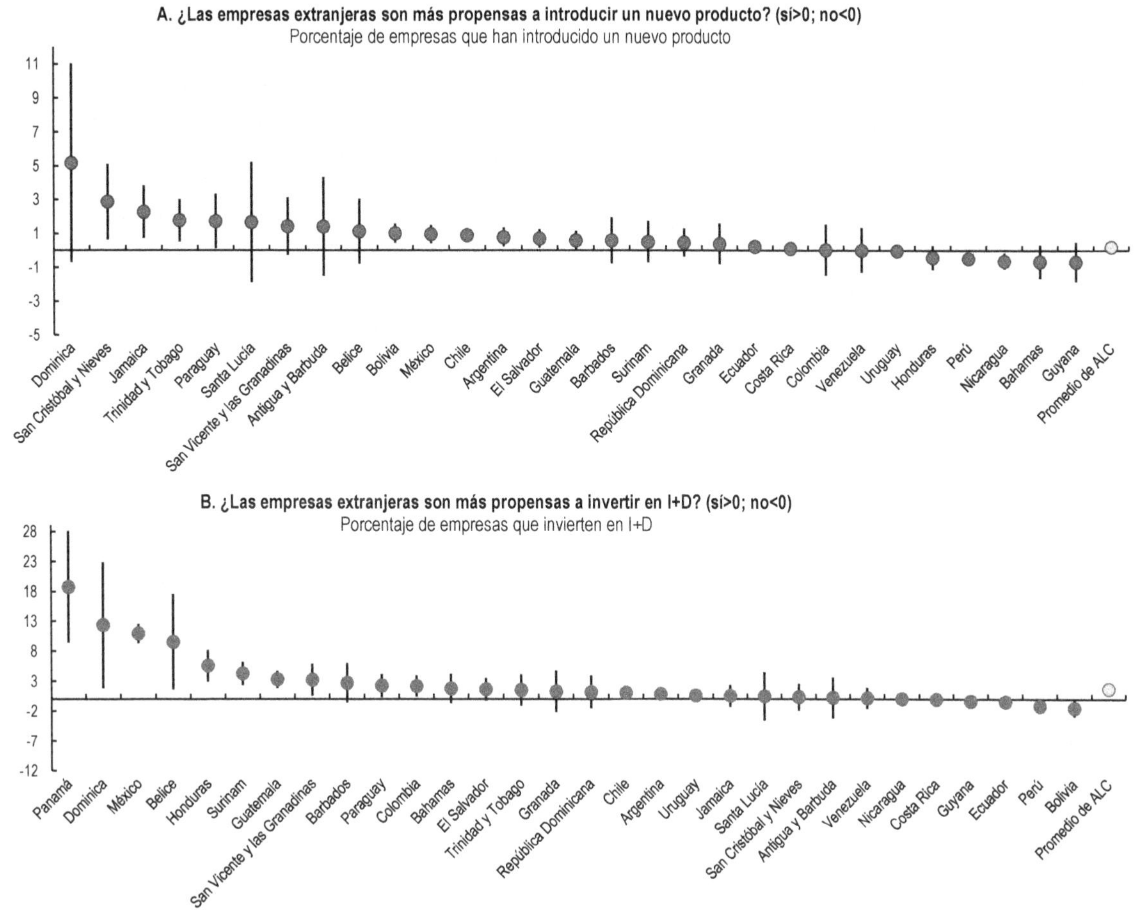

Nota: En el panel A, el indicador para Panamá es igual a 52. Para efectos de la visualización, el valor no se muestra en el gráfico. Los indicadores de los paneles A y B muestran la diferencia relativa entre los resultados medios de las empresas extranjeras y nacionales, por ejemplo, la diferencia entre la proporción de empresas extranjeras y nacionales que han introducido un nuevo producto, dividida por la proporción media de empresas nacionales que han introducido un nuevo producto. Los valores positivos indican que las empresas extranjeras superan a las nacionales (por ejemplo, son más propensas a introducir un nuevo producto), mientras que los valores negativos sugieren lo contrario. Los años de referencia varían según los países, y van desde 2010 hasta 2023.
Fuente: Basado en el Banco Mundial (2023[15]) , Indicadores del desarrollo mundial,https://databank.worldbank.org/source/world-development-indicators.

La proporción de IED destinada a la I+D empresarial en ALC sigue siendo muy inferior a la de otras regiones. Entre 2003 y 2024, aproximadamente 30 mil millones de dólares, lo que equivale a solo el 1.5% del total de la IED en proyectos nuevos, se destinó a actividades relacionadas con la I+D, una proporción que se ha mantenido prácticamente sin cambios durante las dos últimas décadas (Gráfico 2.22, Panel A). Por el contrario, durante el mismo periodo, la proporción alcanzó alrededor del 4% en la Unión Europea, el 3% en los Estados Unidos y el 5% en China.

Durante este periodo, la UE ha desempeñado un papel importante como fuente de inversión relacionada con la I+D. La UE representó el 34% del total de la IED en I+D en la región durante 2003-2013, y descendió al 26% en la década siguiente (2014-2024). Estados Unidos ha sido la principal fuente de inversión en I+D en LAC, con un aumento de su participación del 36% al 46% durante el mismo periodo. Mientras tanto, China y el Reino Unido han mantenido una presencia modesta pero constante, representando cada uno aproximadamente el 7-8% de la IED relacionada con la I+D en la última década. Los inversionistas intrarregionales de ALC han contribuido con alrededor del 5% de la inversión total en esta área. Desde la perspectiva de los principales países inversionistas, la participación de la IED destinada a I+D en relación con su inversión total en ALC disminuyó de manera generalizada, con la excepción del Reino Unido (Gráfico 2.22, Panel B).

Gráfico 2.22. Alrededor del 2% de la IED en proyectos nuevos se destina a actividades de I+D

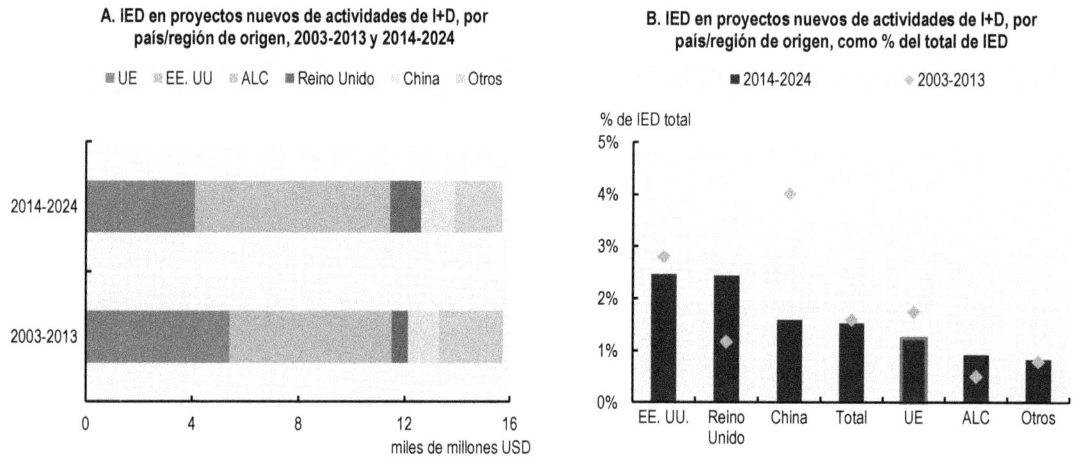

Fuente: Basado en Financial Times,(2025[8]), FDI Markets (base de datos),https://www.fdimarkets.com/.

2.3.5. La IED es un importante motor de la transformación digital en ALC, especialmente en el sector de los servicios.

La IED puede acelerar la transformación digital de una economía al facilitar la transferencia de tecnología, habilidades y capital. Las empresas extranjeras sirven frecuentemente como vehículo para la innovación al integrar tecnologías digitales avanzadas. Estas plataformas pueden mejorar significativamente la productividad y la competitividad en los países receptores. La IED también contribuye al desarrollo de la infraestructura digital, como las redes de banda ancha, los centros de datos y los servicios en la nube, que son facilitadores esenciales de la economía digital. En las economías emergentes y en desarrollo, los inversionistas extranjeros pueden cubrir carencias críticas en materia de financiamiento y conocimientos especializados, apoyando los esfuerzos de los gobiernos por crear ecosistemas digitales inclusivos y resilientes. Además, los vínculos entre los inversionistas extranjeros y las empresas nacionales pueden generar efectos de contagio del conocimiento, lo que favorece la mejora de las competencias digitales de los proveedores y prestadores de servicios locales (OECD, forthcoming[24]).

Gráfico 2.23. Las empresas extranjeras son más propensas a utilizar sitios web y pagos electrónicos en sus operaciones comerciales.

Diferencia relativa entre los resultados de las empresas extranjeras y nacionales, 2010-2023

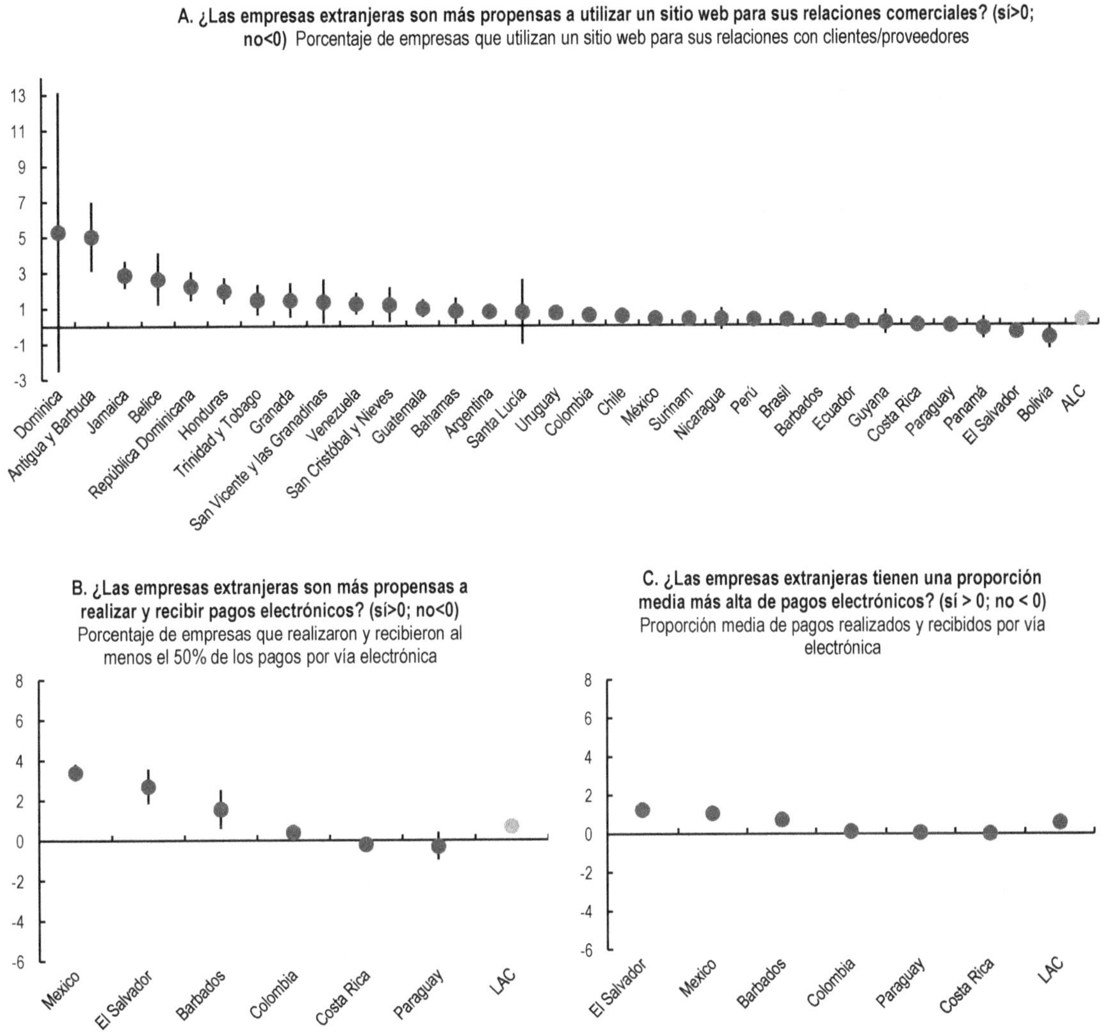

Nota: Los indicadores de los paneles A-C muestran la diferencia relativa entre los resultados medios de las empresas extranjeras y nacionales, por ejemplo, la diferencia entre la proporción media de empresas extranjeras y nacionales que utilizan un sitio web para sus relaciones con clientes/proveedores, dividida por la proporción media de empresas nacionales. Los valores positivos indican que las empresas extranjeras superan a las nacionales (por ejemplo, son más productivas), mientras que los valores negativos sugieren lo contrario. Los años de referencia varían según los países, y van desde 2010 hasta 2023.

Fuente: Basado en Banco Mundial (2023[15]), Indicadores del desarrollo mundial, https://databank.worldbank.org/source/world-development-indicators.

Las tecnologías digitales han cobrado cada vez más importancia para impulsar la productividad y mejorar la eficiencia de las operaciones empresariales. Más allá de la reducción de costos, también ofrecen oportunidades para mejorar el desempeño ambiental. Los indicadores de calidad de la IED brindan información útil sobre cómo las empresas extranjeras y nacionales incorporan las herramientas digitales en sus operaciones cotidianas. Los datos indican que las empresas extranjeras son sistemáticamente más propensas a aprovechar las tecnologías digitales que sus homólogas nacionales en ALC. En 28 de los 31 países de ALC encuestados, un mayor porcentaje de empresas extranjeras declaró utilizar un sitio web para interactuar con clientes y proveedores (Gráfico 2.23, Panel A). Además, en 4 de los 6 países con datos disponibles, las empresas extranjeras son más propensas a realizar y recibir pagos electrónicamente (Gráfico 2.23, Panel B). En los seis países, informaron de una mayor proporción media de pagos electrónicos realizados y recibidos (Gráfico 2.23, Panel C), lo que pone de relieve su mayor integración de las prácticas digitales en las transacciones comerciales.

En las últimas dos décadas, los sectores digitales de ALC han atraído aproximadamente 260 mil millones de dólares estadounidenses en IED en proyectos nuevos, lo que representa alrededor del 13% del total de la inversión en proyectos nuevos en la región (Gráfico 2.24, Panel A). Si bien entre 2003 y 2013 más de la mitad de esta inversión se destinó al sector de las telecomunicaciones, en el periodo comprendido entre 2014 y 2024 se produjo un cambio notable, ya que casi la mitad de la IED digital se dirigió a los servicios digitales. Esta transición refleja tanto el avance digital de la región, que ha permitido la aparición de soluciones digitales más sofisticadas y basadas en los servicios, como la creciente madurez del sector de las telecomunicaciones. Al constituir el pilar de la transformación digital, la IED en infraestructura de telecomunicaciones ha sentado las bases para la expansión de otras industrias digitales, sobre todo en el ámbito de los servicios digitales. Además, aunque la proporción de la inversión en servicios digitales se mantuvo relativamente estable durante las dos décadas, la proporción de empleos generados por la IED en los sectores digitales aumentó del 18% al 20%, lo que indica una transición hacia actividades más intensivas en mano de obra (Gráfico 2.24, Panel B). En 2014-2024, la mitad de los empleos en los sectores digitales se crearon en los servicios digitales, casi el doble que en la década anterior (Capítulo 2).

Gráfico 2.24. La IED en proyectos nuevos en los sectores digitales representó más del 13% del total de la IED y generó casi el 20% de todos los empleos relacionados con la IED.

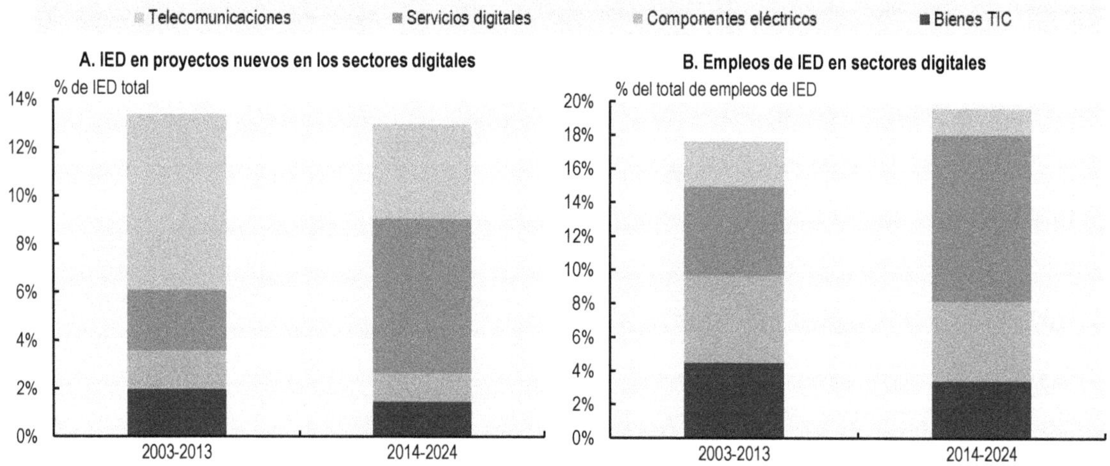

Nota: Los sectores digitales incluyen los servicios digitales (por ejemplo, actividades de programación informática, actividades de procesamiento y alojamiento de datos, actividades de servicios de información, etc.); los bienes de TIC (electrónica, equipos informáticos, etc.); los componentes eléctricos (baterías, equipos eléctricos, dispositivos de cableado, etc.) y las telecomunicaciones (actividades de telecomunicaciones por cable e inalámbricas y actividades satelitales).
Fuente: Basado en Financial Times (2025[8]), FDI Markets (base de datos), https://www.fdimarkets.com/.

2.3.6. La Unión Europea y Estados Unidos son los principales inversionistas en los sectores digitales de ALC

La inversión digital ocupa un lugar destacado en la GGIA UE-ALC, cuyo objetivo es impulsar el desarrollo de infraestructuras sostenibles e inclusivas en ALC (Cuadro 1.1 del Capítulo 1). Como parte de esta iniciativa, la UE ha tratado de reforzar la conectividad digital y apoyar la transformación digital centrada en las personas en la región mediante inversiones estratégicas. Incluso antes de la GGIA UE-ALC, la UE era un inversionista clave en los sectores digitales de toda ALC. Entre 2003 y 2013, la UE fue la principal fuente de IED digital en la región, con aproximadamente el 40% de la inversión total, seguida de Estados Unidos (27%) y los inversionistas intrarregionales (17%) (Gráfico 2.25). Sin embargo, en el periodo comprendido entre 2014 y 2024, Estados Unidos se convirtió en la principal fuente, con una contribución del 46% de la IED digital. Por el contrario, la cuota de la UE cayó al 21%, mientras que la inversión intrarregional se redujo al 11%. Mientras tanto, la cuota de China aumentó de solo el 2% al 9% durante el mismo periodo.

El auge de Estados Unidos como principal inversionista fue evidente en todos los sectores digitales y especialmente notable en los servicios digitales, representando el 62% de la inversión total entre 2014 y 2024, lo que supuso 41 mil millones de dólares estadounidenses. Por el contrario, la inversión de la UE en los sectores digitales se redujo casi a la mitad durante el mismo periodo. El descenso se registró en todos los sectores, con la caída más pronunciada en las telecomunicaciones, donde la inversión de la UE pasó de más de 35 mil millones de dólares estadounidenses en 2003-2013 a 16 mil millones de dólares estadounidenses en 2014-2024. Los servicios digitales fueron el único subsector en el que la inversión de la UE aumentó, pasando de 4 mil millones de dólares a 7 mil millones, pero su participación relativa disminuyó del 15% al 11%, ya que la inversión de otras regiones creció más rápidamente. Mientras tanto, la inversión china en los sectores digitales creció de manera notoria, pasando de 2 mil millones de dólares en 2003-2013 a 12 mil millones de dólares en 2014-2024. Este crecimiento se distribuyó entre todos los subsectores digitales, excepto las telecomunicaciones, donde la inversión china siguió siendo limitada.

Gráfico 2.25. En las últimas dos décadas, la composición de la IED digital pasó de una inversión en telecomunicaciones liderada por la UE a una inversión impulsada por EE. UU. en servicios digitales.

IED en proyectos nuevos, por sector digital y país/región de origen, 2003-2013 y 2014-2024

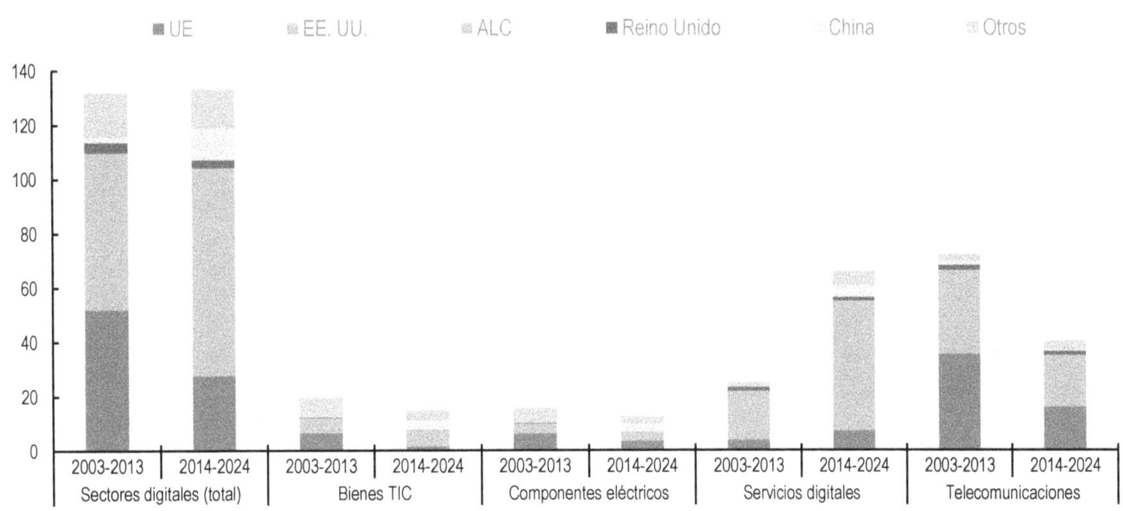

Nota: Los sectores digitales incluyen los servicios digitales (por ejemplo, actividades de programación informática, actividades de procesamiento y alojamiento de datos, actividades de servicios de información, etc.); los bienes de TIC (electrónica, equipos informáticos, etc.); los componentes eléctricos (baterías, equipos eléctricos, dispositivos de cableado, etc.); y las telecomunicaciones (actividades de telecomunicaciones por cable e inalámbricas y actividades satelitales).
Fuente: Basado en Financial Times (2025[8]), FDI Markets (base de datos), https://www.fdimarkets.com/.

La composición de las carteras de IED en proyectos nuevos en ALC revela cambios importantes en la relevancia de los sectores digitales entre las principales economías inversionistas a lo largo del tiempo. Entre 2014 y 2024, la proporción de la inversión de la UE destinada a los sectores digitales disminuyó notablemente, cayendo hasta tan solo el 8% del total de la inversión en proyectos nuevos de la UE, frente al 17% de la década anterior (Gráfico 2.26). Las telecomunicaciones representaron la mayor parte de esta reducción, con un 5%. Estados Unidos aumentó significativamente su interés por los sectores digitales en ALC, y la inversión digital ascendió al 23% del total de la IED estadounidense en la región. Los servicios digitales por sí solos representaron el 15%, lo que refleja el creciente énfasis estratégico de Estados Unidos en las actividades digitales de alto valor. Por su parte, China se convirtió en un inversionista digital más destacado en ALC durante este periodo. Casi el 15% de la inversión china en proyectos nuevos se destinó a los sectores digitales entre 2014 y 2024, frente a solo un 7% en la década anterior. Este cambio refleja el impulso global más amplio de China hacia los mercados de infraestructura y tecnología digitales. Por el contrario, la inversión intrarregional de los países de ALC en los sectores digitales disminuyó de más del 25% del total de la inversión de ALC en ALC en 2003-2013 al 18% en 2014-2024. Esta disminución se debió principalmente a una fuerte caída de la inversión en telecomunicaciones, que pasó del 22% a solo el 8%, lo que sugiere una maduración del mercado y un cambio de prioridades entre los inversionistas regionales. La proporción de inversión digital procedente del Reino Unido fue marginal, con pocos o ningún cambio en las dos décadas.

Gráfico 2.26. Entre 2014 y 2024, el 23% de la inversión en proyectos nuevos de EE. UU. se destinó a sectores digitales, en comparación con solo el 8% de la inversión de la UE.

IED en proyectos nuevos en el sector digital como porcentaje del total de la IED en ALC, por país/región inversionista, 2003-2013 y 2014-2024

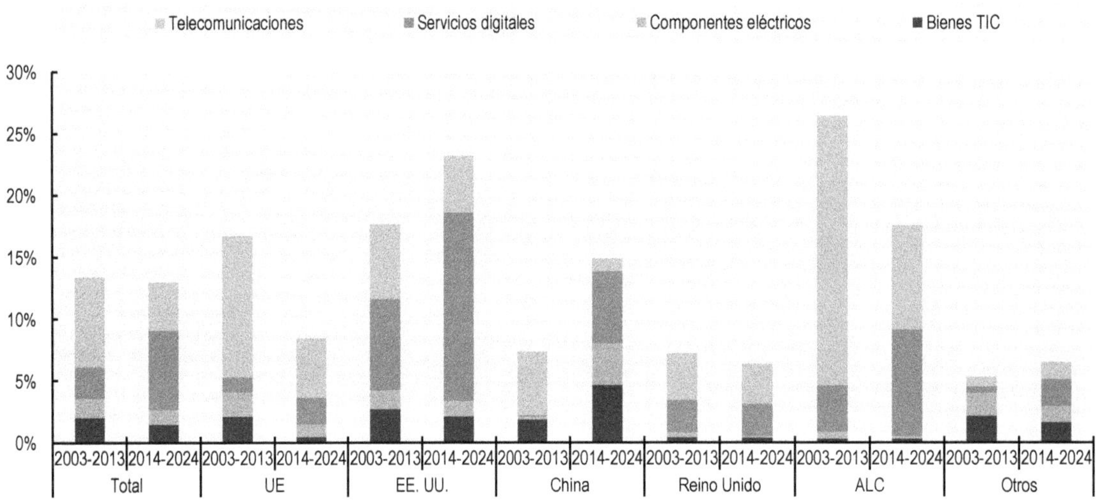

Nota: Los sectores digitales incluyen los servicios digitales (por ejemplo, actividades de programación informática, actividades de procesamiento y alojamiento de datos, actividades de servicios de información, etc.); los bienes de TIC (electrónica, equipos informáticos, etc.); los componentes eléctricos (baterías, equipos eléctricos, dispositivos de cableado, etc.); y las telecomunicaciones (actividades de telecomunicaciones por cable e inalámbricas y actividades satelitales).
Fuente: Basado en Financial Times (2025[8]), FDI Markets (base de datos),https://www.fdimarkets.com/.

2.3.7. La IED juega un papel importante al impulsar la transición ecológica de ALC

ALC tiene un gran potencial en materia de energías renovables. En 2023, las energías renovables representaban el 33% del suministro energético total de la región, frente al 23% en 2003 (Gráfico 2.27).

Aunque el cambio ha sido gradual, sigue estando muy por encima de la media mundial del 13%; sin embargo, la matriz energética de los países de la región es heterogénea. El ritmo de la transición energética está determinado por factores como los recursos naturales disponibles, las condiciones geográficos, la dependencia de los combustibles fósiles, el desarrollo económico y la capacidad institucional y financiera (IEA, 2023[11]). Avanzar hacia una combinación energética más sostenible y diversificada puede ayudar a reducir las emisiones, disminuir los costos de la energía, mejorar la seguridad energética y disminuir la dependencia de las importaciones de combustibles fósiles. La inversión en tecnologías limpias y en electrificación también puede impulsar la productividad, generar empleo formal y apoyar una vía de desarrollo más resiliente e inclusiva (OECD et al., 2022[25]).

Gráfico 2.27. La relevancia de las energías renovables aumenta gradualmente en la matriz energética de ALC.

Evolución de la matriz del suministro total de energía primaria en ALC, 2000-2023

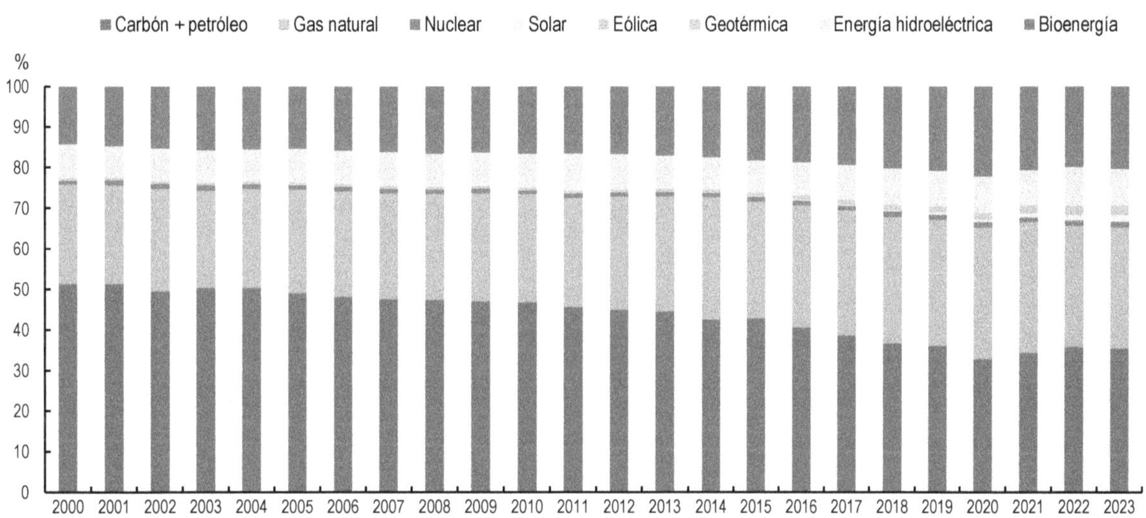

Nota: El suministro energético total se compone de la producción + importaciones –exportaciones –combustibles marinos internacionales – combustibles de aviación internacionales +/- las variaciones del acervo.
Fuente: Basado en OLADE (2023[26]), Sistema de Información Energética de ALC, https://sielac.olade.org/.

La IED puede desempeñar un papel fundamental en el apoyo a la transición ecológica de ALC, al movilizar capital, tecnología y conocimientos especializados para la mitigación y la adaptación al cambio climático, así como generar empleos verdes (véase el Capítulo 3). Sin embargo, los datos de otras regiones y países sugieren que la contribución de la IED a los resultados relacionados con el clima depende en gran medida de las condiciones de las políticas nacionales (OECD, 2022[12]). Un canal clave a través del cual la IED influye en los resultados medioambientales son las operaciones y prácticas de las empresas extranjeras establecidas de forma local. Estas empresas suelen aportar tecnologías y prácticas de gestión más avanzadas, lo que permite una mayor eficiencia medioambiental. Especialmente las empresas multinacionales más grande pueden verse más incentivadas a cumplir los objetivos medioambientales debido a su mayor exposición a los medios de comunicación internacionales, al escrutinio de los inversionistas y a las expectativas de las partes interesadas. Además, muchas de ellas proceden de países con normativas medioambientales y estándares de sostenibilidad empresarial más estrictos, lo que puede influir en su comportamiento y prácticas en el extranjero.

Gráfico 2.28. Las empresas extranjeras son, en promedio, menos eficientes desde el punto de vista energético, pero más propensas a controlar las emisiones de CO_2 que las empresas nacionales.

Diferencia relativa entre los resultados de las empresas extranjeras y nacionales, 2010-2023

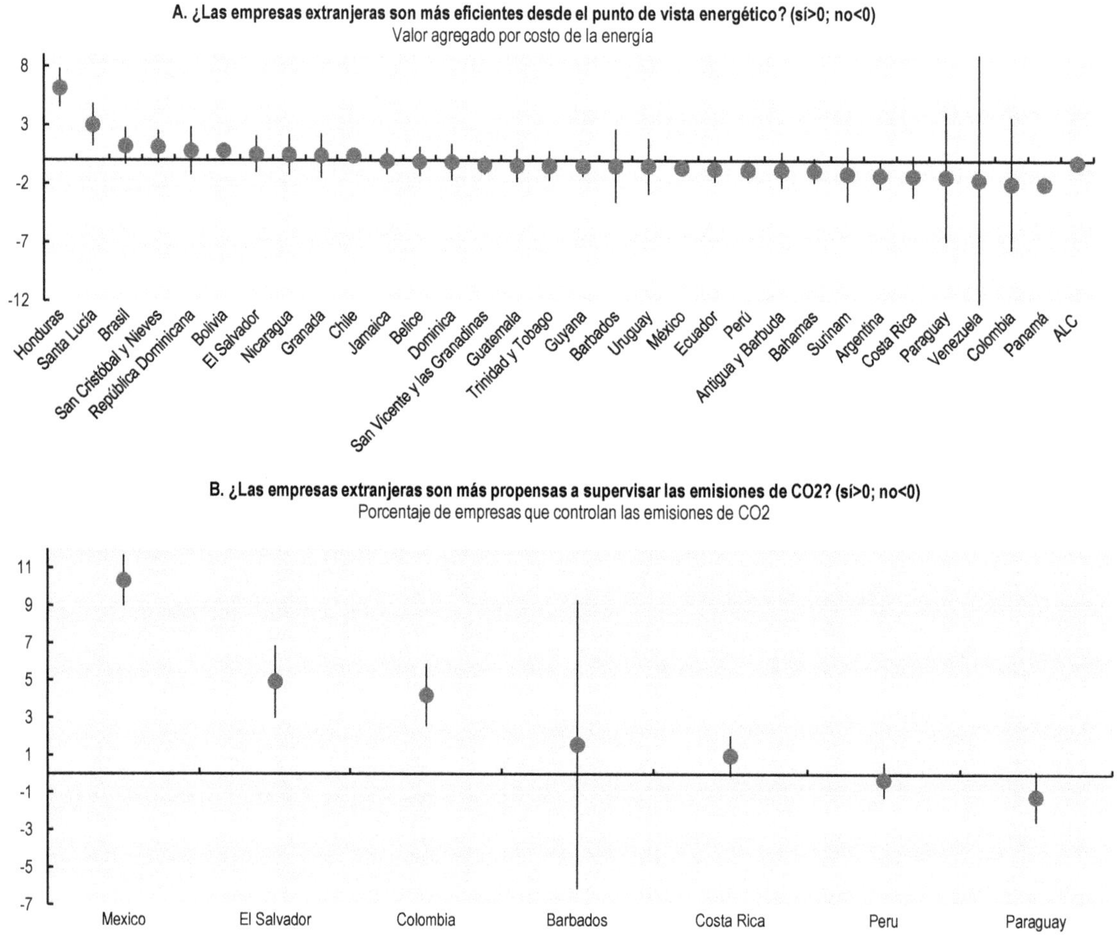

Nota: Los indicadores de los paneles A y B muestran la diferencia relativa entre los resultados promedio de las empresas extranjeras y nacionales, por ejemplo, la diferencia entre la eficiencia energética media de las empresas extranjeras y nacionales, dividida entre la eficiencia energética media de las empresas nacionales. Los valores positivos indican que las empresas extranjeras superan a las nacionales (por ejemplo, son más productivas), mientras que los valores negativos sugieren lo contrario. Los años de referencia varían según los países y van desde 2010 hasta 2023.

Fuente: Basado en Banco Mundial (2023[15]) , Indicadores del desarrollo mundial,https://databank.worldbank.org/source/world-development-indicators.

Las empresas extranjeras en ALC no tienen una ventaja clara sobre las empresas nacionales en lo que respecta a los resultados medioambientales. Los datos de los Indicadores de Calidad de la IED de la OCDE (Recuadro 2.2) sugieren que las empresas extranjeras son más propensas a participar en prácticas de monitoreo medioambiental, como el seguimiento de las emisiones de CO_2. En cinco de los siete países de ALC en los que se cuenta con datos, un mayor porcentaje de empresas de propiedad extranjera informó que monitoreaba sus emisiones en comparación con las empresas nacionales (Gráfico 2.28, Panel A). Sin embargo, esto no se traduce necesariamente en un mejor desempeño en todos los indicadores medioambientales. Cuando la eficiencia energética se mide por los costos de energía en relación con el valor agregado, las empresas nacionales tienden a superar a sus homólogas extranjeras. De hecho, solo en 10 de los 31 países comprendidos por los indicadores las empresas extranjeras son, en promedio, más eficientes en el aspecto energético que las nacionales (Gráfico 2.28, Panel B). Una de las razones parece ser que las empresas extranjeras en ALC tienden a concentrarse en sectores más intensivos en energía (por ejemplo, la minería y la industria manufacturera), en los que es más difícil lograr ganancias en eficiencia. Por el contrario, las empresas nacionales predominan en sectores que son estructuralmente menos intensivos en energía (por ejemplo, los servicios).

La IED ha desempeñado un papel cada vez más importante en el avance de los objetivos medioambientales en ALC, en particular mediante el apoyo al desarrollo del sector de las energías renovables en la región. Según los datos sobre inversiones en proyectos nuevos, la IED en energías renovables ha seguido una fuerte tendencia al alza en las últimas dos décadas, tanto en términos de inversión como del número de proyectos anunciados. En 2003, la IED en proyectos nuevos en el sector de las energías renovables de ALC ascendió a aproximadamente 2 mil millones de dólares estadounidenses en cerca de 10 proyectos (Gráfico 2.29, Panel A). En 2024, esta cifra se había disparado hasta los 28 mil millones de dólares, con más de 70 proyectos registrados. Entre 2003 y 2013, las energías renovables representaron solo el 7% del total de la IED en proyectos nuevos en la región, frente al 15.5% del carbono, el petróleo y el gas (Gráfico 2.29, Panel B). Durante el periodo 2014-2024, la participación de las energías renovables aumentó significativamente hasta el 17%, mientras que la asignada a actividades relacionadas con los combustibles fósiles solo aumentó en dos puntos porcentuales. Si bien la inversión en actividades relacionadas con los combustibles fósiles sigue siendo significativa y aumenta moderadamente, los cambios recientes sugieren una creciente alineación de la IED con los objetivos climáticos y de transición energética de ALC, junto con un interés en aumento por parte de los inversionistas en la infraestructura sostenible y la energía limpia.

Gráfico 2.29. La IED en proyectos nuevos en el sector de las energías renovables de ALC se ha incrementado significativamente

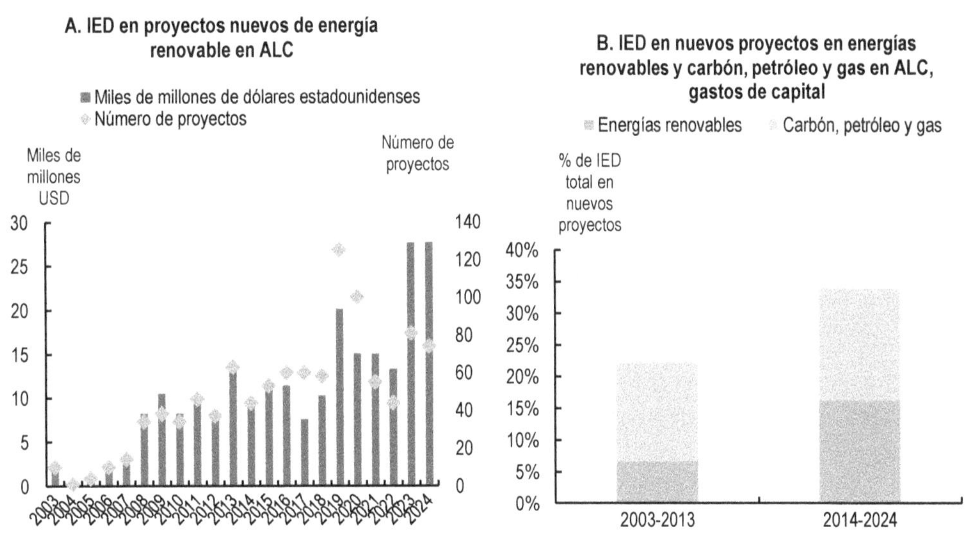

Fuente: Basado en Financial Times (2025[8]), FDI Markets (base de datos), https://www.fdimarkets.com/.

2.3.8. La inversión de la UE encabeza la expansión de las energías renovables en ALC

El clima y la energía son prioridades fundamentales de la Iniciativa Global Gateway de la UE (Cuadro 1.1, Capítulo 1), que busca promover infraestructuras sostenibles, resilientes y de alta calidad en todo el mundo para impulsar la transición ecológica. La GGIA UE-ALC presentada en 2023 colocó la inversión en energía limpia como prioridad de su compromiso de asociación con ALC. La UE lleva mucho tiempo desempeñando un papel destacado en el apoyo al desarrollo de las energías renovables en la región.

Desde principios de la década de 2000, los inversionistas de la UE se han situado sistemáticamente entre los más activos en el sector de las energías renovables de la región, con inversiones acumuladas que superarán los 130 mil millones de dólares estadounidenses a finales de 2024, muy por delante de otras fuentes importantes (Gráfico 2.30, Panel A). Estados Unidos ocupó el segundo lugar, con poco más de 28 mil millones de dólares, seguido por el Reino Unido (16 mil millones de dólares), los propios países de ALC (8 mil millones de dólares) y China (6 mil millones de dólares). Durante las dos últimas décadas, la UE ha sido por mucho el mayor inversionista en energías renovables en ALC, manteniendo un claro liderazgo en términos acumulados y muy por delante de otros inversionistas internacionales (Gráfico 2.30, Panel A). La cuota relativa de la UE ha disminuido gradualmente en los últimos años, pasando de un máximo del 86% en 2018 al 43% actual, lo que refleja el creciente interés de un grupo más amplio de inversionistas internos. Aunque las cifras anuales muestran cierta volatilidad, la tendencia general sugiere que las energías renovables en ALC están atrayendo a una mayor diversidad de inversionistas, más allá de las cinco fuentes tradicionales principales (Gráfico 2.30, Panel B).

Gráfico 2.30. La IED en proyectos nuevos de energía renovable en la UE ha aumentado significativamente desde principios de la década del 2000.

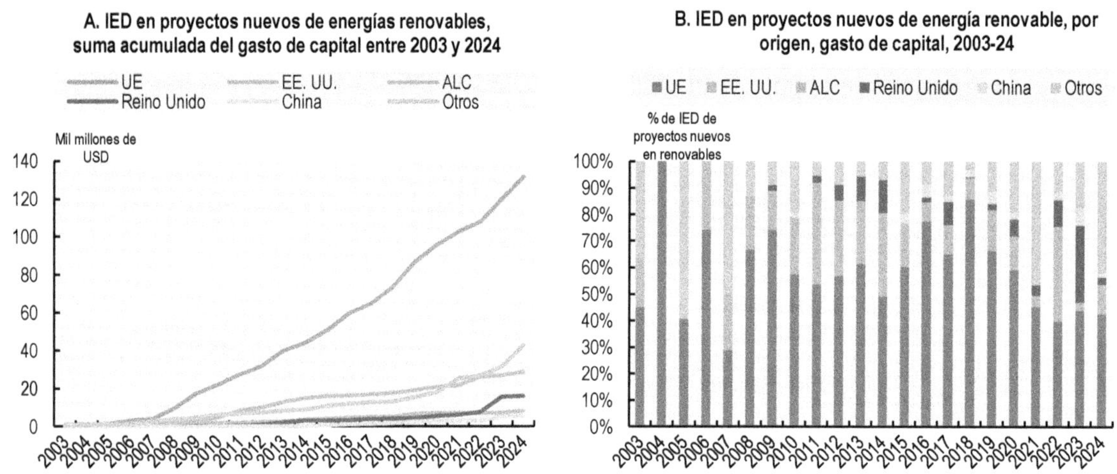

Nota: Las energías renovables abarcan la energía solar, eólica, marina, hidroeléctrica, geotérmica y la biomasa.
Fuente: Basado en Financial Times (2025[8]), FDI Markets (base de datos), https://www.fdimarkets.com/.

Los proyectos solares son el principal objetivo de la inversión en proyectos nuevos de energía renovable, con un 50% del total, seguidos de los proyectos eólicos, con un 29%. El tipo de energía renovable al que se dirigen varía significativamente según el origen del inversionista. Las empresas de la UE invierten principalmente en energía solar y eólica, mientras que la biomasa es un elemento clave para los inversionistas de Estados Unidos, Reino Unido y China. La energía hidroeléctrica sigue atrayendo inversiones tanto de los países de ALC como de China. Brasil, Chile y México son los principales destinos de la IED en proyectos nuevos de energía renovable de todos los inversionistas; sin embargo, existen diferencias notables en cuanto al alcance de la participación de los principales inversionistas en la región. Por ejemplo, Estados Unidos ha invertido en proyectos de energía renovable en 21 países de ALC y la UE lo ha hecho en 18, lo que refleja una amplia presencia regional. Por el contrario, las inversiones de China están más concentradas, ya que solo abarcan 7 países de ALC.

El análisis empírico confirma el importante papel que desempeña la UE en la transición ecológica de ALC. La IED en proyectos nuevos en el sector de las energías renovables, en particular la procedente de la UE, se relaciona positivamente tanto a la expansión del suministro de energía limpia como a la transformación de la matriz energética en ALC. Un aumento del 10% de la IED en proyectos nuevos procedente de la UE se asocia a un incremento de 1.2 toneladas equivalentes de petróleo (tep) por cada 1 000 personas en el suministro de energías renovables, frente a 0.8 tep en el caso de la IED en proyectos nuevos desde todas las fuentes. Del mismo modo, la IED en proyectos nuevos procedente de la UE está relacionada con un aumento de 0.1 tep por cada millón de dólares estadounidenses del PIB (APP), mientras que no se observa ningún efecto estadísticamente relevante para la IED global (Gráfico 2.31). La participación de las energías renovables en la matriz energética también aumenta de forma más pronunciada con la inversión de la UE, en 0.3 puntos porcentuales, en comparación con el aumento de 0.2 puntos vinculado a la IED de todas las fuentes. Estos resultados sugieren que la IED de la UE en proyectos totalmente nuevos puede ser especialmente eficaz para apoyar la transición energética de la región, lo que podría reflejar mayores efectos indirectos tecnológicos, garantías medioambientales más sólidas o una mayor alineación con los objetivos de sostenibilidad a largo plazo (Anexo 2.A).

Gráfico 2.31. Impacto de la IED en el suministro de energía renovable y en la matriz energética

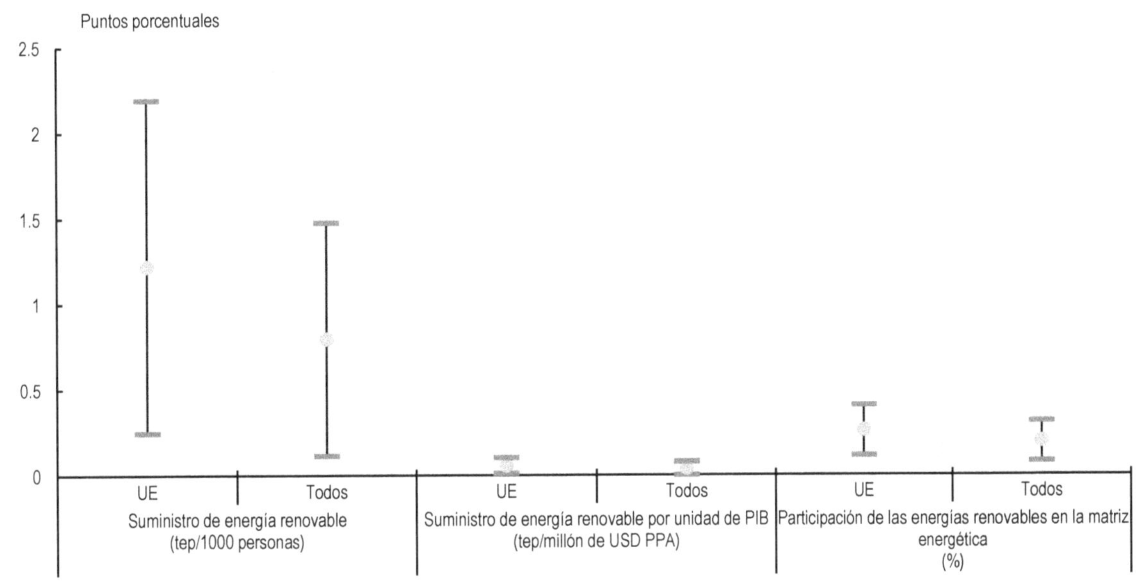

Nota: El gráfico muestra el impacto estimado en puntos porcentuales de un aumento del 10% en la inversión de capital con un desfase de dos años de los proyectos de IED anunciados en materia de energías renovables sobre tres variables, junto con sus intervalos de confianza del 95%. "Todos" se refiere a todos los países de origen.
Fuente: Basado en IRENA (2023[27]), Estadísticas de energías renovables, https://www.irena.org/Data; Basado en Financial Times (2025[8]), FDI Markets (base de datos), https://www.fdimarkets.com/, OLADE (2023[26]), Sistema de Información Energética de ALC, https://sielac.olade.org/.

2.4. El impacto de la IED en la diversificación de las exportaciones y la integración en las CMV

2.4.1. La IED en proyectos nuevos impulsa la diversificación de las exportaciones y la modernización industrial en ALC

La estructura comercial heterogénea de los países de ALC refleja los diversos perfiles económicos de la región. En la mayoría de los países de ALC, las exportaciones y las importaciones representan individualmente entre el 20% y el 50% del PIB, lo que pone de relieve la apertura comercial de la región (Gráfico 2.32). Sin embargo, existen variaciones significativas, ya que algunas economías alcanzan hasta el 80% en actividad comercial. La composición del comercio también varía significativamente. Las exportaciones de mercancías predominan en gran parte de América Latina, alcanzando el 28% en Chile y el 33% en México, mientras que, en varias economías del Caribe, las exportaciones están impulsadas principalmente por los servicios relacionados con el turismo, que representan entre el 50% y el 70% del PIB. Las importaciones están compuestas principalmente por mercancías en todos los países, llegando a representar hasta el 42% del PIB.

Gráfico 2.32. La composición del comercio difiere significativamente entre los países de ALC

Comercio (exportaciones e importaciones) de bienes y servicios por economía de ALC, 2023, porcentaje del PIB

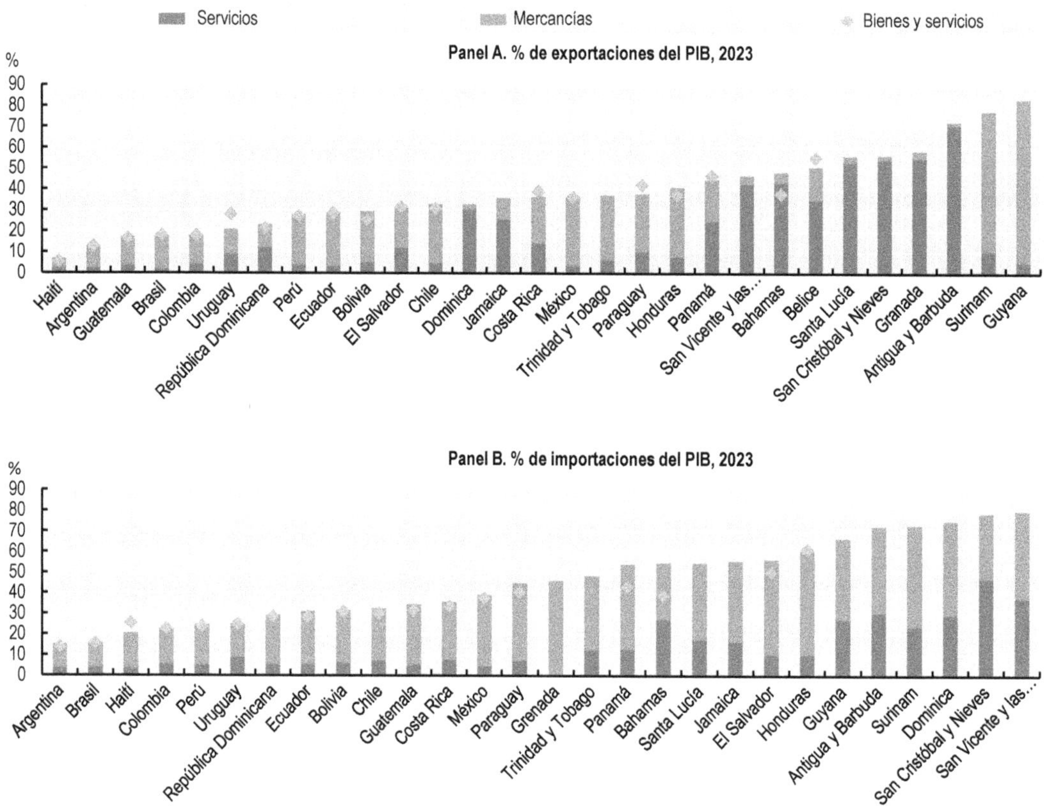

Nota: Es posible que el comercio de servicios y mercancías no sume el total del comercio de bienes y servicios, ya que se reportan por separado y pueden presentar diferencias en la cobertura y las metodologías de cálculo.
Fuente: Basado en WTO (2023[28]), Estadísticas de la OMC (base de datos),https://data.wto.org/en.

2.4.2. *La IED puede ser fundamental para diversificar la canasta de exportación e incrementar el valor agregado*

Lo que exporta un país es importante, ya que la estructura y la composición de su canasta de exportaciones podría tener un papel fundamental en la configuración de su crecimiento a largo plazo. La evidencia empírica muestra que los países en desarrollo se benefician de la diversificación de sus exportaciones y del paso a productos más sofisticados, que suelen asociarse con más productividad, mayor potencial de externalidades positivas y un crecimiento general más rápido. Las exportaciones tecnológicamente avanzadas y que requieren mucha mano de obra cualificada están correlacionadas positivamente con el crecimiento del ingreso per cápita, especialmente en los países que aún se encuentran por debajo de la frontera tecnológica (Haussman, Hwang y Rodrik, 2006[29]; Hesse, 2008[30];

Carrasco y Tovar-García, 2021[31]) . Además, la diversificación mitiga la vulnerabilidad a las perturbaciones de los términos de intercambio, reduce la inestabilidad de las exportaciones y facilita la transformación estructural (Hesse, 2008[30]) .

Gráfico 2.33. Muchas economías de ALC siguen dependiendo de las exportaciones de productos básicos

Composición de las exportaciones de mercancías de los países de ALC por perfil económico, 2023

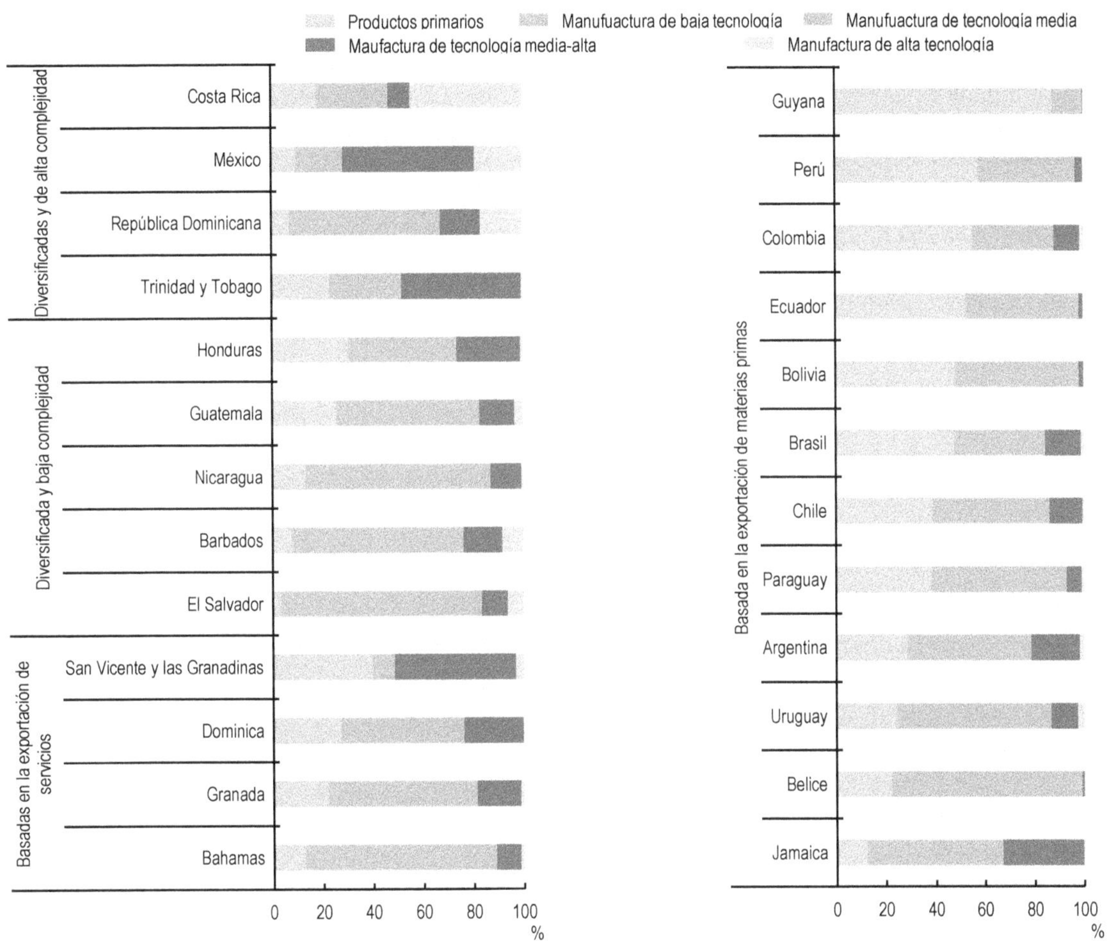

Nota: Los grupos de manufacturas de alta intensidad tecnológica se basan en la Clasificación Tecnológica de la OCDE en la CIIU Rev.3. Las economías basadas en la exportación de productos básicos tienen más del 60% de sus exportaciones de mercancías en forma de materias primas y productos basados en recursos (Argentina, Belice, Bolivia, Brasil, Chile, Colombia, Cuba, Ecuador, Guyana, Jamaica, Paraguay, Perú, Surinam, Uruguay y Venezuela) (UNCTAD, 2023[32]) . Las economías basadas en la exportación de servicios superan el 45% en el comercio de servicios (Antigua y Barbuda, Bahamas, Dominica, Granada, San Cristóbal y Nieves, Santa Lucía, San Vicente y las Granadinas). Las economías que se encuentran entre las 60 primeras del Índice de Complejidad Económica (Costa Rica, República Dominicana, México, Trinidad y Tobago) se clasifican como diversificadas con alta complejidad económica (Harvard Growth Lab, 2023[33]). Las economías restantes (Barbados, El Salvador, Guatemala, Honduras y Nicaragua) se clasifican como diversificadas con baja complejidad.
Fuente: Basado en WITS (2023[34]), World Integrated Trade Solution (base de datos), https://wits.worldbank.org/.

Si bien la estructura de las exportaciones en ALC es diversa, muchas economías siguen dependiendo en gran medida de los productos básicos. En varios países, las materias primas en bruto representaron entre el 24% y el 88% de las exportaciones de mercancías en 2023 (Gráfico 2.33). Muchos países también exportan una gran parte de sus manufacturas de baja tecnología, las cuales suelen tienen una base de recursos naturales y representan hasta el 57% de las exportaciones. Solo unas cuantas economías, como Costa Rica, República Dominicana y México, tienen canastas de exportación más diversificadas y complejas, con productos de tecnología media y alta que representan hasta el 80% de sus exportaciones de mercancías. Por el contrario, otras economías están diversificadas, pero reflejan una menor complejidad económica, ya que siguen concentrándose en las exportaciones de baja tecnología y primarias, que en conjunto representan entre el 60% y el 70% de su canasta de exportaciones. Por su parte, muchas economías del Caribe están muy orientadas a los servicios, que representan hasta el 97% de las exportaciones totales, y solo una pequeña parte de los productos primarios o de baja tecnología.

La IED procedente de socios estratégicos puede aumentar los beneficios de la transformación productiva. La IED procedente de la UE contribuye de manera significativa a la diversificación y el desarrollo industrial en ALC, ya que se dirige en gran medida a la fabricación de tecnología media y alta. Un aumento del 10% en el gasto de capital de la UE se asocia con un incremento de 0.05 puntos porcentuales en la proporción de bienes de tecnología media y alta en las exportaciones totales y con un aumento de 0.01 puntos porcentuales en el valor agregado de la manufactura como porcentaje del PIB (Gráfico 2.34) (Anexo 2.B). Estos resultados apuntan a la importancia de atraer inversiones de calidad que estén alineadas con las prioridades de desarrollo y dirigidas a sectores en los que la región tiene ventajas comparativas. El fortalecimiento de los vínculos con los socios que aportan esas inversiones puede ayudar a maximizar su impacto en la transformación estructural.

Gráfico 2.34. La IED de la UE en proyectos nuevos tiene un impacto positivo en la sofisticación de las exportaciones y el valor agregado de la manufactura en ALC

Impacto de la IED de la UE en proyectos nuevos en la sofisticación de las exportaciones y el valor agregado manufacturero

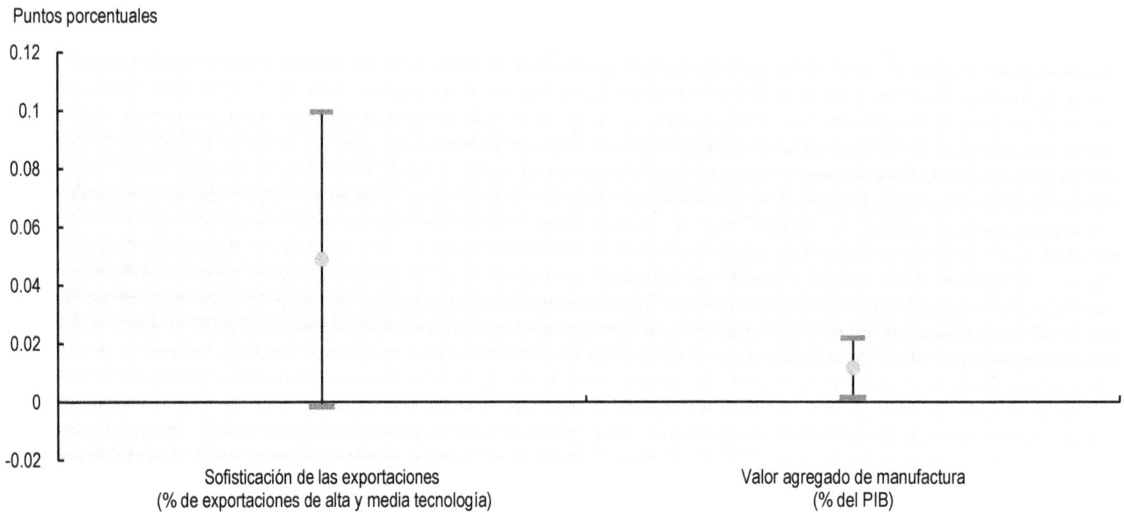

Nota: El gráfico muestra el impacto estimado en puntos porcentuales de un aumento del 10% en la inversión de capital con un año de retraso de los proyectos de IED anunciados sobre la cuota de las exportaciones de tecnología alta y media, y sobre la participación del valor agregado de la industria manufacturera en relación con el PIB, junto con sus intervalos de confianza del 95%.
Fuente: Basado en Financial Times (2025[8]), FDI Markets (base de datos)https://www.fdimarkets.com/; WITS(2023[34]), World Integrated Trade Solution (base de datos),https://wits.worldbank.org/.

Durante la última década, una parte considerable de la IED se ha dirigido hacia sectores con niveles medios de sofisticación tecnológica. En economías basadas en productos básicos, como Argentina, Bolivia, Brasil, Chile y Uruguay, entre el 40% y el 69% de la IED relacionada con mercancías se destinó a sectores de tecnología media y alta, lo que pone de relieve las oportunidades de diversificar y mejorar sus estructuras de producción (Gráfico 2.35). En las economías diversificadas y complejas, entre el 43% y el 88% de la IED se canalizó hacia industrias de tecnología media y alta. Los países exportadores de servicios también atrajeron la mayor parte de la inversión en estos segmentos, especialmente en sectores orientados a lo digital, como los productos de TIC, los componentes electrónicos y los productos farmacéuticos. Por su parte, algunas economías menos complejas, como Honduras y El Salvador, también recibieron una proporción relativamente alta de IED en los sectores de tecnología media y alta (68% y 78%, respectivamente), mientras que otras vieron cómo la inversión se concentraba en actividades primarias y de menor tecnología, lo que refleja la estructura actual de su base productiva.

Gráfico 2.35. Una parte considerable de la IED en proyectos nuevos se ha dirigido a los sectores de tecnología media y alta

IED en proyectos nuevos, por grupos de países de ALC y por intensidad tecnológica, 2013-23

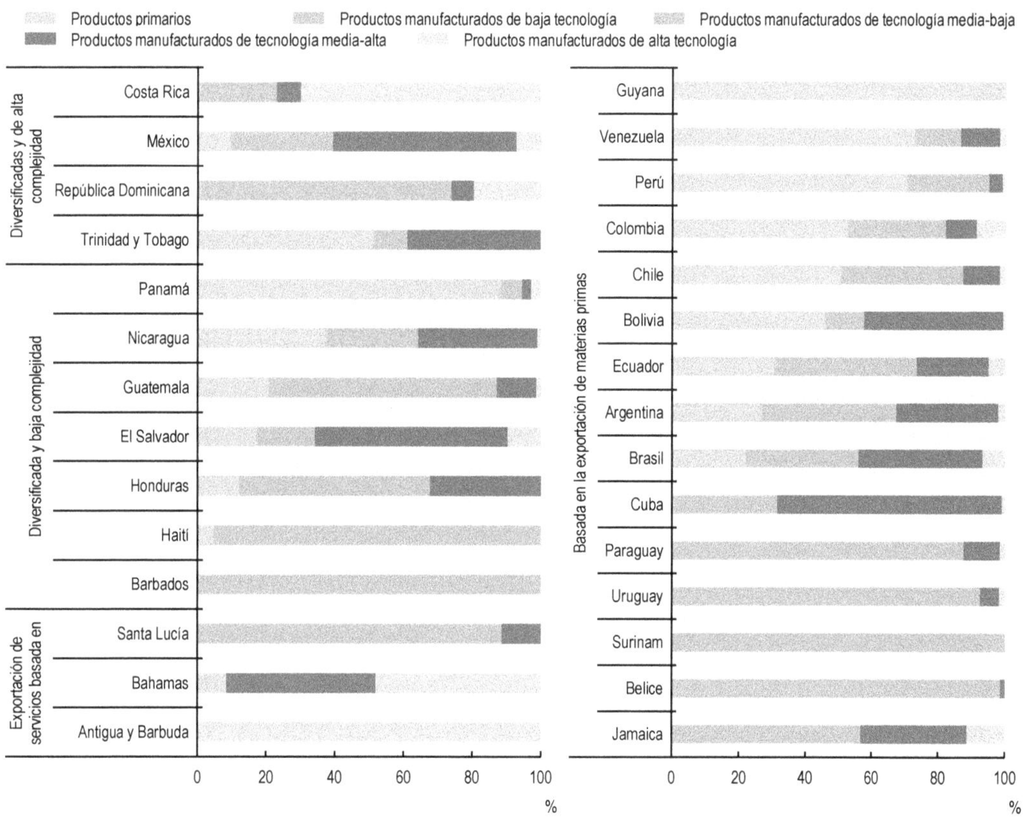

Nota: Los grupos de intensidad tecnológica se basan en la Clasificación Tecnológica de la OCDE. La inversión de capital corresponde a las divisiones A-C de la CIIU Rev.4, que abarcan el sector primario y las industrias manufactureras.
Fuente: Basado en Financial Times (2025[8]), FDI Markets (base de datos)https://www.fdimarkets.com/.

La IED en sectores con potencial sin explotar puede fomentar la transformación productiva. El análisis de la ventaja comparativa revelada (VCR) identifica estas fortalezas competitivas. El análisis VCR muestra que los países de ALC tienden a contar con fortalezas competitivas en sectores alineados con sus estructuras de exportación tradicionales. El análisis VCR identifica las principales fortalezas de exportación de un país, lo que brinda una base para la diversificación a través de sectores relacionados en lugar de sectores completamente nuevos (Anexo 2.C) (IMF, 2024[35]). Las economías exportadoras de materias primas muestran VCR en productos primarios y manufacturados de baja tecnología, como alimentos y bebidas. Las economías diversificadas pero de baja complejidad muestran VCR en la manufactura de tecnología media, mientras que las economías más complejas muestran ventajas tanto en los sectores de tecnología media como en los de alta tecnología, lo que apunta a su potencial de mejora (Gráfico 2.36).

Las VCR también apuntan a sectores que podrían apoyar la diversificación de las exportaciones y un mayor valor agregado. Más allá de sus fortalezas tradicionales, algunos países de ALC muestran ventajas comparativas reveladas en industrias más intensivas en tecnología. Varias economías basadas en productos básicos muestran VCR en sectores de tecnología media, como plásticos, productos químicos y productos metálicos. Las economías caribeñas orientadas a los servicios, aunque centradas en el turismo, también muestran fortalezas en productos químicos y metálicos. Cabe destacar que una economía diversificada y de baja complejidad muestra VCR en productos farmacéuticos de alta tecnología, mientras que las economías diversificadas y de alta complejidad muestran VCR en sectores avanzados como la electrónica, la informática y los productos ópticos. Estos patrones sugieren oportunidades sin explotar para cambiar a actividades de mayor valor agregado.

Gráfico 2.36. Los sectores con VCR varían ampliamente según los países de ALC

Número de países con Ventajas Comparativas Reveladas (VCR), por sector y grupo de intensidad tecnológica

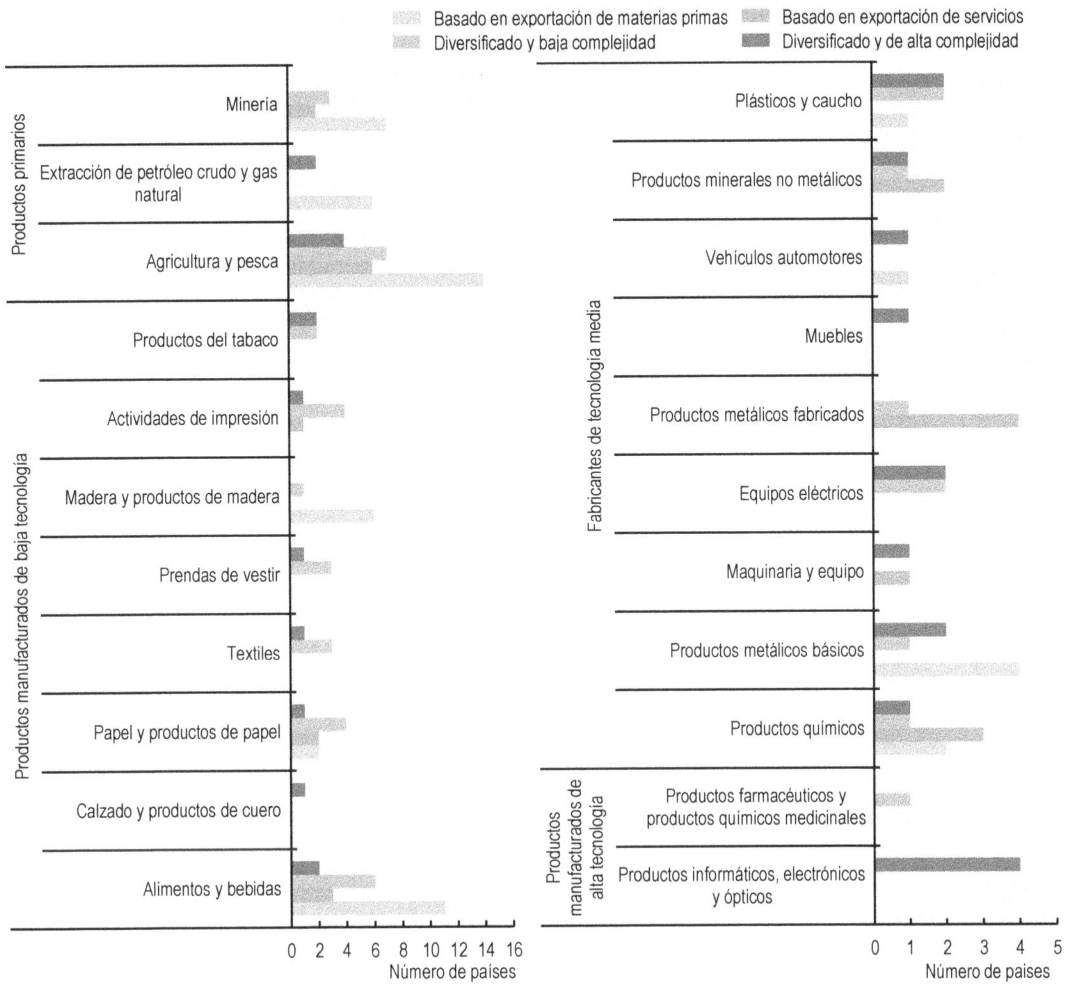

Nota: El eje horizontal muestra el número de países que tienen un valor de Ventaja Comparativa Revelada (RCA) superior a 1 en cada sector. La VCR se calcula a nivel de dos dígitos de la CIIU Rev.3 siguiendo la metodología de Balassa (1965[36]). Los grupos de intensidad tecnológica se basan en la Clasificación Tecnológica de la OCDE en la CIIU Rev.3. Las economías basadas en la exportación de productos básicos tienen más del 60% de sus exportaciones de mercancías como productos básicos (Argentina, Belice, Bolivia, Brasil, Chile, Colombia, Cuba, Ecuador, Guyana, Jamaica, Paraguay, Perú, Surinam, Uruguay y Venezuela). Las economías basadas en la exportación de servicios superan el 45% en el comercio de servicios (Antigua y Barbuda, Bahamas, Dominica, Granada, San Cristóbal y Nieves, Santa Lucía, San Vicente y las Granadinas). Las economías que se encuentran entre las 60 primeras del Índice de Complejidad Económica (Costa Rica, República Dominicana, México, Trinidad y Tobago) se clasifican como diversificadas con alta complejidad económica. Las economías restantes (Barbados, El Salvador, Guatemala, Haití, Honduras, Nicaragua, Panamá) se clasifican como diversificadas con baja complejidad.
Fuente: Basado en WITS (2023[34]) World Integrated Trade Solution (base de datos), https://wits.worldbank.org/.

Gráfico 2.37. La contribución de la IED de la UE en sectores VCR y no VCR varía según el país y el sector de ALC

Porcentaje de la inversión de capital de la UE en los sectores VCR y no VCR, por intensidad tecnológica, 2013-2023

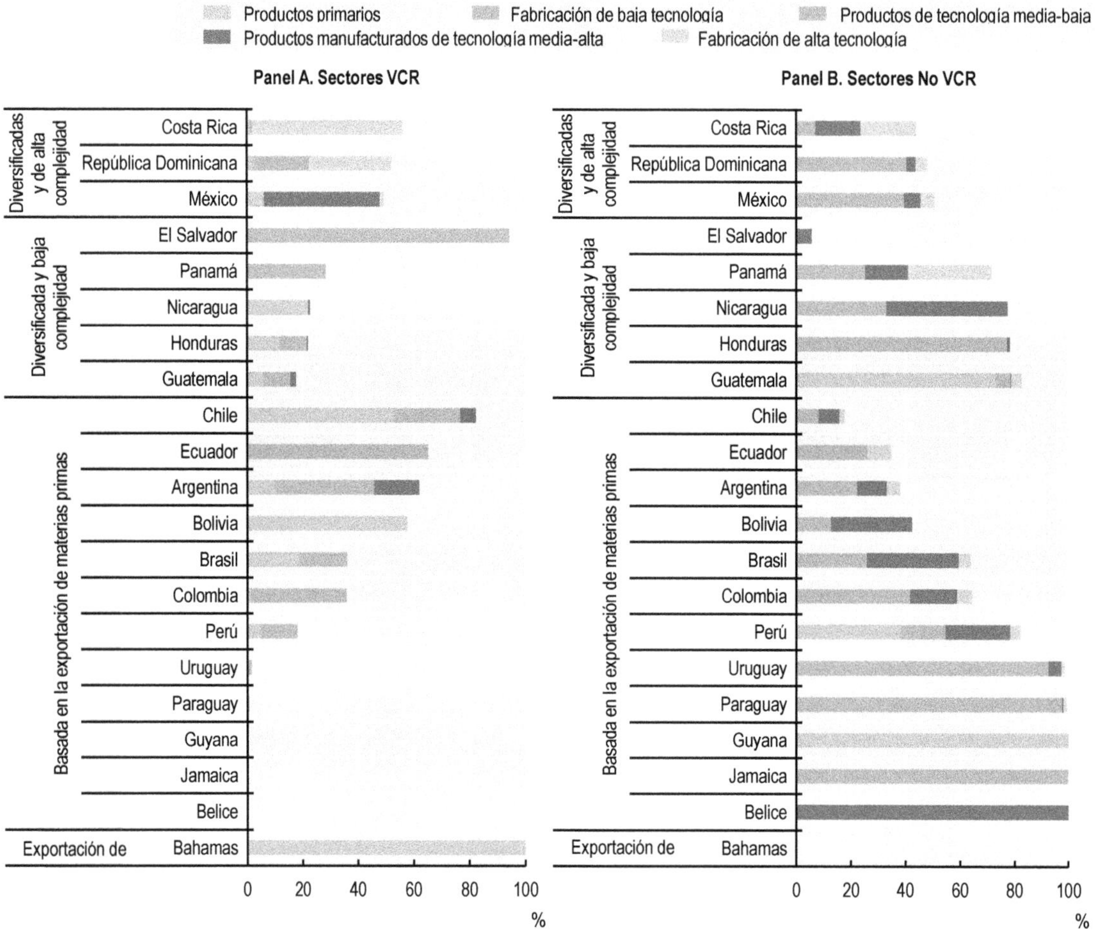

Nota: Los grupos de intensidad tecnológica se basan en la Clasificación Tecnológica de la OCDE. La inversión de capital corresponde a las divisiones A-C de la CIIU Rev.4, que abarcan el sector primario y las industrias manufactureras.
Fuente: Basado en Financial Times (2025[8]), FDI Markets (base de datos),https://www.fdimarkets.com/.; WITS (2023[34]) , World Integrated Trade Solution (base de datos),https://wits.worldbank.org/.

La alineación entre la IED de la UE y los sectores con ventajas comparativas reveladas varía mucho entre las economías de ALC. En economías diversificadas y de alta complejidad, como Costa Rica y México, una parte significativa de la inversión de la UE (entre el 40% y el 54%) se ha dirigido a sectores de VCR de tecnología media-alta y alta, lo que ha reforzado la sofisticación de las exportaciones y ha apoyado la modernización industrial (Gráfico 2.37, Panel A). Estos países también reciben inversiones en sectores intensivos en tecnología en los que actualmente carecen de una VCR, lo que sugiere un potencial para absorber los efectos indirectos del conocimiento y desarrollar nuevas ventajas comparativas. Por el contrario, en los países que dependen de la exportación de materias primas o que tienen economías diversificadas pero de baja complejidad, la IED de la UE en proyectos nuevos se dirige principalmente a los sectores primarios y a la fabricación de baja tecnología, lo que refuerza las ventajas comparativas reveladas existentes (Gráfico 2.37, Panel A). Dado este patrón de inversión, existen oportunidades para invertir en sectores RCA más intensivos en tecnología que podrían impulsar la mejora productiva. En algunos de estos países, una mayor proporción de la IED de la UE en sectores que no son RCA se destina a industrias de tecnología media y alta, lo que puede contribuir a la transformación estructural y la innovación (Gráfico 2.37, Panel B). En economías orientadas a los servicios, como las Bahamas, la IED de la UE en proyectos nuevos se concentra en el sector primario, a pesar de la existencia de VCR en diversos niveles tecnológicos.

2.4.3. La IED refuerza la integración posterior basada en los recursos de ALC en las CMV.

La alineación entre la IED de la UE y los sectores con ventajas comparativas evidentes varía mucho entre las economías de ALC. La integración en las cadenas de valor mundiales puede ser un potente motor de diversificación económica, creación de empleo, desarrollo de capacidades locales y aumento de la productividad. La inversión extranjera directa (IED) juega un papel fundamental en este proceso al conectar las economías receptoras con las redes internacionales de producción y distribución. La integración en las CMV puede producirse a través de vínculos tanto hacia atrás como hacia adelante. La participación en las CMV hacia atrás, medida como la proporción del valor agregado extranjero incorporado en las exportaciones de un país, indica la medida en que la producción nacional depende de los insumos importados. La participación posterior en las CMV, medida por la proporción del valor agregado nacional de un país incorporado en la demanda final de otros países, refleja el papel de un país en la parte inicial de la cadena de valor, suministrando insumos en lugar de ensamblar productos finales.

En ALC, al igual que en la mayoría de las otras regiones, las empresas extranjeras están más profundamente integradas en las CMV que sus homólogas nacionales. Según los Indicadores de Calidad de la IED, en 28 de los 31 países de ALC, las empresas extranjeras exportan una mayor proporción de sus ventas (Gráfico 2.38, Panel A). En 24 países, también dependen en mayor medida de los insumos importados (Gráfico 2.38, Panel B). Estas pautas destacan el papel fundamental que tienen los inversionistas extranjeros para profundizar la participación de la región en las CMV, especialmente por medio del fomento de vínculos comerciales más sólidos.

Gráfico 2.38. En promedio, las empresas extranjeras exportan una mayor proporción de sus ventas y obtienen una mayor proporción de sus insumos del extranjero

Diferencia relativa entre los resultados de las empresas extranjeras y nacionales, 2010-2023

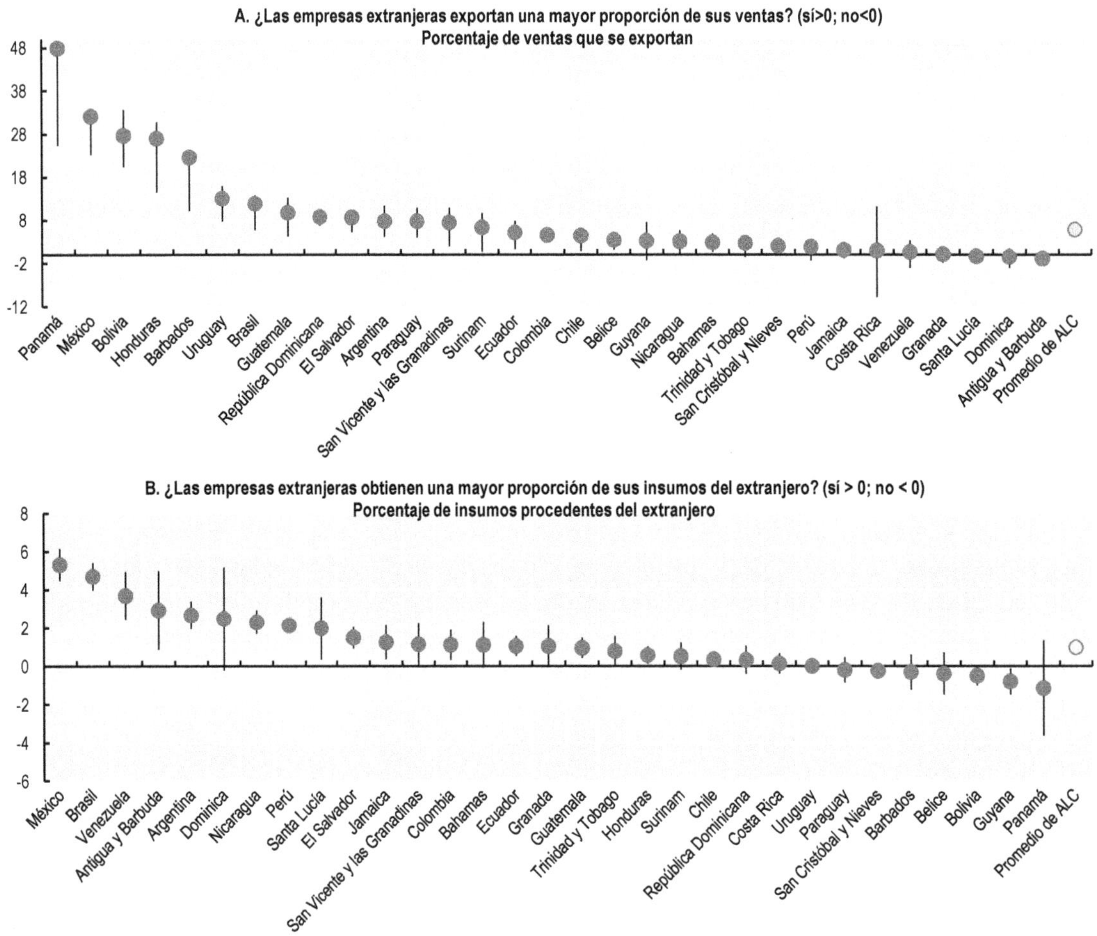

Nota: Los indicadores de los paneles A y B muestran la diferencia relativa entre los resultados promedio de las empresas extranjeras y nacionales, por ejemplo, la diferencia entre la proporción media de ventas exportadas por las empresas extranjeras y nacionales, dividida entre la proporción media de ventas exportadas por las empresas nacionales. Los valores positivos indican que las empresas extranjeras superan a las nacionales (por ejemplo, exportan una mayor proporción de sus ventas), mientras que los valores negativos sugieren lo contrario. Los años de referencia varían según los países y van desde 2010 hasta 2023.

Fuente: Basado en Banco Mundial (2023[15]), Indicadores del desarrollo mundial, https://databank.worldbank.org/source/world-development-indicators.

A pesar de los posibles beneficios de la integración en las CMV, la participación de ALC se enfrenta a importantes retos estructurales. Debido a la abundancia de recursos naturales de la región, la mayoría de los países se integran principalmente a través de vínculos hacia adelante, exportando recursos naturales y bienes intermedios en lugar de productos finales de mayor valor. Este patrón orientado a los recursos limita las oportunidades de mejora industrial, diversificación y desarrollo de capacidades de producción más sofisticadas.

La distribución de la IED refuerza aún más este desafío. La inversión está atraída en gran medida por la dotación de recursos naturales y el tamaño del mercado interno, lo que tiende a profundizar la dependencia del país de los sectores basados en los recursos, en lugar de fomentar una mayor participación en actividades manufactureras o intensivas en conocimiento. Los sectores que atraen la mayor proporción de IED en proyectos nuevos en ALC son aquellos predominantemente integrados posteriormente en las CMV. Estos incluyen la energía, la minería y la explotación de canteras, sectores que exportan principalmente materias primas para su procesamiento final en el extranjero (Gráfico 2.39, Panel A). La integración hacia adelante también es elevada en servicios habilitadores como las comunicaciones y el transporte y almacenamiento, que apoyan una amplia gama de actividades en todas las cadenas de valor.

Sin embargo, hay algunas excepciones. Destaca el sector de los vehículos automotores, que recibe inversiones relativamente importantes y muestra altos niveles de integración anterior debido a su dependencia de componentes importados e insumos intermedios (Gráfico 2.39, Panel B). Del mismo modo, algunos países, en particular México, muestran una mayor integración anterior, lo que refleja que hay vínculos más fuertes con las cadenas de valor en manufactura. Sin embargo, estas siguen siendo excepciones y, en general, la integración de ALC en las CMV sigue estando limitada por su fuerte dependencia de los recursos naturales. La IED en proyectos nuevos procedente de la UE refleja en gran medida estas pautas, con una fuerte concentración en sectores intensivos en recursos naturales, en particular la energía, que tienden a estar más integrados hacia adelante en las CMV. Sin embargo, la UE también tiene un papel importante en el apoyo a la inversión en el sector de los vehículos automotores, reforzando los vínculos anteriores en esta industria.

Gráfico 2.39. Los sectores más intensivos en IED tienden a una mayor integración posterior en las CMV.

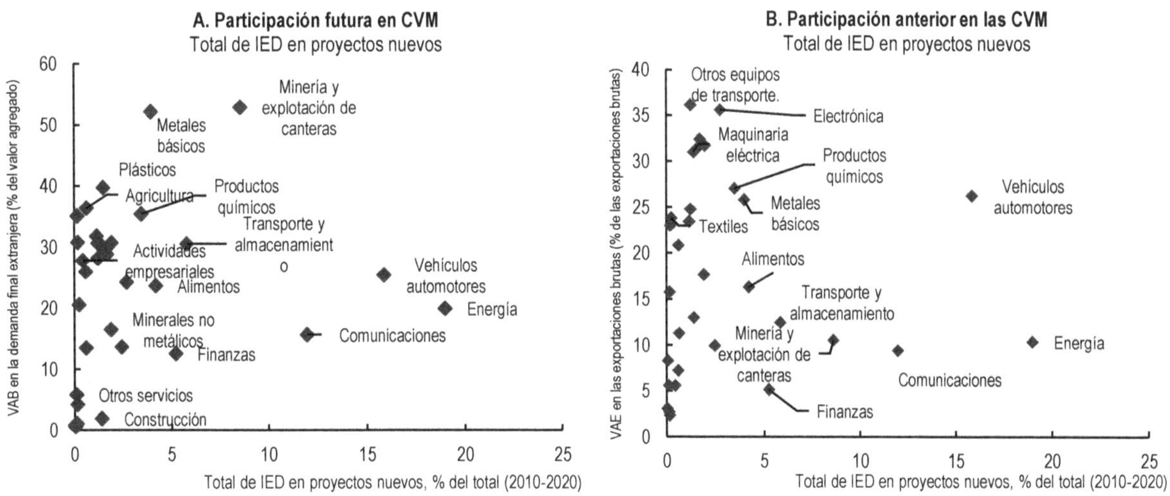

Nota: La participación en las CMV se mide por el valor agregado interno en la demanda final extranjera (% del valor agregado). La participación en las CMV se mide por la participación del valor agregado extranjero incorporado en las exportaciones brutas de un país (% de las exportaciones brutas). Solo se cuenta con datos de seis países de ALC: Argentina, Brasil, Chile, Colombia, Costa Rica y México. El año de referencia es 2020. La suma acumulada de la IED en proyectos nuevos entre 2010 y 2020 se utiliza como medida del acervo para 2020.
Fuente: Basado en OCDE (2024[37]), indicadores TiVA de la OCDEhttps://data-explorer.oecd.org/?pg=0&bp=true&snb=14&tm=TIVA; Financial Times (2025[8]) , FDI Markets (base de datos)https://www.fdimarkets.com/.

Referencias

Balassa, B. (1965), "Trade Liberalisation and "Revealed" Comparative Advantage", *The Manchester School of Economic and Social Studies*, Vol. 33, pp. 99-123, https://doi.org/10.1111/j.1467-9957.1965.tb00050.x. [36]

Carrasco, C. and E. Tovar-García (2021), "Trade and growth in developing countries: the role of export composition, import composition and export diversification", *Economic Change and Restructuring*, Vol. 54, pp. 919–941. [31]

Crescenzi, R. and C. Pietrobelli (2013), "Innovation drivers, value chains and the geography of multinational corporations in Europe", *Journal of Economic Geography*, Vol. 14/6, pp. 1053–1086, https://doi.org/10.1093/jeg/lbt018. [21]

ECLAC (2024), *Foreign Direct Investment in Latin America and the Caribbean, 2024*, https://repositorio.cepal.org/server/api/core/bitstreams/a450f098-bbcb-41d2-88fd-b8e426c92677/content. [1]

ECLAC (2022), *Which revealed comparative advantage index to choose? Theoretical and empirical considerations*, ECLAC, https://www.cepal.org/en/publications/48807-which-revealed-comparative-advantage-index-choose-theoretical-and-empirical. [38]

Eurostat (2021/2022), *Foreign controlling EU enterprises - outward FATS*, https://ec.europa.eu/eurostat/databrowser/view/fats_out_activ/default/table?lang=en&category=gbs.fats_out. [18]

Eurostat (n.d.), *Technology and knowledge classification of services*, https://ec.europa.eu/eurostat/statistics-explained/index.php?title=Glossary:Knowledge-intensive_services_(KIS). [20]

Eurostat (n.d.), *Technology classification of manufacturing industries*, https://ec.europa.eu/eurostat/statistics-explained/index.php?title=Glossary:High-tech_classification_of_manufacturing_industries. [19]

Financial Times (2025), *FDI Markets*, https://www.fdimarkets.com/. [8]

Garone, L. et al. (2020), "Firm-level productivity in Latin America and the Caribbean", *Research in Economics*, Vol. 74/2, pp. 186-192, https://doi.org/10.1016/j.rie.2020.04.004. [14]

Group, R. (ed.) (2023), *Harnessing Global Value Chains for regional development. How to upgrade through regional policy, FDI and trade*, https://doi.org/10.1080/00343404.2023.2291248. [22]

Harvard Growth Lab (2023), *The Atlas of Economic Complexity*, https://atlas.hks.harvard.edu/. [33]

Haussman, R., J. Hwang and D. Rodrik (2006), *What You Export Matters*, National Bureau of Economic Research, Working Paper 11905, https://www.nber.org/papers/w11905. [29]

Hesse, H. (2008), *Export Diversification and Economic Growth*, Comission on Growth and Development, Working Paper No.21, https://openknowledge.worldbank.org/server/api/core/bitstreams/e8eb01ea-1588-5e80-83cd-a0b9c51c685f/content. [30]

IEA (2023), *Latin America Energy Outlook 2023*, IEA, Paris, https://www.iea.org/reports/latin-america-energy-outlook-2023. [11]

ILOSTAT (2024), *Employees by economic activity*, https://ilostat.ilo.org/data/. [17]

IMF (2024), *Colombia: IMF Country Report No. 24*, International Monetary Fund, Washington D.C, https://www.imf.org/-/media/Files/Publications/CR/2024/English/1COLEA2024002.ashx. [35]

IRENA (2023), *Renewable Energy Statistics*, International Renewable Energy Agency, https://www.irena.org/Data. [27]

LSEG (2025), *Mergers and acquisitions (M&A)*, https://www.lseg.com/en/investor-relations/refinitiv-acquisition-documents. [9]

Melo, T. and D. Gonçalves (2023), "An Analysis of the Competitiveness of Developing Countries Based on the Foreign Added Value of Exports: The Use of Revealed Comparative Advantage Index for the Period 1995 to 2018", *Brazilian Journal of Political Economy*, Vol. 44, pp. 63-83, https://doi.org/10.1590/0101-31572024-3514. [39]

Mistura, F. and C. Roulet (2019), *The determinants of Foreign Direct Investment: Do statutory restrictions matter?*, OECD Working Papers on International Investment, No. 2019/01, OECD Publishing, Paris, https://doi.org/10.1787/641507ce-en. [10]

OECD (2024), *Latin American Economic Outlook 2024: Financing Sustainable Development*, OECD Publishing, Paris, https://doi.org/10.1787/c437947f-en. [2]

OECD (2024), *OECD TiVA indicators*, https://data-explorer.oecd.org/?pg=0&bp=true&snb=14&tm=TIVA. [37]

OECD (2023), *Harnessing the Potential of Foreign Direct Investment to Advance the Low-Carbon Transition in Latin America and the Caribbean*, OECD Publishing, Paris, https://www.oecd-events.org/investment-days-2024/content/keyresources. [4]

OECD (2023), *Latin American Economic Outlook 2023: Investing in Sustainable Development*, OECD Publishing, Paris, https://doi.org/10.1787/8c93ff6e-en. [3]

OECD (2022), *FDI Qualities Policy Toolkit*, OECD Publishing, Paris, https://doi.org/10.1787/7ba74100-en. [12]

OECD (2019), *FDI Qualities Indicators Report*, OECD Publishing, Paris, https://www.oecd.org/en/publications/fdi-qualities-indicators_0894dfba-en.html#related-publications. [13]

OECD (forthcoming), *Investment Policy Framework for Digital Transformation*, OECD Publishing, Paris. [24]

OECD et al. (2022), *Latin American Economic Outlook 2022: Towards a Green and Just Transition*, OECD Publishing, Paris, https://doi.org/10.1787/3d5554fc-en. [25]

OLADE (2023), *sieLAC: Energy Information System of Latin America and the Caribbean*, https://sielac.olade.org/. [26]

UN (2024), *National Account Data - Gross value added by sector*, https://unstats.un.org/unsd/nationalaccount/data.asp. [16]

UNCTAD (2024), *Foreign direct investment: Inward and outward flows and stock, annual*, https://unctadstat.unctad.org/datacentre/dataviewer/US.FdiFlowsStock. [6]

UNCTAD (2023), *State of commodity dependence*, United Nations Conference on Trade and Development, https://unctad.org/system/files/official-document/ditccom2023d3_en.pdf. [32]

WITS (2023), *World Integrated Trade Solution (database)*, https://wits.worldbank.org/. [34]

World Bank (2024), *Foreign direct investment, net inflows (% of GDP)*, https://data.worldbank.org/indicator/BX.KLT.DINV.WD.GD.ZS. [7]

World Bank (2024), *Foreign direct investment, net outflows (BoP, current US$)*, https://data.worldbank.org/indicator/BM.KLT.DINV.CD.WD. [5]

World Bank (2023), *World Development Indicators*, https://databank.worldbank.org/source/world-development-indicators. [15]

World Bank (2021), *Global Productivity: Trends, Drivers, and Policies*, https://www.worldbank.org/en/research/publication/global-productivity. [23]

WTO (2023), *WTO Statistics (database)*, World Trade Organization, https://data.wto.org/en. [28]

Anexo 2.A. Modelo empírico para estimar el efecto de la IED en la combinación energética

Este análisis se basa en regresiones de panel de efectos fijos para evaluar el impacto de la IED de proyectos nuevos en tres resultados relacionados con las energías renovables. El modelo abarca 16 países de ALC durante el periodo 2003-2023 y se especifica de la siguiente manera:

$$y_{it} = \beta_0 + \beta_1 \cdot \ln(\text{capital investment}_{it-2}) + \gamma \cdot \text{controls}_{it} + \delta \cdot \text{FE}_{it} + \epsilon_{it}$$

Donde y_{it} es una de las siguientes variables dependientes para el país i en el año t:

1. **Suministro de energía renovable per cápita**

Mide la cantidad de energía renovable disponible por persona, expresada en toneladas equivalentes de petróleo (tep) por cada mil habitantes. Refleja la intensidad del suministro de energía renovable en relación con el tamaño de la población, lo que ofrece información sobre el acceso y la distribución de la energía limpia.

2. **Suministro de energía renovable por unidad de producción**

Captura el volumen de energía renovable suministrada por unidad de producción económica, medida en tep por millón de dólares estadounidenses del PIB (APP). Sirve como indicador de la intensidad energética de la economía, indicando la eficiencia con la que se integra la energía renovable en la producción.

3. **Proporción de energías renovables en la matriz energética primaria**

Representa la proporción de la energía primaria de un país derivada de fuentes renovables. Refleja el nivel de integración de las energías renovables en la matriz energética nacional y el alejamiento de la dependencia de los combustibles fósiles.

Todas las variables dependientes proceden de OLADE-sieLAC, una base de datos regional e integral que recopila y armoniza las estadísticas energéticas de América Latina y el Caribe.

La principal variable explicativa es la **inversión de capital con un desfase de dos años** de los proyectos anunciados de energía renovable, que refleja los retrasos entre el anuncio de los proyectos y su impacto operativo. Se obtiene de la base de datos fDi Markets *del Financial Times*, que realiza un seguimiento de las inversiones transfronterizas en proyectos nuevos.

Las variables de control incluyen el consumo de electricidad (MWh por cada mil personas), la inversión pública en energías renovables con un desfase de dos años (como porcentaje del PIB) y la inversión de capital en energías renovables procedente del resto del mundo. Las regresiones incluyen efectos fijos por país y año, y los errores estándar se agrupan a nivel de país.

Los resultados reflejan asociaciones empíricas sólidas, pero no establecen relaciones causales.

Anexo 2.B. Modelo empírico para estimar el efecto de la IED en la sofisticación de las exportaciones, la diversificación y el valor agregado de la manufactura.

Este análisis se basa en regresiones de panel con efectos fijos para evaluar el impacto de la inversión de capital de los proyectos en proyectos nuevos anunciados en dos resultados clave. El modelo abarca 28 países de ALC durante el periodo 2003-2023 y se especifica de la siguiente manera:

$$y_{it} = \beta_0 + \beta_1 \cdot \ln(\text{FDI capital investment}_{it-1}) + \gamma \cdot \text{controls}_{it} + \delta \cdot \text{FE}_{it} + \epsilon_{it}$$

Donde y_{it} es una de las siguientes variables dependientes para el país i en el año t:

1. **Sofisticación de las exportaciones**

Mide la proporción de productos de tecnología media y alta en el total de las exportaciones de mercancías. Este indicador refleja la complejidad y el avance tecnológico de la estructura de exportación de un país. Los datos sobre las exportaciones proceden de la Solución Comercial Integrada Mundial (WITS) y se clasifican conforme a la Clasificación Tecnológica de la OCDE en la CIIU Rev. 3.

2. **Valor agregado manufacturero**

Representa la contribución del sector manufacturero al PIB, expresada en porcentaje. Refleja el nivel de modernización industrial y transformación estructural de la economía. Los datos proceden de los Indicadores del Desarrollo Mundial del Banco Mundial.

La variable explicativa es la **inversión de capital con un desfase de un año procedente de la IED**, que refleja el efecto retardado de la ejecución de los proyectos.

Las variables de control incluyen el PIB per cápita, la apertura comercial (comercio como % del PIB), el desarrollo financiero (crédito del sector privado como % del PIB) y la infraestructura (suscripciones a banda ancha fija por cada cien personas). Las regresiones incluyen efectos fijos por país y año, y los errores estándar se agrupan a nivel de país.

Los resultados se refieren a la inversión de capital procedente de la UE, controlando la inversión de capital con un retraso de un año del resto del mundo.

Los resultados reflejan asociaciones empíricas sólidas, pero no establecen relaciones causales.

Anexo 2.C. Evaluación de las ventajas comparativas reveladas en los países de ALC

El análisis de la ventaja comparativa revelada (VCR) identifica los sectores en los que un país exporta más intensamente que el promedio mundial, lo que indica las áreas de relativa fortaleza exportadora. Esta herramienta es relevante para apoyar la diversificación de las exportaciones, que suele producirse mediante el fortalecimiento de los sectores competitivos existentes y la expansión a áreas relacionadas, en lugar de entrar en mercados completamente nuevos (IMF, 2024[35]). El análisis VCR también puede ayudar a orientar la política comercial, identificando los sectores que se benefician de un mejor acceso al mercado e informando sobre la inversión pública para impulsar la competitividad. Además, al señalar los sectores ventajosos, el VCR puede contribuir a atraer y canalizar la IED, fomentando la transformación productiva así como una mayor integración regional y mundial (ECLAC, 2022[38]; Melo and Gonçalves, 2023[39]).

Los valores del VCR se calculan a nivel de dos dígitos de la CIIU Rev.3 siguiendo la metodología de (Balassa, 1965[36]):

$$\mathrm{RCA}_{\mathrm{Ai}} = \frac{\frac{X_{Ai}}{\sum_j X_{Aj}}}{\frac{X_{wi}}{\sum_j X_{wj}}}$$

Donde:

X_{Ai} : exportaciones del sector del país A i

X_{wi} : exportaciones mundiales del sector i

$\sum_j X_{Aj}$: exportaciones totales del país A de todos los sectores

$\sum_j X_{wj}$: exportaciones totales mundiales de todos los sectores

Un valor VCR igual o superior a 1 indica una ventaja comparativa revelada en un sector determinado.

Fuente: (Balassa, 1965[36])

3 La IED para impulsar resultados inclusivos en el mercado laboral: un análisis pormenorizado de la contribución de la UE

En este capítulo se analiza el papel de la inversión extranjera directa (IED) en la configuración de los resultados del mercado laboral en América Latina y el Caribe (ALC), centrándose en la creación de empleo y la calidad de los puestos de trabajo generados. Se evalúa la contribución de la IED a aspectos clave de la calidad del empleo, como los salarios, la estabilidad laboral, las horas de trabajo, la formalidad laboral, el acceso a la seguridad social, las oportunidades de desarrollo de competencias y formación, y la igualdad de género. Este capítulo ofrece una evaluación comparativa de la creación de empleo por parte de los principales inversionistas de la región, con especial atención a la contribución de la inversión de la Unión Europea (UE).

3.1. Resumen

El establecimiento de nuevas operaciones comerciales extranjeras (o IED en proyectos nuevos) generó alrededor de 5.5 millones de empleos directos en América Latina y el Caribe (ALC) entre 2003 y 2024. Esto equivale aproximadamente al 4.4% del empleo formal en la región y subraya la importancia de la IED proyectos nuevos para la generación de empleo. La creación de empleos en la región fue especialmente intensa durante la última década: ALC representó el 12% de los empleos relacionados con la IED en proyectos nuevos a nivel mundial, muy por encima de la participación de la región en la población mundial y en la inversión extranjera. La región también registró la segunda mayor intensidad de creación de empleo del mundo, con casi 3 mil empleos generados por cada mil millones de dólares invertidos. Cabe destacar que ALC fue la única región que experimentó un aumento de la intensidad de empleo de la IED con el tiempo, es decir, el número de empleos creados por cada mil millones de dólares invertidos. Esto refleja un cambio en la inversión, que ha pasado de sectores intensivos en capital, como la minería, los combustibles fósiles y las telecomunicaciones, a actividades más intensivas en mano de obra, como la manufactura, el transporte y el almacenamiento, los servicios empresariales y los servicios digitales.

Durante la última década, la manufactura ha sido el principal motor de la creación de empleo en ALC, generando el 54% del total de empleos relacionados con la IED en proyectos nuevos. Solo el sector de los vehículos automotores contribuyó con casi el 20% de todo el empleo relacionado con la IED en proyectos nuevos, concentrado sobre todo en México. Los servicios representaron otro 35%, y los servicios digitales se perfilaron como el segmento más dinámico, con un 12% del empleo total relacionado con la IED en proyectos nuevos en 2014-2024. El sector energético registró el crecimiento más rápido del empleo, ya que el empleo en energías renovables se duplicó con creces durante la última década, pasando del 1% al 3% del total de empleos relacionados con la IED en proyectos nuevos, aunque partiendo de una base relativamente baja. En general, estos cambios reflejan una reasignación más amplia de la inversión hacia actividades vinculadas a la transformación digital y la transición energética.

Debido a su importante participación en el total de la IED en proyectos nuevos en ALC, la Unión Europea (UE) y los Estados Unidos (EE. UU.) fueron las dos mayores fuentes de empleo generado por la IED en proyectos nuevos en la región, representando en conjunto casi el 60% de todos los puestos de trabajo creados por inversionistas extranjeros. Entre 2003 y 2024, la IED de la UE generó 1.6 millones de empleos, más que cualquier otro inversionista, aunque su participación en el empleo total relacionado con la IED disminuyó ligeramente del 30% al 27%, ya que otros inversionistas ampliaron su presencia en actividades intensivas en mano de obra. En particular, Estados Unidos amplió sus inversiones en servicios digitales, mientras que China aumentó sus inversiones en diversas industrias manufactureras. La creación de empleo relacionada con la IED de la UE en proyectos totalmente nuevos también se ha concentrado más geográficamente: entre 2014 y 2024, México absorbió el 42% de todos los puestos de trabajo relacionados con la IED de la UE, mientras que la generación de empleo vinculada a la inversión de la UE en proyectos totalmente nuevos disminuyó en Brasil y en varios otros mercados.

En las últimas dos décadas, el perfil de la creación de empleo de la UE en ALC ha evolucionado significativamente. La proporción de empleos relacionados con la IED de la UE en proyectos nuevos vinculados a los sectores prioritarios de la Agenda de Inversión Global Gateway (GGIA) de la UE-ALC, incluyendo los sectores digital, de energía verde y de salud, aumentó del 23% en 2003-2013 al 35% en 2014-2024. Más de la mitad de los empleos relacionados con la UE siguen estando en el sector manufacturero, especialmente en los sectores de vehículos automotores, alimentos y bebidas y equipos eléctricos. Los servicios representan el 36% de los empleos de la UE, y los servicios de información y comunicación se perfilan como el área de crecimiento más dinámica y representan actualmente el 13% del empleo relacionado con la UE en la región. Dentro de este sector, el énfasis de la inversión de la UE ha pasado de las infraestructuras de telecomunicaciones, superiores en la década anterior, a los servicios digitales. Los servicios digitales se han convertido en una fuente importante de creación de empleo impulsada por la UE, especialmente en países como Argentina, México y Brasil. El sector de las energías renovables también ha experimentado un fuerte crecimiento, ya que representa el 6% del total de empleos relacionados con la IED de la UE en proyectos nuevos entre 2014 y 2024, lo que supone un aumento de 3 puntos porcentuales en comparación con la década anterior.

La intensidad de empleo de la inversión de la UE en ALC ha aumentado ligeramente en las últimas dos décadas, con una media de 2 500 puestos de trabajo por cada mil millones de dólares invertidos, por debajo de los 3 200 puestos generados por la inversión estadounidense y los 2 880 vinculados a la inversión china. Esta tendencia refleja la fuerte orientación de la UE hacia sectores intensivos en capital y tecnología, como las energías renovables y la fabricación de alta tecnología, una orientación que se ve reforzada por las prioridades de la GGIA. Aunque se ha producido una cierta reorientación hacia actividades más intensivas en mano de obra, en especial los servicios digitales, la inversión de la UE en ALC sigue concentrándose en sectores que generan relativamente pocos puestos de trabajo por unidad de capital.

Si bien la creación de empleo es un objetivo político importante, la calidad de las oportunidades de empleo creadas es igualmente fundamental. La IED en ALC contribuye positivamente a varias dimensiones clave de la calidad del empleo: las empresas extranjeras son más propensas a ofrecer contratos permanentes y a pagar salarios más altos que las empresas nacionales. En algunos países, como Bolivia y El Salvador, la prima salarial extranjera es más alta entre los trabajadores con salarios bajos, lo que contribuye a reducir la desigualdad en la parte inferior de la escala salarial. Las empresas extranjeras también tienden a emplear una mayor proporción de mujeres; sin embargo, no muestran una mayor probabilidad que las empresas nacionales de promoverlas a puestos de liderazgo. En general, la concentración de la IED para proyectos nuevos en sectores dominados por los hombres, como la fabricación de tecnología media y alta, la energía, la minería y la explotación de canteras, y el transporte y el almacenamiento, puede perpetuar las disparidades de género en el mercado laboral, ya que las mujeres tienen menos probabilidades de beneficiarse de los empleos de mayor calidad que suelen generar las empresas extranjeras en sectores intensivos en capital y tecnología.

Las inversiones en proyectos nuevos de la UE en ALC se relacionan con empleos de mayor calidad. En Brasil, Uruguay y Guatemala, más del 80% del empleo relacionado con la IED de la UE en proyectos totalmente nuevos se concentra en sectores en los que los salarios promedio son entre 1.5 y 1.8 veces superiores a la media nacional. Estos sectores también registran una menor incidencia de empleos con salarios bajos en comparación con la economía en general. Además, los sectores intensivos en IED de la UE en proyectos totalmente nuevos se caracterizan por tener niveles más elevados de formalidad laboral y mejores resultados en materia de seguridad social. En Brasil, por ejemplo, casi el 90% de los trabajadores de estos sectores están empleados con contratos formales. Se observan patrones similares en Colombia y Uruguay, donde los sectores en los que invierte la UE presentan tasas más elevadas de cobertura de pensiones y acceso a seguros médicos. En promedio, las filiales de la UE en la región registraron los salarios medios más altos en los sectores intensivos en capital y tecnología, como el químico, el informático y electrónico, el farmacéutico y los servicios de información y comunicación.

Las inversiones de la UE en proyectos nuevos también parecen tener un papel positivo en el apoyo al desarrollo de competencias en ALC. Aunque los proyectos de inversión destinados a actividades de educación y formación representan menos del 1% del total de la IED, los inversionistas de la UE representan alrededor del 32% de estas inversiones, y más de la mitad se destinan a la fabricación y al apoyo al desarrollo de competencias técnicas. Además, los sectores con una fuerte presencia de la UE tienden a emplear mano de obra más cualificada: en Brasil, por ejemplo, el 85% de los trabajadores de los sectores con una fuerte presencia de la UE han terminado la educación secundaria o terciaria, en comparación con el 69% en los sectores con una inversión limitada o nula de la UE.

Las inversiones de la UE en proyectos nuevos en LAC se concentran principalmente en sectores dominados por los hombres, como la industria manufacturera y la energía, en los que la participación femenina sigue siendo baja. Por el contrario, en sectores con mayor empleo femenino, como la educación y los servicios profesionales y técnicos, las filiales de la UE suelen ofrecer salarios más bajos que los que se encuentran en los sectores dominados por los hombres, lo que refleja las diferencias salariales más amplias entre sectores. Esta tendencia indica que las inversiones de la UE pueden correr el riesgo de reforzar las desigualdades de género existentes en los mercados laborales de LAC.

3.2. El papel de la IED en el apoyo a la creación de empleo

3.2.1. La IED en proyectos nuevos ha generado el 12% de los empleos directos en ALC en las últimas dos décadas

La IED, en particular los proyectos de nueva creación, tiene un papel fundamental en la creación de empleo. La IED de nueva creación implica el establecimiento de nuevas instalaciones de producción u operaciones comerciales desde cero, lo que contribuye directamente a la generación de empleo en los países receptores. Más allá de los puestos de trabajo inmediatos que se crean, la inversión en proyectos totalmente nuevos también estimula el empleo indirecto a través de los vínculos de la cadena de suministro, ya que las empresas extranjeras se relacionan con proveedores, prestadores de servicios y distribuidores locales (OECD, 2022[1]). Si bien la IED ha tenido un papel importante en el apoyo al empleo en toda ALC, la escala y la distribución de la creación de empleo varían mucho en función del sector y las características de la inversión (Recuadro 3.2).

En la mayoría de los países no se recopilan sistemáticamente estadísticas sobre los puestos de trabajo creados por la IED. Los datos a nivel de proyecto sobre la IED en proyectos nuevos constituyen una valiosa alternativa, ya que ofrecen estimaciones comparables de la creación de empleo directo en los distintos países. Si bien estas cifras no reflejan necesariamente el número exacto de puestos de trabajo generados, ya que suelen basarse en anuncios de los inversionistas, proporcionan una indicación útil del impacto de dichas inversiones en el empleo (véase el Recuadro 3.1).

En las últimas dos décadas, la IED en proyectos nuevos ha generado alrededor de 5.5 millones de empleos directos en toda la región de ALC, lo que equivale al 12% del empleo mundial generado por la IED en proyectos nuevos (Gráfico 3.1, Panel A). Si bien esta proporción es inferior a la de Europa y Asia Central (28%) y Asia Oriental y el Pacífico (26%), que en conjunto representan más de la mitad de todos los empleos generados por la IED en todo el mundo, sigue siendo significativa, ya que supera la proporción del 8% de la población mundial que representa ALC. La IED también ha sido relativamente intensiva en empleo en la región. Entre 2014 y 2024, ALC atrajo alrededor del 10% del capital global de IED en proyectos nuevos, cifra que representa una cuota marginalmente menor que su contribución a la creación de empleo, lo que sugiere que los proyectos de inversión en la región tienden a crear proporcionalmente más puestos de trabajo. En comparación con los mercados laborales nacionales de ALC, el impacto también es notable. Entre 2003 y 2024, los empleos creados por la IED en proyectos nuevos representaron alrededor del 4.4% del empleo formal en ALC, una proporción comparable a la de Europa y Asia Central (4%), superior a la de Asia Oriental y el Pacífico (3.5%) y América del Norte (2.3%), aunque inferior a la de África Subsahariana (5%) y Asia Meridional (8%).

Recuadro 3.1. Medición del impacto directo de la IED en el empleo

Evaluar los efectos directos de la inversión extranjera directa (IED) en el empleo es una tarea difícil, especialmente cuando se trata de comparaciones entre países o sectores. Las estadísticas oficiales sobre la IED, que suelen basarse en encuestas a empresas de propiedad extranjera, brindan información macroeconómica valiosa, pero rara vez incluyen datos detallados sobre los puestos de trabajo creados.

Para subsanar esta laguna, muchos análisis utilizan datos de proyectos nuevos de IED, que ofrecen una medida coherente y comparable de la creación directa de empleo en los distintos países. Estas cifras indican el número de puestos de trabajo que los proyectos anuncian o se estima que crearán, en lugar de los resultados de empleo verificados.

Una fuente muy utilizada es la base de datos *fDi Markets* del *Financial* Times, que recopila información a nivel de proyecto sobre las actividades de las empresas, la inversión de capital y el empleo. Cuando no se dispone de cifras directas, los puestos de trabajo y la inversión se estiman utilizando una metodología propia estandarizada. Aunque este enfoque difiere de los datos oficiales del gobierno, permite realizar un análisis sistemático de los efectos de la IED en el empleo que, de otro modo, no se reflejarían en las estadísticas nacionales.

Para comprender plenamente el impacto de la IED en el empleo en ALC, es importante tener en cuenta no solo el número total de puestos de trabajo generados, sino también en qué medida la inversión se traduce en empleo, medido por el número de puestos de trabajo generados por cada mil millones de dólares invertidos. Se estima que la IED en proyectos nuevos en ALC generó casi 3 mil empleos directos por cada mil millones de dólares invertidos entre 2014 y 2024, solo superada por Asia Meridional (Gráfico 3.1, Panel B). La intensidad del empleo impulsada por la IED varía considerablemente entre las regiones, dependiendo tanto de la composición sectorial como de la distribución geográfica de la inversión. El sur de Asia presenta la mayor intensidad de empleo, respaldada por una sólida IED en servicios empresariales, junto con la inversión en actividades de manufactura relativamente más intensivas en mano de obra (OECD, Forthcoming[2]). En ALC, la intensidad de empleo se ve reforzada por la IED en el sector de manufactura, especialmente en México, así como por el aumento de los flujos hacia los servicios digitales y empresariales. La menor intensidad de empleo en América del Norte y Europa refleja una concentración de la IED en sectores intensivos en tecnología, como las tecnologías de la información y la comunicación (TIC). En Oriente Medio y África del Norte (OMAN) y África Subsahariana, la IED se concentra principalmente en industrias intensivas en capital, como la energía, la extracción de recursos y el sector inmobiliario, lo que se traduce en un impacto limitado en el empleo directo (OECD, Forthcoming[2]).

ALC es la única región en la que la intensidad de empleo de la IED aumentó entre las dos últimas décadas (2003-2013 y 2014-2024). Esto indica que la IED en la región se desplazó hacia sectores o actividades más intensivos en mano de obra, lo que aumentó la contribución potencial de la IED en proyectos nuevos a la generación de empleo. En particular, la IED en proyectos nuevos disminuyó en sectores intensivos en capital, como la minería, los combustibles fósiles, las telecomunicaciones y los servicios financieros, áreas que históricamente han generado relativamente pocos empleos. Al mismo tiempo, la IED se expandió en sectores más intensivos en mano de obra, como los alimentos, las bebidas y el tabaco, y el transporte y el almacenamiento. Cabe destacar que también se generó una cierta reasignación dentro de los sectores. Por ejemplo, dentro del sector más amplio de la información y las comunicaciones, la IED ha pasado de las telecomunicaciones tradicionales a los servicios digitales, que tienden a ser más intensivos en mano de obra. Estos sectores no solo ofrecen un mayor empleo por unidad de inversión, sino que también han ganado una mayor cuota del total de la IED, lo que ha contribuido de manera significativa al aumento de la intensidad laboral global durante las dos últimas décadas. Vale la pena señalar que, en los años posteriores a la pandemia del COVID (2019-2024), la intensidad de empleo ha mostrado una tendencia a la baja en consonancia con las tendencias mundiales impulsadas por diferentes factores, entre ellos la inflación y la reorientación de la IED hacia sectores intensivos en capital, como las energías renovables (OECD, Forthcoming[2]).

Gráfico 3.1. Mil millones de dólares estadounidenses de IED en proyectos nuevos en ALC generan casi 3 mil nuevos empleos

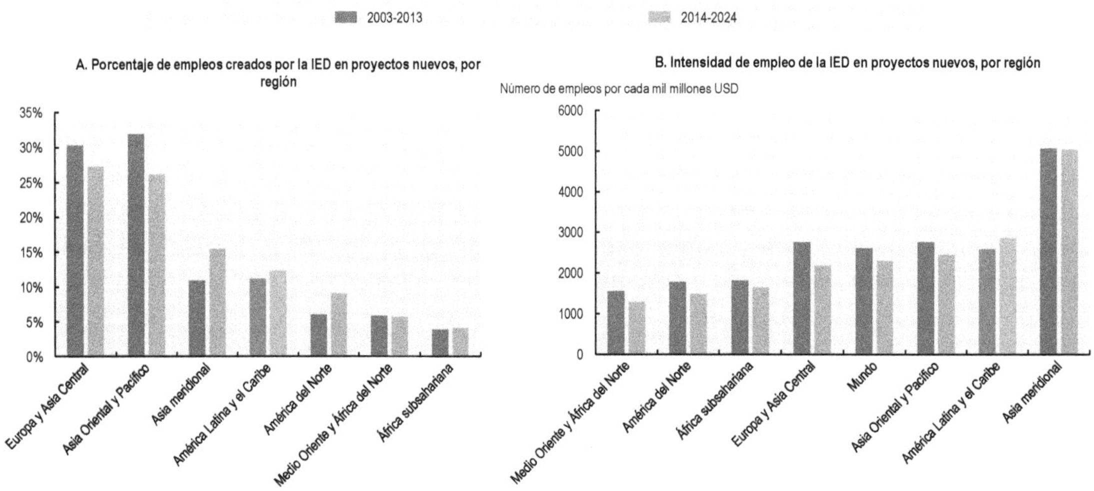

Nota: El agregado para ALC excluye a Aruba, las Bahamas, Bermudas, las Islas Caimán, Curazao y las Islas Turcas y Caicos.
Fuente: Basado en Financial Times (2025[3]), FDI Markets (base de datos),https://www.fdimarkets.com/.

Recuadro 3.2. Impacto de la IED en la creación de empleo en ALC

La inversión extranjera directa ha contribuido a la creación de empleo en toda ALC, aunque su impacto global sigue siendo modesto y está determinado por la composición sectorial, la modalidad de inversión y la estructura económica local.

Los estudios macroeconómicos apuntan a una asociación positiva entre las entradas de IED y el crecimiento del empleo, tanto en el Caribe (Craigwell, 2006[4]) como en las economías latinoamericanas (Modrego et al., 2022[5]) (Vacaflores, 2011[6]) . Un estudio sobre los estados mexicanos revela que la IED reduce la tasa de desempleo general, pero no tiene un impacto significativo en el empleo del sector informal ni en la duración del desempleo (Sharma and Cardenas, 2018[7]). El aumento del empleo en los países latinoamericanos tiende a ser más significativo en los países con condiciones macroeconómicas más estables y baja inflación (Vacaflores, 2011[6]) .

A nivel sectorial, los efectos más consistentes sobre el empleo se observan en las industrias manufactureras y orientadas a la exportación. En México, por ejemplo, la IED ha tenido un impacto estadísticamente significativo sobre el empleo (Saucedo, Ozuna and Zamora, 2020[8]), aunque la escala ha sido relativamente limitada y se ha concentrado en puestos de obreros dentro de industrias intensivas en capital y orientadas a la exportación (Waldkirch, 2011[9]) (Waldkirch, Nunnenkamp and Alatorre Bremont, 2009[10]). Estos puestos de trabajo suelen estar vinculados a plataformas de exportación, especialmente en industrias como la automotriz y la electrónica. Sin embargo, la magnitud de la creación de empleo es modesta y las ganancias de empleo tienden a disminuir en los segmentos de alta cualificación y tecnología intensiva (Nunnenkamp and Alatorre, 2007[11]).

Además, aunque la IED en proyectos nuevos suele ser más intensiva en mano de obra que las fusiones y adquisiciones, su potencial de creación de empleo puede verse reducido cuando la inversión se concentra en actividades intensivas en capital. Por ejemplo, en el sector automotriz de México los proyectos nuevos a gran escala ampliaron la capacidad de producción, pero dependían en gran medida de la automatización, lo que limitó el impacto en el empleo local a pesar del fuerte crecimiento de las exportaciones (Ramírez, 2000[12]) .

Los efectos indirectos sobre el empleo, como los generados a través de los vínculos con los proveedores locales, han sido más débiles de lo esperado en gran parte del Caribe. Las limitaciones estructurales, como los pequeños mercados internos, las capacidades limitadas de las empresas locales y la escasa integración en las cadenas de valor mundiales, restringen la medida en que la IED puede generar la creación de empleo impulsada por los efectos indirectos (Sanchez-Martin, de Pinies and Antoine, 2015[13]). En países más grandes, como Brasil, el capital extranjero tiene efectos positivos en el mercado laboral, especialmente en lo que respecta al desarrollo del capital humano (Arbache, 2004[14]) .

En conjunto, los datos sugieren que, si bien la IED puede apoyar el empleo en ALC, su efecto dista mucho de ser automático. Las políticas que mejoran las habilidades de la fuerza laboral, fortalecen las redes de proveedores nacionales y alinean la atracción de IED con objetivos de empleo inclusivo son esenciales para maximizar la creación de empleo.

3.2.2. La Unión Europea y Estados Unidos han contribuido considerablemente a la creación de empleo en ALC

La IED en proyectos nuevos de la Unión Europea y los Estados Unidos tiene un papel especialmente importante en la creación de empleo en toda la región de ALC. Entre 2003 y 2024, los inversionistas de la UE fueron la principal fuente de empleo relacionado con la IED en la región, generando casi 1.6 millones de empleos directos, seguidos de cerca por los inversionistas de Estados Unidos, con 1.5 millones de empleos (Gráfico 3.2, Panel A). En conjunto, estas dos fuentes representaron casi el 60% de todos los empleos de nueva creación en ALC durante las últimas dos décadas (Gráfico 3.2, Panel B). En orden de magnitud, los empleos directos creados por los inversionistas de la UE y los Estados Unidos combinados representaron cerca del 2.5% del empleo formal durante el mismo periodo. Los inversionistas de la región de ALC también hicieron una contribución notable, generando alrededor del 9% del total de empleos relacionados con la IED. Otros inversionistas importantes fueron China y el Reino Unido, que contribuyeron respectivamente con el 6% y el 4% del total de empleos relacionados con la IED.

La importancia relativa de los principales países inversionistas en la creación de empleo relacionada con la IED ha cambiado en las últimas dos décadas. A excepción del Reino Unido, todos los principales inversionistas aumentaron su generación de empleo en la última década (2014-2024) en comparación con el periodo anterior (2003-2013). Las inversiones de la UE generaron más de 800 mil puestos de trabajo entre 2014 y 2024, lo que representa un aumento de más de 40 mil en comparación con la década anterior (Gráfico 3.2, Panel A). Si bien el empleo relacionado con la IED de la UE experimentó un crecimiento en términos absolutos, su participación en el empleo total relacionado con la IED en ALC disminuyó ligeramente, del 30% al 27%, lo que indica que la creación de empleo en la UE creció más lentamente que la media regional (Gráfico 3.2, Panel B). Esto ocurrió a pesar de que la proporción de la inversión de capital de la UE en ALC se mantuvo relativamente constante en torno al 30% durante ambas décadas, lo que sugiere que la inversión de la UE se volvió menos intensiva en mano de obra con el tiempo y se desplazó hacia sectores más intensivos en capital, como las energías renovables (véase el Capítulo 1). Estados Unidos registró un aumento más sustancial, generando 190 mil empleos adicionales relacionados con la IED en proyectos nuevos entre 2014 y 2024 en comparación con el periodo 2003-2013 (Gráfico 3.2, Panel A). Esta expansión elevó la participación de Estados Unidos en el empleo total generado por la IED en proyectos nuevos en 3 puntos porcentuales, hasta alcanzar casi el 30% del total de empleos relacionados con la IED en proyectos nuevos (Gráfico 3.2, Panel B).

China experimentó el crecimiento más marcado, duplicando con creces su participación en el empleo relacionado con la IED en la región, del 3% al 8%. Esta tendencia reflejó fielmente el aumento de su participación en la inversión de capital de IED en ALC durante el mismo periodo (véase el Capítulo 1). Los inversionistas de la región de ALC contribuyeron al 9% del total de empleos de nueva creación durante 2014-2024, manteniendo la misma participación que en el periodo anterior. El Reino Unido fue el único inversionista importante que vio un descenso tanto en la creación de empleo absoluta como en la participación relativa, con una caída de su contribución del 4% al 3%. Estas tendencias ponen de relieve tanto la importancia duradera de los inversionistas tradicionales como la Unión Europea y los Estados Unidos, como la creciente influencia de nuevos actores, como China, en la configuración del panorama del empleo vinculado a la IED en proyectos nuevos en ALC.

Gráfico 3.2. Los inversionistas de EE. UU. y la UE en conjunto representaron casi el 60% de todos los empleos de IED en 2014-2024

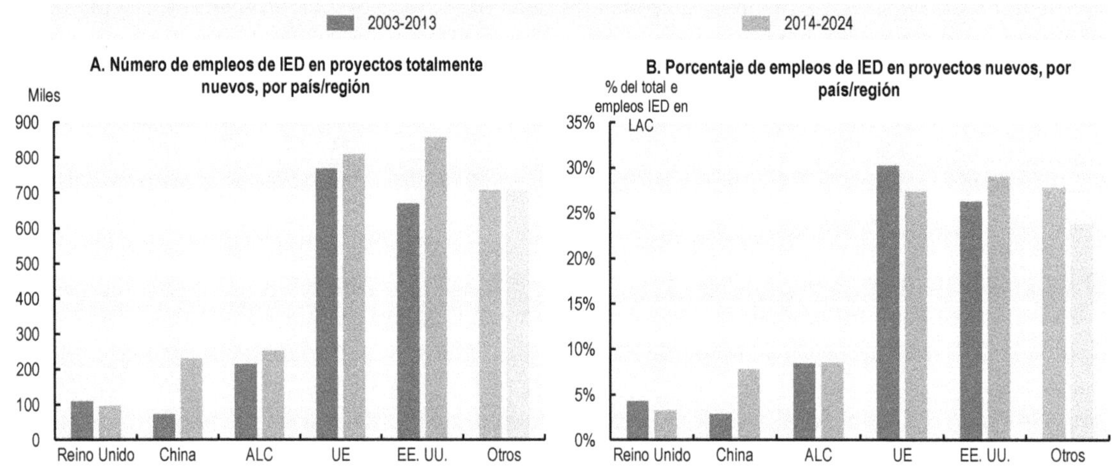

Nota: El total para ALC excluye a Aruba, las Bahamas, Bermudas, las Islas Caimán, Curazao y las Islas Turcas y Caicos.
Fuente: Basado en Financial Times (2025[3]), FDI Markets (base de datos), https://www.fdimarkets.com/.

La contribución de la IED en proyectos nuevos a la creación de empleo y la importancia relativa de los diferentes países inversionistas varían significativamente entre las economías de ALC. Entre 2014 y 2024, el empleo relacionado con la IED se concentró en gran medida en los mercados más grandes de la región, tan solo con México representando el 46% del total de empleos de IED en proyectos nuevos, seguido de Brasil (16%) y Colombia (7%) (Gráfico 3.3, Panel A). Si bien estas grandes economías dominaron la creación de empleo en todas las fuentes de IED, sus respectivas contribuciones revelan patrones regionales distintos (Gráfico 3.3, Panel B). La IED proyectos nuevos de la UE fue la principal fuente de empleo relacionado con la IED en varios países sudamericanos, sobre todo en Argentina (37%), Brasil (31%), Chile (40%) y Uruguay (55%), así como en economías caribeñas como Cuba (49%) y República Dominicana (35%). Por el contrario, Estados Unidos ocupó una posición más fuerte en Centroamérica y México, donde representó el 32% del total de puestos de trabajo creados por la IED, superando la cuota del 25% de la UE en esas subregiones.

Durante las dos últimas décadas, la distribución general de los empleos relacionados con la IED en los países de ALC se mantuvo relativamente estable, y solo unas cuantas economías experimentaron cambios significativos en el volumen o la composición de la creación de empleo entre 2003-2013 y 2014-2024. En América del Sur, Chile y Colombia, por ejemplo, siguieron trayectorias contrastantes: Chile experimentó un descenso moderado del empleo relacionado con la IED, debido en gran medida a la reducción de las entradas procedentes de socios tradicionales, como Estados Unidos y el Reino Unido, mientras que Colombia registró un ligero aumento, respaldado por la inversión constante de Estados Unidos y la Unión Europea y las crecientes contribuciones de fuentes intrarregionales.

Entre las economías más pequeñas, varias registraron también cambios significativos. Por ejemplo, Panamá vio un descenso moderado del empleo relacionado con la IED, impulsado por el Reino Unido y la Unión Europea. Costa Rica experimentó un aumento sustancial, beneficiándose de una mayor integración en las cadenas de suministro globales de alto valor y del fuerte interés de los inversionistas por parte de los socios de la OCDE. En el Caribe, la República Dominicana tuvo un aumento de empleo en un 50% en las dos últimas décadas, respaldado por las inversiones de Estados Unidos y la UE, así como nuevos anuncios de Asia. Los empleos relacionados con la IED en Jamaica se duplicaron con creces, impulsados por las inversiones estadounidenses. Guyana registró uno de los aumentos más fuertes de la región, impulsado por las inversiones a gran escala en su emergente sector de petróleo y gas, en particular de Estados Unidos, los inversionistas regionales y la Unión Europea.

A nivel regional, los cambios estructurales más significativos estuvieron determinados por las tendencias observadas en México y Brasil. México experimentó un fuerte aumento durante el periodo 2014-2024, impulsado por el aumento de las inversiones procedentes de Estados Unidos y China, y como reflejo de una mayor integración en las redes de fabricación de América del Norte. Por el contrario, Brasil registró un descenso neto, debido a la reducción de la creación de empleo procedente de la UE en los sectores de manufactura (véase el Recuadro 3.3 para conocer un análisis detallado de las tendencias de creación de empleo en México y Brasil).

Si bien las economías más grandes de ALC atraen naturalmente los mayores volúmenes de inversión y representan la mayor parte del empleo relacionado con la IED, las economías en desarrollo más pequeñas pueden obtener mayores ganancias relativas. En muchos de estos países, la IED suele representar una proporción mayor del PIB en comparación con las economías más grandes o más avanzadas. En esos contextos, incluso las pequeñas entradas de IED pueden tener un impacto significativo en los mercados laborales, debido a que tienen un tamaño más reducido de la población en edad de trabajar y una capacidad de inversión interna más limitada. En entornos en los que escasean las fuentes alternativas de capital y la modernización industrial, la IED tiene el potencial de jugar un papel más transformador al crear puestos de trabajo y servir de catalizador para la diversificación económica y el desarrollo de competencias.

Gráfico 3.3. México representa casi el 50% de todos los empleos de IED en proyectos nuevos generados en ALC

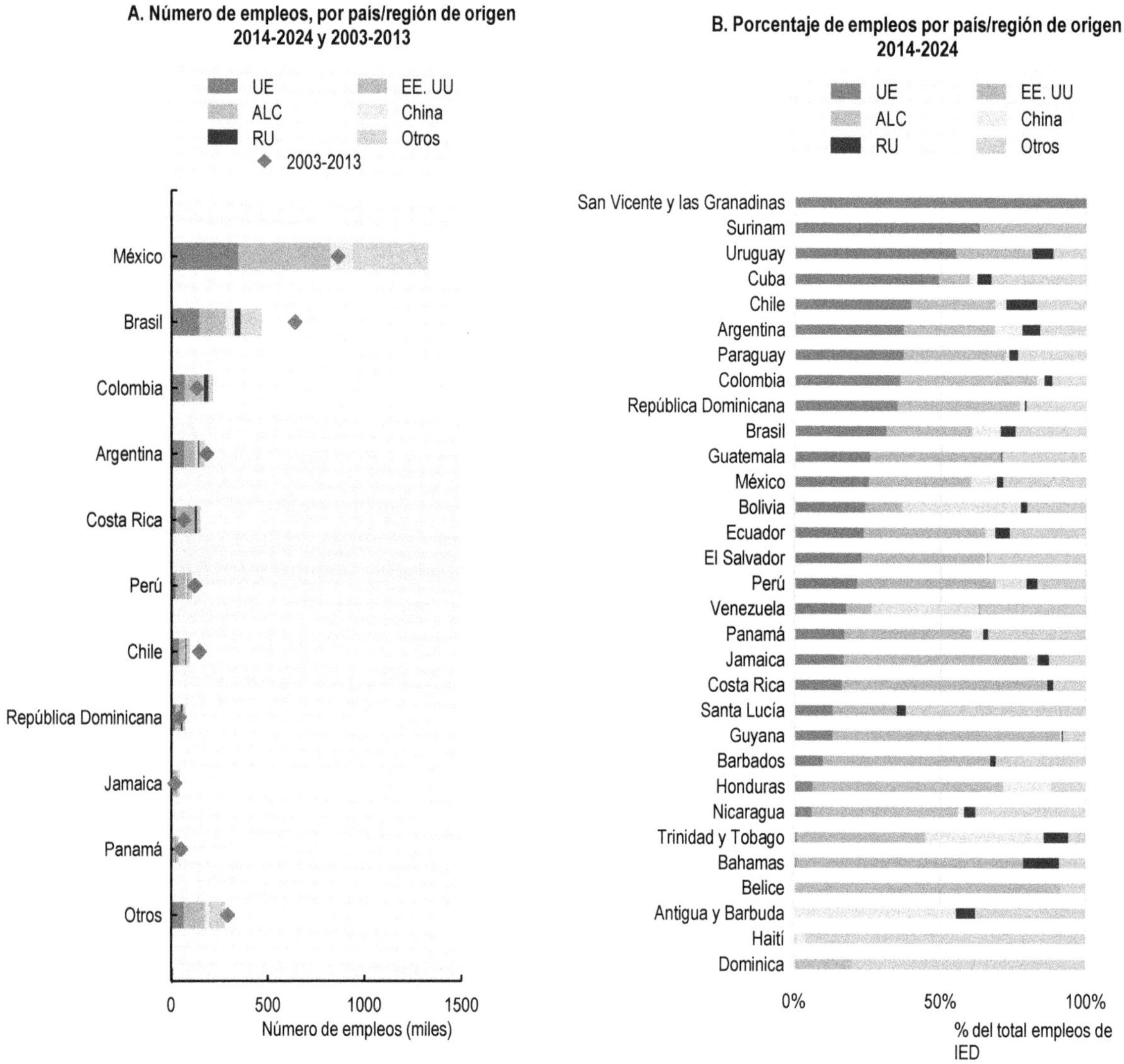

Nota: En el panel B, los países se clasifican conforme a la proporción de empleos de IED creados por inversionistas de la UE.
Fuente: Basado en Financial Times (2025[3]), FDI Markets (base de datos),https://www.fdimarkets.com/.

Recuadro 3.3. Tendencias en la creación de empleo por la IED en México y Brasil

Juntos, México y Brasil representan más del 60% del total de puestos de trabajo creados gracias a la IED en proyectos nuevos en América Latina y el Caribe, así como una proporción comparable del total de entradas de IED en proyectos nuevos en la región. En conjunto, también representan más de la mitad de la población total de la región. Dado su papel dominante, las tendencias en estas dos economías son cruciales para comprender el impacto más amplio de la IED en el empleo en toda la región. Los cambios en el volumen, la fuente o el enfoque sectorial de la IED en México y Brasil configuran de manera desproporcionada la dinámica regional, impulsando patrones de creación de empleo, modernización industrial y una mayor integración en las cadenas de valor mundiales en toda América Latina y el Caribe.

En México, el empleo total relacionado con la IED aumentó un 58%, pasando de 860 mil puestos de trabajo en 2003-2013 a más de 1.35 millones en 2014-2024 (Gráfico 3.3, Panel A). A modo de comparación aproximada, el empleo total promedio creció alrededor de un 21% durante el mismo periodo, lo que indica que los puestos de trabajo relacionados con la IED se expandieron a un ritmo mucho más acelerado que el empleo en general. Estados Unidos fue el principal contribuyente al crecimiento de los puestos de trabajo relacionados con la IED, con aproximadamente el 27% del aumento. Esto subraya la importancia de la proximidad geográfica y la profunda integración de la cadena de suministro. El crecimiento del empleo relacionado con Estados Unidos se debió principalmente a las inversiones en información y comunicaciones, y en la fabricación de vehículos automotores. China también se convirtió en un nuevo actor importante, contribuyendo con casi el 23% del crecimiento del empleo relacionado con la IED en México. Este aumento fue impulsado principalmente por el incremento en la producción de vehículos automotores, así como por el fuerte crecimiento en la elaboración de equipos eléctricos, maquinaria y muebles, lo que evidencia una relación de inversión creciente, atribuible probablemente a los cambios en las redes de producción mundiales. La UE representó el 19% del crecimiento, lo que supone el 28% del empleo total relacionado con la IED en 2014-2024. Las mayores contribuciones procedieron de la fabricación de vehículos automotores, remolques y semirremolques, así como de la información y las comunicaciones.

Brasil experimentó un marcado descenso en la creación de empleo relacionado con la IED en proyectos nuevos. Entre 2014 y 2024, se generaron casi 180 mil puestos de trabajo menos relacionados con la IED en comparación con la década anterior (Gráfico 3.3, Panel A). Por el contrario, el empleo total medio aumentó alrededor de un 8% durante el mismo periodo, lo que demuestra que la caída fue específica en los empleos relacionados con la IED y no un reflejo de la dinámica general del mercado laboral. La disminución de los empleos relacionados con la IED se debió en gran medida a la reducción de la inversión de la UE, que se tradujo en casi 100 mil empleos menos, lo que representa cerca del 60% de la disminución total. La caída de los empleos relacionados con la UE fue especialmente marcada en la fabricación de vehículos automotores y la construcción. Al mismo tiempo, se registraron aumentos notables en ámbitos como la generación de energía eléctrica renovable y la fabricación de alimentos, bebidas y tabaco, lo que pone de relieve una reorientación parcial de la inversión de la UE hacia sectores más intensivos en capital, sostenibles y orientados al consumidor.

El número de puestos de trabajo creados por Estados Unidos también se redujo en 27% debido en gran medida a que se redujo la inversión en la fabricación de vehículos automotores, maquinaria y equipo. No obstante, algunos inversionistas ampliaron su presencia, lo que compensó dicho descenso en parte. El empleo relacionado con la IED de los inversionistas de ALC casi se duplicó, debido principalmente al aumento del número de puestos de trabajo creados en el sector minorista. Del mismo modo, los puestos de trabajo generados por la inversión china en proyectos nuevos aumentaron casi un 60%, impulsados por el transporte y el almacenamiento, y la fabricación de equipos eléctricos. Estas tendencias podrían apuntar a una reestructuración del panorama de inversión en Brasil, con la disminución de la presencia de socios tradicionales en sectores intensivos en mano de obra, compensada en parte por un cambio hacia sectores más intensivos en capital y una mayor participación de actores regionales y emergentes. El descenso observado en la IED proyectos nuevos en el sector automovilístico brasileño podría reflejar una orientación predominantemente hacia el mercado interno, en el que las empresas ya establecidas han instalado capacidad suficiente para satisfacer la demanda local, junto con la actual reestructuración de la industria. A pesar de ello, la UE siguió siendo la principal fuente de empleo de IED en Brasil, responsable del 31% del total de puestos de trabajo de IED proyectos nuevos en 2014-2024.

Fuente: Basado en Financial Times (2025[3]), FDI Markets (base de datos),https://www.fdimarkets.com/.

3.2.3. Más de la mitad de los empleos de IED en proyectos nuevos en ALC se crearon en el sector manufacturero

Durante el periodo 2014-2024, la industria manufacturera representó más de la mitad del empleo relacionado con la IED en proyectos nuevos en ALC, seguida por los servicios, que generaron el 35% del total de empleos relacionados con la IED (Gráfico 3.4). La energía, la agricultura, la construcción y la minería representaron en conjunto solo cerca del 11% del empleo total relacionado con la IED. Esta distribución sectorial difiere notablemente de la estructura general del empleo en la región, donde la industria manufacturera representó únicamente el 11% del total de empleos y los servicios alrededor del 65% (ECLAC, 2023[15]). Esto sugiere que la IED en proyectos nuevos crea una participación desproporcionadamente mayor de empleos en la industria manufacturera que en los servicios, lo que se aleja de los patrones predominantes en el mercado laboral.

En comparación con la década anterior, la composición de los empleos impulsados por la IED cambió de manera significativa. El cambio más considerable fue en el sector energético, donde la creación de empleo impulsada por la IED se duplicó, impulsada principalmente por los empleos en energías renovables, lo que refleja el creciente posicionamiento de la región como destino atractivo para la inversión en energías renovables (véase el Capítulo 1). Los servicios también experimentaron una fuerte expansión, con un aumento del 45% en los empleos generados por la IED, mientras que la industria manufacturera registró un aumento más moderado, del 18%. Por el contrario, los empleos generados por la IED en los sectores basados en los recursos se contrajeron, con un descenso del 66% en la minería y del 27% en la agricultura. La creación de empleo en el sector de la construcción también disminuyó. Estos cambios apuntan a una reorientación de la IED hacia actividades económicas más ecológicas y orientadas a los servicios.

Entre 2014 y 2024, la composición sectorial de la creación de empleo relacionada con la IED en ALC varió considerablemente según el origen de los inversionistas, lo que refleja prioridades estratégicas distintas. Los inversionistas de la UE fueron la fuente principal de empleos de IED en proyectos nuevos en el sector energético, con un 52% del total de empleos, muy por delante de otros inversionistas, incluyendo a los de Estados Unidos (14%), Reino Unido (9%), ALC (5%) y China (3%). Esto refleja la fuerte orientación de la Unión Europea hacia la energía y, en particular, hacia la inversión en energías renovables. En el sector manufacturero, los inversionistas tanto de la Unión Europea como de Estados Unidos fueron las principales fuentes de empleo relacionado con la IED, ya que cada uno contribuyó aproximadamente con el 26% del total de empleos de IED. Les siguieron los inversionistas de China con un 11%, mientras que los inversionistas de la región y del Reino Unido representaron porcentajes menores. La creación de empleo en el sector de los servicios fue encabezada por los inversionistas de Estados Unidos, que representaron el 36% del total de empleos de IED, seguidos por los inversionistas de la UE con un 28%. Los inversionistas de ALC contribuyeron con un 14%, lo que indica un importante componente intrarregional. China y el Reino Unido representaron el 4% y el 3% de los empleos del sector servicios, respectivamente.

Otros sectores mostraron una participación más equilibrada de los inversionistas. En la construcción, los inversionistas de la Unión Europea, Estados Unidos y ALC representaron proporciones comparables de empleos de IED (24-26%), mientras que China contribuyó con el 13% y el Reino Unido con menos del 1%. En la minería, a pesar de una disminución generalizada del total de empleos generados por la IED, la creación de empleo se concentró más, con los inversionistas de China a la cabeza (19% de los empleos del sector), seguidos por los inversionistas de Estados Unidos (15%), Unión Europea (11%) y ALC (8%). En la agricultura, los inversionistas de Estados Unidos lideraron con el 30% del empleo total de la IED, seguidos por los inversionistas de la UE (27%) y los inversionistas regionales (16%), mientras que el Reino Unido y China tuvieron un papel más marginal.

Gráfico 3.4. La industria manufacturera representó más del 50% de todos los empleos generados por la IED en proyectos nuevos

Número de empleos creados por la IED en proyectos nuevos en ALC, por país/región de origen, 2003-2013 y 2014-2024

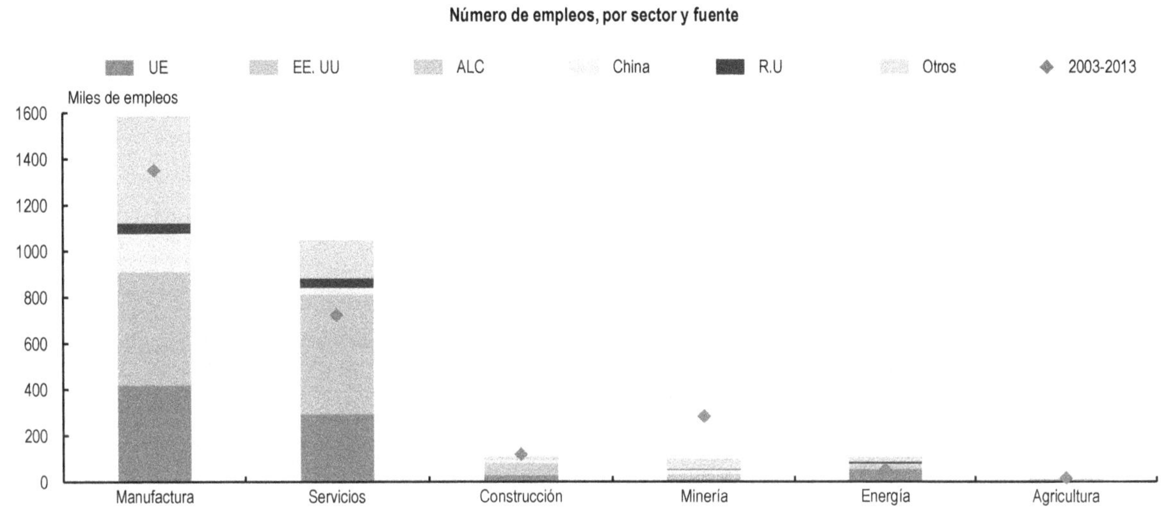

Nota: Los agregados sectoriales presentados se refieren a la clasificación sectorial de la CIIU Rev. 4.
Fuente: Financial Times (2025[3]), FDI Markets (base de datos),https://www.fdimarkets.com/.

Los empleos generados por la IED en ALC se concentran de manera significativa en un conjunto reducido de subsectores y países. En 2014-2024, tan solo la industria de los vehículos automotores representó más de medio millón de empleos en el sector manufacturero, casi el 20% de todo el empleo relacionado con la IED. Los inversionistas de la Unión Europea y de Estados Unidos fueron los principales contribuyentes con más de la mitad de los empleos de IED en el sector, lo que refleja el amplio interés internacional en el sector automotriz de ALC.

México capturó la mayor parte de los empleos de IED en el sector de los vehículos motorizados, con casi el 78% del total regional, seguido de Brasil con el 13% y Argentina con el 5% (Financial Times, 2025[3]) . La gran concentración geográfica refleja las sólidas capacidades industriales y las cadenas de valor establecidas en estos países, en particular en México, que se ha posicionado como un centro mundial de fabricación de automóviles gracias a sus costos laborales competitivos y su proximidad al mercado estadounidense. Excluyendo a México, el subsector de los vehículos automotores representa solo el 8% del total de puestos de trabajo de la IED en el resto de ALC, donde los empleos en el sector manufacturero están distribuidos de manera más uniforme.

Dentro de los servicios, la información y la comunicación surgieron como los principales motores de la creación de empleo por la IED. La IED en proyectos nuevos en el sector generó aproximadamente 337 mil empleos durante el periodo 2014-2024, lo que equivale al 12% del total regional. Estados Unidos y la Unión Europea volvieron a destacar como actores clave, mientras que los inversionistas con sede en ALC también tuvieron un papel destacado, ya que representaron el 11% del total de empleos generados por la IED en el sector.

Gráfico 3.5. Los vehículos automotores representan casi el 20% del total de empleos de IED en proyectos nuevos

Número de empleos de IED en proyectos nuevos en ALC, por sector y país/región de origen, 2014-2024

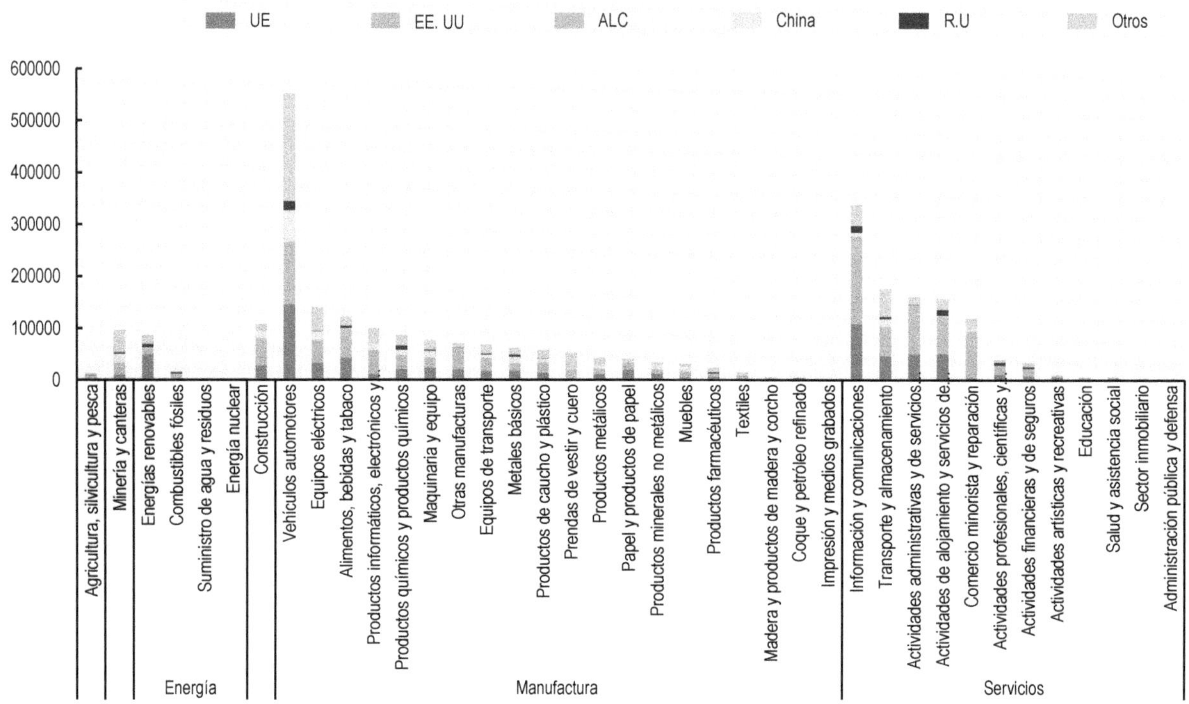

Nota: Los agregados sectoriales presentados se refieren a la clasificación sectorial de la CIIU Rev. 4.
Fuente: Basado en Financial Times (2025[3]), FDI Markets (base de datos), https://www.fdimarkets.com/.

El empleo relacionado con las TIC también mostró una distribución geográfica más equilibrada que el manufacturero. Si bien México siguió representando la mayor parte (30%), otros países también captaron porciones significativas: Brasil representó el 20%, Colombia el 13%, Argentina el 12% y Costa Rica el 9%. Esta distribución más equilibrada refleja el mayor alcance geográfico de las inversiones relativas a tecnología y lo digital, que dependen menos de las grandes infraestructuras industriales y son más sensibles a factores como la disponibilidad de competencias, las infraestructuras de conectividad y los entornos normativos favorables. Por el contrario, otros subsectores de servicios, como los financieros y los profesionales, generaron un empleo comparativamente limitado, lo que apunta a una participación más restringida de la IED en estas áreas.

3.2.4. La creación de empleo por parte de los inversionistas de la UE fue considerable en los sectores prioritarios de la Agenda de Inversión Global Gateway UE-ALC

La creación de empleo relacionada con la inversión extranjera directa (IED) de la UE en ALC está experimentando una transformación estructural, alineándose cada vez más con las prioridades fundamentales de la Agenda de Inversión Global Gateway UE-ALC (GGIA), a saber, los sectores digitales, el clima y la energía verde, la salud, la educación y el transporte sostenible (véase el Recuadro 1.2 del Capítulo 1). Si bien la creación total de empleo relacionado con la IED de la UE en proyectos nuevos en la región creció apenas un 6% entre 2014 y 2024 en comparación con la década anterior, esta cifra agregada oculta cambios significativos en la composición sectorial. La proporción de empleos relacionados con la UE en sectores que se centran en las prioridades de la GGIA UE-ALC aumentó del

23% al 35%. Estas tendencias en la creación de empleo reflejan una reasignación más profunda del capital de inversión de la UE, con flujos de IED cada vez más orientados a sectores intensivos en tecnología y orientados a la sostenibilidad (véase el Capítulo 1). Este cambio refleja tanto la orientación estratégica de la GGIA UE-ALC como la evolución de las prioridades de las empresas para apoyar vías de desarrollo más ecológicas, más digitales y socialmente inclusivas en ALC.

La industria manufacturera siguió siendo la mayor fuente de empleos relacionados con la IED de los inversionistas de la UE, representando poco más de la mitad de todos los empleos creados entre 2014 y 2024. La creación de empleo se concentró en un número menor de subsectores: el automotriz siguió siendo el dominante, el empleo en el sector de alimentos, bebidas y tabaco casi se duplicó y el sector de los equipos eléctricos también registró un notable aumento. Al mismo tiempo, la creación de empleo disminuyó en los sectores de los metales básicos y los productos informáticos y electrónicos, que en conjunto registraron una pérdida neta de más de 30 mil puestos de trabajo.

Los servicios representaron aproximadamente el 36% de todos los empleos creados por la IED de la UE en ALC entre 2014 y 2024 (Gráfico 3.6). Los sectores digitales, una prioridad para la GGIA UE-ALC, registraron el crecimiento más dinámico en la creación de empleo. La proporción de empleos relacionados con la IED de la UE en servicios de información y comunicación aumentó del 16% al 19%, impulsada en gran medida por la expansión de los servicios de desarrollo de software y tecnologías de la información (TI) (véase el apartado 3.2.6 más adelante). Estas actividades generaron más de 50 mil nuevos empleos netos, con un crecimiento concentrado en Argentina, México y Brasil. Mientras tanto, el empleo en telecomunicaciones y hardware de TIC disminuyó, lo que apunta a un cambio del despliegue de infraestructuras a los servicios digitales.

En general, el sector de servicios arrojó resultados dispares. El empleo en transporte y almacenamiento aumentó de manera significativa. Los servicios administrativos y de apoyo también registraron un crecimiento moderado. Por el contrario, varias industrias de servicios más tradicionales se contrajeron. Los servicios de alojamiento y alimentos registraron el mayor descenso, con una caída de casi 26 mil puestos de trabajo en dos décadas, mientras que los servicios financieros y el sector inmobiliario también experimentaron reducciones sustanciales.

Otros sectores prioritarios de la GGIA UE-ALC – educación y salud – también registraron un crecimiento significativo en la creación de empleo relacionado con la IED. Los puestos de trabajo creados en el sector educativo casi se quintuplicaron durante el periodo, lo que refleja el creciente interés de los inversionistas en el desarrollo del capital humano, la formación y el fortalecimiento de las capacidades institucionales en la región. En las industrias relacionadas con la salud, los empleos en los sectores farmacéutico, de instrumentos médicos, servicios de salud y productos químicos pasaron del 4.5% a alrededor del 11% del total de empleos relacionados con la IED de la UE. El crecimiento fue más fuerte en el sector de los instrumentos médicos, donde los empleos casi se triplicaron, seguido de aumentos constantes en los servicios de salud y los productos farmacéuticos. Por el contrario, el sector químico mantuvo una cuota estable de empleos, representando el 2.5% del total de empleos de la IED de la UE.

Los empleos creados por los inversionistas de la UE en el sector de las energías renovables, un pilar central de la GGIA UE-ALC, se duplicaron tanto en términos absolutos como relativos, pasando del 3% al 6% del total de empleos relacionados con la IED de la UE en ALC. Entre 2014 y 2024 se crearon casi 50 mil empleos en el sector, frente a los 21 mil de la década anterior. Por el contrario, la creación de empleos en la generación de energía a partir de combustibles fósiles disminuyó, lo que indica un alejamiento gradual de las actividades intensivas en carbono. Del mismo modo, el transporte ecológico, especialmente los vehículos eléctricos, experimentó un fuerte crecimiento, y su proporción en el total de empleos relacionados con la IED de la UE casi se cuadruplicó, pasando del 1% al 5%. Este aumento refleja el compromiso cada vez mayor de la UE con la movilidad sostenible y el desarrollo de infraestructuras en toda la región.

Gráfico 3.6. Los vehículos automotores, así como la información y comunicación representan la mayor parte de los empleos generados por los inversionistas en proyectos nuevos de la UE

Distribución sectorial de los empleos generados por la IED de la UE en ALC, % del total de empleos de la UE, 2003-2013 y 2014-2024

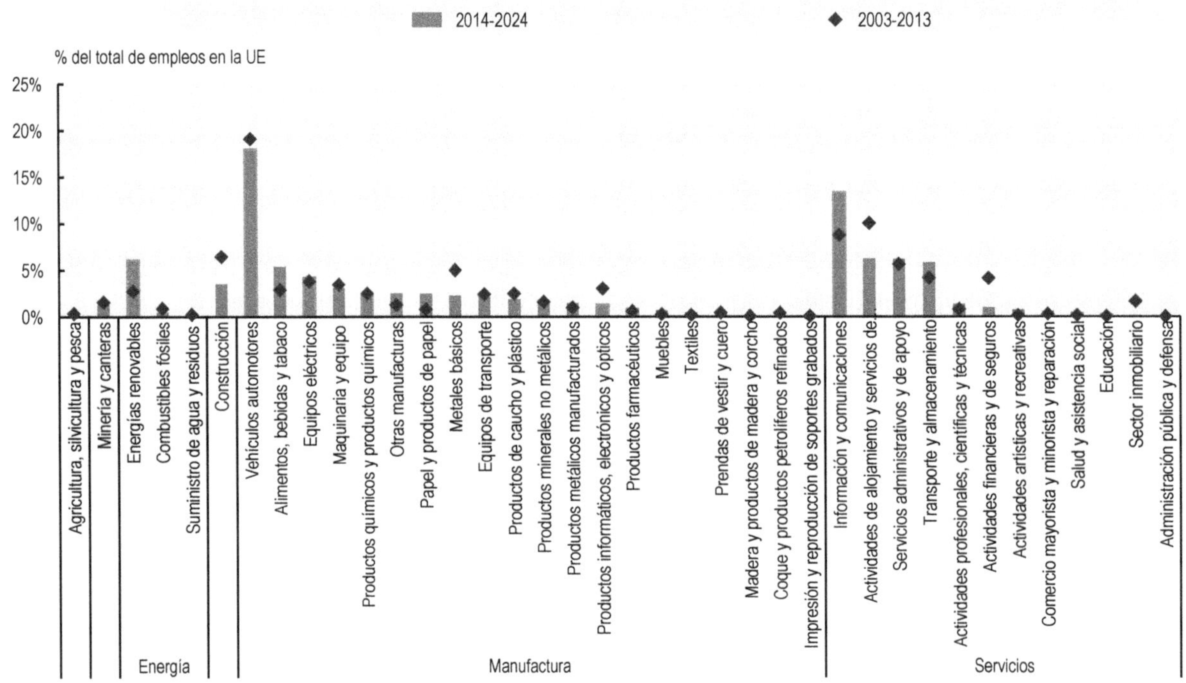

Nota: Los agregados sectoriales presentados se refieren a la clasificación sectorial de la CIIU Rev. 4.

Nota: Las barras con bordes rojos indican los sectores que se ajustan a las áreas de asociación de la Agenda de Inversión Global Gateway de la UE-ALC (véase el Recuadro 1.2 del capítulo 1). Áreas de asociación: digital (información y comunicación, electrónica, maquinaria eléctrica); clima y energía (energías renovables); transporte (vehículos eléctricos dentro de "Vehículos automotores"); salud (productos químicos, productos farmacéuticos, instrumentos médicos, salud y trabajo social). Las inversiones en educación e investigación son de naturaleza transversal y no pueden incluirse en la clasificación sectorial de la CIIU Rev. 4.

Fuente: Basado en Financial Times (2025[3]), FDI Markets (base de datos), https://www.fdimarkets.com/.

Entre 2014 y 2024, la creación de empleo relacionada con la UE se concentró más geográficamente, con México como principal destinatario. Durante este periodo, México representó el 43% de todos los empleos relacionados con la IED de la UE en la región, frente al 33% en 2003-2013. Por el contrario, la cuota de Brasil se redujo drásticamente, del 33% al 18%, lo que refleja los menores niveles de inversión de la UE, en particular en los sectores de los vehículos automotores y los metales básicos (Recuadro 3.2). Si se excluye a México, la creación de empleo relacionado con la IED de la UE en el resto de ALC disminuyó alrededor de un 10%. Esto pone de relieve la creciente importancia de México como destino clave de la inversión de la UE y como principal motor de la creación de empleo relacionado con la IED en la región.

La composición sectorial del empleo relacionado con la IED de la UE en LAC cambia notablemente cuando se excluye a México del análisis. En este escenario, la industria manufacturera representa el 35% del total de empleos relacionados con la IED de la UE. Dentro de la industria manufacturera, el sector de alimentos, bebidas y tabaco se convierte en el principal generador de empleo, con un 7% del total de empleos, frente al 4% en 2003-2013. Por el contrario, el sector de los vehículos automotores solo contribuye con un 5%, lo que supone un fuerte descenso con respecto al 15% de la década anterior. Esta caída refleja principalmente la reducción de la creación de empleo en la industria de los vehículos automotores de

Brasil, que históricamente ha sido un destino clave para la inversión manufacturera de la UE. Paralelamente, los servicios se perfilan como el sector líder del empleo relacionado con la IED de la UE en el resto de la región. Las actividades de información y comunicación representan el 18% del total de puestos de trabajo, seguidas de los servicios administrativos y de apoyo (10%) y el alojamiento y servicios de alimentación (8%). El sector de las energías renovables también adquiere importancia relativa, ya que representa el 9% de los puestos de trabajo relacionados con la IED de la UE, frente al 3% de la década anterior. Esto pone de manifiesto la creciente importancia de las inversiones ecológicas en economías pequeñas y medianas, como Chile.

Gráfico 3.7. Los empleos generados por la IED de UE se concentran en sólo algunos países

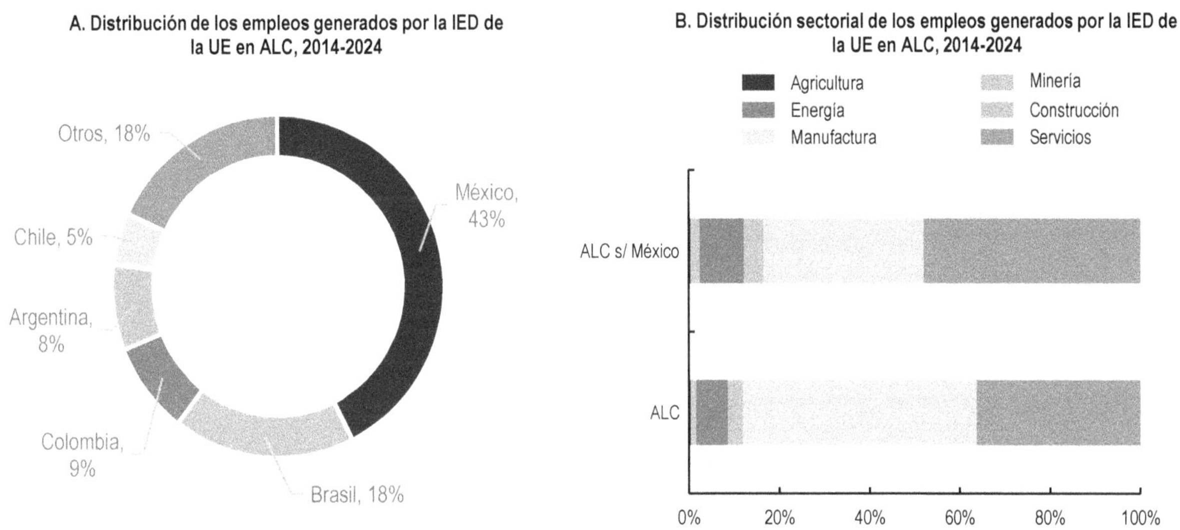

Nota: Los agregados sectoriales presentados se refieren a la clasificación sectorial CIIU Rev.4.
Fuente: Basado en Financial Times (2025[3]) , FDI Markets (base de datos),https://www.fdimarkets.com/.

3.2.5. La mayor parte del empleo de las filiales de la UE se ubica en sectores de servicios intensivos en mano de obra

Los datos sobre el empleo de las empresas controladas por la UE que operan en Brasil, México, Argentina, Chile, Uruguay y Venezuela, disponibles a través de las Estadísticas sobre Filiales Extranjeras (FATS) de Eurostat, proporcionan información adicional sobre la contribución al empleo de la inversión de la UE en la región. A diferencia de los datos sobre la IED en proyectos nuevos, que recogen el empleo generado mediante el establecimiento de nuevas instalaciones u operaciones, los datos de las FATS reflejan el empleo a más largo plazo dentro de las filiales de la UE establecidas en ALC, lo que ofrece una visión más completa de la creación de empleo duradero.

En 2022, el año más reciente para el que se dispone de datos, los seis países de ALC representaban aproximadamente el 16% del empleo total fuera de la UE por parte de las filiales de la UE. Esta cifra pone de relieve el importante papel de la región en las operaciones globales de las multinacionales de la UE. En términos absolutos, las filiales de la UE empleaban a cerca de 2.7 millones de personas en los seis países. El empleo de las filiales de la UE se concentra en gran medida en Brasil y México, que juntos representan más del 80% del total (Gráfico 3.8, Panel A). Solo Brasil representa más de un millón de puestos de trabajo, lo que supone aproximadamente el 49% del total regional. Le sigue México, con un 34%. Argentina y Chile, con un 8% y un 7%, respectivamente, mientras que Uruguay y Venezuela representan menos del 2% cada uno. A modo de comparación, las filiales de la UE representaban alrededor del 2% del empleo formal total en los seis países en 2022. Sin embargo, su relevancia varía según el país: las filiales de la UE representaban alrededor del 2% del empleo formal en Argentina y Brasil, el 3% en Chile y Uruguay, el 4% en México y solo el 0,2% en Venezuela (Gráfico 3.8, Panel A). Si bien su participación global puede parecer modesta, la contribución de las filiales de la UE al empleo es económicamente significativa, lo que refleja su papel en la creación de empleo y el fomento de los vínculos económicos con la UE.

El empleo afiliado a la UE se basa principalmente en los servicios, mismos que representan el 60% del empleo total, mientras que la industria manufacturera representa el 36%. El resto del empleo se distribuye entre la construcción, las industrias extractivas y los servicios públicos. Dentro del sector de los servicios, el empleo se concentra en actividades orientadas a los negocios y con un alto contenido de conocimiento. El comercio minorista es el subsector más importante, con un 21% del empleo total en servicios, seguido de los servicios administrativos y de apoyo, con un 20%, y las actividades profesionales y científicas, con un 17%. El sector de información y comunicación representó el 14% del empleo total de las filiales de la UE. Otros servicios, como las finanzas, el transporte y el alojamiento, también están presentes, pero representan porcentajes menores.

El empleo en el sector manufacturero está distribuido de forma más restringida entre determinados subsectores. Aproximadamente el 30% de los puestos de trabajo en el sector manufacturero se concentran en la producción de vehículos automotores, especialmente en México y Brasil. La industria de alimentos, bebidas y tabaco representa cerca del 13%, mientras que la maquinaria y el equipo contribuyen con un 11%. Otras actividades manufactureras, como la química y la electrónica, también contribuyen de manera significativa al empleo de las filiales de la UE y han atraído una parte sustancial de la inversión proyectos nuevos de la UE.

Estas cifras contrastan con la distribución de los puestos de trabajo de la IED en proyectos nuevos, que se concentran en mayor medida en los sectores manufactureros. Esta divergencia probablemente refleje tanto las diferencias en las modalidades de inversión como en los enfoques metodológicos. Los inversionistas de la UE pueden ser más propensos a invertir en proyectos nuevos en el sector manufacturero, donde con frecuencia es necesario establecer nuevas instalaciones de producción, mientras que prefieren modalidades de reutilización de terrenos industriales abandonados, como fusiones o adquisiciones, para las inversiones en servicios. En consecuencia, el empleo de las filiales de la UE en la región se basa predominantemente en los servicios. Además, los datos sobre la IED en proyectos nuevos reflejan el número total de puestos de trabajo que se *espera* que genere un proyecto durante su periodo de ejecución, mientras que las estadísticas de las filiales recogen el número de personas empleadas en un año en particular. Estas diferencias de definición pueden contribuir aún más a la variación observada entre los dos conjuntos de datos.

Gráfico 3.8. Las filiales de la UE registraron el mayor número de empleados en Brasil y México

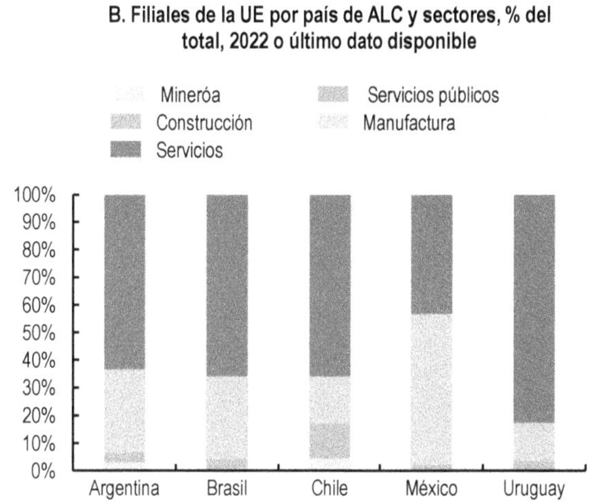

Nota: Los datos muestran el número declarado de empleados de las filiales de la UE en ALC, que abarca cinco países: Brasil, México, Argentina, Chile y Uruguay. Se excluye a Venezuela debido a la falta de datos a nivel sectorial.
Fuente: Eurostat (2021/2022[16]), Empresas de la UE con control extranjero - FATS exteriores, https://ec.europa.eu/eurostat/databrowser/view/fats_out_activ/default/table?lang=en&category=gbs.fats_out.

La contribución al empleo de las filiales de la UE varía considerablemente entre los cinco países de ALC de los que se dispone de datos (Gráfico 3.9). En Brasil, los puestos de trabajo de las filiales de la UE se concentran principalmente en el sector de servicios, que representa alrededor del 75% del empleo, respaldado por una base manufacturera relativamente diversificada. México tiene un perfil más industrial: la industria manufacturera representa el 54% de los puestos de trabajo de las filiales de la UE, impulsada en gran medida por la industria del automóvil, que por sí sola genera casi un tercio del empleo de las filiales de la UE en el país. En Argentina y Chile, el empleo de las filiales de la UE se basa principalmente en los servicios; Argentina también mantiene una actividad notable en los sectores alimentario y químico, mientras que los servicios de Chile se centran en la logística y el apoyo empresarial. Uruguay destaca como la economía más especializada en servicios, con más del 90% de los empleos de las filiales de la UE concentrados en actividades profesionales, administrativas y financieras, lo que refleja su papel como centro de operaciones de las sedes regionales y los servicios administrativos.

Gráfico 3.9. Las filiales de la UE tienen el mayor número de empleados en el comercio al mayoreo y menudeo, y en actividades administrativas y profesionales

Número de personas empleadas por filiales de la UE, por país de ALC y subsector, en 2022 o el último año disponible

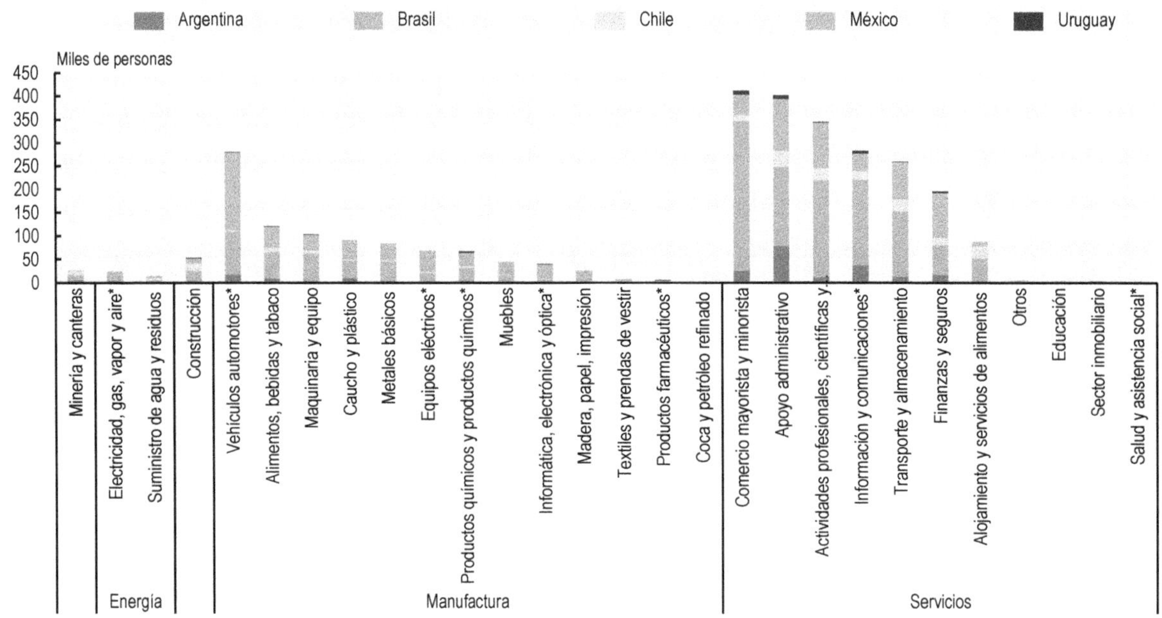

Nota: Los datos muestran el número declarado de empleados de las filiales de la UE en ALC, que abarca cinco países: Brasil, México, Argentina, Chile y Uruguay. Debido a restricciones de confidencialidad, no se dispone de datos sobre Venezuela.
* Indican sectores que se ajustan a las áreas de asociación de la Agenda de Inversión Global Gateway de la UE (véase el Recuadro 1.2 del Capítulo 1). Áreas de asociación: digital (información y comunicación, electrónica, maquinaria eléctrica); clima y energía (energías renovables); transporte (vehículos eléctricos dentro de "Vehículos automotores"); salud (productos químicos, farmacéuticos, instrumentos médicos, salud y trabajo social). Las inversiones en educación e investigación son de naturaleza transversal y no pueden incluirse en la clasificación sectorial de la CIIU Rev. 4.
Fuente: Eurostat (2021/2022[16]), Empresas extranjeras que controlan empresas de la UE - FATS exteriores, https://ec.europa.eu/eurostat/databrowser/view/fats_out_activ/default/table?lang=en&category=gbs.fats_out.

3.2.6. La IED digital proyectos nuevos procedente de la UE y EE. UU. se está convirtiendo en una fuente clave de empleo en ALC

Los sectores digitales se han convertido en una fuente cada vez más importante de creación de empleo relacionado con la IED en ALC. Entre 2014 y 2024, las inversiones en proyectos nuevos en estos sectores representaron el 20% del total de empleos relacionados con la IED en proyectos nuevos, lo que supone un aumento de dos puntos porcentuales en comparación con la década anterior, lo que pone de relieve su creciente impacto en el mercado laboral de la región (Gráfico 3.10).

La relevancia de los sectores digitales en la creación de empleo relacionada con la IED varía significativamente entre los países de ALC. En Costa Rica, Argentina y Colombia, los sectores digitales representaron aproximadamente una cuarta parte del total de empleos relacionados con la IED durante el periodo 2014-2024, lo que refleja ecosistemas digitales más desarrollados. Por el contrario, en países como Guyana y Belice, los sectores digitales contribuyeron con menos del 1% de los empleos relacionados con la IED, destacando la mayor limitación de los ecosistemas digitales y las capacidades digitales locales. En comparación con el periodo 2003-2013, la proporción de empleos relacionados con la IED en los sectores digitales aumentó en la mayoría de las economías de ALC entre 2014 y 2024. No obstante, destacan algunas excepciones. En México, República Dominicana y Bolivia, la proporción de empleos digitales relacionados con la IED disminuyó ligeramente, mientras que en Paraguay y varios países del Caribe, la disminución fue más marcada.

Gráfico 3.10. Aproximadamente el 20% de todos los empleos relacionados con la IED en ALC se generan en los sectores digitales

Empleos de IED en proyectos nuevos en los sectores digitales, por subsector digital, 2003-2013 y 2014-2024,% del total de empleos de IED

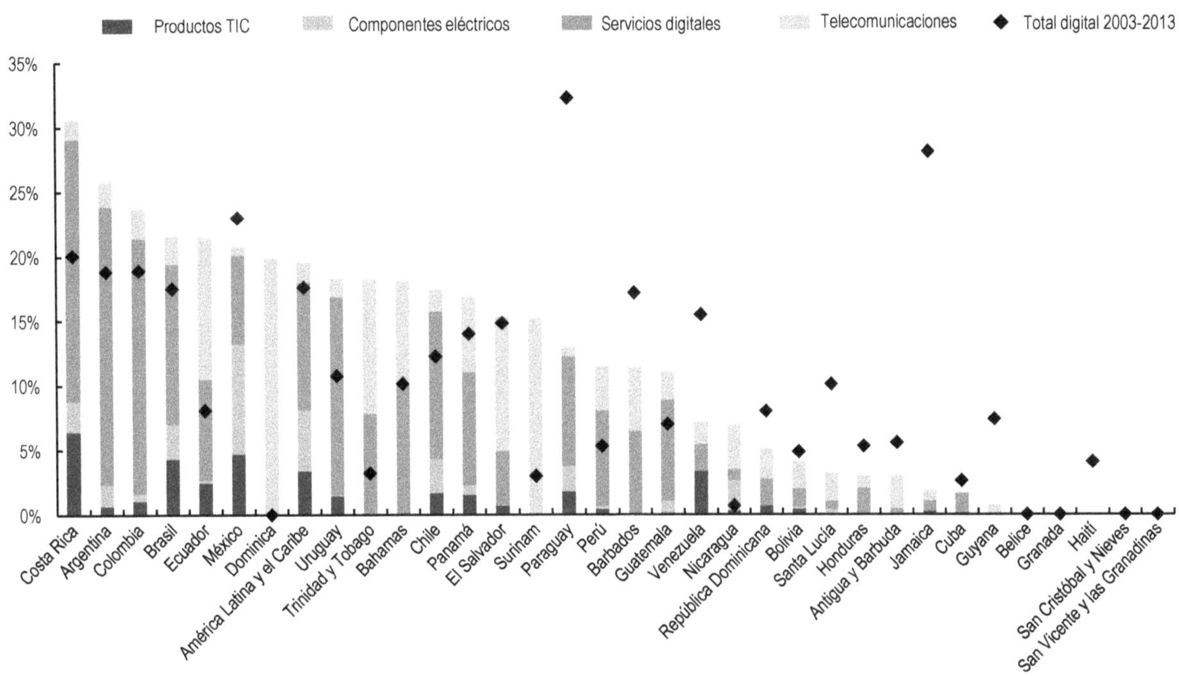

Nota: Los sectores digitales incluyen servicios digitales (por ejemplo, actividades de programación informática; actividades de procesamiento y alojamiento de datos; actividades de servicios de información, etc.); bienes de TIC (electrónica, equipos informáticos, etc.); componentes eléctricos (baterías, equipos eléctricos, dispositivos de cableado, etc.); y telecomunicaciones (actividades de telecomunicaciones por cable e inalámbricas y actividades satelitales).
Fuente: Basado en Financial Times (2025[3]), FDI Markets (base de datos),https://www.fdimarkets.com/.

La mayoría de los empleos relacionados con la IED en proyectos nuevos en los sectores digitales fueron generados por inversionistas de Estados Unidos y la Unión Europea, que juntos han desempeñado un papel destacado en la configuración del empleo relacionado con la IED en proyectos nuevos digitales en ALC (Gráfico 3.11). Entre 2014 y 2024, estas dos regiones inversionistas fueron responsables de la mayor parte de la creación de empleo relacionado con la IED en proyectos nuevos en los sectores digitales de toda la región. La UE representó el 27% de los empleos relacionados con la IED digital, manteniendo una cuota estable en comparación con la década anterior, mientras que Estados Unidos amplió su presencia, aumentando su cuota del 30% al 37%. Sin embargo, la UE siguió teniendo una influencia particular en las telecomunicaciones y los servicios digitales, ya que representó el 40% de los empleos relacionados con la IED en telecomunicaciones y más de un tercio de todo el empleo relacionado con la IED en servicios digitales en la región.

La UE ha sido durante mucho tiempo uno de los principales inversionistas en telecomunicaciones en ALC, y el suyo ha sido un papel fundamental en la expansión de la conectividad digital en toda la región, incluso antes del lanzamiento de la Alianza Digital UE-ALC en 2023, que ha impulsado la colaboración digital dentro de la GGIA UE-ALC. Las primeras inversiones se centraron en el fortalecimiento de la infraestructura de telecomunicaciones, lo que sentó las bases para ecosistemas digitales más avanzados. A medida que la conectividad básica se fue generalizando, las inversiones se orientaron cada vez más hacia los servicios digitales favoreciendo así el crecimiento y la diversificación de las actividades digitales basadas en los servicios.

Gráfico 3.11. Durante la última década, los empleos generados por la IED en proyectos nuevos en los sectores digitales aumentaron casi un 30%, impulsados por EE. UU. y la UE

Puestos de trabajo creados por la IED en sectores digitales, por país/región de origen, 2003-2013 y 2014-2024, en miles de puestos de trabajo

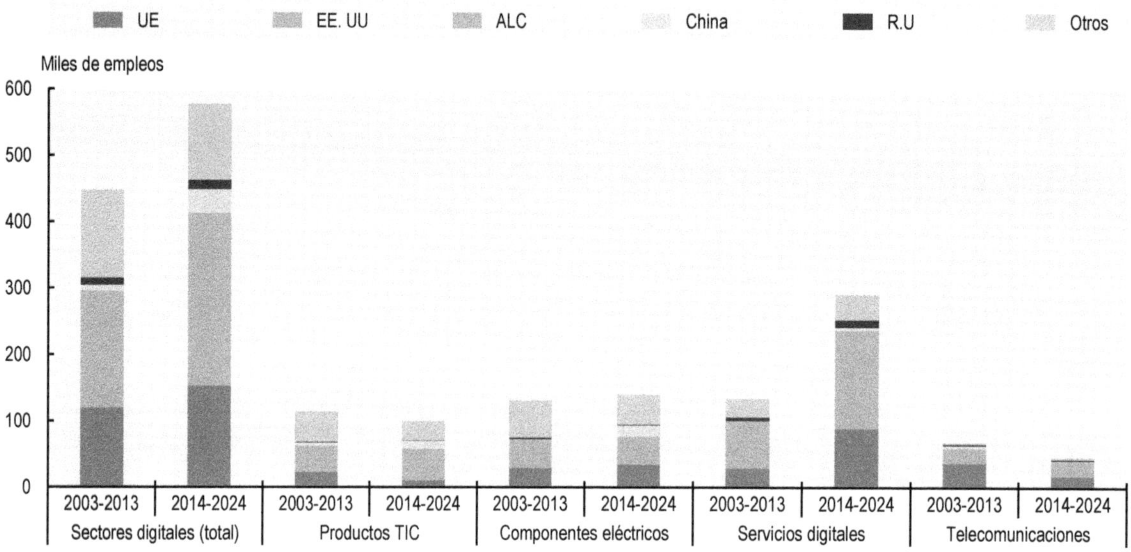

Nota: Los sectores digitales incluyen servicios digitales (por ejemplo, actividades de programación informática; actividades de procesamiento y alojamiento de datos; actividades de servicios de información, etc.); bienes de TIC (electrónica, equipos informáticos, etc.); componentes eléctricos (baterías, equipos eléctricos, dispositivos de cableado, etc.); y telecomunicaciones (actividades de telecomunicaciones por cable e inalámbricas y actividades satelitales).
Fuente: Basado en Financial Times (2025[3]) , FDI Markets (base de datos),https://www.fdimarkets.com/.

La IED de la Unión Europea está pasando de la producción de TIC intensiva en capital a los servicios digitales. En 2014-2024, los sectores digitales representaron casi el 20% de todos los empleos relacionados con la IED de la UE, frente al 15% de la década anterior (Gráfico 3.12). Esto refleja un cambio de los bienes de TIC y la infraestructura de telecomunicaciones hacia servicios digitales más intensivos en mano de obra, como el desarrollo de software, la consultoría de TI y los procesos empresariales. Esta transición contribuyó a mantener la creación de empleo en los sectores digitales, a pesar de que los volúmenes de inversión fueron inferiores a los de periodos anteriores. Se observa una tendencia similar en la IED estadounidense en LAC. Los sectores digitales generaron el 25% de los empleos relacionados con la IED estadounidense en 2014-2024, frente al 20% en 2003-2013. Dentro de este porcentaje, los servicios digitales por sí solos representaron el 13% del empleo total relacionado con la IED estadounidense, lo que refleja un claro desplazamiento hacia actividades basadas en los servicios y con un alto contenido de conocimiento.

Gráfico 3.12. Más del 10% de los empleos de la IED proyectos nuevos de EE. UU. y la UE se generaron en los servicios digitales

Empleos de IED en proyectos nuevos en el sector digital como porcentaje del total de empleos de IED en ALC, por país/región inversionista, 2003-2013 y 2014-2024

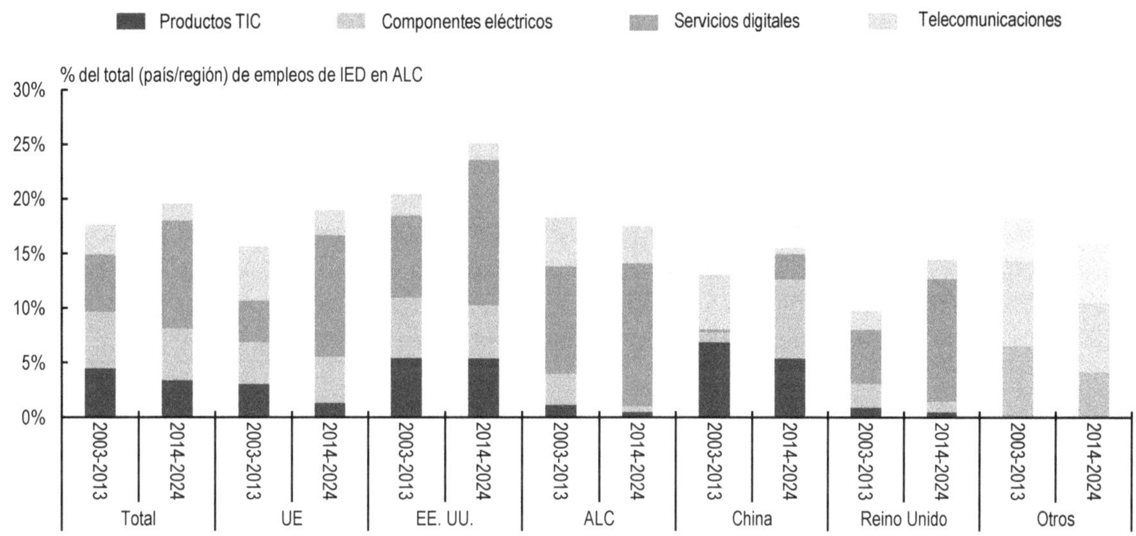

Nota: Los sectores digitales incluyen servicios digitales (por ejemplo, actividades de programación informática; actividades de procesamiento y alojamiento de datos; actividades de servicios de información, etc.); bienes de TIC (electrónica, equipos informáticos, etc.); componentes eléctricos (baterías, equipos eléctricos, dispositivos de cableado, etc.); y telecomunicaciones (actividades de telecomunicaciones por cable e inalámbricas y actividades satelitales).
Fuente: Basado en Financial Times (2025[3]), FDI Markets (base de datos), https://www.fdimarkets.com/.

3.2.7. *Los inversionistas de la UE representan más de la mitad de todos los empleos relacionados con la IED en el sector de las energías renovables*

El empleo relacionado con la IED en el sector energético sigue representando menos del 7% del total de puestos de trabajo generados por la IED en proyectos nuevos en ALC (Gráfico 3.13, Panel A). Sin embargo, durante la última década se ha producido un cambio notable en las preferencias de los inversionistas, que han pasado de las actividades relacionadas con los combustibles fósiles a la generación de energía renovable, lo que ha dado lugar a una ampliación de las oportunidades en el mercado laboral dentro del sector de la energía baja en carbono. Entre 2003 y 2013, el empleo relacionado con la IED en proyectos nuevos en el sector energético se concentró mayormente en los combustibles fósiles, que representaban aproximadamente el 3% del total de puestos de trabajo generados por la IED, mientras que las energías renovables solo representaban el 1%. Esta distribución cambió considerablemente en la década siguiente, a medida que la matriz energética de ALC se orientó hacia fuentes más limpias y la IED en energías renovables se expandió de manera significativa (véase el Capítulo 1).

Entre 2014 y 2024, la proporción de empleos relacionados con la IED en energías renovables aumentó hasta el 3%, lo que generó más de 85 mil empleos. Por el contrario, el empleo vinculado a la IED en combustibles fósiles disminuyó tanto en términos absolutos como relativos, cayendo por debajo del 2% del empleo total de la IED en la región. Esto implica una ganancia neta de aproximadamente el 1% del total de empleos de la IED asociados a las energías renovables, lo que indica que, a nivel regional, la transición ecológica hasta el momento ha sido positiva para el empleo en términos de los puestos de trabajo de la IED. En 2014-2024, el 63% de los empleos relacionados con el sector energético vinculados a la IED en ALC estaban asociados a las energías renovables, lo que supone un aumento significativo con respecto al 35% de la década anterior, destacando con ello un reajuste más amplio del interés de los inversionistas hacia fuentes de energía sostenibles y bajas en carbono y señalando una transición en el panorama de las inversiones energéticas de la región.

La UE se ha consolidado como la principal fuente de empleos relacionados con la IED en energías renovables en ALC, enfatiazando su agenda más amplia en materia de clima e inversión, que es coherente con las prioridades de la GGIA UE-ALC en la región. Entre 2014 y 2024, el 58% de los empleos relacionados con la IED en proyectos nuevos de energía renovable en ALC fueron creados por inversionistas ubicados en la UE, lo que supera con creces las contribuciones de otras economías importantes (Gráfico 3.13, Panel B). Por el contrario, la UE representó el 18% de los empleos relacionados con la IED en proyectos nuevos de combustibles fósiles durante el mismo periodo, lo que refleja una clara prioridad de la energía limpia sobre las fuentes de energía tradicionales. Los inversionistas de Estados Unidos generaron el 44% del empleo relacionado con la IED en proyectos nuevos en el sector de los combustibles fósiles y solo el 9% en el de las energías renovables. China, el Reino Unido y los actores regionales desempeñaron un papel relativamente menor en la creación de empleo en el sector de las energías renovables, con contribuciones del 3%, el 7% y el 4%, respectivamente.

Gráfico 3.13. Los empleos relacionados con la IED en energías renovables se duplicaron en la última década, encabezados por la inversión de la UE

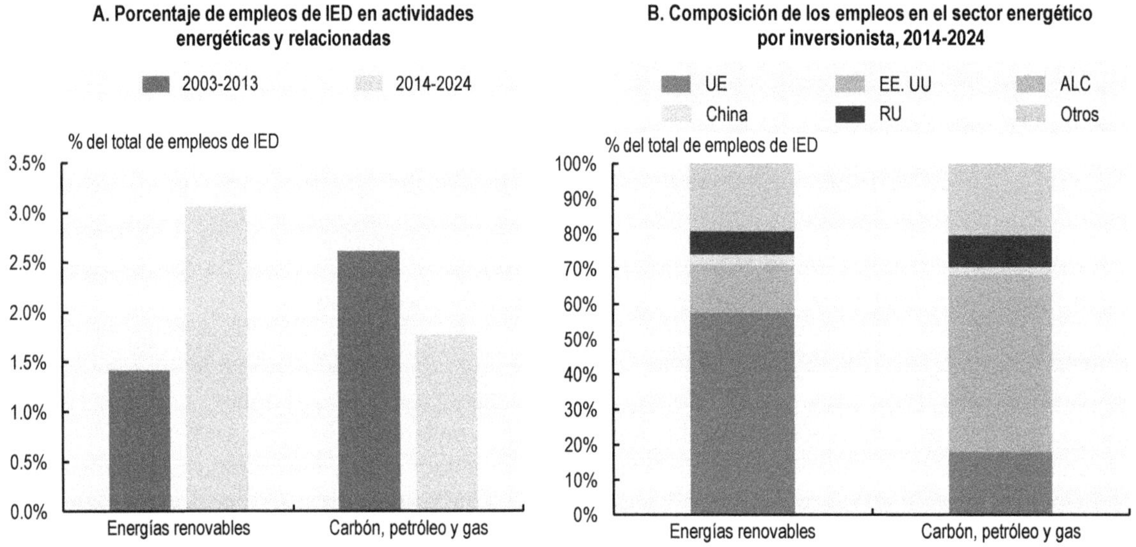

Nota: Los agregados sectoriales presentados se refieren a la clasificación del Financial Times (2025[3]), FDI Markets.
Nota: El término "Energías renovables" incluye la energía de biomasa, la energía geotérmica, la energía hidroeléctrica, la energía marina, la energía solar, la energía eólica y otras fuentes renovables, como el hidrógeno verde. "Carbón, petróleo y gas" incluye la generación de electricidad a partir de combustibles fósiles; la minería del carbón; las gasolineras; el gas natural, licuado y comprimido; la extracción de petróleo y gas; las refinerías de petróleo; otros productos derivados del petróleo y el carbón; y las actividades de apoyo relacionadas con la energía del carbón, el petróleo y el gas.
Fuente: Basado en Financial Times (2025[3]), FDI Markets (base de datos),https://www.fdimarkets.com/.

Durante la última década, la composición de los empleos generados por la IED en energías renovables en ALC ha pasado de las fuentes tradicionales a soluciones energéticas más escalables e impulsadas por la tecnología. El subsector más dinámico ha sido el de la generación de energía solar, donde la creación de empleo se multiplicó más de doce veces, pasando de 3 500 a más de 40 mil puestos de trabajo, lo que lo convierte en el subsector energético con la mayor proporción de empleo de IED (Gráfico 3.14). La generación de energía eólica también experimentó un crecimiento sustancial, pasando de 9 500 a más de

15 mil puestos de trabajo. Por el contrario, las fuentes renovables tradicionales como la biomasa y la energía hidroeléctrica experimentaron fuertes descensos, cayendo casi un 50% entre 2003-2013 y 2014-2024. Si bien la energía hidroeléctrica ha dominado históricamente la combinación de energías renovables de la región, ha contribuido poco al reciente crecimiento de los empleos de IED. Los empleos de IED en energía geotérmica siguieron una tendencia similar a la baja. Cabe destacar que la categoría "Otras energías renovables", que incluye tecnologías emergentes como el hidrógeno verde, pasó de menos de 2 mil a más de 18 mil empleos, lo que indica la diversificación y la innovación en el panorama de las energías renovables de la región.

El aumento observado en el sector de las energías renovables fue impulsado por los inversionistas de la UE, que representaron la mayor parte de la creación de nuevos puestos de trabajo en el sector. Entre 2003-2013 y 2014-2024, el número de empleos relacionados con la IED en proyectos nuevos de energía renovable creados por inversionistas de la UE se duplicó con creces, sumando más de 25 mil empleos y representando aproximadamente el 47% del aumento neto total del empleo de la IED en energía renovable en toda la región durante este periodo. Los inversionistas de Estados Unidos también aumentaron en un 32% su empleo en proyectos nuevos de IED en energías renovables, lo que supuso la creación de casi 2 mil nuevos puestos de trabajo, mientras que los inversionistas de China registraron el mayor crecimiento relativo, con un aumento de los puestos de trabajo de 20 a más de 2 mil, lo que indica un creciente interés por el potencial de la energía limpia de la región entre los inversionistas globales emergentes.

Gráfico 3.14. La energía solar representó el 77% del crecimiento del empleo en la IED en energías renovables.

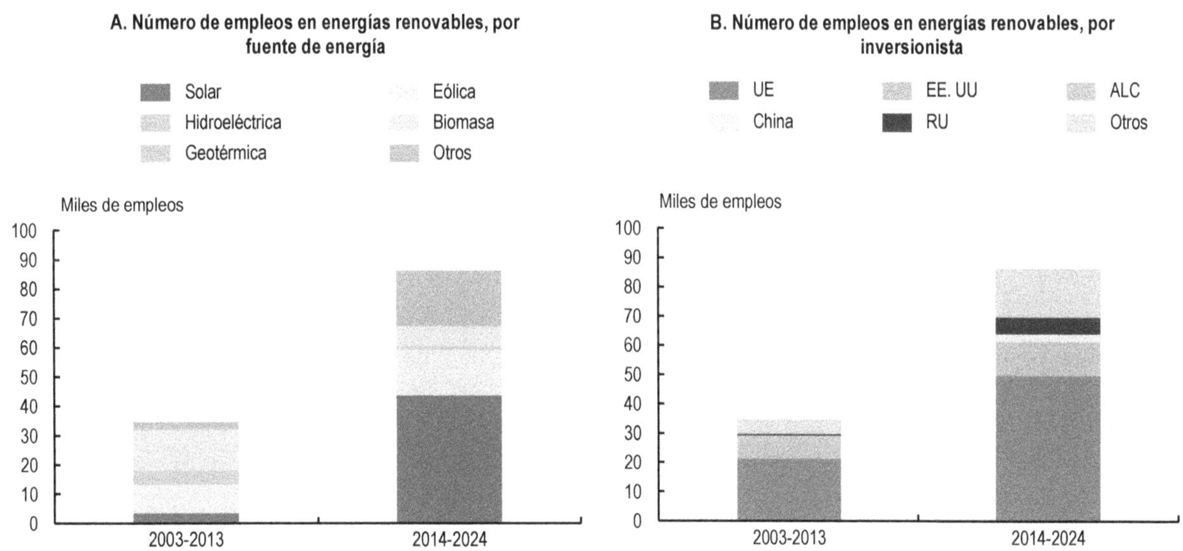

Nota: El término "Otras energías renovables" incluye la electricidad generada a partir de fuentes renovables mixtas (por ejemplo, solar y eólica), así como las inversiones en tecnologías emergentes como el hidrógeno verde.
Fuente: Basado en Financial Times (2025[3]), FDI Markets (base de datos),https://www.fdimarkets.com/.

Todos los principales inversionistas ampliaron su presencia en el sector solar, encabezados por los inversionistas de la UE, que vieron cómo los empleos relacionados con la energía solar se multiplicaban por más de diez. El empleo en el sector de la energía eólica también creció moderadamente para la mayoría de los inversionistas, excepto para los de Estados Unidos, que registraron un ligero descenso. Los inversionistas de China entraron en los segmentos solar y eólico partiendo de cero, lo que indica su creciente interés y su creciente presencia en la inversión en energía limpia. Por el contrario, el empleo relacionado con otras tecnologías renovables mostró resultados dispares, con un descenso en el caso de los inversionistas de la UE, Estados Unidos y ALC, y un notable aumento en el caso del Reino Unido y otros actores internacionales. La inversión de la UE siguió siendo el principal motor en la creación de empleo de la IED en el sector de la energía limpia de la región, representando el 65% del empleo relacionado con la energía solar y el 77% del relacionado con la energía eólica entre 2014 y 2024 (Gráfico 3.15).

Gráfico 3.15. Los inversionistas de la UE lideran la creación de empleo en todas las tecnologías de energía renovable en ALC

Empleos de IED en proyectos nuevos de energía renovable, fuentes de energía seleccionadas, por inversionista, 2003-2013 y 2014-2024, miles de empleos en proyectos nuevos

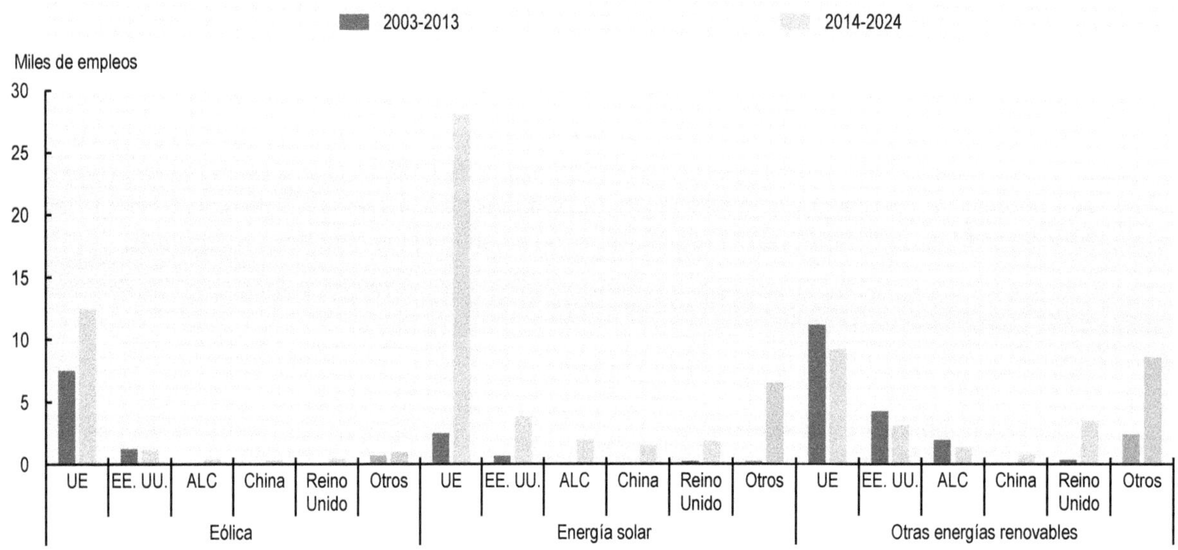

Nota: El término "Otras energías renovables" incluye la energía de biomasa, la energía geotérmica, la energía hidroeléctrica, la energía marina y otras fuentes renovables, como el hidrógeno verde.
Fuente: Basado en Financial Times (2025[3]), FDI Markets (base de datos), https://www.fdimarkets.com/.

Más del 60% de los empleos relacionados con la energía de la IED en ALC se encuentran en el sector de las energías renovables, lo que pone de relieve el creciente cambio de la región hacia fuentes de energía más limpias y sostenibles. En varios países, entre ellos Barbados, Belice, Honduras, Surinam y Trinidad y Tobago, el 100% de los empleos de la IED en el sector energético se generaron en las energías renovables (Gráfico 3.16). Otros, como Chile, República Dominicana y Panamá, también muestran cuotas de energías renovables superiores al 95%. En Chile, estos empleos se concentran principalmente en la energía solar y eólica, mientras que en Surinam, la energía solar por sí sola constituye la mayor parte del empleo de la IED en energías renovables. Barbados también presenta cifras relativamente altas, con la energía hidroeléctrica y otras energías renovables representando el 9% de todos los empleos de IED. Del mismo modo, Uruguay informó de que el 6% de su empleo de IED está vinculado a la energía solar, eólica y otras fuentes renovables. Estas tendencias sugieren que muchos países de ALC están aprovechando con éxito la IED para apoyar sus transiciones hacia la energía limpia.

Gráfico 3.16. La relevancia de los empleos generados por la IED en energías renovables varía considerablemente entre países

Empleos de la IED en proyectos nuevos en el sector energético, por fuente de energía, 2014-2024, % de los empleos de la IED en el sector energético y % del total de empleos de la IED

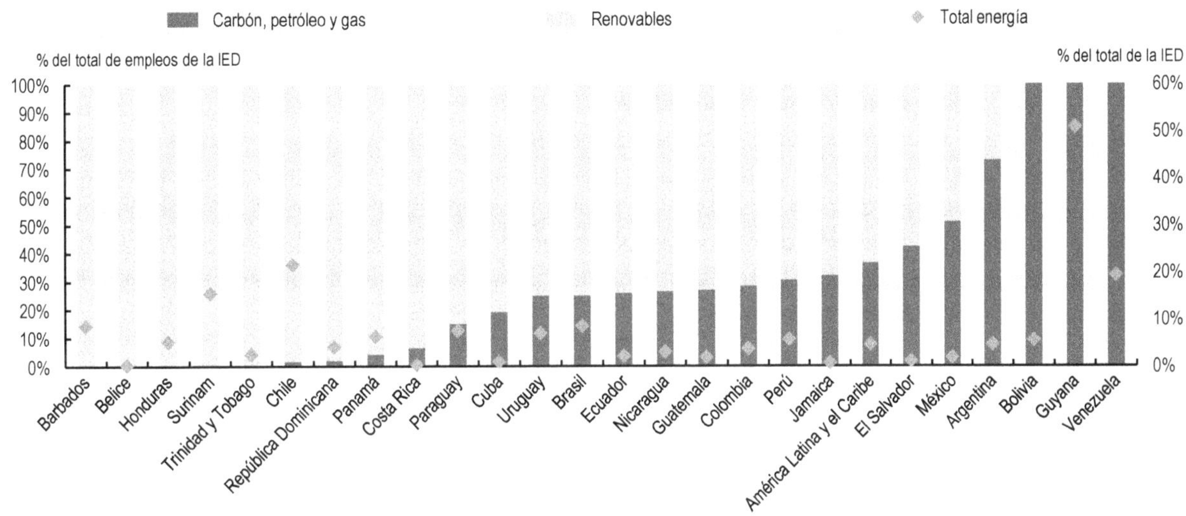

Nota: Los agregados sectoriales presentados se refieren a la clasificación de Financial Times (2025[3]), FDI Markets.
Nota: El término "Energías renovables" incluye la energía de biomasa, la energía geotérmica, la energía hidroeléctrica, la energía marina, la energía solar, la energía eólica y otras fuentes renovables, como el hidrógeno verde. "Carbón, petróleo y gas" incluye la generación de electricidad a partir de combustibles fósiles; la minería del carbón; las gasolineras; el gas natural, licuado y comprimido; la extracción de petróleo y gas; las refinerías de petróleo; otros productos derivados del petróleo y el carbón; y las actividades de apoyo relacionadas con la energía del carbón, el petróleo y el gas.
Fuente: Basado en Financial Times (2025[3]), FDI Markets (base de datos), https://www.fdimarkets.com/.

Sin embargo, los combustibles fósiles siguen siendo el sector dominante en los empleos de IED relacionados con energía en un subconjunto de economías. En Bolivia, Guyana y Venezuela, todos los empleos relacionados con la IED en el sector energético se concentran en proyectos de combustibles fósiles. Guyana, en particular, destaca por tener más de la mitad (51%) de sus empleos totales relacionados con la IED en el sector energético basados íntegramente en combustibles fósiles, lo que refleja la fuerte dependencia del país de las industrias extractivas. Otros países, como Argentina, México y El Salvador, también muestran una proporción significativa de empleo relacionado con los combustibles fósiles dentro de su IED relacionada con la energía.

Los empleos relacionados con la IED en el sector energético representan alrededor del 5% del empleo total de la IED en la región, una proporción que se ajusta a las pautas mundiales de este sector intensivo en capital. Dada la naturaleza de las inversiones en energía, que suelen ser intensivas en infraestructura e impulsadas por la tecnología, se espera una menor proporción de creación de empleo directo. Si bien el impacto directo de la IED en el sector energético sobre el empleo es limitado en comparación con otros sectores, no debe pasarse por alto su papel más amplio en la transformación económica. La transición energética implica un importante potencial de creación de empleo en toda la cadena de valor, desde la fabricación y la construcción hasta las operaciones, el mantenimiento y los servicios de apoyo. Además, dado que la energía representa solo una pequeña parte del total de empleos de la IED en la mayoría de los países, la perturbación del mercado laboral asociada a la eliminación gradual de los combustibles fósiles puede ser más manejable de lo que se suele suponer. Estas tendencias sugieren que el costo de la transición energética en términos de empleo puede mitigarse, especialmente si los países de ALC siguen atrayendo y canalizando la IED hacia las energías renovables y sus sectores de apoyo.

3.2.8. *La inversión de la UE en proyectos nuevos en ALC muestra una intensidad de empleo menor pero estable debido a la composición sectorial de la IED*

El potencial de creación de empleo de la IED en proyectos nuevos está fuertemente influenciado por la intensidad de mano de obra o capital de las actividades involucradas. En ALC, los sectores intensivos en mano de obra, como los servicios y la industria ligera, generan el mayor número de empleos por cada mil millones de dólares invertidos (Gráfico 3.17). Por ejemplo, los servicios administrativos y de apoyo crean más de 46 mil puestos de trabajo, mientras que los sectores de textiles, confección y cuero superan los 14 mil empleos por cada mil millones de dólares de inversión. Por el contrario, los sectores intensivos en capital, como los combustibles fósiles (200 empleos) y la minería y la explotación de canteras (674 empleos), generan muchas menos oportunidades de empleo por cada mil millones de dólares invertidos. Estas diferencias no solo reflejan las características generales de cada sector y las actividades específicas que llevan a cabo las empresas multinacionales (EMN), sino también el tamaño y el alcance de los proyectos de inversión. Los sectores dominados por inversiones a menor escala, en particular, pueden parecer muy intensivos en empleo cuando se miden por cada mil millones de dólares invertidos, incluso si su impacto total en el empleo es limitado.

Al comparar los patrones de inversión, tanto los inversionistas de la UE como los de EE. UU. muestran una intensidad de empleo superior a la media en sectores como los servicios administrativos, los textiles y los servicios de salud, lo que indica un enfoque en actividades intensivas en mano de obra dentro de estas áreas. Las inversiones en proyectos nuevos de la UE también muestran una fuerte creación de empleo en la educación, mientras que las inversiones de EE. UU. muestran una intensidad particularmente alta en la confección y el cuero. Por el contrario, se observa una menor intensidad de empleo en las inversiones proyectos nuevos de la UE en sectores como el mobiliario y el de madera y corcho, y, en las inversiones estadounidenses, en los productos metálicos y la minería, lo que refleja operaciones más intensivas en capital dentro de estos sectores. Estos patrones ponen de relieve que la intensidad de empleo varía no solo entre sectores, sino también dentro de los mismos, en función del tipo y la escala de la inversión extranjera y de las actividades realizadas.

Gráfico 3.17. La intensidad de empleo de la IED en ALC varía según el sector y el inversionista

Intensidad de empleo de la IED en proyectos nuevos en ALC, por sector y país/región de origen seleccionados, 2014-2024

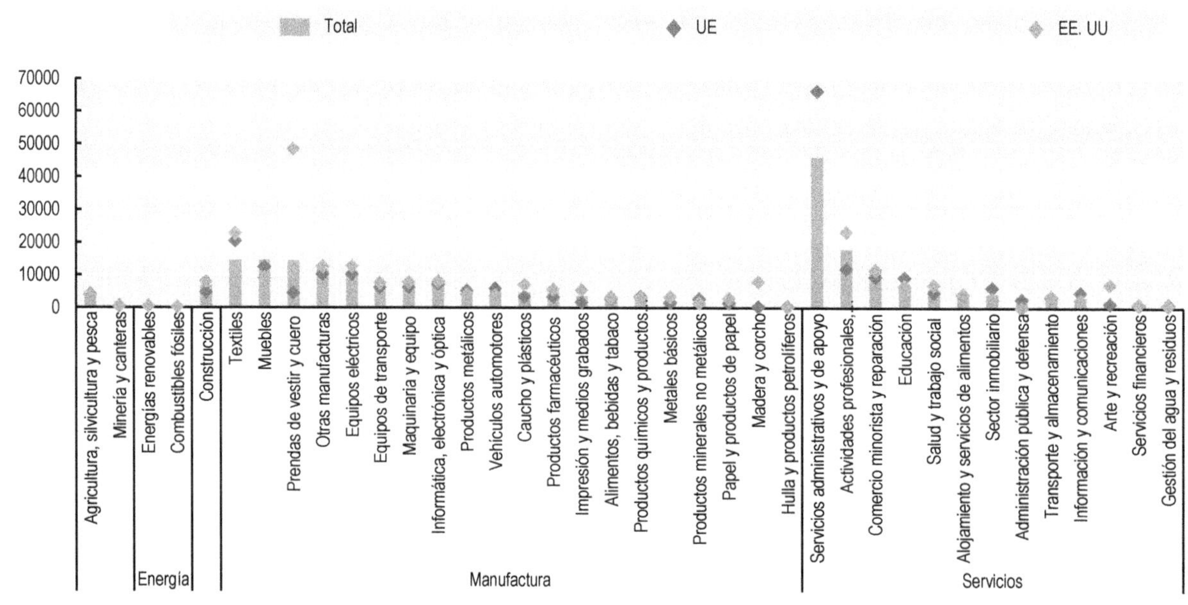

Fuente: Basado en Financial Times (2025[3]), FDI Markets (base de datos), https://www.fdimarkets.com/.

La variación en la intensidad de empleo de la IED entre sectores genera diferencias en la intensidad de empleo entre fuentes, impulsadas por la composición sectorial de sus inversiones. Durante la última década, la intensidad de empleo de la IED en proyectos nuevos en ALC fue mayor en el caso de las inversiones procedentes de Estados Unidos, seguidas de la IED en proyectos nuevos procedente de ALC y China (Gráfico 3.18). Por el contrario, las inversiones de la Unión Europea y el Reino Unido generaron un empleo relativamente menor por cada mil millones de dólares invertidos. Estas diferencias reflejan tanto los sectores a los que se dirigen, como la industria manufacturera y los servicios más intensivos en mano de obra en el caso de los inversionistas estadounidenses e intrarregionales, como la naturaleza de las operaciones. Por ejemplo, las inversiones de la UE y el Reino Unido se han concentrado a menudo en actividades intensivas en capital o tecnología, incluida la infraestructura energética, que suelen requerir una inversión de capital considerable, pero crean menos empleos directos por unidad de inversión. Entre 2003 y 2013 y entre 2014 y 2024, se han presentado cambios notables en la intensidad del empleo en los países inversionistas, impulsados principalmente por los cambios en la composición sectorial de la IED.

La inversión de la UE mantuvo una intensidad de empleo menor, pero creciente, en ambos periodos, generando alrededor de 2 400 empleos por cada mil millones de dólares invertidos. Aunque los sectores intensivos en capital, como las energías renovables, atrajeron una mayor inversión, las grandes cantidades de capital desplegadas solo dieron lugar a modestos aumentos en la intensidad de empleo. Sin embargo, esta tendencia se vio parcialmente compensada por el crecimiento de otros sectores que registraron aumentos tanto en la inversión de capital como en la intensidad de empleo, como el textil y la impresión (Gráfico 3.19). Estos cambios contribuyeron a equilibrar la composición general, compensando la menor intensidad de empleo de las inversiones en energías renovables y contribuyendo a una intensidad de empleo media relativamente estable en toda la región.

La inversión estadounidense creó alrededor de 3200 empleos directos por cada mil millones de dólares, y se observó un descenso moderado a lo largo del tiempo. Esto se debió principalmente a una creciente concentración de la IED en proyectos nuevos en sectores intensivos en capital, como el de la información y comunicación, que casi duplicó su inversión entre 2003-2013 y 2014-2024, al tiempo que mantuvo una intensidad de empleo relativamente baja (alrededor de 2 300 empleos por cada mil millones de dólares invertidos). La minería y la explotación de canteras experimentaron una expansión similar (pasando del 12% de la inversión total en 2003-2013 al 17% de la inversión total de EE. UU. en 2014-2024), a pesar de generar pocos puestos de trabajo, lo que contribuyó a una disminución general de la intensidad de empleo.

La inversión china registró un notable aumento de la intensidad de empleo, alcanzando los 2 880 puestos de trabajo directos creados por cada mil millones de dólares de inversión en proyectos nuevos entre 2014 y 2024. Este aumento se explica en gran medida por la diversificación hacia nuevos sectores intensivos en mano de obra. Si bien la inversión durante la década 2003-2013 se centró en infraestructuras y energía, que requieren mucho capital, la última década se ha caracterizado por la entrada en segmentos manufactureros como el textil, la confección y el mobiliario, ninguno de los cuales recibió inversiones en el periodo anterior. Estos sectores registraron intensidades de empleo superiores a 8 mil puestos de trabajo por cada mil millones de dólares, lo que supuso un aumento significativo de la media. Al mismo tiempo, la intensidad de empleo aumentó en sectores existentes como el de la maquinaria, lo que sugiere tanto una reasignación de capital entre sectores como una transformación dentro de los mismos. Cabe destacar que, incluso con un aumento de la proporción de inversión destinada a las energías renovables y la minería, la intensidad de empleo global aumentó.

La inversión intrarregional dentro de ALC registró el aumento más pronunciado de la intensidad de empleo, a pesar de que las participaciones de capital en los sectores con mayor número de empleos se mantuvieron relativamente estables o incluso disminuyeron (véase el Capítulo 1). El aumento de la intensidad de empleo parece estar impulsado menos por la reasignación sectorial y más por los cambios en la tipología de los proyectos financiados. Varios sectores, entre ellos el de productos metálicos manufacturados, caucho y plásticos, e información y comunicación, registraron grandes aumentos en la creación de empleo por cada mil millones de dólares invertidos, incluso cuando su proporción del total de la inversión disminuyó. Este patrón puede sugerir un cambio hacia iniciativas de menor escala y más intensivas en mano de obra, lo que podría reflejar la influencia de las pequeñas y medianas empresas (PyMEs). La tendencia general indica que el capital regional puede desempeñar un papel cada vez más importante en el apoyo a la creación de empleo en toda la región.

La IED en proyectos nuevos del Reino Unido registró la menor intensidad media de empleo entre los principales grupos de inversionistas (1 250 empleos directos por cada mil millones de dólares invertidos) y experimentó un descenso en las últimas dos décadas. A pesar de los notables avances en la eficiencia del empleo en sectores específicos, como la construcción y la educación, estos sectores recibieron una parte cada vez menor del capital total. Al mismo tiempo, una parte cada vez mayor de la inversión se dirigió a sectores intensivos en capital, como la energía y, en particular, el gas. El resultado es una cartera cada vez más orientada hacia la infraestructura y la energía, con una compensación limitada por parte de los sectores que absorben mano de obra, lo que contribuye a un impacto moderado en el empleo por cada dólar invertido.

Gráfico 3.18. La IED proyectos nuevos procedente de EE. UU. crea más puestos de trabajo por cada mil millones de dólares invertidos

Puestos de trabajo por cada mil millones de dólares de IED en proyectos nuevos, por país/región inversionista para 2003-2013 y 2014-2024 por cada mil millones invertidos

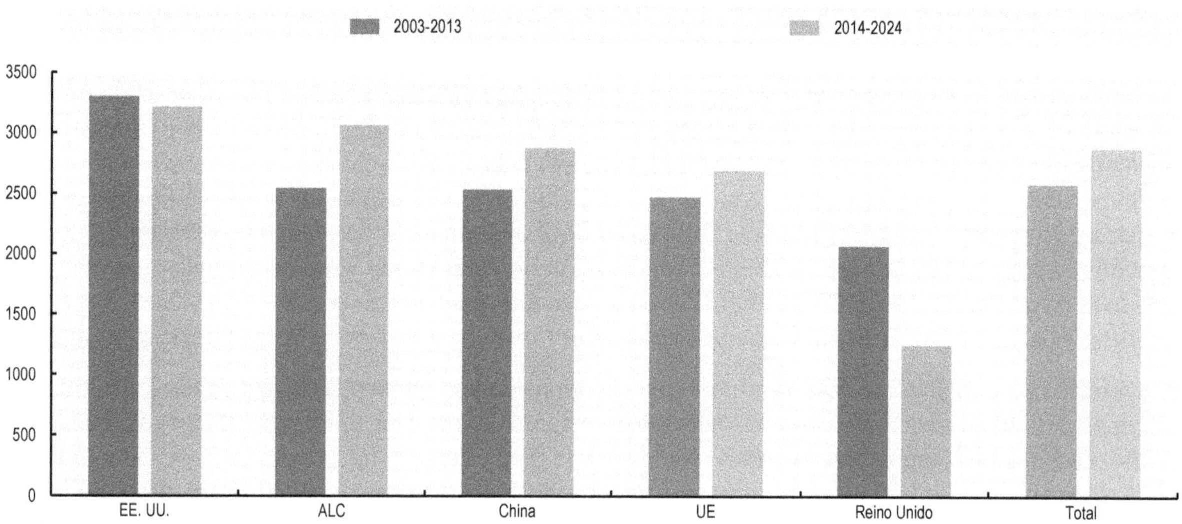

Fuente: Basado en Financial Times (2025[3]), FDI Markets (base de datos), https://www.fdimarkets.com/.

3.2.9. *La inversión en proyectos nuevos de la UE se concentra en sectores intensivos en capital con menor intensidad de empleo*

Las inversiones de la UE en proyectos nuevos en ALC se centran cada vez más en sectores alineados con la GGIA UE-ALC, como los sectores digitales, el clima y la energía verde, el transporte ecológico y la salud. Debido a sus características estructurales, estos sectores requieren un gran volumen de capital y generan un número relativamente bajo de empleos por cada mil millones de dólares invertidos en comparación con otros sectores. Por ejemplo, las energías renovables representaron el 28% de la inversión de la UE, pero su intensidad de empleo fue relativamente baja, con una media de 513 puestos de trabajo por cada mil millones de dólares invertidos (Gráfico 3.19). Del mismo modo, el sector de la información y comunicación representó el 7% de la inversión de la UE, con una intensidad de empleo de 3174 puestos de trabajo por cada mil millones de dólares estadounidenses. El sector de los vehículos automotores, que incluye a los vehículos eléctricos, combinó una intensidad de empleo moderada (4 990) con el 8% de la inversión total de la UE, y representó casi el 20% de los puestos de trabajo relacionados con la UE. Por el contrario, los sectores con mayor intensidad de empleo, como los servicios administrativos y de apoyo, la industria textil y la fabricación de muebles, recibieron una inversión limitada de la UE. No obstante, algunos sectores con mayor intensidad de empleo, como los servicios administrativos y de apoyo así como la maquinaria eléctrica, contribuyeron de manera significativa a la creación de empleo en la UE, a pesar de los menores volúmenes de inversión.

Gráfico 3.19. La inversión en proyectos nuevos de la UE se centra en sectores con menor intensidad de creación de empleo por IED

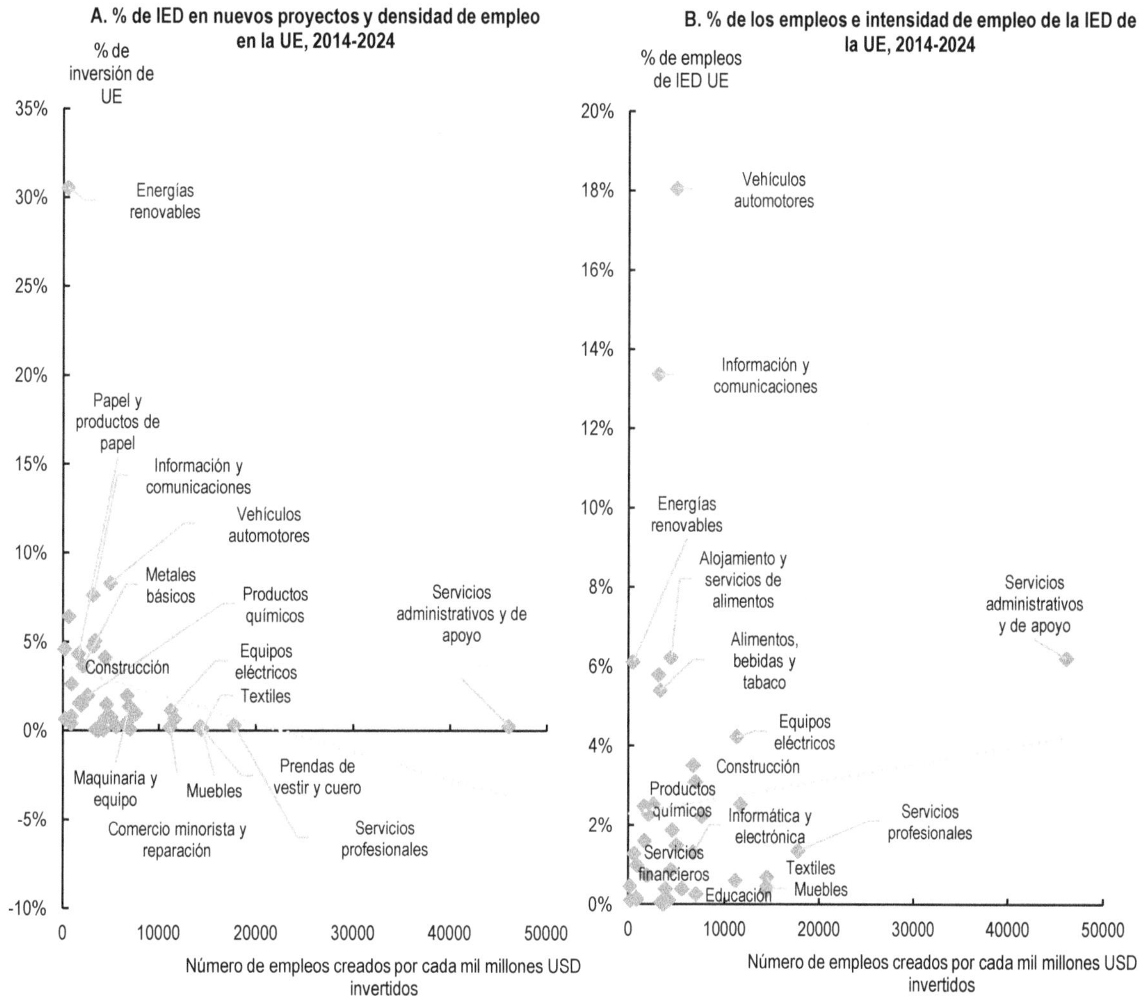

Nota: La intensidad de empleo es el número de empleos creados por cada mil millones de dólares invertidos; en este caso, en el total de la IED en proyectos nuevos en ALC.
Fuente: Basado en Financial Times (2025[3]), FDI Markets (base de datos), https://www.fdimarkets.com/.

Si bien la intensidad de empleo sigue siendo una medida relevante para evaluar la capacidad de generación de empleo de la inversión, solo ofrece una perspectiva parcial de los resultados del mercado laboral, en particular en los sectores intensivos en capital y de mayor valor agregado. Concretamente, la intensidad de empleo facilita la identificación de los sectores intensivos en mano de obra y puede servir de base para estrategias destinadas a maximizar las ganancias en materia de empleo. Sin embargo, no tiene en cuenta la estabilidad y la calidad de los puestos de trabajo creados, incluidas las condiciones de empleo. Además, aunque la IED en sectores más intensivos en capital y tecnología tiende a generar menos puestos de trabajo por unidad de capital invertido en comparación con las actividades más intensivas en mano de obra, a menudo favorece la creación de empleo de mayor calidad y contribuye al aumento de la productividad (véase el Capítulo 1). Los empleos en estos sectores suelen requerir niveles de cualificación más elevados, ofrecen condiciones de trabajo más formales y estables y proporcionan mejores salarios. Por lo tanto, aunque su impacto cuantitativo en el empleo puede ser más limitado, estos sectores pueden desempeñar un papel importante en la mejora de la calidad del empleo.

En las dos últimas décadas, la IED de la UE en ALC se ha mantenido bastante estable en cuanto a su impacto global en el empleo, al tiempo que se ha ido desplazando gradualmente hacia servicios digitales más intensivos en mano de obra, energías renovables y otros sectores estratégicos. El Gráfico 3.20 muestra la relación entre los cambios en el empleo relacionado con la IED de la UE y la intensidad del empleo por sector entre 2014-2024 y 2003-2013. El tamaño de cada burbuja refleja la cuota del sector en el total de puestos de trabajo relacionados con la IED de la UE durante 2014-2024. Los sectores situados a la derecha se volvieron más intensivos en mano de obra, mientras que los situados más arriba en el gráfico registraron un crecimiento del empleo. Las burbujas del cuadrante superior derecho representan los sectores que aumentaron su intensidad de mano de obra y ampliaron el empleo.

Entre los que se alinean con la GGIA UE-LAC, el sector de la información y comunicación registró el crecimiento más pronunciado, volviéndose cada vez más intensivo en mano de obra y emergiendo como una fuente clave de empleo (Gráfico 3.20). Este cambio se debió principalmente a una reasignación de la inversión, que pasó de los servicios de telecomunicaciones intensivos en capital a los servicios digitales y a actividades más intensivas en mano de obra, como la programación informática. Del mismo modo, la educación, a pesar de representar menos del 1% de la inversión total de la UE, registró aumentos importantes tanto en la intensidad de empleo como en el empleo. Por el contrario, sectores como el de los equipos eléctricos, electrónica y vehículos automotores se volvieron más intensivos en mano de obra con el tiempo, pero experimentaron un descenso general en la creación de empleo, lo que probablemente refleja el aumento de la automatización y el cambio hacia procesos de producción más intensivos en capital. Las energías renovables también experimentaron un importante crecimiento del empleo, mientras que la intensidad de mano de obra se mantuvo relativamente estable, lo que indica que el aumento del empleo se debió en gran medida a la escala de la inversión de capital. El patrón de inversión de la UE sugiere que los inversionistas se están centrando cada vez más en áreas estratégicas en el marco de GGIA UE-ALC, como la promoción de las infraestructuras y capacidades digitales, el apoyo a la transición hacia sistemas energéticos sostenibles y el fomento de industrias de alto valor agregado. La mayoría de estos sectores han demostrado una intensidad laboral creciente y han mantenido un nivel constante de importancia en términos de empleo generado por la UE. En particular, el sector de las energías renovables ha ganado peso dentro del total de puestos de trabajo generados por la UE, lo que refleja su creciente importancia en el panorama general de las inversiones.

Otros sectores no directamente relacionados con la GGIA UE-ALC siguieron trayectorias diferentes. El comercio al menudeo registró una intensidad laboral creciente, a pesar de su limitada participación en el empleo total relacionado con la UE. Los servicios financieros y el sector inmobiliario experimentaron descensos tanto en la intensidad laboral como en la creación de empleo, lo que sugiere una retirada gradual de la IED de estas áreas (véase el Capítulo 1). La mayoría de los demás sectores, representados por las burbujas agrupadas en torno a cero (Gráfico 3.20), se mantuvieron en general estables con cambios marginales en la intensidad laboral y los niveles de empleo, lo que indica patrones de creación de empleo estables en la UE a lo largo del tiempo y brinda una base coherente para comprender los cambios emergentes en la dinámica del empleo de la IED.

Gráfico 3.20. La inversión de la UE en ALC muestra tendencias estables en el empleo en la mayoría de los sectores

Variación de la intensidad del empleo y del empleo total de la IED de la UE en proyectos nuevos, por sector, 2014-2024 frente a 2003-2013

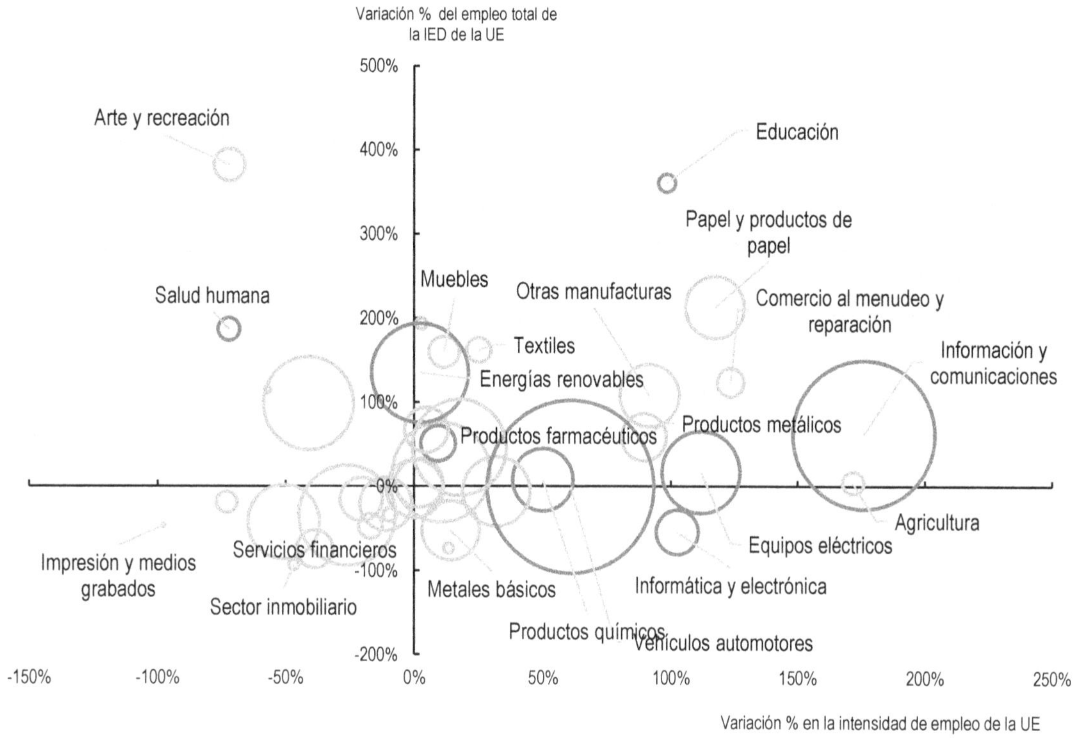

Nota: El tamaño de cada burbuja representa la proporción de empleos generados en la UE en el sector durante el periodo 2014-2024. El gráfico muestra los cambios porcentuales en los empleos relacionados con la IED en la UE y los cambios porcentuales en la intensidad del empleo de la IED en la UE para 2014-2024 en comparación con 2003-2013. Las burbujas situadas en la parte derecha del gráfico representan los sectores que se han vuelto más intensivos en mano de obra, lo que significa que la inversión en estos sectores se dirige cada vez más hacia actividades intensivas en mano de obra. Las burbujas situadas en la parte superior del gráfico indican los sectores que experimentaron un aumento en el número de puestos de trabajo creados. Así, las burbujas situadas en el cuadrante superior derecho corresponden a sectores que se volvieron más intensivos en mano de obra y experimentaron un crecimiento del empleo.
*Las burbujas con bordes azules indican los sectores que se alinean con las áreas de asociación de la Agenda de Inversión Global Gateway de la UE. Áreas de asociación: digital (información y comunicación, electrónica, maquinaria eléctrica); clima y energía (energías renovables); transporte (vehículos eléctricos dentro de "Vehículos automotores"); salud (productos químicos, farmacéuticos, instrumentos médicos, salud y trabajo social). Las inversiones en educación e investigación son de naturaleza transversal y no pueden recogerse en la clasificación sectorial de la CIIU Rev. 4.
Fuente: Basado en Financial Times (2025[3]), FDI Markets (base de datos),https://www.fdimarkets.com/.

3.3. El papel de la IED en la promoción de la calidad del empleo

3.3.1. Las empresas extranjeras en ALC pagan, en promedio, salarios más altos, en línea con las tendencias mundiales

Si bien la creación de empleo es un objetivo político importante, la calidad de los puestos de trabajo creados es igualmente crucial para garantizar que la inversión tenga un impacto sostenible en el desarrollo. La calidad del empleo viene determinada por factores como los niveles salariales y las condiciones de trabajo, entre los que se incluyen la estabilidad laboral, las horas de trabajo, la formalidad, el acceso a la seguridad social y las oportunidades de desarrollo de competencias y formación. La igualdad de género, la inclusión de los grupos vulnerables, en particular las mujeres, en la población activa y su representación en todos los niveles de competencias, funciones y sectores son también atributos clave de la calidad del empleo, que contribuyen a unos mercados laborales más resilientes, inclusivos y productivos (Recuadro 3.4.).

Las pruebas aportadas por la Iniciativa sobre las Calidades de la IED de la OCDE muestran que la IED puede contribuir positivamente a la calidad del empleo, especialmente cuando se dirige hacia sectores de mayor valor agregado. Los inversionistas extranjeros suelen asociarse con salarios más altos, mejores condiciones de trabajo y un mayor acceso a oportunidades de formación en comparación con las empresas nacionales. Sin embargo, el alcance de estos beneficios varía mucho en función del sector, el tipo de inversionista y las características específicas del mercado laboral del país receptor, incluidos sus marcos jurídicos y normativos (Recuadro 3.6) (OECD, 2022[1]; OECD, 2019[17]). Además, la falta de datos comparables sobre la calidad del empleo entre países y sectores, especialmente en lo que respecta a los grupos vulnerables, como las mujeres, los migrantes, los pueblos indígenas y las personas con discapacidad, sigue siendo un obstáculo fundamental para evaluar el impacto de la IED en los resultados del mercado laboral (Recuadro 3.5).

Los Indicadores de Calidad de la IED, basados en las encuestas de empresas del Banco Mundial (Recuadro 1.3 del Capítulo 2), ofrecen una base valiosa para comparar las prácticas de empleo de las empresas extranjeras y nacionales. Aunque los indicadores no identifican el país de origen específico de las empresas extranjeras, la muestra refleja la distribución real de los inversionistas internacionales en cada mercado. Dada la fuerte presencia inversionista de la UE en ALC, es probable que las empresas con sede en la UE representen una parte sustancial de las empresas de propiedad extranjera recogidas en los datos. Por lo tanto, es probable que los resultados se vean influidos, al menos en parte, por los resultados de las empresas de la UE.

Recuadro 3.4. Dimensiones clave de la calidad del empleo en la Iniciativa sobre Cualidades de la IED

La Iniciativa sobre Cualidades de la IED de la OCDE evalúa la forma en que la IED contribuye no solo a la cantidad de puestos de trabajo, sino también a su calidad. La calidad del empleo abarca varias dimensiones interrelacionadas que determinan el bienestar de los trabajadores, el acceso a oportunidades y las perspectivas a largo plazo. La Iniciativa se centra en las siguientes dimensiones fundamentales:

- **Salarios**: se refiere al nivel de remuneración que reciben los empleados. Los salarios más altos suelen estar asociados a un mejor nivel de vida y reflejan la productividad y el valor añadido de los empleos. La IED puede influir en los niveles salariales al introducir actividades más productivas y elevar los estándares en los mercados laborales de los países receptores.
- **Condiciones de trabajo**: abarcan la estabilidad, la previsibilidad y el entorno general del empleo. Esto incluye factores como la duración del contrato, las horas de trabajo y la formalidad del empleo. Entre los indicadores clave se encuentran la proporción de empleos informales y el tipo o la duración de los contratos de trabajo. La IED puede contribuir a mejorar las condiciones de trabajo fomentando el empleo formal y armonizando las prácticas con las normas internacionales y la legislación laboral nacional, lo que mejora la seguridad económica de los trabajadores.
- **Desarrollo de competencias y formación**: recoge las oportunidades que tienen los trabajadores de mejorar sus competencias mediante la formación formal o en el puesto de trabajo. La IED puede apoyar el desarrollo de competencias mediante la transferencia de

conocimientos, tecnologías y prácticas internacionales, lo que contribuye a crear capital humano y a apoyar la progresión profesional.

- **Inclusión (igualdad de género)**: evalúa la medida en que las oportunidades y los resultados laborales se distribuyen de manera equitativa entre los diferentes grupos de población, especialmente las mujeres. Esto incluye las brechas de género, principalmente en la participación, los salarios y la representación en puestos de liderazgo o altamente calificados. La IED puede promover la inclusión al adherirse a los compromisos de igualdad de género y diversidad corporativa y apoyar el acceso equitativo a empleos de calidad.

Según los indicadores, en promedio, las empresas extranjeras en ALC tienden a ofrecer mejores salarios que las empresas nacionales. Concretamente, en 26 de los 31 países cubiertos por los indicadores, las empresas extranjeras declararon pagar salarios promedio más altos (medidos por el costo laboral total por empleado) que las empresas nacionales (Gráfico 3.21). Sin embargo, no todos los países siguen el mismo patrón y, en algunos casos, las empresas extranjeras no destacan en términos de salarios. En México, Costa Rica, Panamá y Uruguay, la prima salarial ofrecida por las empresas extranjeras no es estadísticamente significativa. Esto puede reflejar el hecho de que las empresas extranjeras en estos países suelen operar en sectores de alta productividad, en los que las empresas nacionales ya ofrecen salarios competitivos, lo que limita la posibilidad de que los inversionistas extranjeros ofrezcan una prima salarial. Además, unas instituciones laborales sólidas, los contratos colectivos y los mecanismos de fijación de salarios pueden contribuir a garantizar unos niveles salariales ampliamente comparables entre las empresas extranjeras y nacionales, alineando las prácticas de remuneración entre las empresas, independientemente de su propiedad.

Gráfico 3.21. Las empresas extranjeras tienden a pagar salarios más altos en la mayoría de los países de ALC

Diferencia relativa entre los resultados de las empresas extranjeras y nacionales, 2010-2023

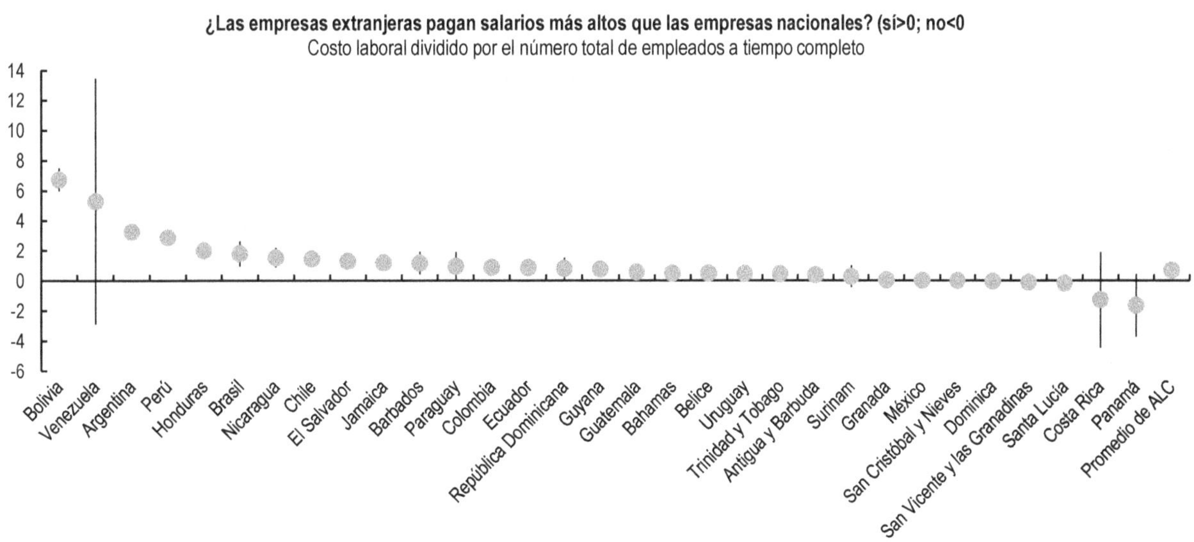

Nota: Los indicadores muestran la diferencia relativa entre los resultados promedio de las empresas extranjeras y nacionales; la diferencia entre el salario medio en las empresas extranjeras y nacionales, dividida entre el salario medio en las empresas nacionales. Los valores positivos indican que las empresas extranjeras superan a las nacionales (por ejemplo, ofrecen salarios medios más altos), mientras que los valores negativos sugieren lo contrario. Los años de referencia varían según los países y van desde 2010 hasta 2023. Las líneas que rodean los marcadores representan intervalos de confianza del 95%. Las estimaciones cuyos intervalos incluyen el cero no son estadísticamente significativas al nivel de significación del 5%.
Fuente: Basado en el Banco Mundial (2024[18]), Encuestas de empresas del Banco Mundial,https://www.enterprisesurveys.org/en/enterprisesurveys.

Varias economías pequeñas tampoco muestran una clara ventaja salarial para las empresas extranjeras, probablemente debido a la distribución sectorial de la inversión extranjera. En pequeños países del Caribe como Granada, las Bahamas, Antigua y Barbuda, San Cristóbal y Nieves, Dominica, San Vicente y las Granadinas y Santa Lucía, los datos no muestran una prima salarial estadísticamente significativa. En muchos de estos países, la inversión extranjera se concentra en sectores de baja complejidad, como el turismo, la hotelería y el comercio minorista. Estas industrias tienden a ser intensivas en mano de obra y ofrecen en su mayoría empleos de cualificación baja a media, con menos variaciones salariales entre las empresas. Incluso cuando las empresas extranjeras son rentables, el margen para la diferenciación salarial puede verse limitado por las normas del mercado laboral local, los patrones de empleo estacionales y una fuerte presencia del trabajo informal. Estos resultados muestran que la propiedad extranjera no se traduce necesariamente en salarios significativamente más altos, incluso cuando las empresas obtienen buenos resultados, lo que refleja la forma en que la estructura de la industria y las condiciones del mercado laboral local pueden determinar el impacto salarial de la inversión extranjera.

Recuadro 3.5. El impacto de la IED en los grupos vulnerables: Evidencia de la Consulta Empresarial de la OCDE en Canadá

Las estadísticas macroeconómicas sobre la IED y las encuestas empresariales disponibles no suelen permitir una diferenciación significativa entre los distintos segmentos de la población activa, en particular en lo que respecta a los grupos vulnerables. Si bien en algunos casos se dispone de información desglosada por género, los datos comparables sobre los migrantes, los pueblos indígenas y las personas con discapacidad siguen siendo extremadamente limitados. Para empezar a subsanar esta falta de datos, en 2022-2023 la OCDE, en colaboración con *Invest in Canada,* llevó a cabo una consulta empresarial que incluyó entrevistas estructuradas con 23 empresas canadienses y 33 empresas de propiedad extranjera que operan en el país. Las empresas se seleccionaron para reflejar la diversidad de sectores, tamaños y países de origen. El instrumento de la encuesta incluía preguntas sobre diversidad e inclusión, con referencia específica a las mujeres, los pueblos indígenas, las personas con discapacidad y los trabajadores extranjeros. Aunque no es representativa de la población total de empresas, la consulta proporciona información valiosa sobre las prácticas de las empresas en materia de diversidad de la fuerza laboral.

Los resultados sugieren que las empresas de propiedad canadiense parecen más sensibilizadas con las cuestiones de diversidad e inclusión que las filiales de multinacionales extranjeras. Las empresas canadienses participantes informaron de una mayor representación de mujeres, pueblos indígenas y personas con discapacidad en su fuerza laboral, así como de una mayor representación de estos grupos en puestos directivos. Por el contrario, las filiales extranjeras informaron de una mayor proporción de trabajadores extranjeros en general, incluso en puestos directivos, en consonancia con el alcance global de sus prácticas de contratación de mano de obra.

La consulta revela también diferencias en la forma en que las empresas ponen en práctica la inclusión. Las empresas canadienses informaron con mayor frecuencia de la aplicación de estrategias de inclusión en el lugar de trabajo, como iniciativas de contratación y formación orientadas a la diversidad. Las filiales extranjeras, sin embargo, hicieron mayor hincapié en la oferta de capacitación formal. No solo eran más propensas a ofrecer programas de formación estructurados, sino que también informaron de una mayor participación de los grupos vulnerables en estos programas. Esto concuerda con los datos internacionales más generales, que sugieren que las empresas de propiedad extranjera tienden a invertir de forma más sistemática en la mejora de las competencias de la fuerza laboral, aunque sus resultados en materia de representación y diversidad sean más dispares.

Fuente: OCDE (2024[19]) FDI Qualities Review of Canada:https://www.oecd.org/en/publications/2024/06/fdi-qualities-review-of-canada_7ab14cc9.html.

3.3.2. Las empresas extranjeras contribuyen a reducir la desigualdad salarial en algunos países de ALC

En varios países de ALC, la prima salarial que ofrecen las empresas extranjeras es mayor entre los trabajadores con salarios más bajos. En algunos países, como Bolivia, Argentina y El Salvador, las empresas extranjeras pagan salarios más altos en la parte inferior de la distribución salarial en comparación con las empresas nacionales (Gráfico 3.22).

Por ejemplo, en Bolivia, la prima salarial es más alta para el 25% de los trabajadores con salarios más bajos y disminuye progresivamente hacia los salarios más altos. Este patrón sugiere que las empresas extranjeras pueden ayudar a reducir la desigualdad salarial dentro de los países al aumentar los salarios, especialmente para los trabajadores con salarios más bajos, posiblemente debido a acuerdos de empleo más formales, el cumplimiento de las normas laborales o los salarios mínimos en toda la empresa.

Sin embargo, en algunos países, el patrón es menos claro, con primas salariales más pequeñas en la parte inferior de la distribución. En países como Brasil, Colombia y Chile, las diferencias salariales entre las empresas extranjeras y las nacionales son relativamente modestas a lo largo de la distribución salarial. Esta variabilidad puede reflejar diferencias en la composición sectorial, los tipos de puestos de trabajo que ocupan las empresas extranjeras o el grado de formalización dentro de las industrias. Cuando la inversión extranjera se concentra en segmentos más cualificados o intensivos en capital, el impacto en la reducción de la desigualdad en el mercado laboral puede ser menor.

Si bien las empresas extranjeras suelen elevar los salarios promedio, también pueden contribuir a aumentar la desigualdad salarial, especialmente cuando se concentran en los segmentos más cualificados del mercado laboral. En Perú, Honduras y Nicaragua, la prima salarial es mayor en la parte superior de la distribución salarial. Este patrón puede explicarse por el hecho de que, en los países menos avanzados, las empresas extranjeras suelen competir por el escaso talento altamente calificado, que a menudo escasea a nivel local. Ofrecen salarios comparables a los internacionales para atraer talento extranjero y operan en sectores de alta productividad que requieren conocimientos especializados. Como resultado, los patrones de empleo en estas empresas tienden a estar sesgados hacia las habilidades, lo que refuerza las disparidades salariales dentro del mercado laboral.

Gráfico 3.22. En Bolivia, Argentina y El Salvador, las empresas extranjeras pagan salarios más altos en la parte inferior de la distribución salarial en comparación con las empresas nacionales

Diferencia relativa entre los resultados de las empresas extranjeras y nacionales, por percentiles de distribución salarial, 2010-2023

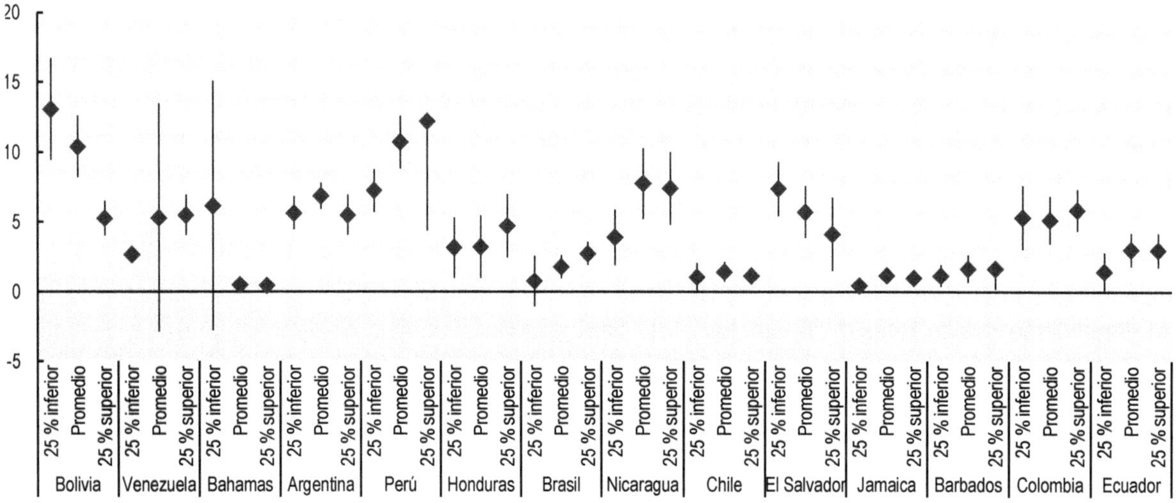

Nota: Los indicadores muestran la brecha relativa entre los resultados promedio de las empresas extranjeras y nacionales; la diferencia entre el salario promedio en las empresas extranjeras y nacionales, dividida entre el salario promedio en las empresas nacionales. Los valores positivos indican que las empresas extranjeras superan a las nacionales (por ejemplo, ofrecen salarios promedio más altos), mientras que los valores negativos sugieren lo contrario. Los años de referencia varían según los países, y van desde 2010 hasta 2023. Las líneas alrededor de los marcadores representan intervalos de confianza del 95%. Las estimaciones cuyos intervalos incluyen el cero no son estadísticamente significativas al nivel de significación del 5%.

Fuente: Basado en el Banco Mundial (2024[18]), World Bank Enterprise Surveys,https://www.enterprisesurveys.org/en/enterprisesurveys.

Recuadro 3.6. La IED y la calidad del empleo en ALC: perspectivas a partir de la literatura

La inversión extranjera directa puede ser un poderoso catalizador para la transformación del mercado laboral, en particular por sus efectos en la calidad del empleo. Si bien la IED suele contribuir a aumentar los salarios y ampliar las oportunidades de empleo, también puede producir resultados dispares. Los datos de los países de ALC sugieren que la IED puede reforzar las dualidades existentes en el mercado laboral, exacerbar la desigualdad salarial y contribuir al desarrollo de estructuras de empleo segmentadas.

En los países de ALC, las empresas de propiedad extranjera tienden a pagar salarios más altos que sus homólogas nacionales(Arbache, 2004[14]). Un estudio sobre México muestra que la IED reduce el número de trabajadores que buscan horas extras y aumenta el salario promedio por hora (Sharma and Cardenas, 2018[7]). Sin embargo, estas primas salariales pueden limitarse a los empleados de las filiales de empresas multinacionales y rara vez se extienden a las empresas locales (Aitken, Harrison and Lipsey, 1996[20]). En Brasil, los datos sugieren que se producen ganancias salariales indirectas a través de la movilidad laboral, ya que las empresas nacionales se benefician de la contratación de trabajadores que anteriormente estaban empleados y capacitados por EMN (Poole, 2013[21]) . No obstante, siguen siendo contradictorios los datos generales sobre los efectos indirectos de los salarios entre empresas del mismo sector.

Las ganancias de empleo relacionadas con la IED en ALC tienden a estar sesgadas hacia las personas con habilidades (Modrego et al., 2022[5]). La IED puede beneficiar de manera desproporcionada a los trabajadores calificados y con educación, mientras que los salarios de los trabajadores poco calificados permanecen estancados o disminuyen. En algunos países, se ha observado que la IED reduce los salarios de los trabajadores poco calificados de manera más significativa que los de sus homólogos calificados (Velde, 2003[22]). Un estudio reciente revela que, en México, la IED está relacionada con salarios más altos tanto para los trabajadores calificados como para los no calificados, pero la brecha entre ellos se amplía (Ibarra-Olivo and Rodríguez-Pose, 2022[23]). Estos efectos son más pronunciados en industrias intensivas en capital, como la fabricación de automóviles, donde la sofisticación tecnológica reduce la demanda de mano de obra no calificada (Ramírez, 2000[12]).

Los impactos diferenciados por género también son evidentes. Se ha observado que la IED favorece más el empleo masculino en algunos entornos (Vacaflores, 2011[6]), aunque la inversión en sectores dominados por mujeres puede contribuir al aumento del empleo femenino (Vacaflores Rivero, 2009[24]). Sin embargo, la IED y las operaciones de las empresas multinacionales en los países receptores pueden ser un importante conducto para la transmisión de políticas y prácticas de género de alta calidad. Un estudio reciente muestra que los trabajadores que pasan de las multinacionales a las empresas nacionales en Brasil reducen modestamente las diferencias salariales entre hombres y mujeres, especialmente en los puestos directivos, pero las mejoras dependen de las políticas y normas de género que defienden las multinacionales y no de su país de origen (Davis and Poole, 2023[25]).

Por último, la calidad de los empleos relacionados con la IED depende de la estructura de las redes de producción y de la capacidad de absorción de las empresas nacionales. Cuando los proveedores locales carecen de la capacidad tecnológica o de gestión para cumplir las normas multinacionales, los vínculos hacia atrás siguen siendo débiles, lo que limita las oportunidades de mejora de las competencias y las mejoras sostenidas en la calidad del empleo (Sanchez-Martin, de Pinies and Antoine, 2015[13]).

Fuente: OCDE

3.3.3. Las filiales de la UE pagan salarios relativamente más altos en los sectores intensivos en capital y tecnología

Se utilizan conjuntos de datos que contienen información sobre las prácticas de empleo de las empresas para distinguir entre las diferentes fuentes de inversión en ALC y aislar la contribución de las empresas con sede en la UE a la calidad del empleo en la región. Los datos sobre los gastos anuales en prestaciones a los empleados, incluidos los sueldos, los salarios y las cotizaciones a la seguridad social de los empleadores, procedentes de las Estadísticas sobre Filiales Extranjeras (FATS) de Eurostat, proporcionan una estimación del salario promedio anual pagado por las filiales de la UE en cuatro países clave de ALC: Argentina, Brasil, Chile y México. Debido a la limitada disponibilidad de datos en Uruguay y Venezuela, que se limitaban a un pequeño número de empresas y sectores, estos países han sido excluidos del análisis. Aunque las conclusiones no pueden aplicarse a todos los países de ALC, ofrecen una valiosa información sobre las tendencias salariales entre las filiales de la UE, ya que estos cuatro países representan más del 95% del empleo total de las filiales de la UE en la región.

Las filiales de la UE en ALC registraron los salarios promedio más altos en sectores especializados intensivos en capital y tecnología, muchos de los cuales se ajustan a las prioridades estratégicas de la GGIA UE-ALC. En industrias intensivas en capital, como la minería y la explotación de canteras, los salarios promedio anuales de las filiales de la UE superan los 70 000 euros (Gráfico 3.23). Dentro de la industria manufacturera, sectores como el de sustancias químicas, informática y equipos electrónicos, vehículos automotores y el farmacéutico, que son áreas clave de interés para la GGIA UE-ALC y se caracterizan por sus tecnologías avanzadas y la demanda de mano de obra cualificada, ofrecen salarios medios en torno a los 50 000 euros. Por el contrario, las industrias menos intensivas en tecnología, como la fabricación de muebles y textiles, registraron los niveles salariales más bajos dentro del sector manufacturero. En los servicios, los salarios medios son generalmente más bajos que en la industria manufacturera. Se registran salarios más altos en los servicios financieros y de seguros, con salarios medios en torno a los 40 000 euros, así como en el transporte, el almacenamiento y la información y comunicación, donde los salarios promedio rondan los 28 000 euros. Por el contrario, sectores como el comercio al mayoreo y al menudeo así como los servicios profesionales, científicos y técnicos tienden hacia salarios promedio más bajos, normalmente en torno a los 20 000 euros por año. Estas diferencias salariales reflejan la concentración de puestos altamente cualificados en sectores especializados e intensivos en capital, donde la demanda de mano de obra cualificada impulsa salarios más altos. En comparación, sectores como el comercio mayorista y minorista, que suelen ser menos intensivos en capital, generan más oportunidades de empleo, pero con niveles salariales más bajos, ya que tienden a depender de una mano de obra más amplia y menos especializada.

Gráfico 3.23. Las filiales de la UE tienen el costo laboral promedio por persona más alto en la minería y la explotación de canteras

Costo laboral medio anual por empleado, por sector, 2021-2022

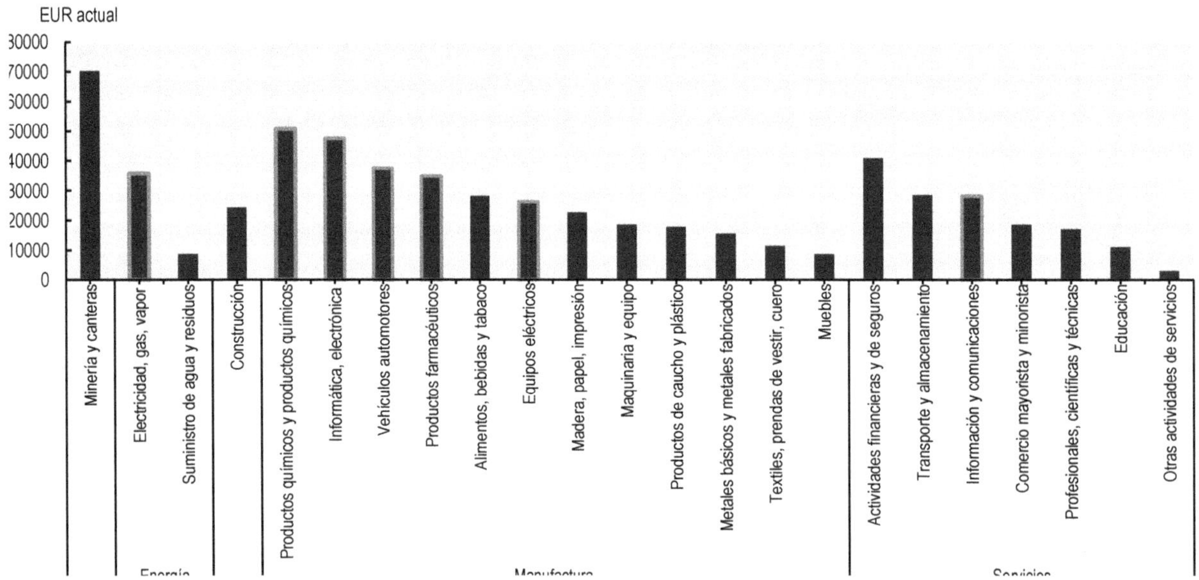

Nota: El costo laboral promedio anual comprende los gastos en prestaciones a los empleados (sueldos, salarios y costos de la seguridad social a cargo del empleador) divididos entre el número de personas empleadas. Las prestaciones a los empleados y el número de personas empleadas se agregan para 2021 y 2022, y luego se promedian entre cuatro países de ALC: Argentina, Brasil, Chile y México. Los sectores con menos de cinco empresas que presentan informes se excluyen del análisis.

*Las barras con bordes rojos indican los sectores que se ajustan a las áreas de asociación de la Agenda de Inversiones Global Gateway de la UE (véase el Recuadro 1.2 del Capítulo 1). Áreas de asociación: digital (información y comunicación, electrónica, maquinaria eléctrica); clima y energía (energías renovables); transporte (vehículos eléctricos dentro de "Vehículos automotores"); salud (productos químicos, farmacéuticos, instrumentos médicos, salud y trabajo social). Las inversiones en educación e investigación son de naturaleza transversal y no pueden incluirse en la clasificación sectorial de la CIIU Rev. 4. Las actividades empresariales incluyen actividades profesionales, científicas y técnicas.

Fuente: Basado en Eurostat (2021/2022[16]), Empresas de la UE con control extranjero - FATS exteriores, https://ec.europa.eu/eurostat/databrowser/view/fats_out_activ/default/table?lang=en&category=gbs.fats_out.

Los niveles salariales promedio entre las filiales de la UE varían considerablemente entre los países de ALC, lo que refleja tanto la disponibilidad de mano de obra cualificada local como la estructura de la IED. En el sector químico, por ejemplo, los salarios difieren notablemente entre países. En Argentina, las filiales de la UE declararon salarios mucho más elevados, con una media de 130 000 euros al año. Esto contrasta fuertemente con Brasil (36 000 euros), México (25 000 euros) y Chile (10 000 euros), donde los salarios son considerablemente más bajos. Estas disparidades pueden atribuirse a las diferencias en la naturaleza de la IED en el sector químico entre los distintos países. En Argentina, la inversión puede dirigirse a segmentos de mayor valor agregado, como los productos químicos especializados, que requieren tecnologías avanzadas y mano de obra calificada. Por el contrario, en Brasil, México y Chile, la IED se dirige más bien a la fabricación de productos químicos tradicionales e intensivos en mano de obra, donde la demanda de habilidades especializadas es menor, lo que se traduce en niveles salariales comparativamente más bajos.

Las diferencias salariales también pueden recibir influencia de la competitividad y la estructura de los mercados laborales locales. En países con una disponibilidad limitada de mano de obra cualificada, las empresas extranjeras pueden verse obligadas a ofrecer salarios más altos para atraer y retener el talento necesario. Por ejemplo, en las industrias que exigen conocimientos especializados o habilidades técnicas avanzadas, los salarios suelen verse impulsados al alza por la disponibilidad (o escasez) de talento local, lo que lleva a las empresas extranjeras a aumentar la remuneración para seguir siendo competitivas en el mercado. Además, la regulación salarial nacional y la distribución salarial dentro de cada país pueden influir en los niveles salariales. Las variaciones en las leyes sobre el salario mínimo, las políticas del mercado laboral y la estructura general de salarios y competencias de un país determinado pueden crear diferencias adicionales en la forma de fijar los salarios, lo que influye en la remuneración que ofrecen las filiales de la UE que operan en esos países. Además, las disposiciones nacionales sobre las cotizaciones a la seguridad social, que pueden variar considerablemente de un país a otro, también pueden afectar a los costos salariales globales y contribuir a las diferencias salariales entre países.

3.3.4. Las empresas extranjeras tienden a ofrecer oportunidades de empleo más estables

Los Indicadores de Calidad de la IED también muestran que las empresas extranjeras tienden a emplear a una mayor proporción de trabajadores con contratos permanentes de tiempo completo en comparación con las empresas nacionales, aunque con variaciones notables entre los distintos países. En 20 países de ALC, las empresas extranjeras ofrecen una mayor proporción de contratos permanentes de tiempo completo (Gráfico 3.24). Concretamente, en países como Colombia, Perú, El Salvador y Paraguay, las empresas extranjeras ofrecen un porcentaje más alto de contratos permanentes en comparación con sus homólogas nacionales. Esto puede reflejar los mayores recursos y el cumplimiento de las normas laborales internacionales que caracterizan a las empresas extranjeras. Su capacidad financiera y sus prácticas corporativas consolidadas les permiten ofrecer un empleo más estable, con mayor seguridad laboral y condiciones de trabajo formales, lo que reduce la dependencia del trabajo temporal o informal.

Sin embargo, en otros países como Costa Rica, Surinam y Argentina, la proporción de contratos permanentes en las empresas extranjeras no es significativamente mayor que la de las empresas nacionales. Una explicación es que tal vez tanto las empresas extranjeras como las nacionales pueden estar influidas por las leyes o reglamentos laborales locales que fomentan el uso de contratos permanentes, lo que da lugar a patrones de empleo similares en ambos tipos de empresas. Otra explicación es que, en algunos sectores, como el turismo o las industrias estacionales, tanto las empresas extranjeras como las nacionales pueden depender en mayor medida de acuerdos laborales temporales o de corta duración. Las condiciones económicas y las restricciones de costos dentro de estas industrias impulsan aún más la preferencia por contratos de trabajo más flexibles. Como resultado, es posible que las empresas extranjeras no superen significativamente a las nacionales en cuanto a la oferta de empleo permanente.

Gráfico 3.24. Las empresas extranjeras son más propensas a ofrecer contratos permanentes en la mayoría de los países de ALC

Diferencia relativa entre los resultados de las empresas extranjeras y nacionales, 2010-2023

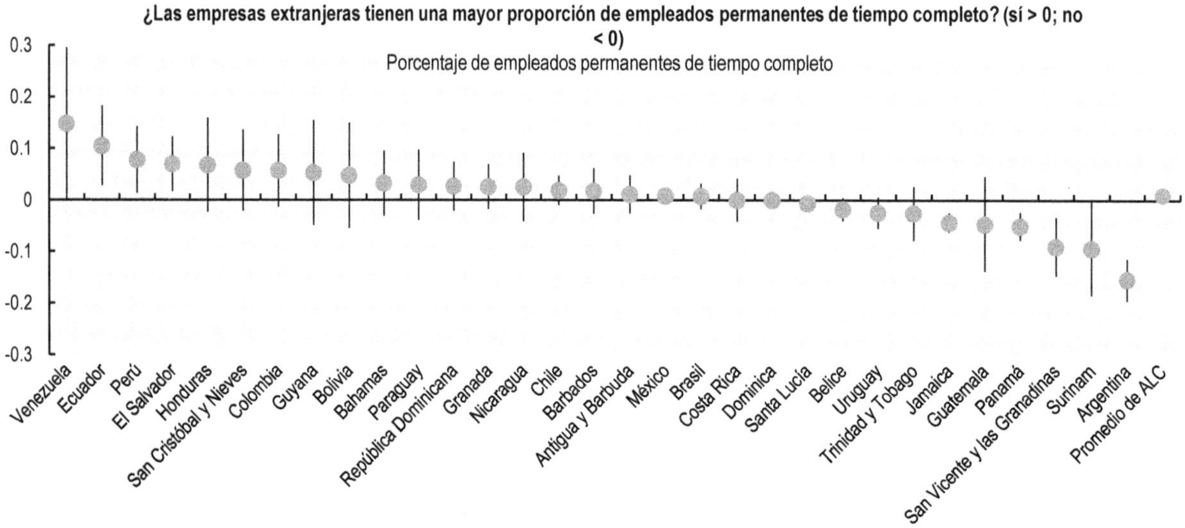

Nota: Los indicadores muestran la diferencia relativa entre los resultados promedio de las empresas extranjeras y nacionales; la diferencia entre la proporción de empleados permanentes de tiempo completo en las empresas extranjeras y nacionales, dividida entre la proporción de empleados de tiempo completo en las empresas nacionales. Los valores positivos indican que las empresas extranjeras superan a las nacionales (por ejemplo, tienen una mayor proporción de empleados de tiempo completo), mientras que los valores negativos sugieren lo contrario. Los años de referencia varían según los países y van desde 2010 hasta 2023. Las líneas que rodean los marcadores representan intervalos de confianza del 95%. Las estimaciones cuyos intervalos incluyen el cero no son estadísticamente significativas al nivel de significación del 5%.
Fuente: Basado en Banco Mundial (2024[18]), World Bank Enterprise Surveys,https://www.enterprisesurveys.org/en/enterprisesurveys.

3.3.5. La IED en proyectos nuevos se concentra en sectores con una participación femenina limitada dentro de la fuerza laboral

La distribución sectorial de la IED en proyectos nuevos en ALC sigue estando muy sesgada hacia los sectores dominados por los hombres, lo que limita su potencial para apoyar resultados de empleo equitativos en materia de género. Entre 2014 y 2023, más del 70% de la IED en proyectos nuevos en la región se dirigió a sectores con una participación femenina relativamente baja, como la industria manufacturera, la energía, la minería y la explotación de canteras, las infraestructuras de comunicación y el transporte y el almacenamiento (Gráfico 3.25). Estas industrias tradicionalmente están dominadas por los hombres, tanto a nivel mundial como dentro de la región, lo que ofrece oportunidades limitadas para que las mujeres se beneficien de la creación de empleo y el crecimiento salarial asociados a la inversión extranjera. Por el contrario, la inversión ha sido notablemente menor en sectores en los que las mujeres representan la mayor parte de la fuerza laboral, como la salud y el trabajo social, la educación, el textil y el alojamiento y servicios de alimentación, donde el empleo femenino suele superar el 60%.

Si bien la concentración de la IED en sectores dominados por los hombres puede exacerbar las disparidades de género, también tiene un potencial sin explotar para promover la igualdad de género, siempre que se apliquen las políticas y los facilitadores adecuados. Las EMN suelen operar bajo normas laborales globales y pueden introducir prácticas laborales más inclusivas, como la contratación sensible al género, marcos de igualdad salarial, acuerdos de seguridad social vinculados al empleo formal, prestaciones de cuidados y protecciones contra la discriminación. Las investigaciones muestran que el país de origen de la inversión es un factor determinante del desempeño en materia de género en el lugar de trabajo. Concretamente, las empresas provenientes de países con mayores niveles de igualdad de género son más propensas a adoptar políticas inclusivas y a lograr mejores resultados en el mercado laboral en materia de género (Kodama, Javorcik and Abe, 2018[26]; Tang and Zhang, 2021[27]).

Gráfico 3.25. La inversión en proyectos nuevos es predominante en sectores dominados por los hombres

Empleo femenino (% del empleo total) por sector, 2024, e IED en proyectos nuevos, por sector, 2014-2023

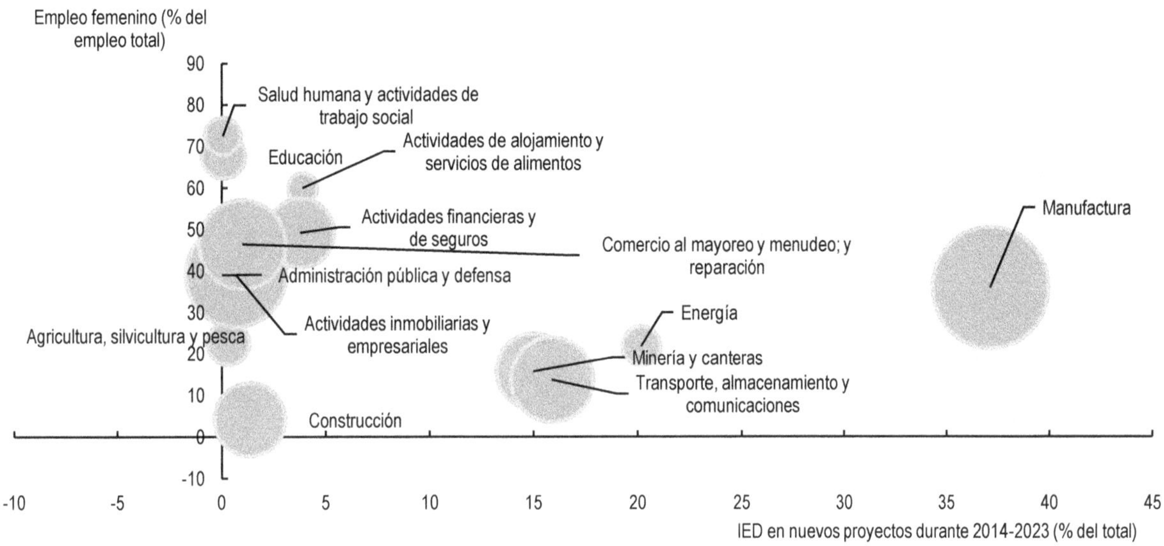

Nota: El valor acumulado de la IED en proyectos nuevos durante el periodo 2014-2023 se utiliza como indicador aproximado del acervo de IED. El tamaño de las burbujas refleja la participación del sector en el valor agregado total.
Fuente: Basado en ILOSTAT (2024[28]), Empleo por sexo y actividad económica,https://ilostat.ilo.org/fr/; Financial Times (2025[3]), Mercados de IED (base de datos), https://www.fdimarkets.com/; UN Data (2024[29]), Cuadro 2.1 Valor agregado por industrias a precios corrientes (CIIU Rev. 3),https://data.un.org/Data.aspx?d=SNA&f=group_code%3a201.

3.3.6. La contribución de las empresas extranjeras a la igualdad de género es desigual, con brechas persistentes en la representación de las mujeres en puestos directivos

Según los indicadores de calidad de la IED, la contribución de las empresas extranjeras a la igualdad de género en el mercado laboral en toda la región de ALC es desigual. En promedio, las empresas extranjeras emplean una mayor proporción de trabajadoras en 18 de los 31 países de ALC, aunque en 7 de ellos la diferencia no es estadísticamente significativa, lo que indica una contribución generalmente positiva a la participación de las mujeres en el mercado laboral (Gráfico 3.26). Esto apunta también a una posible contribución a largo plazo de la IED a la transformación estructural de la igualdad de género, ya que las EMN pueden ayudar a introducir prácticas de empleo más inclusivas e influir gradualmente en las estructuras del mercado laboral local.

Las empresas extranjeras no superan a las nacionales en la promoción de las mujeres a puestos directivos. En 19 de los 31 países, la proporción de empresas extranjeras con mujeres en puestos directivos es inferior a la de las empresas nacionales, aunque en la mayoría de los casos la diferencia no es estadísticamente significativa. Estas diferencias pueden reflejar el enfoque sectorial de la IED, que con frecuencia se concentra en industrias intensivas en capital y dominadas por los hombres, en las que las mujeres tienen menos probabilidades de ocupar puestos de alto nivel. Además, las EMN pueden depender en mayor medida de directivos expatriados o contratados a nivel internacional, lo que puede crear obstáculos para el avance de las profesionales locales. Factores estructurales, como el acceso limitado a redes o a la formación ejecutiva, pueden limitar aún más las oportunidades de las mujeres de asumir funciones de propiedad o de alta dirección en las empresas extranjeras (OECD, 2022[1]).

Gráfico 3.26. Las empresas extranjeras emplean, en promedio, una mayor proporción de mujeres, pero no son más propensas a tener mujeres en puestos de alta dirección

Diferencia relativa entre los resultados de las empresas extranjeras y nacionales, 2010-2023

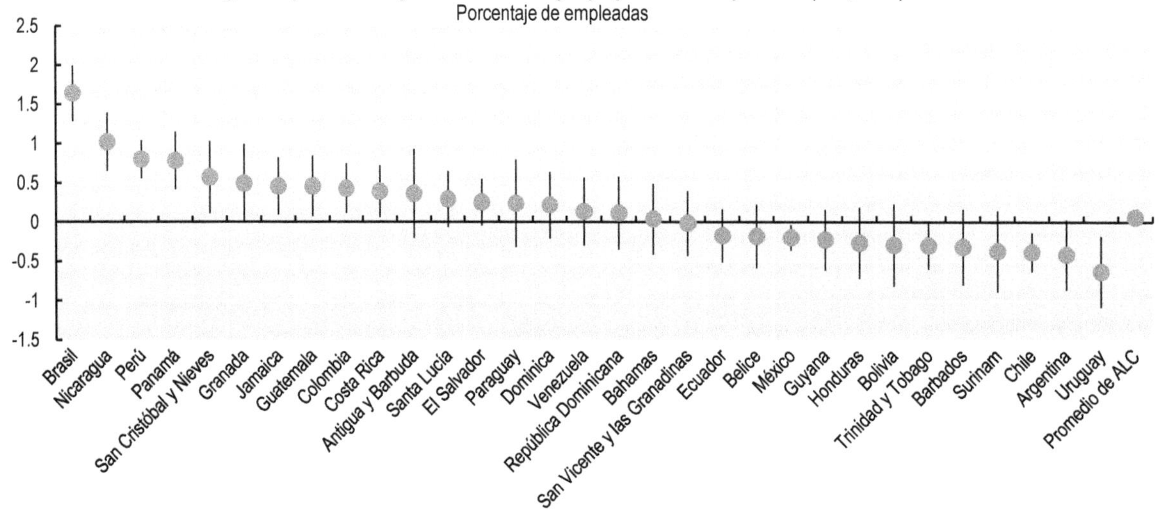

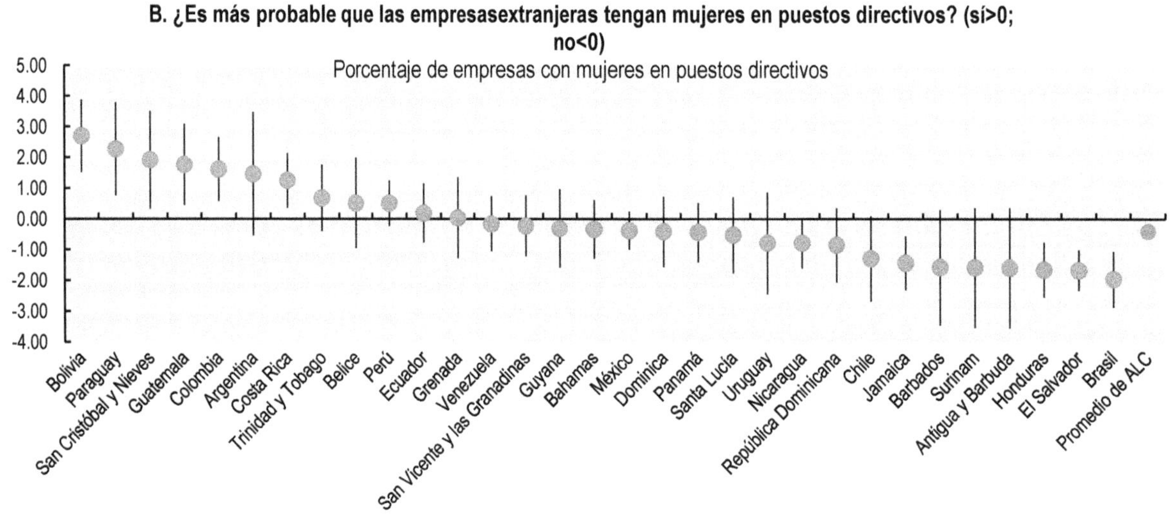

Nota: El indicador del panel A muestra la proporción de empleadas sobre el total de empleados, mientras que el indicador del panel B refleja la proporción de empresas con participación femenina en puestos directivos. Los indicadores de los paneles A y B reflejan la diferencia relativa entre los resultados medios de las empresas extranjeras y nacionales. Por ejemplo, la diferencia entre la proporción media de empleadas en las empresas extranjeras y nacionales se divide entre la proporción media de empleadas en las empresas nacionales. Los valores positivos indican que las empresas extranjeras superan a las nacionales (por ejemplo, tienen una mayor proporción de empleadas), mientras que los valores negativos sugieren lo contrario. Los años de referencia varían según los países, y van desde 2010 hasta 2023. Las líneas que rodean los marcadores representan intervalos de confianza del 95%. Las estimaciones cuyos intervalos incluyen el cero no son estadísticamente significativas al nivel de significación del 5%.
Fuente: Basado en Banco Mundial (2024[18]), World Bank Enterprise Surveys,https://www.enterprisesurveys.org/en/enterprisesurveys.

3.3.7. Los sectores que reciben IED proyectos nuevos de la UE tienen una mayor proporción de trabajadores con salarios de alta calidad

El análisis que combina los datos de la IED en proyectos nuevos con las estadísticas de ingresos laborales de las encuestas de hogares (Recuadro 3.6) revela que, en todos los países de ALC observados, los trabajadores de los sectores intensivos en IED de la UE ganan salarios significativamente más altos que los de otros sectores (Recuadro). Por ejemplo, en países como Guatemala, Argentina, Uruguay y Brasil, ganan entre 1.5 y 1.8 veces más (Gráfico 3.27).

Gráfico 3.27. Los trabajadores de los sectores intensivos en IED de la UE ganan salarios significativamente más altos

Relación salarial media entre los sectores que reciben IED de la UE en comparación con otros sectores

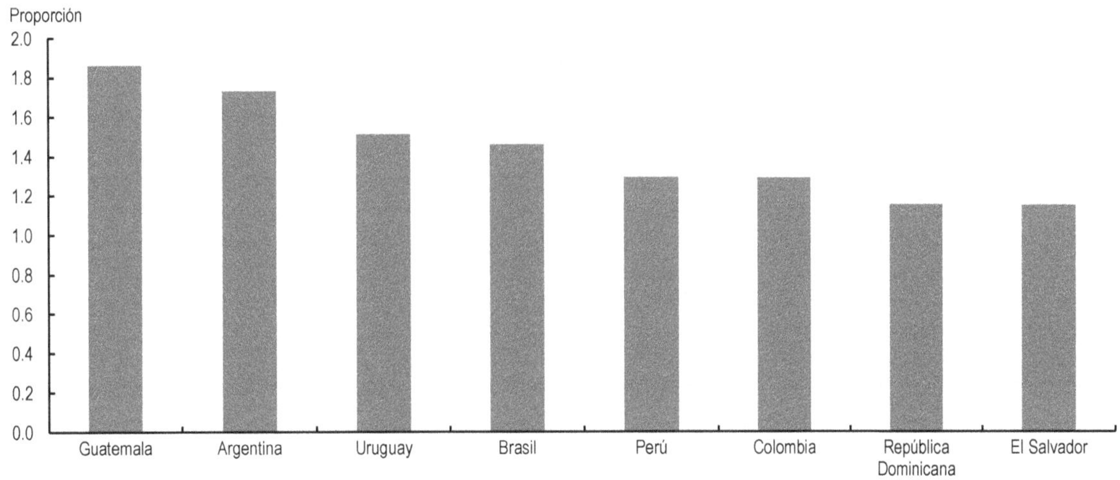

Nota: Los sectores seleccionados representan al menos el 80% de los puestos de trabajo creados por la IED de la UE en el país e incluyen un mínimo de cinco sectores, según las estadísticas de fDi Markets de los cinco años anteriores a la última encuesta de hogares disponible. Los resultados que se muestran en el gráfico son medias ponderadas para estos sectores, utilizando como ponderación la cuota de cada sector en la creación total de empleo relacionada con la IED de la UE. Para los sectores restantes, aquellos que reciben poca o ninguna IED de la UE, se presentan medias simples (no ponderadas). La relación salarial se calcula como el salario medio en el sector de la IED dividido entre el salario medio en el sector no relacionado con la IED, basándose en el empleo principal. Para más detalles, véase el Recuadro 3.6 .
Fuente: Basado en Financial Times (2025[3]), FDI Markets (base de datos),https://www.fdimarkets.com/; OECD (2024[30]) Base de datos de indicadores clave de informalidad basados en individuos y sus hogares (KIIbIH),https://www.oecd.org/en/publications/extending-social-protection-to-informal-economy-workers_ca19539d-en.html

Los sectores intensivos en IED de la UE se asocian con una mayor proporción de trabajadores que perciben salarios de alta calidad (definidos como salarios superiores a la media nacional) y una menor incidencia de empleos con salarios bajos. Por ejemplo, en Argentina, el 76% de los trabajadores de los sectores de IED proyectos nuevos de la UE perciben salarios superiores a la media, frente al 48% en otros sectores, mientras que solo el 6% tiene empleos con salarios bajos, frente al 12% en otros sectores. Se observan patrones similares en Guatemala (67% vs. % para los salarios altos), Uruguay (52% vs. 29%) y Brasil (45% vs. 27%) (Gráfico 3.28). Esto puede indicar que, en promedio, los inversionistas de la UE tienden a operar en sectores que ofrecen salarios superiores a los niveles salariales nacionales.

Gráfico 3.28. Los sectores intensivos en IED de la UE con proyectos totalmente nuevos ofrecen salarios de mayor calidad

Calidad salarial en los sectores que reciben IED de la UE en comparación con otros sectores

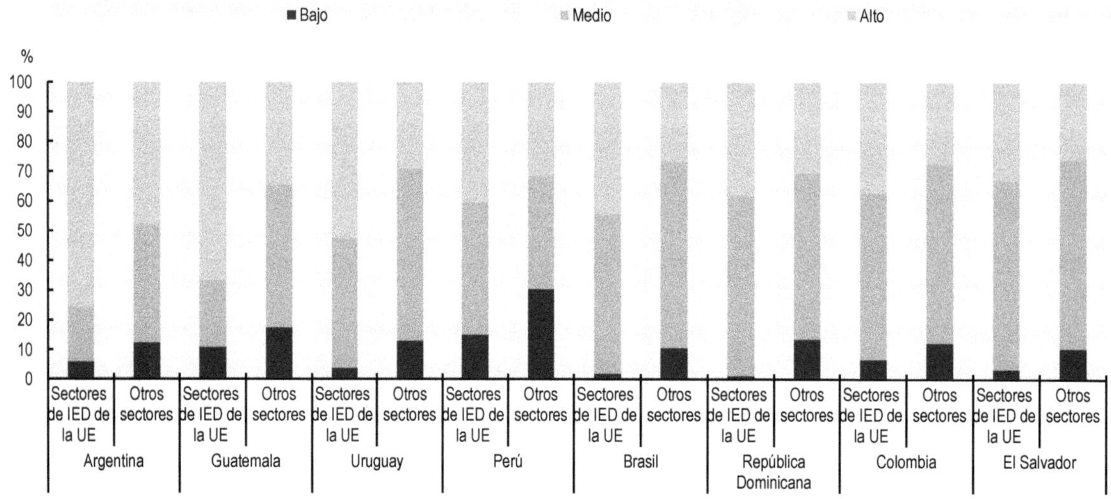

Nota: Los sectores seleccionados representan al menos el 80% de los puestos de trabajo creados por la IED de la UE en el país e incluyen un mínimo de cinco sectores, según las estadísticas de fDi Markets correspondientes a los cinco años anteriores a la última encuesta de hogares disponible. Los resultados que se muestran en el gráfico son medias ponderadas para estos sectores, utilizando como ponderación la cuota de cada sector en la creación total de empleo relacionada con la IED de la UE. Para los sectores restantes, aquellos que reciben poca o ninguna IED de la UE, se presentan medias simples (no ponderadas). La calidad salarial se define en función de los ingresos laborales mensuales. El salario de una persona se clasifica como bajo si es inferior a 0.5 veces la mediana nacional, medio si se sitúa entre 0.5 y 1.5 veces la mediana, y alto si supera 1.5 veces la mediana nacional. Para más detalles, véase el Recuadro 3.6.
Fuente: Basado en Financial Times (2025[3]), FDI Markets (base de datos),https://www.fdimarkets.com/; OECD (2024[30]) Indicadores clave de informalidad basados en la base de datos de individuos y sus hogares (KIIbIH),https://www.oecd.org/en/publications/extending-social-protection-to-informal-economy-workers_ca19539d-en.html.

Recuadro 3.7 Evaluación de los resultados del mercado laboral en los sectores intensivos en IED de la UE

Este análisis examina la manera en que los resultados del mercado laboral entre los sectores que han generado más puestos de trabajo a partir de la inversión extranjera directa de la Unión Europea (IED de la UE) difieren del resto de la economía. Se trata de un ejercicio comparativo y no establece ninguna relación causal.

El estudio combina datos a nivel sectorial sobre la IED anunciada en proyectos nuevos de la base de datos fDi Markets con datos armonizados de encuestas de hogares recopilados por la OCDE para ocho países de la región. Los datos de los hogares se limitan a personas de entre 15 y 65 años que forman parte de la población activa, están empleadas en una empresa y reciben un salario mensual. Los datos se cotejan entre los dos conjuntos utilizando la clasificación CIIU Rev.4 a nivel de dos dígitos.

Para identificar los sectores más influenciados por la IED de la UE, el análisis se centra en aquellos que representaron al menos el 80% del total de puestos de trabajo relacionados con la IED de la UE en cada país durante los cinco años anteriores a la última encuesta de hogares. Se seleccionan un mínimo de cinco sectores por país. Los sectores restantes, aquellos que reciben poca o ninguna IED de la UE, se denominan "otros sectores" a lo largo del análisis.

Actualmente, el análisis abarca los siguientes países, con el año entre paréntesis que indica el año de la encuesta de hogares: Argentina (2023), Brasil (2023), Colombia (2023), República Dominicana (2018), El Salvador (2023), Guatemala (2022), Perú (2023) y Uruguay (2018).

Presentación de los resultados

Los resultados de los sectores intensivos en IED de la UE se presentan como medias ponderadas, utilizando como ponderación la proporción de cada sector en la creación total de empleo relacionada con la IED de la UE. Este enfoque otorga mayor relevancia a los sectores en los que la IED de la UE genera más empleo, lo que proporciona un perfil representativo de los resultados laborales en estos sectores. Por el contrario, los resultados de otros sectores – aquellos que reciben poca o ninguna IED de la UE – se muestran como medias simples (no ponderadas), lo que refleja los resultados laborales típicos del resto de la economía.

Destacando el papel de los sectores de la Agenda de Inversión Global Gateway UE-ALC

Una parte importante de los sectores identificados como intensivos en IED de la UE en este análisis incluye subsectores incluidos en la Agenda de Inversión Global Gateway UE-ALC (GGIA UE-ALC), en particular en las industrias digitales, la energía verde, la salud y el transporte sustentable. Esto subraya el papel de la IED de la UE en la creación de empleo de calidad en sectores que contribuyen al crecimiento económico inclusivo, las transiciones digital y verde, así como la mejora de la resiliencia en los países socios. La lista de sectores considerados se muestra en el Cuadro Anexo 3.A.1. (Anexo 3.A).

3.3.8. Los sectores intensivos en IED de la UE se asocian con tasas más altas de empleos permanentes y de tiempo completo.

Los sectores intensivos en IED de la UE en proyectos nuevos registran sistemáticamente tasas más elevadas de contratos de trabajo permanentes y por escrito, lo que sugiere que la IED de la UE en proyectos nuevos contribuye a la creación de puestos de trabajo más seguros y estables en la región. Esta tendencia es especialmente pronunciada en Brasil, donde el 89% de los trabajadores de los sectores intensivos en IED de la UE en proyectos nuevos tienen contratos por escrito, comparado con el 53% en otros sectores, mientras que el 95% tiene contratos permanentes, comparado con 78% en el resto del país. La incidencia de los contratos por escrito y permanentes es menor en Perú y El Salvador, donde el 47% y el 37% de los trabajadores del sector de la IED de la UE tienen contratos por escrito, respectivamente. No obstante, estas cifras siguen superando a las observadas en el resto de la economía (Gráfico 3.29). Estos resultados refuerzan el papel de la inversión de la UE en sectores que promueven el empleo de calidad en diversos contextos del mercado laboral en ALC.

Gráfico 3.29. Los sectores intensivos en IED en proyectos nuevos de la UE muestran un mayor uso de contratos escritos y permanentes

Prevalencia de los contratos escritos y permanentes en los sectores que reciben IED de la UE en comparación con otros sectores

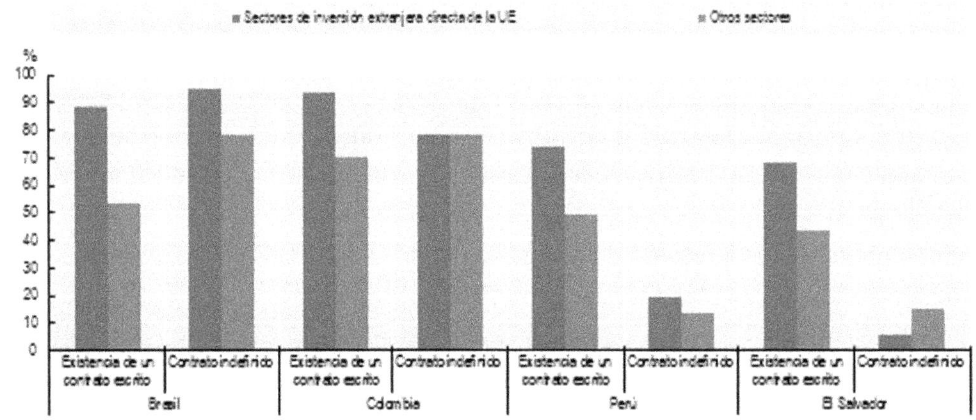

Nota: Los sectores seleccionados representan al menos el 80% de los puestos de trabajo creados por la IED de la UE en el país e incluyen un mínimo de cinco sectores, según las estadísticas de fDi Markets correspondientes a los cinco años anteriores a la última encuesta de hogares disponible. Los resultados que se muestran en el gráfico son medias ponderadas para estos sectores, utilizando como ponderación la cuota de cada sector en la creación total de empleo relacionada con la IED de la UE. Para los demás sectores, aquellos que reciben poca o ninguna IED de la UE, se presentan medias simples (no ponderadas). Para más detalles, véase el Recuadro 3.6 . Los datos se refieren a la existencia de un contrato escrito y un acuerdo de empleo indefinido en el puesto de trabajo principal del trabajador. No se dispone de datos para Argentina, República Dominicana, Guatemala y Uruguay.

Fuente: Basado en Financial Times (2025[3]), FDI Markets (base de datos),https://www.fdimarkets.com/; OECD (2024[30]) Base de datos de indicadores clave de informalidad basados en individuos y sus hogares (KIIbIH),https://www.oecd.org/en/publications/extending-social-protection-to-informal-economy-workers_ca19539d-en.html.

Los trabajadores de los sectores intensivos en IED de la UE tienden a trabajar más horas a la semana que los de otros sectores en la mayoría de los países de ALC. Esta diferencia es especialmente pronunciada en República Dominicana, donde el promedio de horas semanales trabajadas alcanza las 52.1 horas en los sectores intensivos en IED de la UE, frente a las 45.5 horas de otros sectores. También se observan diferencias notables en Colombia (46.6 vs. 45.9 horas) y Brasil (41.9 vs. 39.3 horas) (Gráfico 3.30). En todos los casos, estas cifras se mantienen dentro de los parámetros locales cuando se tienen en cuenta las horas extras.

Gráfico 3.30. Los trabajadores de los sectores intensivos en IED en proyectos nuevos de la UE tienden a trabajar más horas a la semana

Promedio de horas semanales trabajadas en los sectores que reciben IED de la UE en comparación con otros sectores

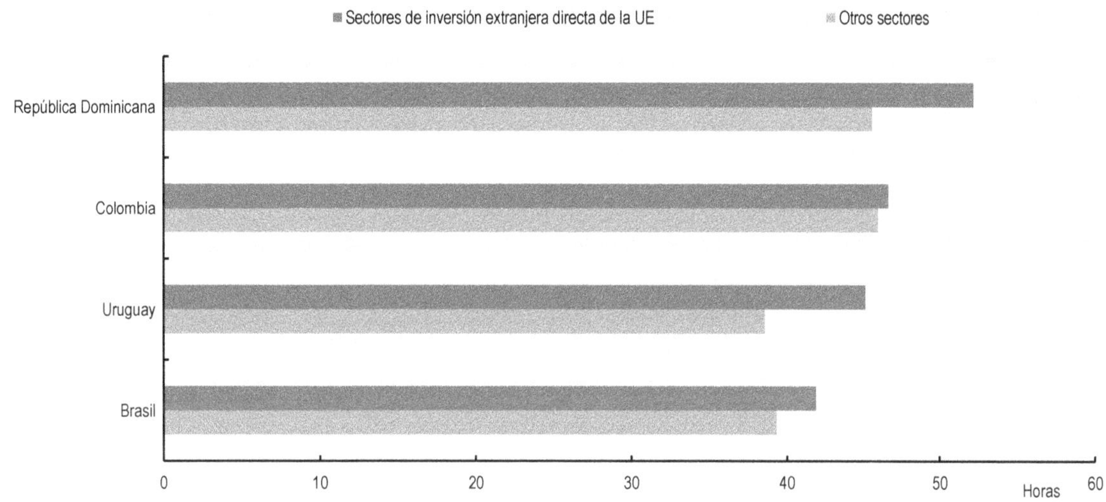

Nota: Los sectores seleccionados representan al menos el 80% de los puestos de trabajo creados por la IED de la UE en el país e incluyen un mínimo de cinco sectores, según las estadísticas de fDi Markets correspondientes a los cinco años anteriores a la última encuesta de hogares disponible. Los resultados que se muestran en el gráfico son promedios ponderados para estos sectores, utilizando como ponderación la participación de cada sector en la creación total de empleo relacionada con la IED de la UE. Para los sectores restantes, aquellos que reciben poca o ninguna IED de la UE, se presentan promedios simples (no ponderados). Para más detalles, véase el Recuadro 3.6. El promedio de horas trabajadas se basa en el número habitual de horas trabajadas semanalmente en el empleo principal. No hay datos disponibles para El Salvador, Guatemala y Perú.

Fuente: Basado en Financial Times (2025[3]), FDI Markets (base de datos),https://www.fdimarkets.com/; OECD (2024[30]) Base de datos de indicadores clave de informalidad basados en individuos y sus hogares (KIIbIH),https://www.oecd.org/en/publications/extending-social-protection-to-informal-economy-workers_ca19539d-en.html.

3.3.9. Los sectores intensivos en IED de la UE presentan menores tasas de informalidad y mejores resultados en materia de seguridad social

La informalidad sigue siendo un problema persistente y generalizado en toda ALC, que afecta a más del 50% del empleo total en muchos países (ILO, 2023[31]). Es especialmente frecuente entre los trabajadores poco cualificados, los jóvenes y las mujeres, y se concentra en sectores como la agricultura, la construcción y el comercio minorista. El empleo informal se caracteriza usualmente por los salarios bajos, la seguridad laboral limitada y la falta de acceso a la protección social, lo que contribuye a la desigualdad y menoscaba la capacidad fiscal. A pesar de algunos avances en los últimos años, factores estructurales como la segmentación del mercado laboral, las barreras regulatorias y la débil aplicación de la ley siguen obstaculizando la transición hacia la formalidad, lo que limita la capacidad de la región para lograr un crecimiento más inclusivo y resiliente. La IED puede desempeñar un papel clave en el apoyo a la creación de empleo formal en ALC. Las EMN suelen ser más propensas a operar en la economía formal y a cumplir con la regulación laboral, que incluye el ofrecimiento de contratos formales y de prestaciones de seguridad social. Además, la IED en sectores de alto valor añadido, como el químico, el de la información y comunicación y el de las energías renovables, tiende a generar empleos que requieren mano de obra cualificada y que son más propensos a ser formales.

El análisis que combina estadísticas de IED en proyectos nuevos con datos sobre las condiciones de trabajo obtenidos de encuestas a hogares permite analizar la relación entre la inversión de la UE en proyectos nuevos y la informalidad en los mercados laborales de ALC (Recuadro). Los resultados muestran que los sectores que representan al menos el 80% de los puestos de trabajo creados por la IED de la UE en el país tienden a presentar tasas de informalidad significativamente más bajas en comparación con otros sectores, lo que indica que la inversión de la UE se asocia con mayor frecuencia a las relaciones laborales formales (Gráfico 3.31). Por ejemplo, en Brasil solo el 6% de los trabajadores de los sectores de IED en proyectos nuevos de la UE tienen empleos informales, en comparación con el 25% en otros sectores; en Colombia, las cifras respectivas son del 3% y el 23%; y en Perú, del 28% frente al 47%. Incluso en países con niveles persistentemente altos de informalidad, como Guatemala o El Salvador, los sectores con inversión de la UE en proyectos nuevos muestran tasas de informalidad notablemente más bajas, lo que pone de manifiesto el potencial de dicha inversión para apoyar la transición hacia mercados laborales más formales.

Gráfico 3.31. Los sectores intensivos en IED de la UE tienen menores tasas de informalidad

Proporción de informalidad laboral en los sectores que reciben IED de la UE en comparación con otros sectores

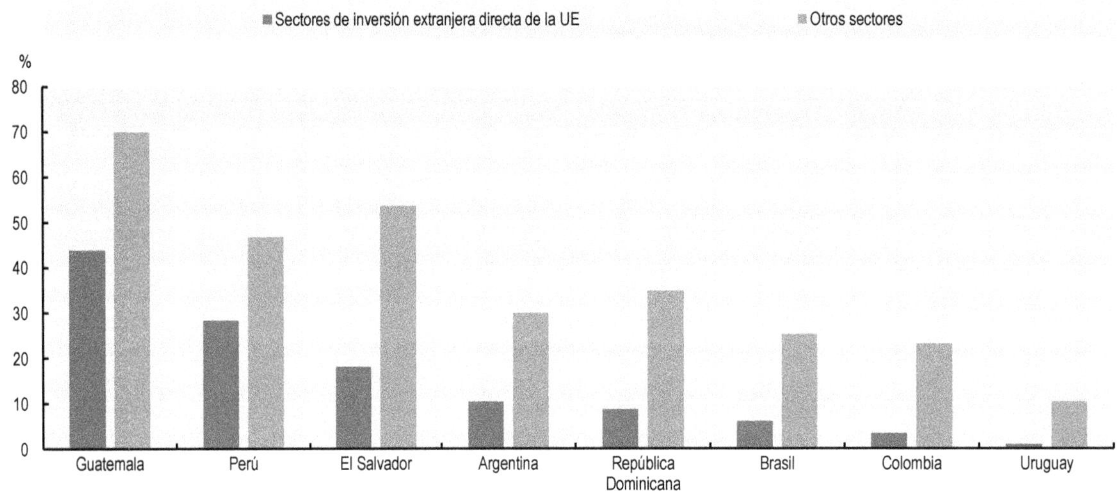

Nota: Los sectores seleccionados representan al menos el 80% de los puestos de trabajo creados por la IED de la UE en el país e incluyen un mínimo de cinco sectores, según las estadísticas de fDi Markets correspondientes a los cinco años anteriores a la última encuesta de hogares disponible. Los resultados que se muestran en el gráfico son promedios ponderados para estos sectores, utilizando como ponderación la participación de cada sector en la creación total de puestos de trabajo relacionados con la IED de la UE. Para los sectores restantes, aquellos que reciben poca o ninguna IED de la UE, se presentan medias simples (no ponderadas). Para más detalles, véase el Recuadro 3.6. La informalidad laboral se refiere a las relaciones laborales que, en la práctica o por ley, no están sujetas a la legislación laboral nacional, al impuesto sobre la renta o al derecho a la protección social u otras garantías laborales (ILO, 2023[32]). El indicador solo tiene en cuenta el empleo principal del trabajador.

Fuente: Basado en Financial Times (2025[3]), FDI Markets (base de datos),https://www.fdimarkets.com/; OECD (2024[30]) Base de datos de indicadores clave de informalidad basados en individuos y sus hogares (KIIbIH),https://www.oecd.org/en/publications/extending-social-protection-to-informal-economy-workers_ca19539d-en.html.

Los trabajadores de los sectores intensivos en IED de la UE son más propensos a cotizar a un plan de pensiones que los de otros sectores, en todos los países observados. Por ejemplo, la proporción de contribuyentes en los sectores de la UE con IED proyectos nuevos alcanza el 99% en Uruguay, 90% en República Dominicana y 86% en Colombia, lo que es sistemáticamente superior a la de otros sectores (Gráfico 3.32). Además, los trabajadores de los sectores que reciben IED proyectos nuevos de la UE también son más propensos a tener cobertura de seguro médico en comparación con los de otros sectores. En Uruguay, la cobertura es casi universal en ambos grupos (100% en los sectores de IED de la UE frente al 99% en los demás), mientras que se observan diferencias más pronunciadas en Argentina (96% vs. 78%), Colombia (94% vs. 74%) y Guatemala (46% vs. 25%) (Gráfico 3.33).

Gráfico 3.32. Los trabajadores de los sectores intensivos en IED de la UE son más propensos a cotizar a un plan de pensiones

Proporción de trabajadores que cotizan a un plan de pensiones en sectores que reciben IED de la UE en comparación con otros sectores

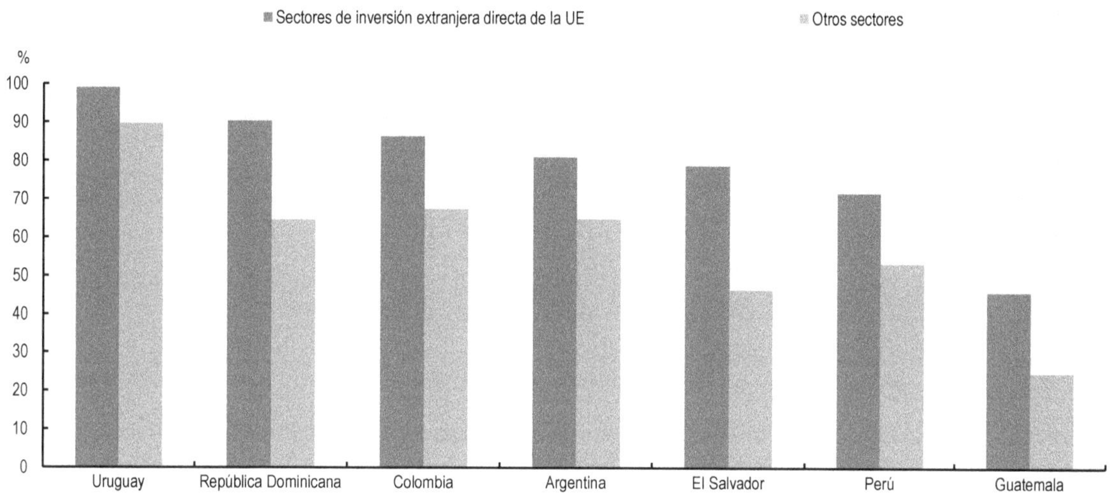

Nota: Los sectores seleccionados representan al menos el 80% de los puestos de trabajo creados por la IED de la UE en el país e incluyen un mínimo de cinco sectores, según las estadísticas de fDi Markets correspondientes a los cinco años anteriores a la última encuesta de hogares disponible. Los resultados que se muestran en el gráfico son medias ponderadas para estos sectores, utilizando como ponderación la cuota de cada sector en la creación total de empleo relacionada con la IED de la UE. Para los demás sectores, aquellos que reciben poca o ninguna IED de la UE, se presentan medias simples (no ponderadas). Para más detalles, véase el Recuadro 3.6. La cobertura de pensiones se refiere a los trabajadores que cotizan a un plan de pensiones a través de las cotizaciones a la seguridad social en su empleo principal. No hay datos disponibles para Brasil.
Fuente: Basado en Financial Times (2025[3]), FDI Markets (base de datos),https://www.fdimarkets.com/; OECD (2024[30]) Indicadores clave de informalidad basados en la base de datos de individuos y sus hogares (KIIbIH),https://www.oecd.org/en/publications/extending-social-protection-to-informal-economy-workers_ca19539d-en.html.

Gráfico 3.33. Los trabajadores de los sectores intensivos en IED de la UE también son más propensos a tener cobertura de seguro médico

Proporción de trabajadores con seguro médico en sectores que reciben IED de la UE en comparación con otros sectores

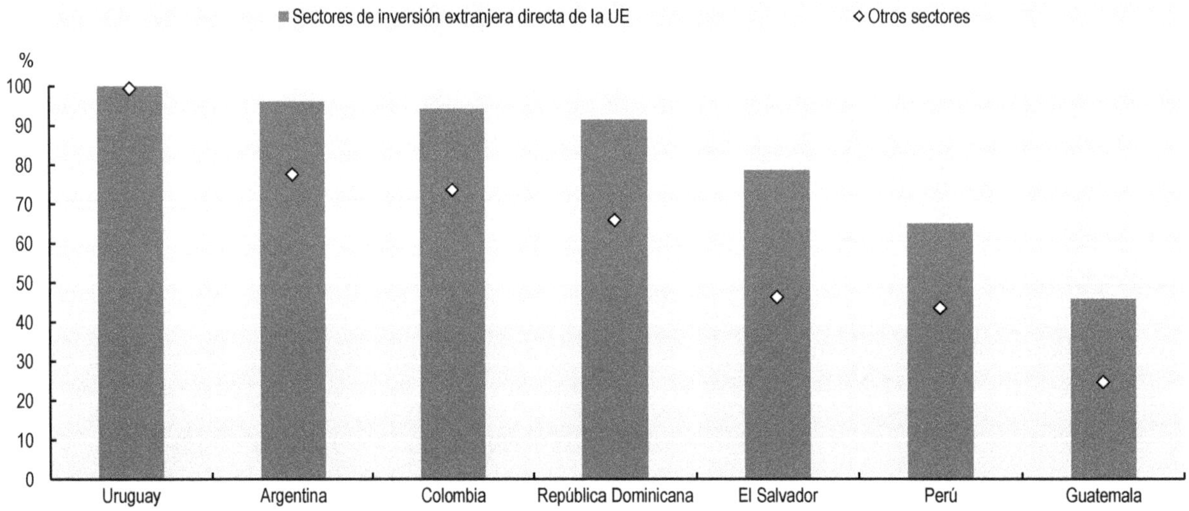

Nota: Los sectores seleccionados representan al menos el 80% de los puestos de trabajo creados por la IED de la UE en el país e incluyen un mínimo de cinco sectores, según las estadísticas de fDi Markets correspondientes a los cinco años anteriores a la última encuesta de hogares disponible. Los resultados que se muestran en el gráfico son promedios ponderados para estos sectores, utilizando como ponderación la participación de cada sector en la creación total de empleo relacionada con la IED de la UE. Para los sectores restantes, aquellos que reciben poca o ninguna IED de la UE, se presentan promedios simples (no ponderados). Para más detalles, véase el Recuadro 3.6. El seguro médico se refiere a la cobertura proporcionada a través de cotizaciones vinculadas a un contrato de trabajo. No hay datos disponibles para Brasil.
Fuente: Basado en Financial Times (2025[3]), FDI Markets (base de datos),https://www.fdimarkets.com/; OECD (2024[30]) Indicadores clave de informalidad basados en la base de datos de individuos y sus hogares (KIIbIH),https://www.oecd.org/en/publications/extending-social-protection-to-informal-economy-workers_ca19539d-en.html.

3.3.10. Si bien la IED en actividades de educación y formación es generalmente baja, los inversionistas en nuevos proyectos con sede en la UE han sido importantes impulsores de la inversión existente en este ámbito

Si bien los agentes públicos y privados nacionales proveen la mayor parte de la inversión en educación y formación, la IED puede ser fundamental para impulsar la educación y el desarrollo de habilidades en los países receptores (OECD, 2022[1]). Las EMN suelen aportar no solo capital y tecnología, sino también conocimientos técnicos y sistemas de formación fundamentales que mejoran las capacidades de la mano de obra local (OECD, 2022[1]). Estas contribuciones se integran tanto en los programas de desarrollo de la fuerza laboral específicos de cada empresa (véase el Capítulo 4) como en inversiones más amplias en infraestructura de educación y capacitación en los países receptores. Los datos sobre la IED en proyectos nuevos, al reflejar la creación de nuevas instalaciones, ofrecen una perspectiva única sobre el alcance y la naturaleza de la inversión internacional en actividades de educación y capacitación. Esto incluye la creación de instalaciones de aprendizaje técnico, centros de educación profesional y centros de capacitación internacionales que resultan fundamentales para mejorar las habilidades y alinearlas con las necesidades del mercado laboral mundial.

Aunque todavía representan una participación relativamente pequeña del total de la IED proyectos nuevos en ALC, las inversiones en educación y formación han crecido de manera constante durante las dos últimas décadas. Entre 2003 y 2024, estas inversiones representaron aproximadamente el 0.2% del total de la IED proyectos nuevos, alcanzando los 2 mil millones de dólares estadounidenses durante el periodo

2014-2024 (Gráfico 3.34, Panel A). Durante el periodo 2014-2024, más de la mitad de la inversión relacionada con la educación y la formación en ALC se destinó al sector de manufactura (57% del total), seguido del propio sector educativo (34%) y, en mucha menor medida, los servicios de información y comunicación (3%) (Gráfico 3.34, Panel A). Dentro de la industria manufacturera, la inversión se concentró en la industria automotriz (35%), la informática y electrónica (34%) y los productos químicos (14%) (Gráfico 3.34, Panel B). La IED en actividades de formación puede tener un papel importante al abordar la escasez de talento en el sector manufacturero, reforzar las competencias técnicas y apoyar la difusión de nuevas tecnologías de producción en toda la economía (OECD, 2022[1]).

La composición sectorial de la inversión en formación y educación ha evolucionado durante las dos últimas décadas. En comparación con el periodo 2003-2013, en el que la industria manufacturera representaba más del 70% del total de la IED relacionada con la educación y la formación, su participación disminuyó en el periodo 2014-2024, mientras que la del sector educativo aumentó notablemente (del 18% al 34%). Este cambio apunta a una internacionalización gradual de los servicios educativos en la región, incluida la creación de universidades, escuelas de negocios y centros de formación financiados con fondos extranjeros. Si bien estos avances pueden contribuir al desarrollo de competencias y a la innovación, también pueden plantear retos en contextos en los que los sistemas de educación pública son más débiles. Entre los riesgos potenciales se encuentran el aumento de las desigualdades en el acceso a las oportunidades de formación y el refuerzo del desajuste de competencias si la oferta privada no se ajusta a las necesidades del mercado laboral (Crawfurd, Hares and Todd, 2023[33]).

Gráfico 3.34. Más de la mitad de la IED en proyectos nuevos de actividades de educación y formación se destinó al sector manufacturero, con un aumento de la inversión en servicios educativos

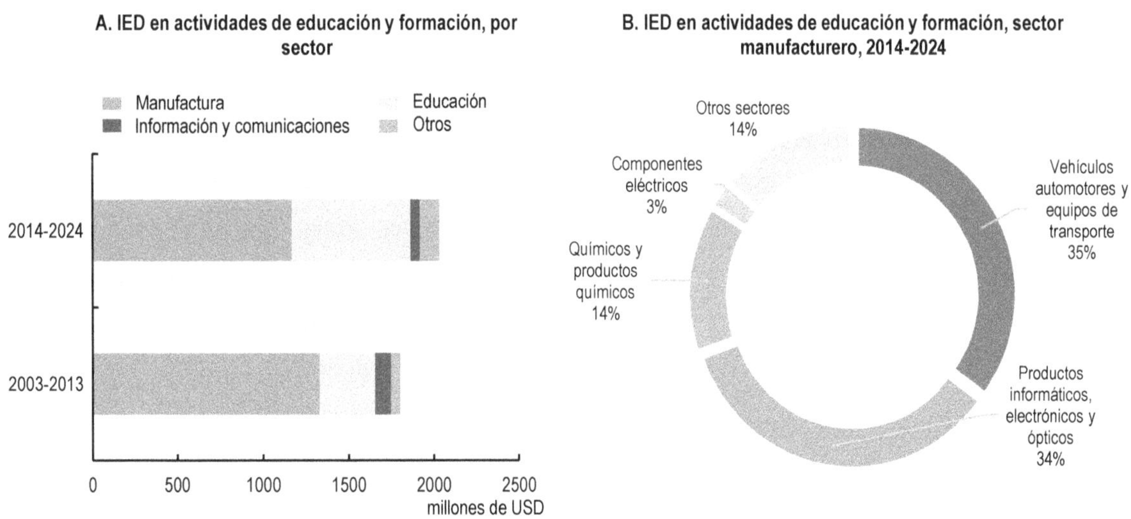

Fuente: Basado en Financial Times (2025[3]), FDI Markets (base de datos), https://www.fdimarkets.com/.

Desde la perspectiva de los inversionistas, las empresas con sede en la UE se convirtieron en las principales fuentes de IED en actividades de educación y formación. Entre 2014 y 2024, los inversionistas con sede en la UE representaron el 32% del total de la IED en el sector en ALC, lo que supone un ligero aumento con respecto al 31% registrado en 2003-2013 (Gráfico 3.35). En términos absolutos, la inversión de la UE aumentó de 592 millones de dólares estadounidenses a 643 millones de dólares estadounidenses entre ambos periodos. Más allá del financiamiento, los inversionistas de la UE suelen introducir sistemas estructurados de formación profesional, marcos de educación técnica y asociaciones institucionales a largo plazo, lo que apoya a los países de ALC en sus esfuerzos por fortalecer el capital humano y ampliar el acceso a oportunidades de formación de calidad (véase el Capítulo 4).

China fue la segunda fuente más importante de IED en proyectos nuevos de educación y formación en ALC durante el periodo 2014-2024, con un 22% de la inversión total, frente a menos del 3% en la década anterior. La educación y la formación representaron el 0.5% del total de la IED de China en la región, más del doble de su participación del 0.2% en 2003-2013, lo que refleja un creciente interés estratégico en el sector. Cabe destacar que el 95% de toda la IED en proyectos nuevos de los inversionistas chinos se anunció en México. La inversión intrarregional procedente de los países de ALC representó el 17% del total de la IED en proyectos nuevos destinada a educación y formación entre 2014 y 2024, lo que evidencia el destacado y creciente papel de los agentes regionales en el impulso del desarrollo de habilidades. Por el contrario, Estados Unidos y Reino Unido experimentaron importantes descensos en sus cuotas de inversión. Estados Unidos representó el 15% del total de la IED en proyectos nuevos en educación y formación en 2014-2024, lo que supone un descenso del 42% con respecto a su nivel de 2003-2013. La del Reino Unido disminuyó aún más drásticamente en 43%, hasta representar menos del 1% de la inversión total en el sector durante la última década.

Gráfico 3.35. Aunque la IED en proyectos nuevos de actividades de educación y formación sigue siendo relativamente baja, ha aumentado durante la última década

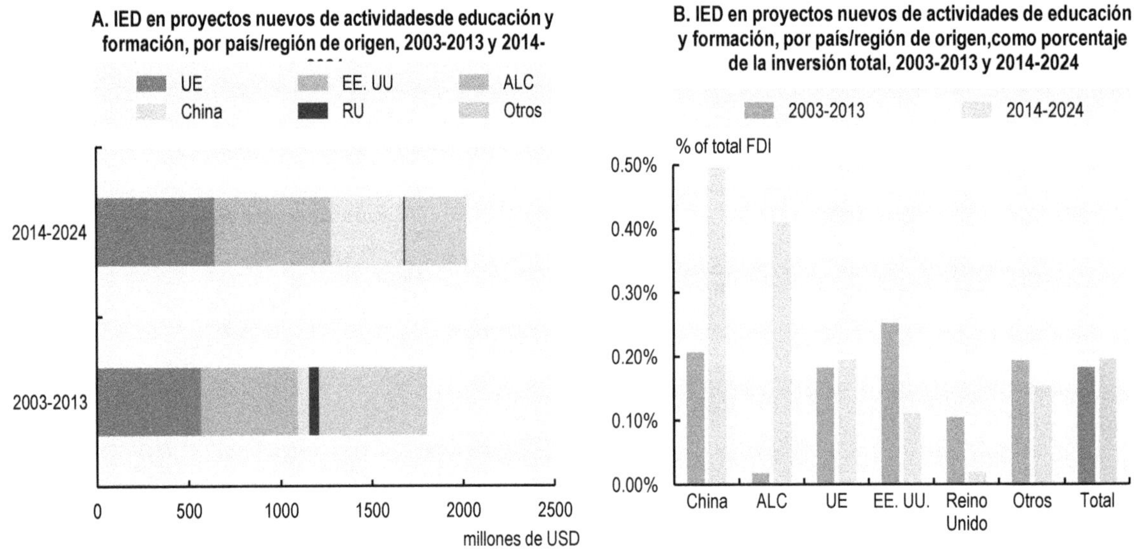

Fuente: Basado en Financial Times (2025[3]) , FDI Markets (base de datos),https://www.fdimarkets.com/.

En ALC, las inversiones en proyectos nuevos de educación y formación siguieron concentrándose en un pequeño número de países (Gráfico 3.36). Entre 2014 y 2024, solo 15 de los 33 países de la región informaron de este tipo de inversiones. México atrajo la mayor parte (42%), seguido de Colombia (31%) y Brasil (8%). China fue el principal inversionista en México, con un 44% de toda la inversión en educación y capacitación del país. La UE se convirtió en el inversionista dominante en Argentina, Brasil, Chile y Costa Rica, mientras que Estados Unidos lideró en Panamá y Honduras. En Colombia, los inversionistas regionales de ALC tuvieron la mayor participación, lo que refleja el crecimiento de la inversión intrarregional en el desarrollo del capital humano.

Gráfico 3.36. La inversión en actividades de educación y formación se concentra en México, Colombia y Brasil

IED en nuevos proyectos de actividades de educación y formación, por país/región de origen, en millones de dólares estadounidenses, 2014-2024

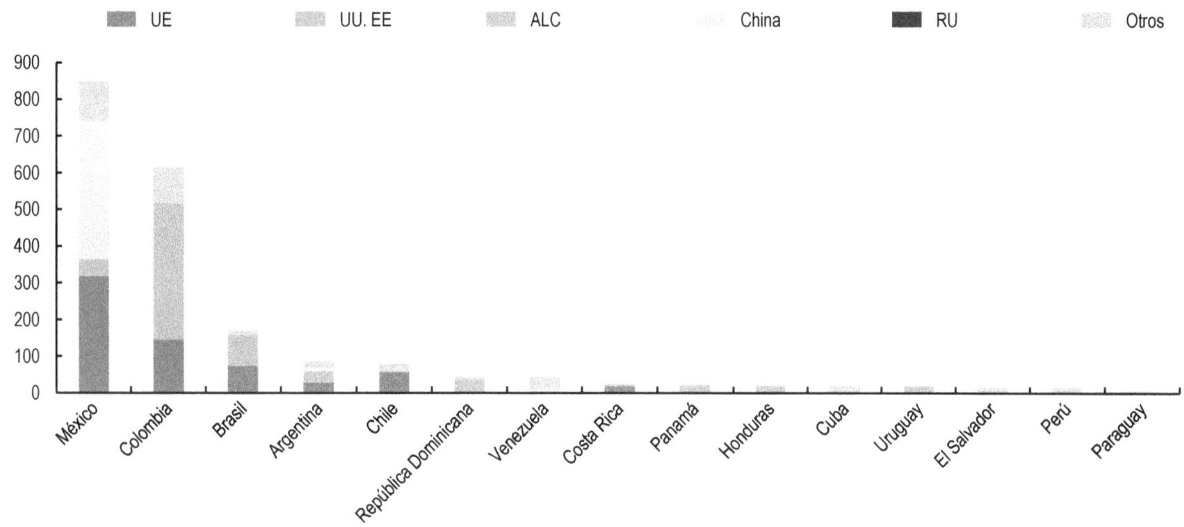

Fuente: Basado en Financial Times (2025[3]), FDI Markets (base de datos),https://www.fdimarkets.com/.

3.3.11. Los sectores intensivos en IED de proyectos nuevos de la UE tienden a emplear a trabajadores con un nivel educativo más alto

Los datos de las encuestas de hogares ofrecen una visión más profunda de la relación entre la IED en proyectos nuevos y las competencias de la mano de obra, en particular en lo que se refiere al nivel de estudios secundarios y terciarios (Recuadro). Los sectores con una actividad significativa de los inversionistas de la UE tienden a emplear mano de obra con un nivel educativo más alto. En Brasil, por ejemplo, el 85% de los trabajadores de los sectores en los que operan inversionistas de la UE han terminado la educación secundaria o terciaria, frente al 69% en los sectores con presencia limitada o nula de la UE (Gráfico 3.37). En Colombia, la proporción aumenta al 93% vs. 84%, en Argentina al 92% vs. 73% y en Perú al 91% vs. 78%. República Dominicana representa una notable excepción a esta tendencia, ya que los sectores que atraen a los inversionistas de la UE emplean a una proporción menor de trabajadores con educación secundaria o terciaria que los que no son objeto de inversión de la UE.

Este patrón sugiere que la IED de la UE en proyectos nuevos se inclina por las competencias, es decir, tiende a concentrarse en sectores que ya requieren una mano de obra más cualificada. Esto tiene importantes implicaciones. Por un lado, estas inversiones pueden actuar como catalizador para la mejora de las competencias, al aumentar la demanda de trabajadores cualificados, lo que impulsa a las instituciones de educación y formación a adaptar y ampliar su oferta. Por otro lado, esta dinámica puede exacerbar las disparidades existentes si la oferta local de mano de obra cualificada es limitada o está distribuida de forma desigual entre regiones, sectores o grupos sociales. Además, la composición de las competencias del empleo relacionado con la IED no solo viene determinada por el sector en el que se produce la inversión, sino también por las actividades específicas que las empresas multinacionales deciden llevar a cabo.

En general, la fuerte relación entre la inversión de la UE en proyectos nuevos y un mayor nivel educativo refleja el potencial de la UE como socio en el avance del desarrollo del capital humano. Al seguir canalizando la inversión hacia sectores y actividades con mayores requisitos de cualificación y complementarla con un apoyo específico a las actividades de formación y educación, los inversionistas de la UE pueden desempeñar un papel clave en el fomento del desarrollo del mercado laboral en los países de ALC.

Gráfico 3.37. Los sectores con una actividad significativa de los inversionistas de la UE tienden a emplear mano de obra con un nivel educativo más alto

Porcentaje de trabajadores por nivel educativo en los sectores que reciben IED de la UE en comparación con otros sectores

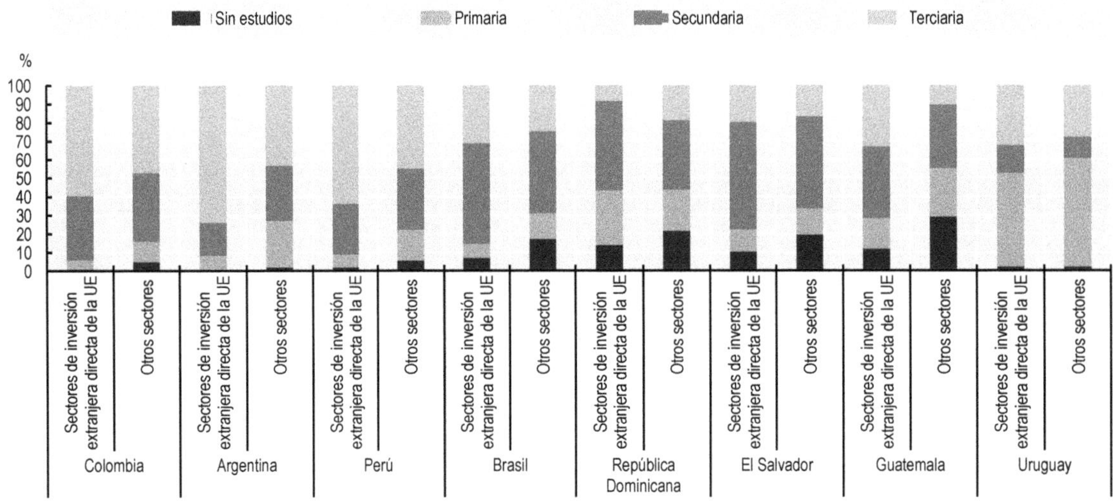

Nota: Los sectores seleccionados representan al menos el 80% de los puestos de trabajo creados por la IED de la UE en el país e incluyen un mínimo de cinco sectores, según las estadísticas de fDi Markets correspondientes a los cinco años anteriores a la última encuesta de hogares disponible. Los resultados que se muestran en el gráfico son promedios ponderados para estos sectores, utilizando como ponderación la participación de cada sector en la creación total de empleo relacionada con la IED de la UE. Para los sectores restantes, aquellos que reciben poca o ninguna IED de la UE, se presentan promedios simples (no ponderados). Para más detalles, véase el Recuadro 3.6.
Fuente: Basado en Financial Times (2025[3]), FDI Markets (base de datos),https://www.fdimarkets.com/; OECD (2024[30]) Indicadores clave de informalidad basados en la base de datos de individuos y sus hogares (KIIbIH),https://www.oecd.org/en/publications/extending-social-protection-to-informal-economy-workers_ca19539d-en.html.

3.3.12. Los sectores que reciben IED proyectos nuevos de la UE están asociados a una menor proporción de mujeres

Como se ha señalado anteriormente, la IED en proyectos nuevos en ALC tiende a concentrarse en sectores dominados por los hombres. La inversión en proyectos nuevos de la UE sigue un patrón similar, con un menor énfasis en la industria manufacturera y la minería, pero con una fuerte concentración en el sector energético, otra área que tiene mano de obra predominantemente masculina. Los datos también muestran que las empresas afiliadas a la UE en la región tienden a pagar salarios en promedio más bajos en sectores con una alta proporción de trabajadoras, como la educación, el comercio al menudeo y los servicios profesionales y técnicos. Una excepción notable es el sector de los servicios financieros y de seguros, donde los salarios se encuentran entre los más altos y la distribución por género es más equilibrada. Estas pautas sugieren que, sin un esfuerzo deliberado por aplicar una perspectiva de género a las estrategias de inversión, la IED de la UE en proyectos nuevos corre el riesgo de reforzar las desigualdades laborales y salariales existentes entre hombres y mujeres.

Un análisis adicional basado en datos a nivel micro de encuestas a hogares revela una variación significativa entre países en la distribución por género dentro de los sectores intensivos en IED de la UE (Recuadro). En muchos casos, la proporción de mujeres empleadas en sectores que reciben IED de la UE es inferior a la del resto de la economía. Por ejemplo, en Argentina las mujeres representan solo el 28% de los trabajadores en los sectores de IED de la UE, frente al 49% en otros sectores; en Brasil, es el 27% frente al 49%; en Perú, es de 35% frente al 43%; y en Uruguay, solo el 19% frente al 48% (Gráfico 3.38).

Gráfico 3.38. En muchos países de ALC, la proporción de mujeres empleadas en sectores que reciben IED de la UE es menor

Distribución por género en los sectores que reciben IED de la UE en comparación con otros sectores

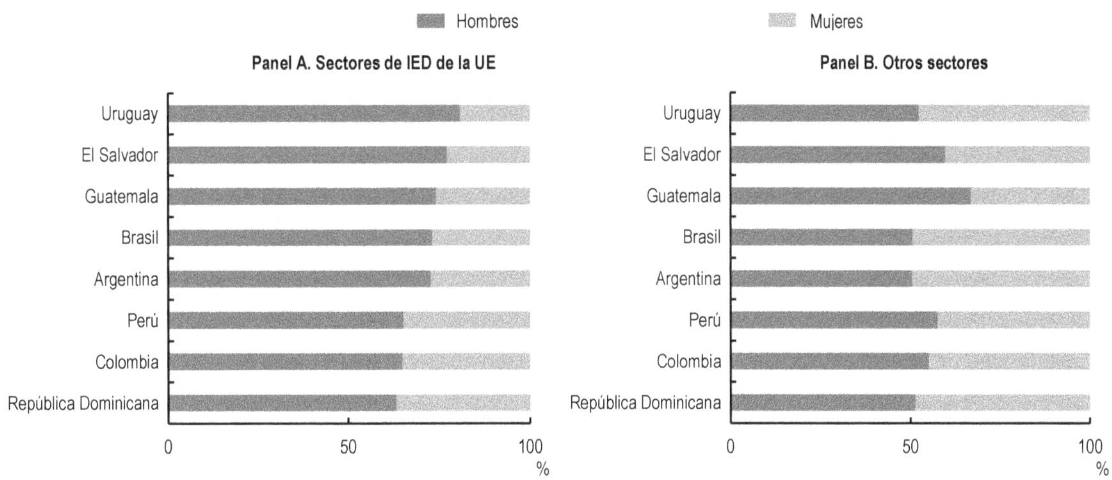

Nota: Los sectores seleccionados representan al menos el 80% de los puestos de trabajo creados por la IED de la UE en el país e incluyen un mínimo de cinco sectores, según las estadísticas de fDi Markets correspondientes a los cinco años anteriores a la última encuesta de hogares disponible. Los resultados que se muestran en el gráfico son medias ponderadas para estos sectores, utilizando como ponderación la proporción de cada sector en la creación total de empleo relacionada con la IED de la UE. Para los sectores restantes, aquellos que reciben poca o ninguna IED de la UE, se presentan medias simples (no ponderadas). Para más detalles, véase el Recuadro 3.6.
Fuente: Basado en Financial Times (2025[3]), FDI Markets (base de datos),https://www.fdimarkets.com/; (2024[30]) Indicadores clave de informalidad basados en la base de datos de individuos y sus hogares (KIIbIH),https://www.oecd.org/en/publications/extending-social-protection-to-informal-economy-workers_ca19539d-en.html.

Referencias

Aitken, B., A. Harrison and R. Lipsey (1996), "Wages and foreign ownership A comparative study of Mexico, Venezuela, and the United States", *Journal of International Economics*, Vol. 40/3-4, pp. 345-371, https://doi.org/10.1016/0022-1996(95)01410-1. [20]

Arbache, J. (2004), "The Impacts of Foreign Direct Investments on the Labor Market in Brazil", *SSRN Electronic Journal*, https://doi.org/10.2139/ssrn.587884. [14]

Craigwell, R. (2006), "Foreign Direct Investment and Employment in the English and Dutch-Speaking Caribbean", *International Labor Organization*, https://www.ilo.org/media/176391/download (accessed on 18 July 2025). [4]

Crawfurd, L., S. Hares and R. Todd (2023), "The Impact of Private Schools, School Chains and PPPs in Developing Countries", *The World Bank Research Observer*, Vol. 39/1, pp. 97-123, https://doi.org/10.1093/wbro/lkad005. [33]

Davis, C. and J. Poole (2023), "Foreign influence: The international transmission of gender equality", *The World Economy*, Vol. 47/4, pp. 1478-1494, https://doi.org/10.1111/twec.13484. [25]

ECLAC (2023), *CEPALSTAT, Household Survey Data Bank (BADEHOG).*, https://statistics.cepal.org/portal/cepalstat/dashboard.html?theme=1&lang=en. [15]

Eurostat (2021/2022), *Foreign controlling EU enterprises - outward FATS*, https://ec.europa.eu/eurostat/databrowser/view/fats_out_activ/default/table?lang=en&category=gbs.fats_out. [16]

Financial Times (2025), *FDI Markets*, https://www.fdimarkets.com/. [3]

Ibarra-Olivo, J. and A. Rodríguez-Pose (2022), "FDI and the growing wage gap in Mexican municipalities", *Papers in Regional Science*, Vol. 101/6, pp. 1411-1440, https://doi.org/10.1111/pirs.12707. [23]

ILO (2023), *World Employment and Social Outlook. Trends 2023*, https://doi.org/10.54394/SNCP1637. [31]

ILO (2023), *What is informal employment?*, https://www.ilo.org/media/5481/download. [32]

ILOSTAT (2024), *Employment by sex and economic activity -- ILO modelled estimates, Nov. 2024 (thousands)*, https://ilostat.ilo.org/fr/. [28]

Kodama, N., B. Javorcik and Y. Abe (2018), "Transplanting corporate culture across international borders: Foreign direct investment and female employment in Japan", *The World Economy*, Vol. 41/1, pp. 1148–1165, https://ideas.repec.org/a/bla/worlde/v41y2018. [26]

Modrego, F. et al. (2022), "Foreign Direct Investment Elasticities of Output, Labor, and Wages in Chile: A Simultaneous Equations Approach", *Economies*, Vol. 10/12, p. 295, https://doi.org/10.3390/economies10120295. [5]

Nunnenkamp, P. and B. Alatorre (2007), "FDI in Mexico: An empirical assessment of employment effects", *Kiel Working Paper* 1328, https://www.econstor.eu/bitstream/10419/4019/1/kap1328.pdf (accessed on 18 July 2025). [11]

OECD (2024), *FDI Qualities Review of Canada: Accelerating Inclusive and Sustainable Growth*, https://doi.org/10.1787/273d99ec-en. [19]

OECD (2024), *Key Indicators of Informality based on Individuals and their Households (KIIbIH) database*, https://www.oecd.org/en/publications/extending-social-protection-to-informal-economy-workers_ca19539d-en.html. [30]

OECD (2022), *FDI Qualities Policy Toolkit*, https://doi.org/10.1787/7ba74100-en. [1]

OECD (2019), *Boosting Productivity and Inclusive Growth in Latin America*, OECD Publishing, Paris, https://doi.org/10.1787/9789264269415-en. [17]

OECD (Forthcoming), *FDI Qualities Indicators 2024*, OECD Publishing, Paris. [2]

Poole, J. (2013), "Knowledge Transfers from Multinational to Domestic Firms: Evidence from Worker Mobility", *The Review of Economics and Statistics, MIT Press*, Vol. 95/2, pp. pages 393-406, https://www.jstor.org/stable/43554393 (accessed on 18 July 2025). [21]

Ramírez, M. (2000), "Foreign Direct Investment in Mexico: A Cointegration Analysis", *The Journal of Development Studies*, Vol. 37/1, pp. 138-162, https://doi.org/10.1080/713600062. [12]

Sanchez-Martin, M., J. de Pinies and K. Antoine (2015), "Measuring the Determinants of Backward Linkages from FDI in Developing Economies: Is it a Matter of Size?", *World Bank Policy Research Working Paper No. 7185*, https://papers.ssrn.com/sol3/papers.cfm?abstract_id=2579884 (accessed on 18 July 2025). [13]

Saucedo, E., T. Ozuna and H. Zamora (2020), "The effect of FDI on low and high-skilled employment and wages in Mexico: a study for the manufacture and service sectors", *Journal for Labour Market Research*, Vol. 54/1, https://doi.org/10.1186/s12651-020-00273-x. [8]

Sharma, A. and O. Cardenas (2018), "The Labor Market Effects of FDI: A Panel Data Evidence from Mexico", *International Economic Journal*, Vol. 32/4, pp. 572-588, https://doi.org/10.1080/10168737.2018.1547322. [7]

Tang, H. and Y. Zhang (2021), "Do Multinationals Transfer Culture? Evidence on Female Employment in China", *Journal of International Economics,*, Vol. 133, https://www.sciencedirect.com/science/article/pii/S0022199621000982. [27]

UN Data (2024), *Table 2.1 Value added by industries at current prices (ISIC Rev. 3)*, https://data.un.org/Data.aspx?d=SNA&f=group_code%3a201. [29]

Vacaflores Rivero, D. (2009), "Capital flows to Latin American countries: effects of foreign direct investment and remittances on growth and development", *Doctoral dissertation.* [24]

Vacaflores, D. (2011), "Was Latin America Correct In Relying In Foreign Direct Investment To Improve Employment Rates?", *Applied Econometrics and International Development* Euro-American Association of Economic Development, https://www.usc.gal/economet/reviews/aeid1128.pdf. [6]

Velde, D. (2003), "Foreign Direct Investment and Income Inequality in Latin America", *Instituto de Investigaciones Socio-Económicas (IISEC), Universidad Católica Boliviana*, https://www.econstor.eu/bitstream/10419/72818/1/385730063.pdf. [22]

Waldkirch, A. (2011), "Comparative advantage FDI? A host country perspective", *Review of World Economics*, Vol. 147/3, pp. 485-505, https://doi.org/10.1007/s10290-011-0096-8. [9]

Waldkirch, A., P. Nunnenkamp and J. Alatorre Bremont (2009), "Employment Effects of FDI in Mexico's Non-Maquiladora Manufacturing", *The Journal of Development Studies*, Vol. 45/7, pp. 1165-1183, https://doi.org/10.1080/00220380902952340. [10]

World Bank (2024), *World Bank Enterprise Surveys*, https://www.enterprisesurveys.org/en/enterprisesurveys. [18]

Anexo 3.A. Identifying EU-LAC GGIA Sectors

Cuadro Anexo 3.A.1. Sectores intensivos en IED de la UE incluidos en la Agenda de Inversión Global Gateway de la UE-ALC

País	Sector	Sector de la GGIA UE-ALC
Argentina	Actividades de programación informática	*
	Fabricación de alimentos y bebidas	
	Fabricación de vehículos automotores	*
	Comercio al menudeo	
	Transporte y almacenamiento	
Brasil	Actividades administrativas y de servicios de apoyo	
	Actividades de programación informática	*
	Generación, transmisión y distribución de energía eléctrica	*
	Extracción de petróleo crudo y gas natural	
	Fabricación de metales básicos	
	Fabricación de productos informáticos, electrónicos y ópticos	*
	Fabricación de alimentos y bebidas	
	Fabricación de vehículos automotores	*
	Otras actividades de servicios de información	*
	Actividades profesionales, científicas y técnicas	
	Actividades de telecomunicaciones por satélite	*
	Edición de software	*
	Transporte y almacenamiento	
	Almacenamiento y depósito	
Colombia	Actividades de servicios administrativos y de apoyo	
	Actividades de programación informática	*
	Generación, transmisión y distribución de energía eléctrica	*
	Fabricación de alimentos y bebidas	
	Fabricación de vehículos automotores	*
El Salvador	Actividades administrativas y de servicios de apoyo	
	Publicidad e investigación de mercados	
	Generación, transmisión y distribución de energía eléctrica	*
	Fabricación de alimentos y bebidas	
	Actividades de telecomunicaciones por cable	*
Perú	Actividades de hospedaje	
	Actividades de programación informática	*
	Generación, transmisión y distribución de energía eléctrica	*
	Fabricación de maquinaria y equipo	
	Transporte y almacenamiento	
	Actividades de telecomunicaciones inalámbricas	*

País	Sector	Sector de la GGIA UE-ALC
Guatemala	Actividades de alojamiento	
	Actividades de servicios administrativos y de apoyo	
	Actividades de programación informática	*
	Fabricación de textiles	
	Actividades de telecomunicaciones por cable	*
República Dominicana	Actividades de hospedaje	
	Generación, transmisión y distribución de energía eléctrica	*
	Fabricación de instrumentos y suministros médicos y dentales	*
	Fabricación de papel y productos de papel	
	Actividades de telecomunicaciones por cable	*
Uruguay	Generación, transmisión y distribución de energía eléctrica	*
	Fabricación de productos químicos y productos químicos	*
	Fabricación de productos informáticos, electrónicos y ópticos	*
	Fabricación de papel y productos de papel	

Nota: Los datos sobre la inversión extranjera directa se cotejan con los sectores de empleo de los trabajadores utilizando la CIIU Rev.4 a nivel de dos dígitos, lo que limita la posibilidad de desglosar los subsectores e identificar las áreas específicas cubiertas por la Agenda de Inversión Global Gateway UE-ALC. Por ejemplo, no es posible distinguir los vehículos eléctricos dentro de los vehículos automotores o las energías renovables dentro de la generación de energía. Los sectores marcados con * incluyen subsectores que se ajustan a la iniciativa; sin embargo, no todas las actividades dentro de estos sectores están necesariamente cubiertas. En el caso de Argentina, las actividades de programación informática incluyen los empleos clasificados bajo el código nacional CAES 62000.
Fuente: Elaboración de la OCDE basada en la CIIU Rev. 4 y las encuestas de hogares de la OCDE.

4 Análisis de las tendencias y el impacto de la IED a nivel nacional: los casos de Colombia, Costa Rica y República Dominicana

En este capítulo se analizan las tendencias de la inversión extranjera directa (IED) y su impacto en el desarrollo, centrándose en las inversiones de la Unión Europea en tres países: Colombia, Costa Rica y República Dominicana. Se basa en el análisis de los capítulos 1 y 2 para profundizar en el impacto de la IED a nivel nacional. Para cada país, el capítulo revisa la evolución de los flujos de IED por origen, sector y subsector, y evalúa su potencial de transformación económica. A lo largo del análisis, se aplican los indicadores de calidad de la IED de la OCDE para evaluar la transformación estructural y evaluar los impactos socioeconómicos de las inversiones por origen, con ejemplos a nivel de empresa que ilustran conocimientos prácticos y lecciones aprendidas. Por último, el análisis explora la manera en que los esfuerzos de cooperación de la UE se alinean y complementan las inversiones de la UE y su impacto.

4.1. Resumen

En las últimas dos décadas, la inversión extranjera directa (IED) en Colombia, Costa Rica y República Dominicana ha tenido el potencial de catalizar la diversificación económica, la sostenibilidad, la resiliencia, la creación de empleos, la mejora de la calidad de los puestos de trabajo y el desarrollo de competencias. La IED de la Unión Europea (UE) ha sido especialmente relevante en este sentido. La cooperación complementaria de la UE, que interactúa con la IED y, más recientemente, la Agenda de Inversión Global Gateway UE-ALC (GGIA EU-ALC), han contribuido a maximizar el impacto de la IED en el desarrollo económico y social. También han reforzado un entorno propicio para la IED.

Colombia, Costa Rica y República Dominicana fueron seleccionadas por su representatividad regional y el peso estratégico de la inversión de la UE en sus economías. Colombia es uno de los mayores receptores de IED de América del Sur, y las empresas de la UE impulsan la diversificación más allá de las industrias extractivas; Costa Rica destaca en América Central por su éxito en el aprovechamiento de la IED para la fabricación avanzada, en particular de productos médicos y farmacéuticos; y República Dominicana representa al Caribe, donde la inversión de la UE ha sido fundamental para la energía y el turismo. En conjunto, estos tres casos captan la diversidad de los patrones de IED de la UE en las subregiones y sectores – energía, manufactura, servicios y digital – al tiempo que ilustran diferentes resultados de desarrollo.

Colombia

La IED ha sido fundamental para el desarrollo económico de Colombia, ya que ha ayudado al país a superar su tradicional dependencia de las actividades extractivas y a orientarse hacia actividades intensivas en conocimiento, la economía digital y la transición ecológica. La UE es la principal fuente de IED en Colombia, con un 27% del total de la IED entre 2003 y 2024, y con inversiones concentradas en los sectores de electricidad (energías renovables), tecnologías de la información y comunicación (TIC) e industria manufacturera. Más de tres cuartas partes de las inversiones de la UE en proyectos nuevos en el sector eléctrico de Colombia se han destinado a las energías renovables, lo que ha contribuido a la transición ecológica del país. Los flujos también han ayudado a diversificar la producción y a expandir los sectores intensivos en tecnología y conocimiento. Sin embargo, se podrían hacer más esfuerzos para aumentar la IED en investigación y desarrollo (I+D), que sigue siendo limitada.

La IED de la UE no solo ha apoyado una transformación estructural de la economía, sino que también ha creado empleos de calidad y ha promovido el desarrollo de competencias. La UE es la mayor fuente de creación de empleo relacionada con la IED, con casi 120 mil puestos de trabajo (el 36% del total de puestos de trabajo creados por la IED). La IED también ha contribuido a mejorar las capacidades de la mano de obra, ya que la inversión en formación y educación ha aumentado de manera notable en las dos últimas décadas. La inversión de la UE en este ámbito ha aumentado considerablemente, pasando de 6.5 millones de dólares estadounidenses en 2003-2013 a 145 millones en 2014-2024. Al mismo tiempo, la inversión de la UE ha generado una intensidad de empleo ligeramente inferior a la de las inversiones de otros socios, lo que refleja la atención que la UE presta a las industrias intensivas en capital, como la electricidad (energía). La cooperación internacional es cada vez más relevante, ya que el financiamiento privado se alinea con las tendencias de la IED, centrándose en las energías renovables y los sectores intensivos en conocimiento, y no solo promoviendo una mayor IED, sino también aprovechando su impacto.

Costa Rica

La IED ha sido fundamental para el desarrollo de Costa Rica, contribuyendo a posicionarla como una economía de alto rendimiento en la región. La UE es un socio clave que apoya el papel de Costa Rica como centro mundial de dispositivos médicos y productos farmacéuticos. Junto con los importantes flujos procedentes de Estados Unidos, la inversión de la UE ha reforzado la fabricación de alta tecnología y la integración en las cadenas de valor mundiales, representando el 22% del total de la IED. La mayor parte de las inversiones en proyectos nuevos de la UE se concentran en equipos y suministros médicos y en la producción farmacéutica. Si bien Estados Unidos es el principal inversionista en los sectores intensivos en tecnología y conocimientos (TKI, por sus siglas en inglés), la Unión Europea le sigue y ha aumentado su interés por los sectores de alto valor agregado durante las dos últimas décadas. Sin embargo, la IED en proyectos nuevos en I+D en Costa Rica sigue siendo mínima y aún es una tarea pendiente para todos los orígenes de la IED.

La IED ha creado más de 200 mil puestos de trabajo en las últimas dos décadas, de los cuales la Unión Europea es responsable del 17%, ocupando el segundo lugar después de Estados Unidos (62%). Se ha observado que las empresas extranjeras ofrecen salarios más altos, mayor productividad, mayor intensidad de exportación y mano de obra ligeramente más cualificada que las empresas nacionales. Las empresas extranjeras ofrecen más oportunidades de formación que las nacionales y, en particular, la UE lidera la IED en materia de formación y educación, lo que refuerza un círculo virtuoso en el que la mano de obra cualificada de Costa Rica atrae inversiones y estas, a su vez, refuerzan las competencias. De cara al futuro, la cooperación internacional será fundamental para mantener la innovación y la mejora tecnológica. El financiamiento privado movilizado, históricamente limitado, ha crecido recientemente y se está expandiendo a un mayor número de sectores, aunque sigue concentrándose en unos pocos en lo que se refiere al valor.

República Dominicana

La IED ha desempeñado un papel estabilizador en República Dominicana, con el capital extranjero, en especial el procedente de la UE, contribuyendo a la resiliencia y al crecimiento. Entre 2003 y 2024, la UE fue el mayor inversionista en proyectos nuevos, con un 33% del total de entradas, concentradas en el turismo y la electricidad. Los inversionistas de la UE han sido impulsores clave de las energías renovables, contribuyendo a diversificar la matriz energética y a alinear los flujos de inversión con las prioridades de desarrollo sostenible. Sin embargo, la IED en proyectos nuevos en sectores intensivos en tecnología y conocimientos, incluyendo la I+D, sigue siendo limitada.

La IED en proyectos totalmente nuevos ha generado un número significativo de puestos de trabajo, siendo la UE el principal contribuyente. Entre 2014 y 2024, la IED creó casi 61 mil puestos de trabajo, lo que supone un aumento del 50% con respecto a la década anterior, y las empresas de la UE representaron el 35% de los puestos de trabajo relacionados con la IED. La intensidad de empleo sigue siendo ligeramente inferior a la de otros inversionistas debido a la concentración de la UE en sectores menos intensivos en mano de obra, como las energías renovables. No obstante, se ha demostrado que las empresas extranjeras ofrecen una mayor productividad laboral, salarios más altos y una mayor intensidad de exportación que las empresas nacionales, lo que mitiga algunas debilidades estructurales del mercado laboral local. Los puestos de trabajo de la IED de la UE se concentran en sectores con salarios más altos, mayor formalidad laboral y predominio masculino. Sin embargo, también se concentran en sectores con menor informalidad laboral femenina y que pagan salarios de mayor calidad a las mujeres.

La cooperación internacional ha ampliado el impacto de la IED. Si bien el financiamiento privado movilizado aún está en fase emergente, la ayuda oficial al desarrollo (AOD) dedica una parte importante al sector energético. Tiene el potencial de mejorar aún más la calidad y la cantidad de una transición ecológica respaldada por la IED. La AOD destinada a la capacitación, la formación y la educación ha sido impulsada de manera abrumadora por la UE y sus instituciones en República Dominicana, que representan casi la totalidad de los 35 millones de dólares asignados entre 2014 y 2023.

4.2. Colombia: Tendencias e impacto de la IED, con especial atención a las inversiones de la UE

4.2.1. El papel de la IED en la mejora de las estructuras de producción y en la innovación en Colombia

La IED sigue siendo fundamental para la economía colombiana, pasando de los recursos a sectores intensivos en conocimiento y sostenibles

La IED es un componente estratégico del desarrollo económico de Colombia. Colombia fue el cuarto mayor receptor de IED en América del Sur entre 2013 y 2023, con el 7% de todas las entradas de IED en la región, después de Brasil (cerca del 40%), México (21%) y Chile (9%) (Capítulo 1). La IED en Colombia creció en relación con el PIB y en términos per cápita entre 2003 y 2023. El acervo de IED de Colombia ha aumentado de manera constante durante la última década, por encima de los promedios de ALC y de la OCDE, aunque la relación entre la IED y el PIB se ha estabilizado desde que alcanzara un máximo del 78% en 2020. Las entradas per cápita han convergido hacia los niveles regionales y de la OCDE en los últimos años, pero se acercan a los valores registrados en 2003. Esto refleja la confianza de los inversionistas, pero también sugiere que se han perdido oportunidades para aprovechar aún más la IED para el crecimiento (UNCTAD, 2025[1]).

Gráfico 4.1. La electricidad y la información y comunicaciones experimentaron un gran aumento en la última década, mientras que la IED en minería y canteras creció a un ritmo mucho más lento

IED en nuevos proyectos en Colombia, por sector, 2003-2024

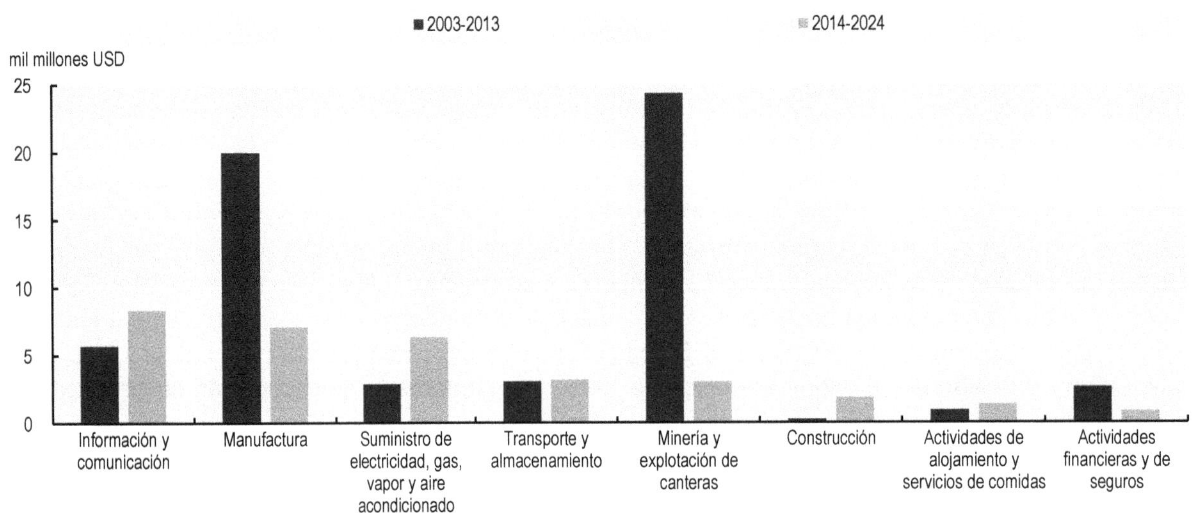

Nota: Se han excluido de esta cifra los sectores que representaron menos del 2% del total de inversiones en cualquiera de los dos periodos considerados.
Fuente: Basado en Financial Times (2025[2]), FDI Markets (base de datos), https://www.fdimarkets.com/.

La IED en proyectos nuevos en ALC ha mostrado signos de diversificación más allá de las industrias extractivas durante la última década (Gráfico 4.1). Las TIC pasaron del 9% del total de la IED (5 700 millones de dólares) en 2003-2013 al 34% (8 300 millones de dólares) en 2014-2024, mientras que la electricidad pasó del 5% (2 800 millones de dólares) al 19% (6 300 millones de dólares). La minería y la explotación de canteras experimentaron una fuerte caída, pasando del 40% (24 mil millones de dólares) a menos del 9% (alrededor de 3 mil millones de dólares). Esto refleja el reciente cambio de política de

Colombia de eliminar gradualmente la exploración de nuevos yacimientos de petróleo y gas en apoyo de su agenda de economía más ecológica y del Tratado de No Proliferación de Combustibles Fósiles, al que se adhirió en 2023, convirtiéndose en el primer país exportador de petróleo importante en unirse a esta alianza mundial (Osborn, 2024[3]). La industria manufacturera también se contrajo de casi 20 mil millones de dólares a 7 mil millones, aunque sigue representando una participación notable (21%). En general, el crecimiento más dinámico de los proyectos nuevos ha procedido de las TIC y la electricidad, lo que indica un cambio más amplio hacia los sectores digitales y sostenibles.

Las energías renovables y el procesamiento de datos, dentro de los sectores de las TIC, registraron un fuerte aumento de la participación de la IED en proyectos nuevos durante la última década. Las energías renovables crecieron con fuerza, especialmente la solar, pasando de cero proyectos en 2003-2013 a casi el 10% del total de la IED en proyectos nuevos en 2014-2024, mientras que el petróleo y el gas descendieron de casi el 22% al 7% en el mismo periodo (Gráfico 4.2). Esta tendencia está en consonancia con la Estrategia Nacional de Reindustrialización de Colombia y los esfuerzos del país por diversificar su economía y atraer inversiones en áreas como las energías renovables, la tecnología y los servicios (CONPES No. 4129, 2023[4]).

Gráfico 4.2. Las energías renovables y el procesamiento de datos registraron grandes aumentos en la participación de la IED en proyectos nuevos

IED en proyectos nuevos en Colombia, por sector y subsector, % del total de la IED en proyectos nuevos

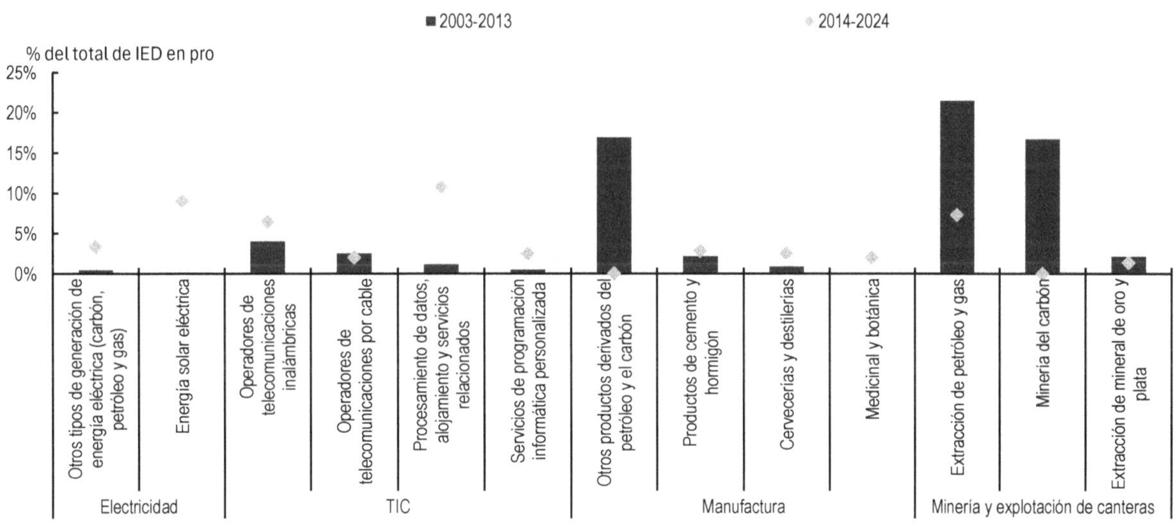

Nota: El sector de electricidad incluye el suministro de electricidad, gas, vapor y aire acondicionado. En este gráfico solo se representan los subsectores (de los cuatro sectores seleccionados) que representan el 2% o más del total de la IED en proyectos nuevos en Colombia en cualquiera de los dos periodos.
Fuente: Basado en Financial Times (2025[2]), FDI Markets (base de datos), https://www.fdimarkets.com/.

Colombia se ha convertido en uno de los principales destinos de la IED en proyectos existentes en ALC, situándose entre los primeros países tanto en valor como en número de fusiones y adquisiciones (M&A) en los últimos años. El país registró varias operaciones emblemáticas en los sectores minorista, de procesamiento de alimentos, transporte y farmacéutico, con un aumento significativo de la actividad general de M&A en 2024 (ECLAC, 2024[5]). Entre 2018 y 2024, las fusiones y adquisiciones se concentraron en las TIC, el comercio minorista y la reparación de vehículos, y la industria manufacturera, que en conjunto representaron más del 60% del valor total de las transacciones, lo que subraya su peso estratégico en el panorama de las inversiones en Colombia. En 2024, el número de transacciones transfronterizas de M&A en Colombia aumentó un 18% y su valor un 32% en comparación con el año anterior (Baker McKenzie, 2025[6]). Las TIC y la industria manufacturera, especialmente la farmacéutica, atraen tanto la IED en proyectos existentes como en proyectos nuevos, lo que refleja su dinamismo y su intensidad en materia de conocimiento. Por el contrario, los servicios financieros se ven impulsados principalmente por las adquisiciones, mientras que la energía y las infraestructuras se benefician cada vez más de proyectos en proyectos nuevos alineados con las prioridades de transición de Colombia. Esta doble dinámica destaca la manera en que la IED apoya tanto la consolidación de los sectores maduros como la transformación de los sectores emergentes. La UE contribuye de manera importante a esta transformación, ya que posee la mayor participación del valor de la IED en activos existentes en las TIC (10.4%), seguida de Estados Unidos (6.6%). En el sector manufacturero, Estados Unidos lidera con una participación del 6.6% del valor total de las transacciones, mientras que la Unión Europea ocupa el segundo lugar con un 5% (LSEG, 2025[7]).

La UE lidera la IED en proyectos nuevos en Colombia y su IED ha impulsado las energías renovables y la conectividad digital

La UE ha sido la mayor fuente de IED en proyectos nuevos en Colombia en las últimas dos décadas. Las inversiones de la UE representaron el 27% del total de la IED en proyectos nuevos entre 2003 y 2024, superando los 25 mil millones de dólares estadounidenses en valor. ALC ocupó el segundo lugar (21%), seguido de Estados Unidos (18%) y (Financial Times, 2025[2]). Cabe destacar que China fue la única fuente de IED en proyectos nuevos en Colombia que aumentó en términos absolutos durante las dos últimas décadas, aunque en una cuantía relativamente baja (1 mil millones de dólares estadounidenses (1%) en 2014-2024), lo que demuestra el creciente interés de China por invertir en ALC y sus inversiones específicas en Colombia (Ray, 2024[8]). Durante las últimas dos décadas, la IED de la UE en Colombia ha sido significativa en los sectores de la energía, la industria manufacturera y las TIC (Capítulo 1) (Gráfico 4.3).

Las inversiones en proyectos nuevos de la UE entre 2014 y 2024 se concentraron en los sectores eléctricos, con casi el 70% del total de las inversiones recibidas por Colombia en electricidad, lo que mantuvo la posición de la UE como principal inversionista de la década anterior. La UE también se destaca como principal inversionista en manufactura (36%), así como en transporte y almacenamiento (30%), donde la cuota de la UE aumentó en comparación con la década anterior. En 2014-2024, ALC contribuyó en mayor medida al sector de la construcción (50%), seguido de cerca por la UE, que duplicó con creces su participación en este sector. Por último, Estados Unidos invirtió la mayor parte en TIC (43%), después de casi triplicar su participación en este sector en comparación con la década anterior. La UE tuvo una presencia importante en este sector durante la década 2003-2013 y sigue siendo el segundo mayor inversionista (Gráfico 4.3).

Gráfico 4.3. La UE es el principal inversionista en electricidad, con un papel cada vez más importante en el transporte y la construcción

IED en proyectos nuevos, por origen y sector, % del total de la IED por sector, 2003-2024

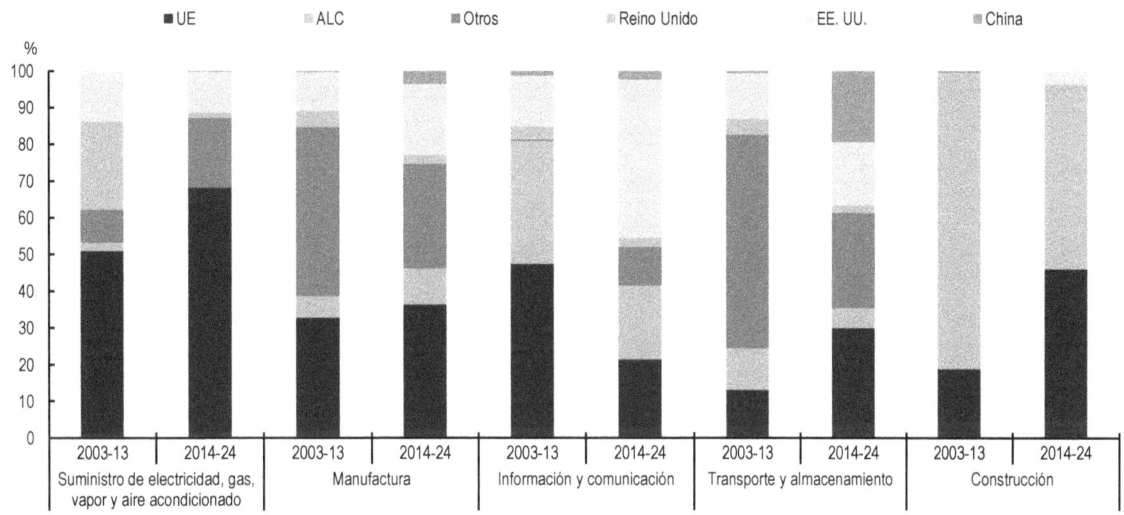

Nota: Este gráfico muestra solo los cinco sectores con mayores entradas de IED en proyectos nuevos durante el periodo 2003-2024.
Fuente: Basado en Financial Times (2025[2]), FDI Markets (base de datos),https://www.fdimarkets.com/.

La IED de la UE ha contribuido al cambio hacia la transición a la energía verde en uno de los cinco sectores estratégicos de la Política Nacional de Reindustrialización de Colombia (Departamento Nacional de Planeacion, 2024[9]). Esta tendencia refleja una reorientación regional más amplia de la inversión de la UE en ALC, gracias al enfoque de la Agenda de Inversiones Global Gateway UE-ALC (GGIA UE-ALC). La IED de la UE en energía creció más de un 210% entre 2014 y 2024 y se desplazó sustancialmente hacia las energías renovables, lo que posicionó a la UE como el principal impulsor del crecimiento de las energías renovables y la transición ecológica en el sector. La proporción de IED de la UE en proyectos nuevos de energía renovable casi se duplicó, pasando del 13% al 28% en la última década (Capítulo 1). Entre 2014 y 2024, más de tres cuartas partes de las inversiones de la UE en proyectos nuevos en el sector eléctrico de Colombia se destinaron a las energías renovables, lo que resalta el papel de la IED en el fomento de la sostenibilidad ambiental. La energía solar atrajo la mayor parte de la IED, que pasó de cero a más de 2 mil millones de dólares estadounidenses en comparación con la década anterior, seguida de los proyectos eólicos e hidroeléctricos (Financial Times, 2025[2]). Sin embargo, a pesar de esta importante contribución a la energía limpia, la UE fue también el único inversionista en proyectos nuevos que financió la generación de electricidad no renovable (petróleo, carbón y gas) durante el mismo periodo, con una inversión de 1 200 millones de dólares, lo que supone casi el 10% del total de sus compromisos en proyectos nuevos en Colombia (Gráfico 4.4). Esto podría explicarse por la huella histórica de las empresas energéticas europeas en Colombia, los efectos de clasificación en los datos de inversión que no tienen en cuenta los planes de energía híbrida y la inclusión de compromisos anteriores a la reorientación de la política de la UE hacia las infraestructuras sostenibles en el marco de la GGIA UE-ALC.

Gráfico 4.4. IED de la UE en proyectos nuevos en todos los sectores y subsectores, 2014-2024

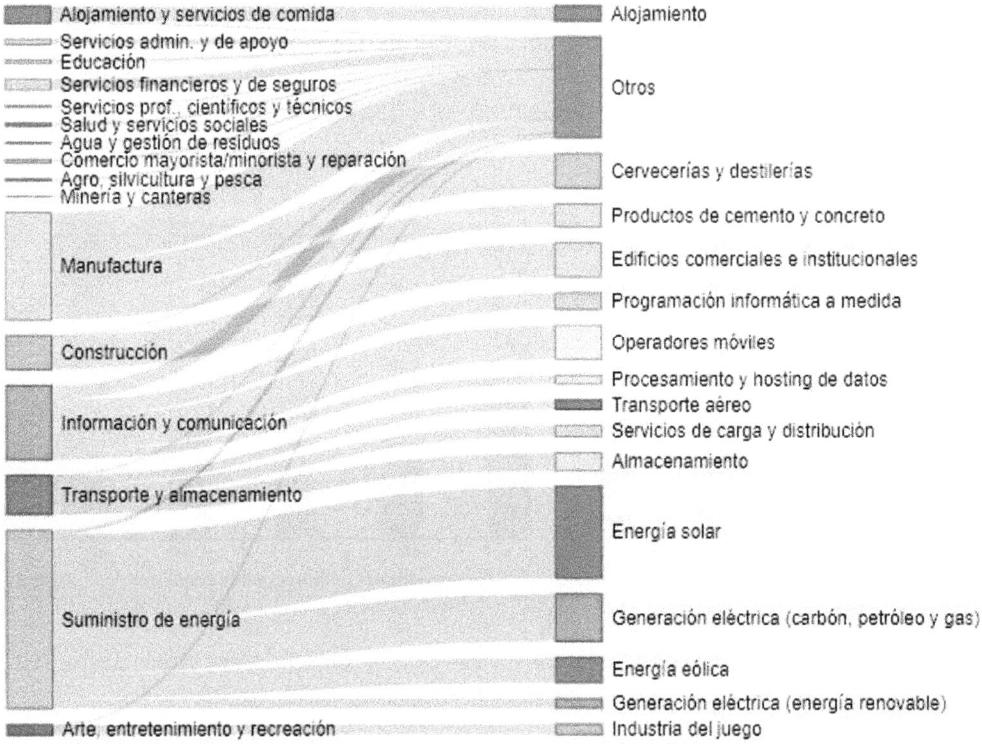

Fuente: Basado en Financial Times (2025[2]), FDI Markets (base de datos),https://www.fdimarkets.com/.

Dado el potencial energético sin explotar del país, el enfoque de la UE en las inversiones en electricidad renovable es importante para los compromisos de Colombia en materia de reducción de las emisiones de gases de efecto invernadero (GEI) para 2050 y los planes de expansión de la electricidad. A pesar de la gran proporción de energías renovables en la generación de electricidad – 74,9% en 2022 –, más del 98% de esta proviene de la energía hidroeléctrica (IEA, 2025[10]). Por el contrario, las energías renovables como la solar fotovoltaica (PV) y la eólica siguen siendo marginales, ya que representan menos del 2% de la combinación energética nacional, lo que hace que el sector sea vulnerable a la variabilidad climática. La expansión de las fuentes solares PV y eólicas también podría proporcionar una solución limpia y eficiente para las zonas no interconectadas (ZNI) de Colombia, lugares que, debido a su ubicación geográfica, no pueden conectarse a la red eléctrica nacional. Las ZNI cubren solo el 4% de la población, pero más de la mitad del territorio nacional y actualmente dependen del diésel, que es contaminante y costoso (OECD, 2023[11]).

Dentro del sector de las TIC, la UE ha centrado sus inversiones en la conectividad digital y otros servicios sofisticados. Alrededor del 9% del total de las inversiones de la UE en Colombia entre 2014 y 2024 se concentraron en áreas clave para la expansión de la conectividad digital. Esto incluye operadores de telecomunicaciones inalámbricas y por cable, procesamiento de datos, alojamiento y servicios relacionados. Estas inversiones son fundamentales para liberar el potencial de conectividad de Colombia y cerrar la brecha digital. Contribuyen a la consecución de los objetivos de Colombia aumentar la conectividad en un 85% para 2026 en el marco del Plan ConectaTIC *360*, que forma parte de su Estrategia Digital Nacional (Gobierno de Colombia, 2023[32]). El país ha registrado algunas de las tasas de crecimiento más altas de suscripciones a banda ancha fija y móvil entre los países de la OCDE y ALC desde principios de la década de 2010. También ha avanzado en la reducción de la brecha digital, logrando una reducción del 9% entre 2018 y 2022 (ColombiaTIC, 2023[12]). No obstante, sigue teniendo las tasas de penetración fija y móvil más bajas de la OCDE, con una proporción de conexiones de fibra y velocidad de banda ancha inferior a la media del grupo de la OCDE (OECD, 2019[13]). La expansión de la infraestructura y los servicios digitales podría ayudar a subsanar estas deficiencias, al tiempo que proporcionaría efectos positivos para el resto de la economía al permitir la innovación y el aumento de la productividad a nivel empresarial.

La IED de la UE ha contribuido de manera significativa a la expansión de los sectores intensivos en tecnología y conocimientos.

Los sectores intensivos en tecnología y conocimiento (TKI) se definen por su dependencia de los conocimientos científicos y técnicos, la I+D, la innovación y la mano de obra altamente cualificada, y son motores clave de la innovación, la productividad y el crecimiento económico a largo plazo. La IED en proyectos nuevos de TKI en Colombia aumentó de 7 800 a 11 300 millones de dólares (más del 40% de aumento) entre 2003-2013 y 2014-2024. Los servicios de alta tecnología intensivos en conocimiento son el subsector más destacado en Colombia. Esto contrasta con la tendencia general en ALC, donde la atención se centra en la fabricación de tecnología media. Durante las dos últimas décadas, la Unión Europea y Estados Unidos han sido las principales fuentes de inversión en Colombia. Mientras que la Unión Europea lideró en 2003-2013 con 3 100 millones de dólares, seguida de ALC (2 mil millones de dólares), Estados Unidos experimentó un fuerte crecimiento en 2014-2024 hasta convertirse en el principal inversionista, con un aumento de su participación en la IED en TKI de 20% a más del 30%. La participación de la UE disminuyó ligeramente, del 39% al 22%, lo que subraya la necesidad de reforzar su papel en este sector de alto valor agregado (Gráfico 4.5).

Gráfico 4.5. La IED en proyectos nuevos en los sectores de TKI en Colombia está aumentando

IED en proyectos nuevos, por origen y sector, 2003-2024

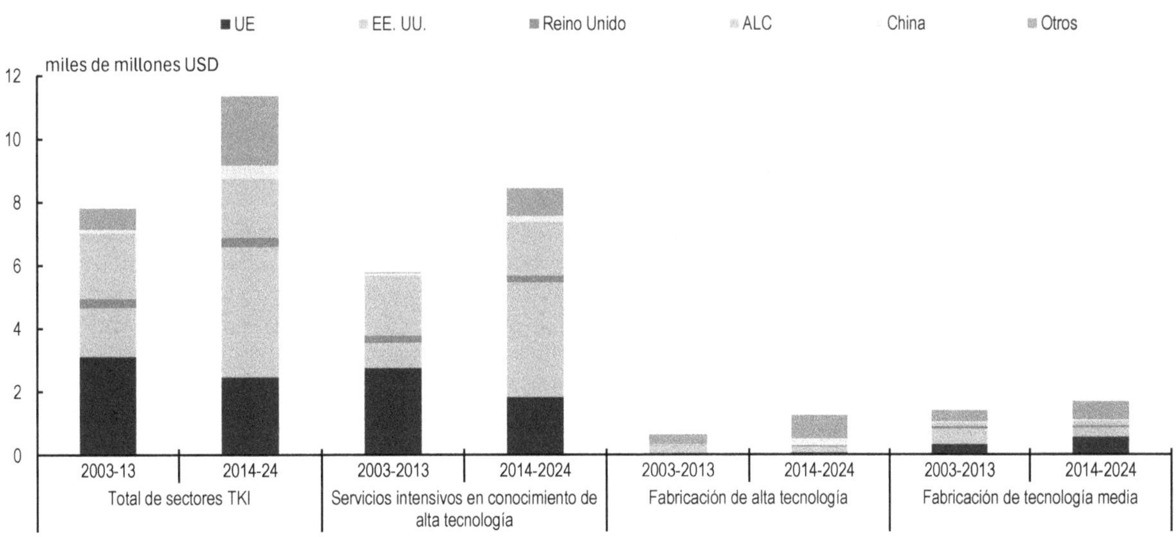

Nota: La clasificación de los sectores TKI sigue la metodología de Eurostat. Para más detalles, véase el cuadro 2.1 del Capítulo 2.
Fuente: Basado en Financial Times (2025[2]), FDI Markets (base de datos), https://www.fdimarkets.com/.

Los inversionistas de la UE y ALC se concentran en sectores altamente productivos

Si bien la IED de la UE en sectores intensivos en tecnología y conocimiento (TKI) ha disminuido en comparación con otros socios, la UE sigue liderando los sectores con alta productividad laboral, lo que subraya su papel en el afianzamiento de las actividades de valor agregado en la región. La IED en proyectos nuevos tanto de la UE como de ALC se concentra en sectores con una productividad laboral superior al promedio, mientras que la inversión de otros orígenes prevalece en sectores menos productivos (Gráfico 4.6). China muestra la mayor concentración en actividades de baja productividad, lo que podría explicarse por el hecho de que el 58% de su IED se dirige al sector del transporte.

La IED en proyectos nuevos de la UE se concentra en sectores relativamente productivos en términos de mano de obra: electricidad (40%), manufactura (20%) y TIC (14%) del total de la IED de la UE, lo que constituye un resultado positivo, dado que la inversión extranjera en los países en desarrollo suele dirigirse a sectores de menor productividad. Sin embargo, esto refleja en gran medida la naturaleza intensiva en capital y la mano de obra relativamente escasa de estos sectores. Esto limita los derrames de productividad a nivel de toda la economía, ya que el empleo limitado y los escasos encadenamientos con otros sectores reducen la difusión de habilidades, tecnología y buenas prácticas (Capítulo 1). Aun así, estas inversiones contribuyen a mejorar el acceso a la energía y a una mayor difusión de Internet, prioridades fundamentales que promueve actualmente la GGIA UE-ALC.

Gráfico 4.6. La IED en proyectos nuevos procedente de la UE se concentra en sectores con mayor productividad laboral

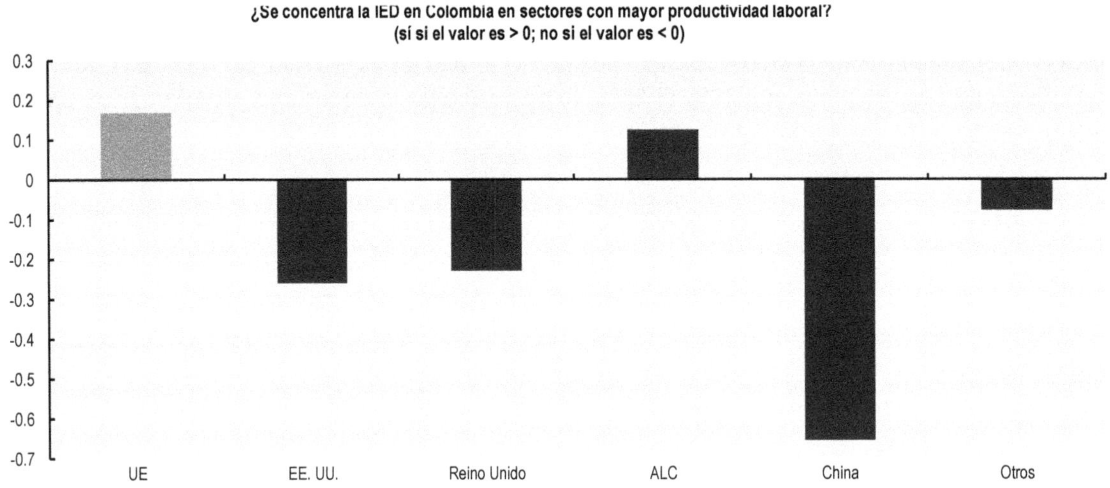

Nota: Este gráfico muestra una metodología ligeramente diferente a la del Capítulo 3 en términos de granularidad, marco temporal y enfoque, pero ofrece información sobre los diferentes orígenes de la IED y sus resultados relativos. Este gráfico muestra un indicador de Tipo 2 que utiliza la media de la IED y la productividad laboral durante el periodo 2015-2023. Para más detalles, véanse los anexos 4.A y 4.B.
Fuente: Basado en OCDE (2023[14]), Cuentas Nacionales Trimestrales, https://data-explorer.oecd.org/; Financial Times (2025[2]), Mercados de IED (base de datos),https://www.fdimarkets.com/.

Sin embargo, hay margen para mejorar los resultados en materia de productividad, ya que la IED en I+D sigue siendo limitada y está disminuyendo. Una encuesta realizada en 2023 a empresas que operan en Colombia indica que no hay diferencias estadísticamente significativas entre la inversión de las empresas extranjeras y las nacionales en I+D o innovación de procesos (World Bank, 2023[15]). Estos resultados concuerdan con una encuesta anterior realizada en 2016, que mostró que aproximadamente la misma proporción de empresas nacionales y extranjeras contaban con un programa de I+D financiado: el 17% de las empresas nacionales declararon tener dichos programas, frente al 16% de las empresas extranjeras (Fedesarrollo, 2016[16]).

La IED en proyectos nuevos de I+D en Colombia representa menos del 2% del total de la IED entre 2003 y 2024. La inversión total se redujo de 1 400 millones de dólares en 2003-2013 a 690 millones de dólares en 2014-2024 (Gráfico 4.7). En términos absolutos, la Unión Europea fue el principal inversionista en I+D, aunque su inversión disminuyó notablemente con el paso del tiempo. Por el contrario, la inversión estadounidense en I+D aumentó en las últimas dos décadas, hasta alcanzar más del 50% de la inversión total en I+D en 2014-2024. A pesar del bajo nivel de IED en proyectos nuevos destinada a actividades de I+D, las empresas extranjeras pueden seguir influyendo positivamente en el cambio tecnológico y la innovación en Colombia mediante la transferencia de tecnologías superiores de las empresas matrices. Esto pone de relieve la necesidad de políticas específicas para atraer IED centrada en I+D y fortalecer la capacidad de innovación de Colombia.

Gráfico 4.7. Las actividades de I+D representan el 2% del total de la IED en proyectos nuevos

IED en proyectos nuevos en actividades de I+D, 2003-2013 y 2014-2024

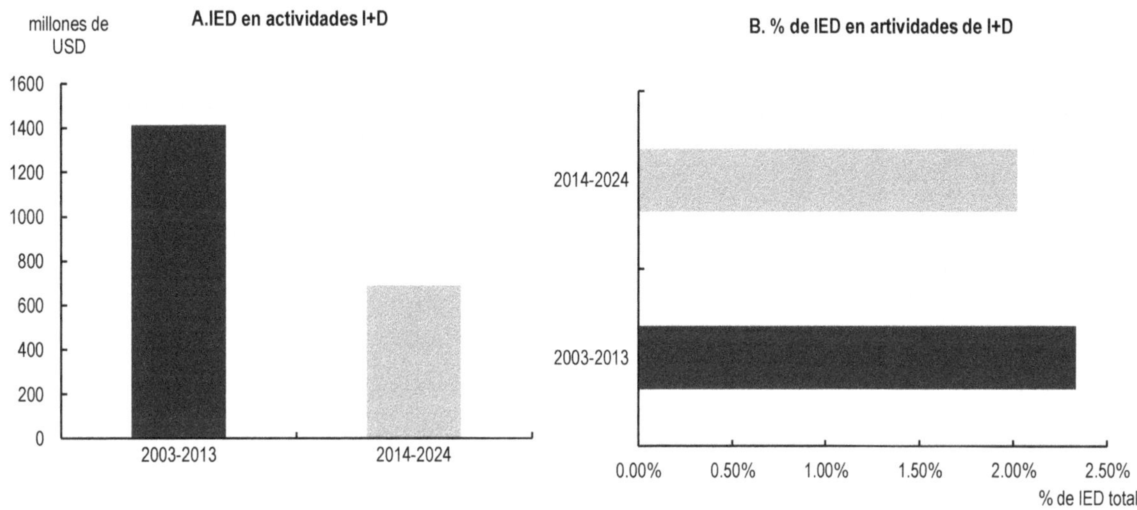

Fuente: Basado en Financial Times (2025[2]), FDI Markets (base de datos), https://www.fdimarkets.com/.

4.2.2. *El papel de la IED en la creación de empleos (de calidad) y la promoción de habilidades en Colombia*

La UE lidera la creación de empleo en Colombia, aunque la intensidad del empleo varía según los sectores

Se estima que, en las últimas dos décadas, la IED en proyectos nuevos ha generado alrededor de 320 mil empleos en Colombia, con un crecimiento de casi el 50% en el número de empleos entre las dos últimas décadas. Entre 2003 y 2024, Colombia ocupó el tercer lugar en empleo relacionado con la IED en proyectos nuevos en ALC, con un 7% del total de puestos de trabajo creados, muy por detrás de México (46%) y Brasil (16%) (Capítulo 2). La UE fue la mayor fuente de creación de empleo en Colombia, con casi 120 mil puestos de trabajo (36%), seguida de Estados Unidos, con más de 80 mil (25%), y los inversionistas de ALC, con alrededor de 60 mil (18%). La creación de empleo relacionada con la IED aumentó en todos los orígenes de los inversionistas entre 2003-2013 y 2014-2024, excepto en el caso del Reino Unido y otros inversionistas (Gráfico 4.8, Panel A).

La intensidad de empleo en Colombia aumentó sustancialmente, pasando de 2200 en 2003-13 a 5700 en 2014-24 empleos por cada mil millones de dólares estadounidenses invertidos. La IED procedente de la UE creó más empleos por cada mil millones de dólares invertidos que las inversiones de todos los orígenes en ambos periodos. Sin embargo, estas cifras deben interpretarse con cautela, ya que se derivan de anuncios de IED en proyectos nuevos que podrían no materializarse por completo (Gráfico 4.8, Panel B).

Gráfico 4.8. La UE ocupa el primer lugar en la creación total de empleo en Colombia, pero el tercero en términos de intensidad de empleo

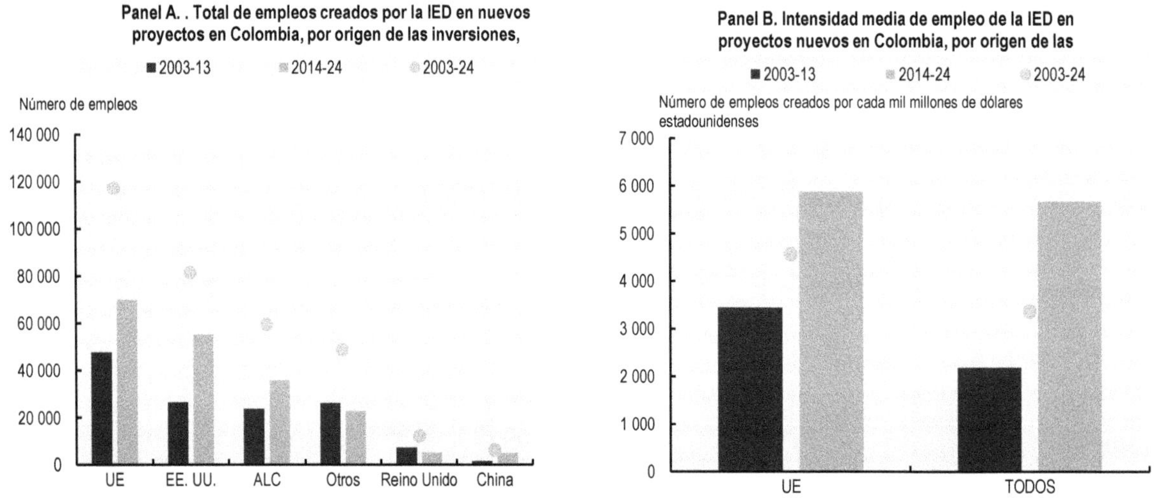

Nota: La intensidad de empleo se mide como el número de empleos creados por cada mil millones de dólares invertidos.
Fuente: Basado en Financial Times (2025[2]), FDI Markets (base de datos),https://www.fdimarkets.com/.

Los empleos generados por la IED se concentran principalmente en los sectores de servicios administrativos y de apoyo, y de TIC, que representan respectivamente el 21% y el 22% del total de empleos generados por la IED durante el periodo 2014-2024. Les sigue el sector manufacturero, que representa el 18%. Los empleos creados directamente por las inversiones en proyectos nuevos de la UE se concentran principalmente en los servicios administrativos y de apoyo (24.7%), industria manufacturera (18%), TIC (17.3%) y construcción (15.2%), lo que refleja los patrones sectoriales observados en el conjunto más amplio de todos los inversionistas extranjeros en Colombia (Gráfico 4.9, Panel A). El sector de los servicios administrativos y de apoyo es el que más empleo genera en las inversiones en proyectos nuevos, donde la UE muestra una mayor intensidad de empleo que otros países. Entre 2003-13 y 2014-2024, la proporción de empleos generados por la UE aumentó notablemente en los sectores de la construcción y de TIC, mientras que la creación de empleo disminuyó en los servicios administrativos y de apoyo, la electricidad, las actividades financieras y de seguros y la industria manufacturera (Gráfico 4.9, Panel B). Los empleos relacionados con la IED de proyectos nuevos en energías renovables creados por inversionistas de la UE se duplicaron con creces entre las dos últimas décadas.

Gráfico 4.9. Los empleos generados por la UE se concentran en los sectores de servicios administrativos y de apoyo, TIC, manufactura y construcción

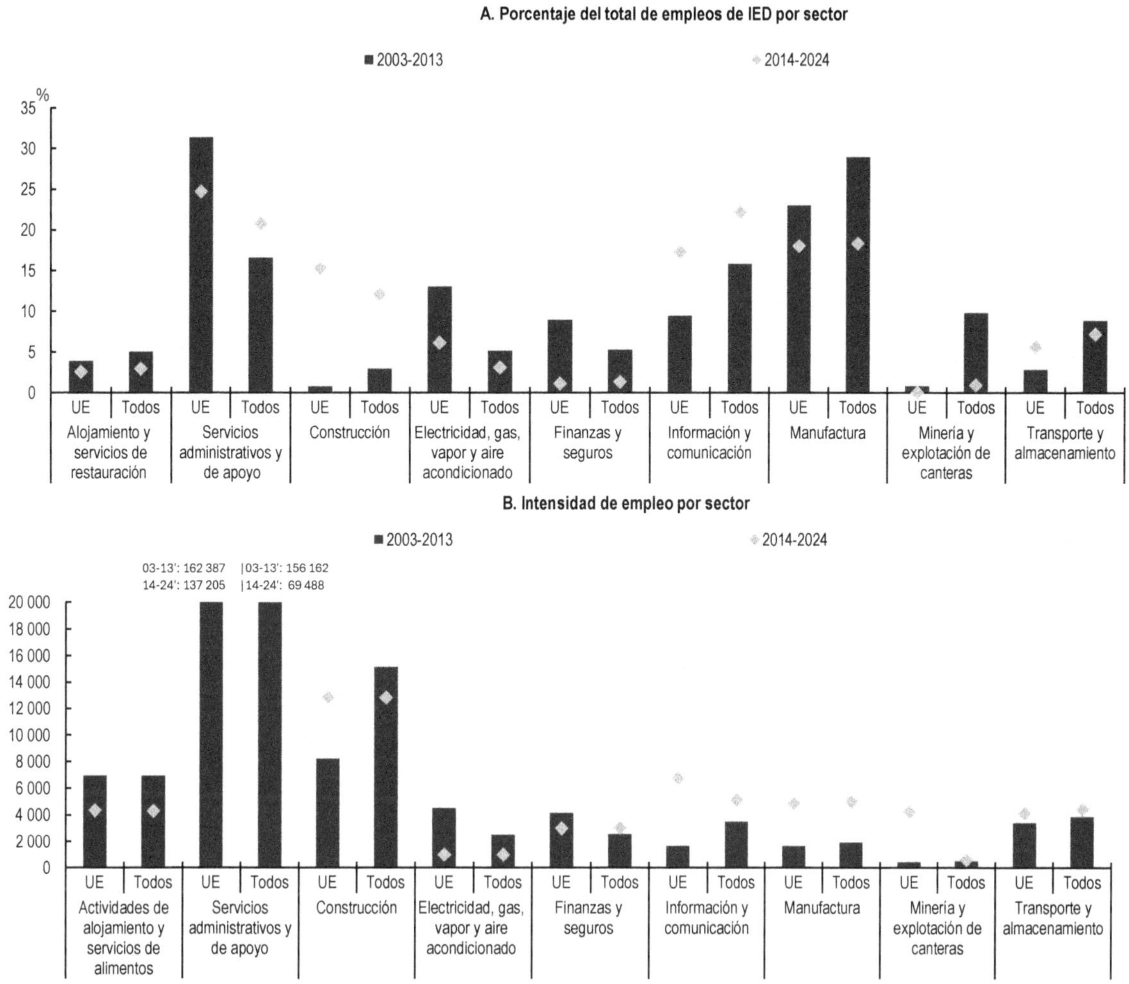

Nota: En el panel B, el eje Y se ha recortado para preservar la visibilidad de otros sectores; los valores correspondientes a los servicios administrativos y de apoyo se extienden por encima del gráfico. La intensidad de empleo corresponde al número de puestos de trabajo creados por cada mil millones de dólares estadounidenses de inversión en proyectos nuevos. Solo se presentaron los sectores que representen al menos el 5% del total de puestos de trabajo de la IED en cualquier periodo de tiempo u origen. "Todos" se refiere a la IED de todos los orígenes.
Fuente: Basado en Financial Times (2025[2]), FDI Markets (base de datos),https://www.fdimarkets.com/.

Por último, la creación de empleo en los sectores digitales (servicios digitales, componentes electrónicos, productos de TIC y telecomunicaciones) ha aumentado considerablemente, en consonancia con las tendencias regionales. Entre 2014 y 2024, estos sectores representaron el 20% de todos los empleos relacionados con la IED en proyectos nuevos en ALC, lo que subraya su creciente importancia como fuente de empleo (Capítulo 2). Entre las dos últimas décadas, la creación de empleo derivada de la IED en proyectos nuevos en los sectores digitales casi se duplicó, pasando de 25 mil a casi 46 mil (Gráfico 4.10). En 2014-2024, los empleos en los sectores digitales representaron aproximadamente una cuarta parte del total de empleos relacionados con la IED, lo que refleja unos ecosistemas digitales más desarrollados en el país. Las inversiones de la UE fueron fundamentales para este crecimiento, ya que los empleos en el sector digital aumentaron de 4 600 a 13 mil, lo que convirtió a la Unión Europea en la segunda fuente más importante después de Estados Unidos. La mayoría de estos nuevos empleos se crearon en los servicios digitales, mientras que el crecimiento en los bienes de TIC, las telecomunicaciones y los componentes electrónicos siguió siendo limitado.

Gráfico 4.10. EE. UU. y la UE encabezan la creación de empleo en los sectores digitales

Puestos de trabajo nuevos de IED en sectores digitales, por país de origen, 2003-2013 y 2014-2024, miles de puestos de trabajo

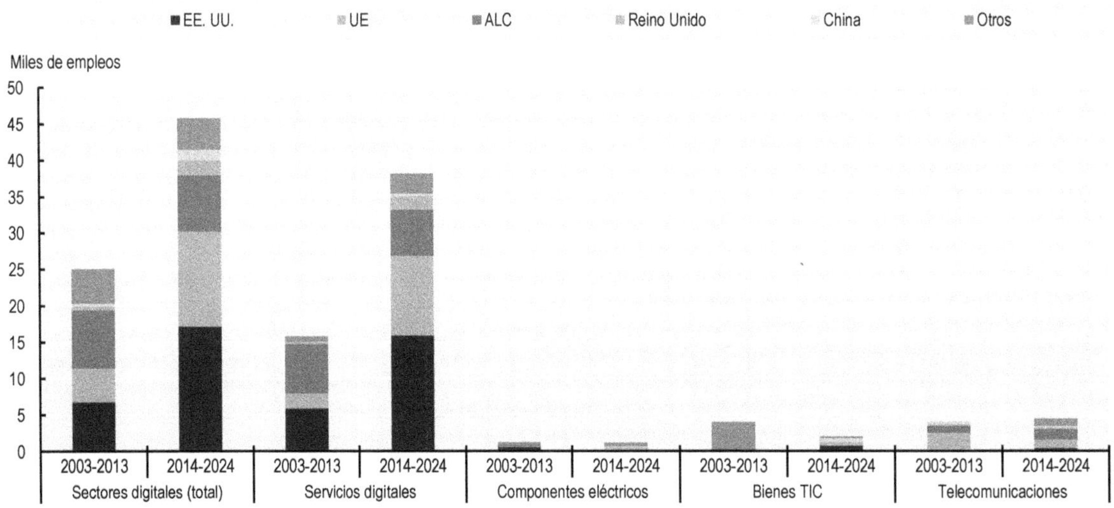

Nota: Los sectores digitales incluyen los servicios digitales (por ejemplo, actividades de programación informática, actividades de procesamiento y alojamiento de datos, actividades de servicios de información, etc.); los bienes TIC (electrónica, equipos informáticos, etc.); los componentes eléctricos (baterías, equipos eléctricos, dispositivos de cableado, etc.); y las telecomunicaciones (actividades de telecomunicaciones por cable e inalámbricas y actividades satelitales).
Fuente: Basado en Financial Times (2025[2]), FDI Markets (base de datos), https://www.fdimarkets.com/.

La IED procedente de la UE y ALC se concentra ligeramente en sectores con salarios más altos

La IED de la UE en Colombia se concentra ligeramente en los sectores con salarios más altos, mientras que los inversionistas de ALC muestran una preferencia aún mayor por las actividades con salarios superiores a la media. Por el contrario, Estados Unidos, Reino Unido, China y otros países invierten más en sectores con salarios más bajos, siendo China el país que muestra una preferencia más marcada. Esto refleja la tendencia regional: la IED de la UE en ALC tiende a asociarse con una mayor proporción de empleos de calidad – con salarios superiores a la media nacional – y menos puestos de trabajo con salarios bajos. En Colombia, casi el 40% de los trabajadores de los sectores de IED de la UE ganan salarios superiores al promedio, en comparación con alrededor del 30% en otros sectores (Capítulo 3). La ligera prima positiva de la UE refleja una doble concentración tanto en sectores con salarios más bajos, como la industria manufacturera (salario medio anual de 4 900 dólares estadounidenses) y la construcción (3 500 dólares estadounidenses), como en sectores con salarios más altos, como las TIC (10 600 dólares estadounidenses) y la industria manufacturera (10 200 dólares estadounidenses) (Gráfico 4.11).

Gráfico 4.11. La IED procedente de ALC se concentra ligeramente en los sectores mejor remunerados

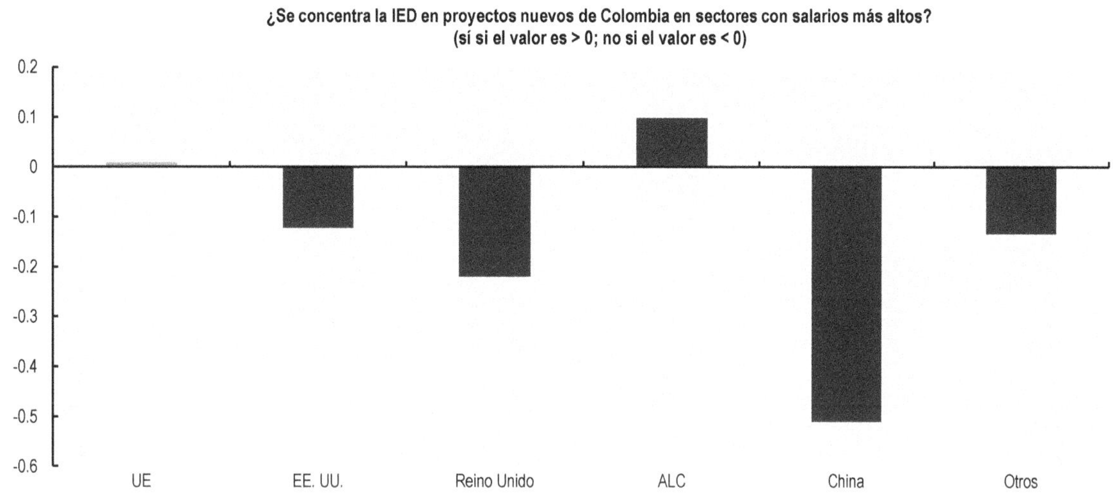

Nota: Este gráfico muestra una metodología ligeramente diferente a la del Capítulo 3 en términos de granularidad, marco temporal y enfoque, pero ofrece información sobre los diferentes orígenes de la IED y sus resultados relativos. Este gráfico muestra un indicador de Tipo 2 que utiliza la IED media y la remuneración de los empleados durante el periodo 2015-2023. Para más detalles, véanse los anexos 4.A y 4.B.
Fuente: Basado en (2023[14]), Cuentas Nacionales Trimestrales,https://data-explorer.oecd.org/; Financial Times (2025[2]), Mercados de IED (base de datos),https://www.fdimarkets.com/.

Esta concentración de la IED de la UE en sectores con salarios más altos se complementa con una prima salarial, ya que se ha observado que las empresas extranjeras enfrentan mayores costos por empleado que las nacionales (Capítulo 3). En Colombia, se observa que los sectores en los que se crean la mayoría de los puestos de trabajo de la UE no solo ofrecen salarios más altos, sino también una mayor calidad salarial y formalidad laboral. Los trabajadores de los sectores con una concentración de puestos de trabajo de la IED de la UE también son más propensos a tener un contrato permanente y por escrito, a recibir contribuciones a la pensión y seguro médico, a tener un mayor nivel educativo y a ser predominantemente hombres, en comparación con los demás sectores (Capítulo 3).

La IED en Colombia ofrece más formación que las empresas nacionales

La IED en proyectos nuevos de todos los orígenes en actividades de educación y formación en Colombia creció significativamente durante la última década. La inversión originada en la UE en este ámbito aumentó sustancialmente en volumen, pasando de 6.5 millones de dólares estadounidenses en 2003-2013 a 145 millones en 2014-2024 (Gráfico 4.12, Panel A), situándose como el segundo mayor inversionista después de ALC en este último periodo. Este cambio nominal también corresponde con un aumento sustancial de la proporción de inversiones destinadas a la educación y la formación, que pasó de solo el 0.04% al 1.2% entre estos periodos para la UE, lo que demuestra la creciente atención que prestan las empresas europeas a la mejora de las capacidades de los empleados (Gráfico 4.12, Panel B). Las empresas europeas de los sectores energético y digital entrevistadas para este informe ofrecen ejemplos ilustrativos de esta tendencia (Recuadro 4.1).

Gráfico 4.12. Las inversiones de la UE en educación y formación aumentaron significativamente en la última década

IED en actividades de educación y formación en Colombia

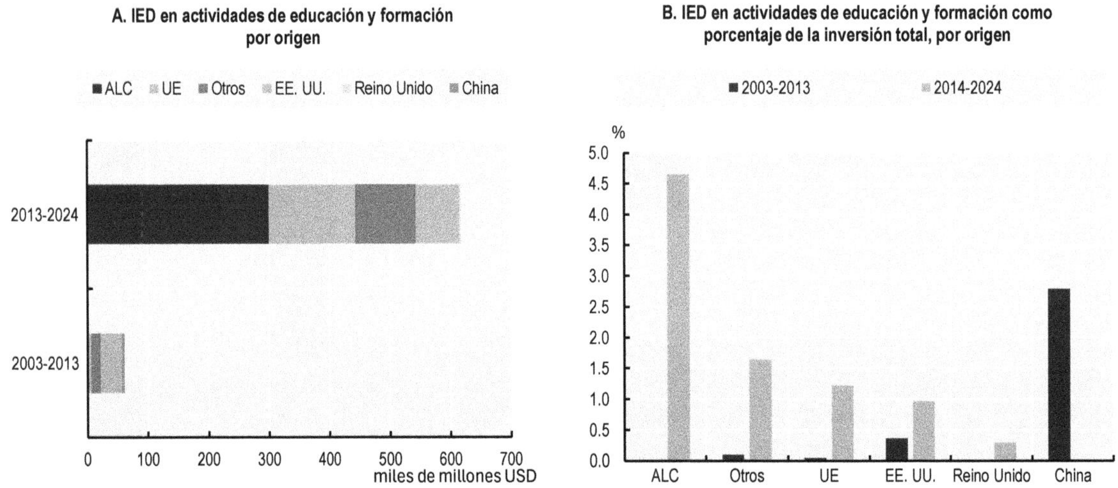

Nota: Las inversiones en actividades de educación y formación comprenden instalaciones de formación corporativa, centros de formación subcontratados, institutos educativos y proveedores de desarrollo profesional.

Fuente: Basado en Financial Times (2025[2]), FDI Markets (base de datos),https://www.fdimarkets.com/.

Recuadro 4.1. La IED está impulsando el desarrollo de competencias en el sector de las energías renovables y la conectividad digital en Colombia

Las empresas europeas del sector de las energías renovables y la conectividad digital en Colombia contribuyen activamente al desarrollo de la fuerza laboral mediante programas de formación estructurados e integrados a nivel internacional.

EDF Renewables, una empresa francesa presente en Colombia desde 2019, ha establecido una estrategia de formación integral para sus 37 empleados locales. Esto incluye asociaciones formales con universidades locales, como la Universidad Javeriana y la Universidad del Rosario, para ofrecer programas de formación certificados. La empresa también participa en redes internacionales de formación medioambiental y gestiona un programa de identificación de talentos, que permite a los empleados seleccionados asistir a cursos de formación en el extranjero, incluso en su sede central de París.

Hispasat, el operador español de telecomunicaciones por satélite, tiene una filial en Colombia desde 2013. Actualmente presta servicios de conectividad en más de 700 emplazamientos de departamentos como Amazonas, Boyacá y Guainía. La empresa emplea a 150 personas en Colombia y enfoca sus esfuerzos de formación en las habilidades técnicas y operativas, complementadas con módulos sobre liderazgo y gestión. La formación se extiende también a los clientes y sus equipos de apoyo, impartiendo sesiones tanto a nivel local como desde España.

Estos casos ilustran cómo los inversionistas extranjeros pueden potenciar el desarrollo del capital humano en los países receptores, no solo capacitando a su propio personal, sino también generando efectos de derrame positivo en toda la cadena de valor a través de la formación de organizaciones socias y clientes.

Fuente: Basado en entrevistas con (Lebrun, 2025[17]) y (Aldana, 2025[18]).

Los principales inversionistas en Colombia operan en sectores con menor empleo femenino, pero las empresas extranjeras contratan una mayor proporción de empleadas

La IED procedente de la Unión Europea, Estados Unidos, ALC y otras fuentes de inversión se concentra en sectores dominados por los hombres con una menor concentración de empleo femenino (Gráfico 4.13). Esto concuerda con la tendencia regional en ALC de IED en proyectos nuevos predominantemente en sectores dominados por los hombres: entre 2014 y 2023, más del 70% de la IED en proyectos nuevos en la región se dirigió a sectores con una participación femenina relativamente baja (Capítulo 2). Los flujos de IED de la UE hacia Colombia se concentran en gran medida en sectores con baja participación femenina, mientras que las inversiones estadounidenses solo se concentran ligeramente en estos sectores. Por el contrario, la IED procedente del Reino Unido y China se concentra en sectores con una mayor proporción de empleadas, en relación con el conjunto de la economía. Sin embargo, esta conclusión debe interpretarse con cautela, ya que la concentración de la IED en sectores altamente feminizados no indica su contribución, positiva o negativa, a la igualdad de género; es necesario realizar un análisis más detallado sobre la participación, las condiciones de trabajo y la protección social.

Los últimos registros oficiales muestran que, entre diciembre de 2024 y febrero de 2025, la brecha de género en el empleo se situó en 25 puntos porcentuales (DANE, 2025[19]). Los hombres registraron una tasa de empleo del 70%, frente a tan solo el 46% de las mujeres. Por su parte, la tasa de desempleo de las mujeres (14%) fue casi el doble que la de los hombres (8%). El empleo femenino en Colombia se concentra en sectores de servicios altamente cualificados, como la administración pública, la educación, la salud, las finanzas y los servicios profesionales. La participación es notablemente menor en sectores de cualificación media y baja, como la construcción o los subsectores de la industria manufacturera, donde predomina la IED de la UE.

Gráfico 4.13. La IED de la UE se concentra en sectores con menor empleo femenino

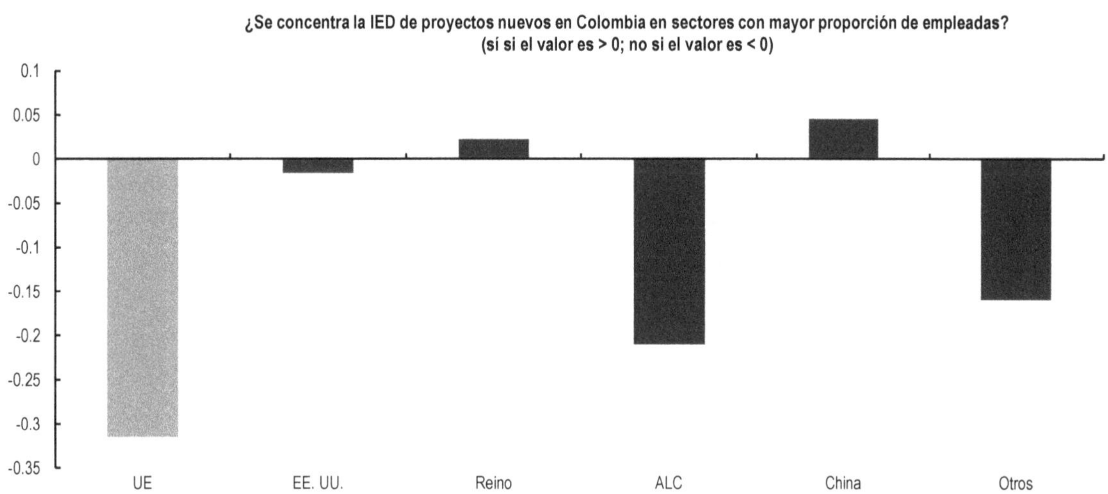

Nota: Este gráfico muestra una metodología ligeramente diferente a la del Capítulo 3 en términos de granularidad, marco temporal y enfoque, pero ofrece información sobre los diferentes orígenes de la IED y sus resultados relativos. Este gráfico muestra un indicador de Tipo 2 que utiliza la IED media y el número de empleados y empleadas durante el periodo 2020-2023. Para más detalles, véanse los anexos 4.A y 4.B.
Fuente: Basado en OCDE (2023[14]), Cuentas Nacionales Trimestrales,https://data-explorer.oecd.org/; (ILO, 2025[20]), Empleo por sexo, edad y actividad económica,https://ilostat.ilo.org/; Financial Times (2025[2]), Mercados de IED (base de datos),https://www.fdimarkets.com/.

Las empresas extranjeras en Colombia emplean una proporción ligeramente mayor de mujeres que las empresas nacionales, con una diferencia estadísticamente significativa (Capítulo 3). Aunque la diferencia es modesta, los datos de la encuesta confirman que las empresas de propiedad extranjera tienen una mayor proporción de empleadas. Esto puede explicarse en parte por la aplicación de políticas de diversidad e inclusión en las filiales multinacionales. Las empresas europeas informaron de la adopción de políticas relacionadas con el género, incluidas iniciativas sobre cultura corporativa y formación. Sin embargo, indicaron que no se exigen cuotas ni objetivos específicos de género en lo que respecta al empleo femenino (Capítulo 5).

4.2.3. La cooperación internacional mejora la IED y su impacto en Colombia

La cooperación internacional es esencial no solo para atraer la IED, sino también para maximizar su impacto en el desarrollo económico y social. En Colombia puede ayudar a seguir abordando las barreras estructurales. La escasa diversificación de las exportaciones, las habilidades limitadas, los altos niveles de pobreza y desigualdad, la informalidad generalizada y la elevada percepción de riesgo limitan actualmente la inversión (OECD, 2024[21]; 2024[22]). La interacción entre la IED y la cooperación al desarrollo está evolucionando, y la UE tiene un rol central en este cambio (Da Costa, 2025[23]). Con la GGIA UE-ALC a la vanguardia de este cambio, la cooperación se centra cada vez más en movilizar capital privado a gran escala para satisfacer las crecientes necesidades de desarrollo. Los socios están desplegando instrumentos catalizadores (por ejemplo, garantías, financiamiento combinado, coinversiones en capital, préstamos sindicados), junto con apoyo a la preparación de políticas y proyectos, para reducir el riesgo de los proyectos, atraer a inversionistas institucionales y empresas estratégicas, y alinear el financiamiento con las prioridades nacionales (OECD et al., 2019[24]; 2024[22]; European Commission, 2025[25]). Paralelamente, la cooperación puede fortalecer el entorno propicio mediante el apoyo a las reformas legales y normativas, la mejora de las habilidades y la formación para crear una fuerza laboral capaz de atraer y mantener inversiones de alta calidad.

La movilización de financiamiento privado para el desarrollo en Colombia es cada vez más importante, con especial atención a los servicios bancarios y financieros, seguidos de la energía

El financiamiento privado movilizado para el desarrollo dirigido a los sectores productivos en Colombia ha superado en general a la Ayuda Oficial al Desarrollo (AOD) como porcentaje del Ingreso Nacional Bruto (INB) durante la última década (Gráfico 4.14). La dependencia de Colombia del financiamiento privado movilizado para el desarrollo destaca en comparación con ALC, ya que ha tenido un papel relativamente más importante en el país que en la región. Los mecanismos de apalancamiento más destacados por valor en Colombia son las garantías (39%), los préstamos sindicados (31%) y las participaciones en vehículos de inversión colectiva (VIC) (13.5%) (OECD, 2025[26]).

Gráfico 4.14. Flujos oficiales a los sectores productivos en Colombia y ALC como porcentaje del INB, 2014-2023

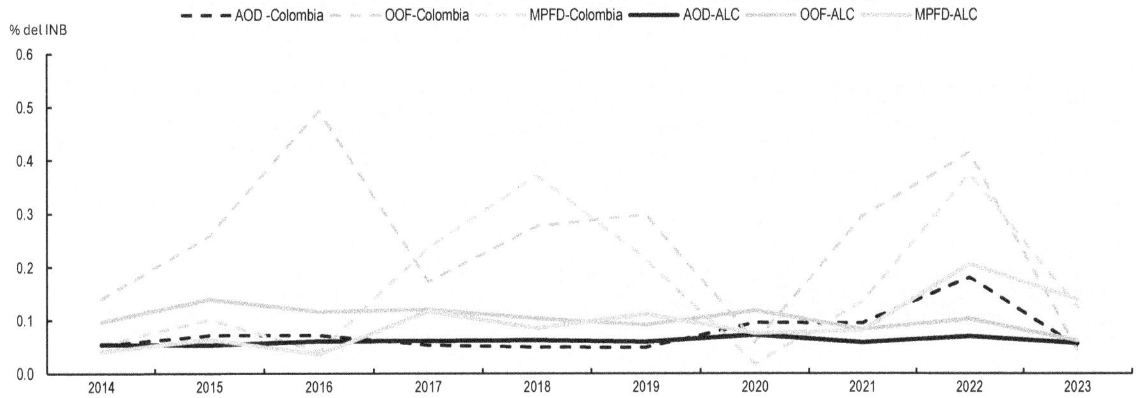

Nota: AOD: Ayuda Oficial al Desarrollo; OFO: Otros Flujos Oficiales; MPFD: Financiamiento Privado Movilizado para el Desarrollo. Los sectores productivos incluyen la agricultura, construcción, energía, pesca, silvicultura, industria, recursos minerales y minería, turismo, transporte, suministro de agua y saneamiento, y turismo y almacenamiento.

Fuente: Basado en OCDE (2025[26]), CRS Privado: Financiamiento privado movilizado para el desarrollo,https://data-explorer.oecd.org/; Banco Mundial (2025[27]), Indicadores del desarrollo mundial,https://databank.worldbank.org/; OCDE (2025[28]), CRS - Sistema de información de acreedores (flujos), https://data-explorer.oecd.org/.

El crecimiento del financiamiento privado movilizado para el desarrollo se refleja en términos absolutos y relativos, y los flujos también se han diversificado, pues ahora abarcan una gama más amplia de sectores. En 2012, solo tres sectores en Colombia recibieron financiamiento privado movilizado. En 2023, el número de sectores aumentó a 13 (OECD, 2025[26]). Durante el periodo 2014-2023, el financiamiento privado movilizado se destinó a los servicios bancarios y financieros (43%), seguidos de la energía (21%) y el transporte y el almacenamiento (18%) (Gráfico 4.15). La proporción de financiamiento privado movilizado destinada a los servicios bancarios y financieros es mayor en Colombia que en ALC, lo que ilustra la forma en que los esfuerzos de desarrollo pueden apoyar actividades intensivas en conocimiento y de alto valor agregado.

Gráfico 4.15. El financiamiento privado movilizado se concentra en los servicios bancarios y financieros, seguidos de la energía

Financiamiento privado movilizado para el desarrollo, por sectores, en Colombia y ALC, 2014-2023

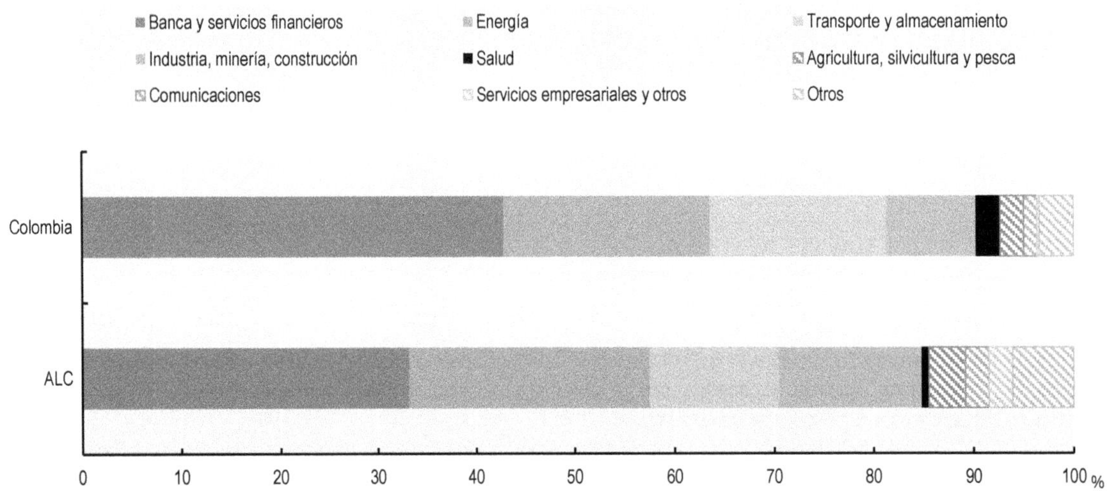

Nota: Los sectores que representan menos del 2% del total para ambas regiones se han agrupado en el rubro de "Otros".
Fuente: Basado en OCDE (2025[26]), CRS Privado: Financiamiento privado movilizado para el desarrollo, https://data-explorer.oecd.org/.

Además, aunque Colombia recibió relativamente menos financiamiento privado movilizado para el desarrollo en el sector energético que ALC, el 82% de ese financiamiento se destinó a la generación de energía renovable y nada a energías no renovables, lo que refleja los esfuerzos de desarrollo en la transición ecológica del país y la alineación con las tendencias sectoriales de la IED (OECD, 2025[26]). Una agenda de movilización optimizada en Colombia puede orientar aún más la IED hacia actividades con bajas emisiones de carbono e intensivas en conocimiento, fomentar la I+D, profundizar los vínculos locales y la participación de las pequeñas y medianas empresas (PYME) y aportar una adicionalidad cuantificable al desarrollo.

La AOD de la UE a Colombia se alinea con el enfoque de la IED en la energía y apoya las competencias

Más allá de la movilización directa, la AOD puede tener un papel crucial al fortalecer las bases de los sectores productivos y, por lo tanto, mejorar indirectamente su atractivo para los inversionistas extranjeros. La AOD puede apoyar el desarrollo de infraestructuras, mejoras regulatorias, así como la formación y el desarrollo de competencias, todos ellos aspectos críticos para crear un clima de inversión atractivo (Kimura and Flood, 2025[29]). La AOD de la UE a Colombia se ajusta estrechamente a las prioridades de la IED de la UE, en particular la transición ecológica. Entre 2014 y 2023, el 36% de la AOD para el sector productivo se destinó a la energía – el 27% de ella a energías renovables – seguida del transporte (26%) y la agricultura (13%) (OECD, 2025[28]). A diferencia de la IED, no se asignaron fondos a las energías no renovables. Desde 2019, la AOD de la UE se ha centrado cada vez más en la energía, mientras que el apoyo a la agricultura y la silvicultura ha disminuido (Gráfico 4.16).

Gráfico 4.16. La AOD de la UE a los sectores productivos se concentra en la energía

AOD de los miembros y las instituciones de la UE desembolsada a los sectores productivos de Colombia, 2014-2023

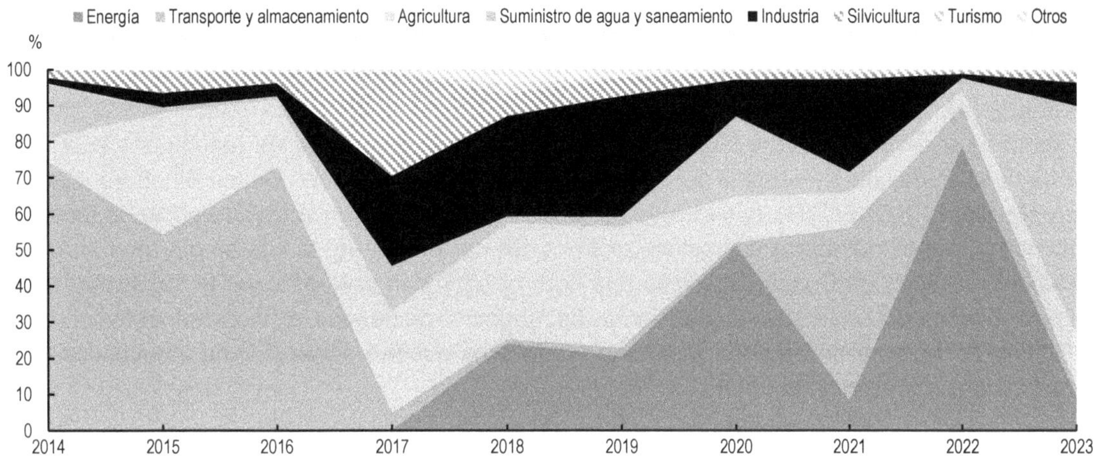

Nota: El rubro de "Otros" incluye la pesca, las políticas y regulaciones comerciales, los recursos minerales y la minería y la construcción.
Fuente: OCDE, Basado en OCDE (2025[28]), CRS: Sistema de Información de Acreedores (flujos),https://data-explorer.oecd.org/.

El desarrollo de competencias y la formación es otro canal clave a través del cual la AOD puede promover la transformación sectorial, mejorar la empleabilidad y la productividad, y aumentar el atractivo de la inversión. Entre 2014 y 2023, la Unión Europea fue uno de los principales donantes para el desarrollo de competencias en Colombia (29 millones de dólares estadounidenses), después del Reino Unido, y destinó más de la mitad de su AOD en este ámbito a la formación profesional para reforzar la capacidad de la mano de obra y el atractivo de la inversión. En concreto, el 54% de la AOD de la UE destinada a las competencias se dirigió a la formación profesional, lo que refleja el énfasis en el desarrollo de la capacidad profesional (OECD, 2025[28]).

La asociación de la UE apoya las estrategias de inversión para el desarrollo en Colombia

La agenda de reformas de Colombia es ambiciosa, ya que busca elevar el nivel de vida y promover la justicia social mediante la diversificación económica, la transición energética y la convergencia regional (OECD, 2024[21]). La UE, a través de la GGIA UE-ALC, apoya áreas prioritarias como el clima y la energía, la conectividad, la digitalización y el transporte. Estos son también pilares fundamentales del Plan Nacional de Desarrollo (PND) 2022-2026 de Colombia, que coloca el desarrollo territorial al centro de una economía descarbonizada, basada en la biodiversidad e inclusiva. La energía limpia es una piedra angular de esta estrategia, reforzada en el Plan Nacional de Energía 2024-2054, y en consonancia con el objetivo legislado de emisiones netas cero para el año 2050 (UPME, 2025[30]). El compromiso de la UE en materia de clima y energía abarca la taxonomía de las finanzas sostenibles, el acceso al financiamiento a través de la Iniciativa Global de Bonos Verdes, las energías renovables, la gestión de aguas residuales, el hidrógeno verde y las soluciones basadas en la naturaleza (European Commission, 2024[31]). Estos esfuerzos complementan el creciente peso de los flujos de IED de la UE en el sector de las energías renovables de Colombia, amplificando su impacto en el desarrollo (Financial Times, 2025[2]).

El Programa Indicativo Plurianual 2021-2027 de la UE para Colombia proporciona un marco para aumentar la inversión, en particular mediante la combinación de fondos y garantías en el marco del Fondo Europeo para el Desarrollo Sostenible Plus (EFSD+) con el fin de movilizar financiamiento para infraestructuras ecológicas y una combinación energética más limpia (European Commission, 2021[32]). Entre las operaciones recientes se incluye un préstamo de 300 millones de dólares estadounidenses del

Banco Europeo de Inversiones (BEI), Enel S.p.A. Group y el grupo financiero y asegurador italiano SACE para ampliar las redes, la generación de energía renovable y la movilidad eléctronica. Las operaciones de financiamiento combinada dirigidas por Climate Fund Managers han catalizado la inversión privada en energía limpia y han reducido el riesgo de proyectos, como las centrales eléctricas PCH Nare y Pétalo del Norte I (Edwards, 2025[33]; CFM, 2025[34]).

Más allá del financiamiento y la mitigación de riesgos, programas de la UE como Euroclima+ refuerzan el entorno propicio en Colombia mediante la promoción de marcos normativos y programas sectoriales sobre eficiencia energética, como las normas para vehículos ligeros y el etiquetado de vehículos, y contribuyen al diseño de programas sectoriales a largo plazo sobre eficiencia energética en la industria (Euroclima, n.d.[35]). Además, Euroclima+ respalda la Estrategia Colombiana para el Desarrollo Bajo Carbono, Adaptado y Resiliente (ECDBCAR), que incluye acciones relacionadas con la transferencia de tecnología y la adaptación al cambio climático (Euroclima, n.d.[35]). De cara al futuro, la bioenergía, que se prioriza explícitamente en el PND de Colombia, ofrece una gran oportunidad para acelerar la transición hacia la energía limpia. El aprovechamiento de herramientas de reducción de riesgos, el financiamiento combinado y el fortalecimiento de las alianzas con los actores financieros pueden atraer IED de alta calidad a este sector de alta intensidad tecnológica (OECD, 2022[36]).

Como inversionista líder en el sector de las telecomunicaciones de Colombia, la UE tiene un papel fundamental en el avance de la conectividad digital, el fomento de nuevas inversiones y la mejora de su impacto. A través de la GGIA UE-ALC, apoya el plan ConectaTIC *360* de Colombia, que forma parte de la Estrategia Digital Nacional, movilizando inversiones, fomentando la armonización normativa y promoviendo el desarrollo sostenible de las infraestructuras digitales. Aunque todavía se encuentra en una fase inicial, la cooperación se está articulando en torno a tres pilares: i) ampliar el acceso al capital y los recursos; ii) reforzar las capacidades locales para el uso sostenible de Internet; y iii) promover la armonización de las políticas y la armonización normativa. Entre las iniciativas concretas se incluye la movilización de la inversión privada a través del Banco de Desarrollo de América Latina y el Caribe (CAF), centrándose en la banda ancha fija para hogares, empresas e instituciones públicas. También se incluye el programa "Conectando lo desconectado", que desplegará hasta 12 redes comunitarias, capacitará a 800 personas y creará un diálogo político sobre la conectividad rural a largo plazo, así como un intercambio de políticas sobre los marcos normativos emergentes para la inteligencia artificial (OECD, forthcoming[37]).

4.3. Costa Rica: Tendencias e impacto de la IED, con especial atención a las inversiones de la UE

4.3.1. El papel de la IED en la mejora de las estructuras de producción y la innovación en Costa Rica

La IED en Costa Rica está por encima de los promedios de ALC y de la OCDE, y ha impulsado el desarrollo de la industria manufacturera

La IED ha sido un motor fundamental del desarrollo de Costa Rica, sustentando el crecimiento, el empleo y la competitividad. La estrategia del país, que se basa en el comercio y la inversión extranjera, ha dado prioridad a la integración en el mercado mundial como motor fundamental del crecimiento (OECD et al., forthcoming[38]). Esta relevancia estructural se refleja en la elevada proporción de la IED en el PIB, que se ha mantenido por encima de la media de América Latina y de la OCDE desde principios de la década del 2000. Los flujos per cápita también han superado la media regional y, en los últimos años, incluso han superado la media de la OCDE. A pesar de algunas fluctuaciones procíclicas, la IED creció en un promedio anual del 9.5% entre 2005 y 2023, muy por encima del crecimiento del PIB de Costa Rica, que fue del

3.8%, lo que refleja su papel cada vez más importante en la trayectoria económica a largo plazo del país (Central Bank of Costa Rica, 2025[39]).

La IED en proyectos nuevos en Costa Rica ha crecido rápidamente, con un promedio de crecimiento anual del 64% entre 2003 y 2024, en comparación con el 9.5% de la IED total (Central Bank of Costa Rica, 2025[39]). El sector manufacturero ha dominado de manera constante, pasando del 35% de las entradas de nuevas inversiones en 2003-2013 (3 530 millones de dólares) al 51% en 2014-2024 (6 700 millones de dólares) (Gráfico 4.17). Dentro de la industria manufacturera, los equipos y suministros médicos pasaron de representar menos del 5% (478 millones de dólares) a casi el 17% (2 170 millones de dólares) de la IED en proyectos nuevos. La fabricación de productos farmacéuticos creció de menos del 0.5% (38 millones de dólares) al 6% (725 millones de dólares), junto con las ganancias en semiconductores y aparatos electromédicos (Gráfico 4.18).

Gráfico 4.17. La IED en el sector manufacturero creció sustancialmente en las últimas dos décadas.

IED en proyectos nuevos en Costa Rica, por sector

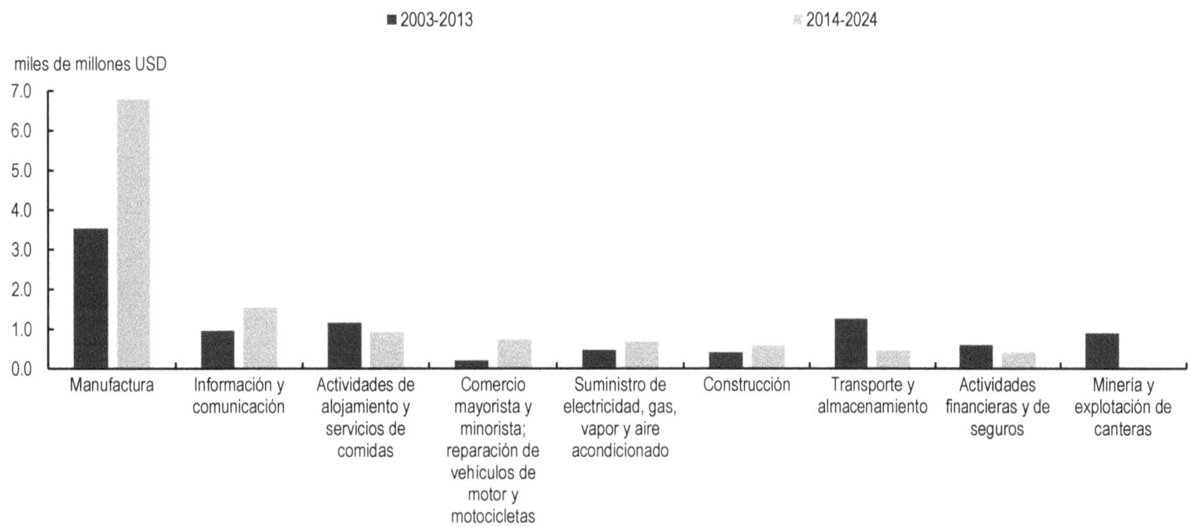

Nota: Se han excluido de esta cifra a los sectores que representaron menos del 3% del total de inversiones en cualquiera de los dos periodos considerados.
Fuente: Basado en Financial Times (2025[2]), FDI Markets (base de datos),https://www.fdimarkets.com/.

Estos cambios hacia una fabricación más intensiva en tecnología y habilidades reflejan la política de desarrollo productivo de Costa Rica. Esta política da prioridad a la manufactura avanzada, en particular a la producción de alta tecnología, como los semiconductores y las ciencias de la vida (tecnología médica y productos farmacéuticos), los servicios intensivos en conocimiento, incluyendo las tecnologías digitales y los servicios corporativos, todos ellos centrados en las altas habilidades y la innovación, y la salud y el bienestar. Esta política sustenta la diversificación y la modernización tecnológica, así como el aumento de la inversión en infraestructuras críticas que apoyan la transición digital de Costa Rica (PROCOMER, n.d.[40]).

La capacidad de Costa Rica para atraer IED se debe a sus avanzadas capacidades de fabricación, su mano de obra altamente cualificada y su gran capacidad de innovación, complementadas por la estabilidad política y económica, un marco normativo bien definido – que cumple con los altos estándares internacionales de calidad y seguridad – y la protección de la propiedad intelectual. Las políticas sostenibles y la ubicación estratégica del país, especialmente relevante en el contexto del nearshoring, refuerzan aún más su atractivo al facilitar el acceso a los mercados de América del Norte y del Sur (LATAM FDI, 2024[41]). Los importantes esfuerzos públicos también han contribuido a atraer la IED, incluyendo las inversiones en infraestructura relacionada con el comercio, el apoyo a las zonas de libre comercio y la creación de CINDE, la antigua agencia de promoción de inversiones de Costa Rica (Mora-García and Pearson, 2024[42]). En conjunto, estos factores han posicionado a Costa Rica como un centro mundial para la fabricación de dispositivos médicos.

Entre 2018 y 2024, las fusiones y adquisiciones (M&A) en Costa Rica se concentraron principalmente en los sectores de las TIC, la fabricación, el comercio minorista y la reparación de vehículos. La IED en proyectos existentes en el sector de las TIC representa una mayor proporción de la inversión total que la IED en proyectos nuevos en el mismo sector, lo que refleja la preferencia de los inversionistas por adquirir empresas existentes con presencia establecida en el mercado, capacidades y activos tecnológicos. Por el contrario, el sector manufacturero tiene una mayor proporción de IED en proyectos nuevos en relación con los proyectos existentes. Esto indica que los inversionistas de este sector se enfocan más en establecer nuevas operaciones, posiblemente para aprovechar las oportunidades emergentes en el creciente dinamismo de los sectores de tecnología médica y farmacéutica de Costa Rica (LSEG, 2025[7]).

Gráfico 4.18. La fabricación de equipos médicos registró el mayor aumento en la proporción de IED en proyectos nuevos

Participación en el total de la IED en proyectos nuevos en Costa Rica, por sector y subsector, 2003-2013 y 2014-2024

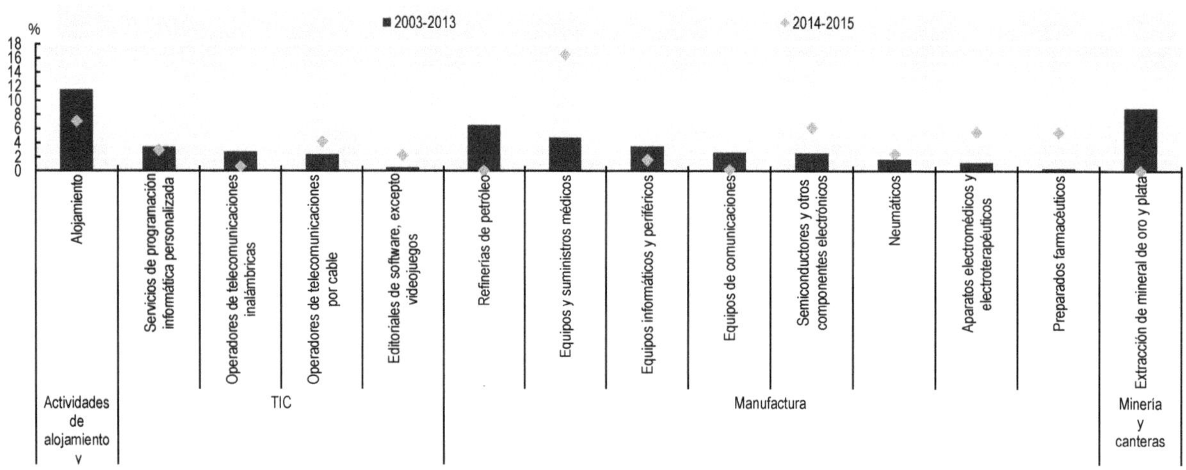

Nota: Solo se muestran los subsectores (de los cuatro sectores seleccionados) que representan el 2% o más del total de la IED en proyectos nuevos en Costa Rica en cualquiera de los dos periodos.
Fuente: Basado en Financial Times (2025[2]), FDI Markets (base de datos),https://www.fdimarkets.com/

Estados Unidos es principal inversionista de IED en Costa Rica, representando casi la mitad del total de entradas

Estados Unidos es la principal fuente de IED en proyectos nuevos en Costa Rica, con un crecimiento excepcional en las últimas dos décadas. Las inversiones de origen estadounidense ascendieron a casi 11 mil millones de dólares, lo que equivale al 46% del total de la IED en proyectos nuevos durante el periodo 2003-2024, con inversiones que casi se duplicaron entre los periodos 2003-2013 y 2014-2024. La UE ocupa el segundo lugar, con el 22% del total de la IED (5 mil millones de dólares), y la región de ALC ocupa el tercer lugar, con el 13% (casi 3 mil millones de dólares). Las inversiones del Reino Unido y China se mantuvieron relativamente bajas, por debajo de los mil millones de dólares (con un 4% y un 3%, respectivamente) (Financial Times, 2025[2]). Entre 2003-2013 y 2014-2024, las inversiones de la UE en el sector manufacturero casi se duplicaron, pasando de 512 millones de dólares a 1 030 millones de dólares, al igual que la IED en proyectos nuevos en el sector de la información y la comunicación, que aumentó de 79 millones de dólares a 169 millones de dólares. Estados Unidos invirtió fuertemente en la industria manufacturera, pasando de 2 mil millones de dólares a más de 4 mil millones en el mismo periodo, con importantes aumentos de la inversión también en el sector de la información y las comunicaciones.

Estados Unidos fue la principal fuente de IED en proyectos nuevos en los sectores clave de Costa Rica en 2014-2024, con alrededor del 60% de la IED en manufacturas y el 48% en TIC, manteniendo su posición dominante en ambos sectores con respecto a la década anterior. En el sector manufacturero, la UE fue el segundo mayor inversionista, con un 15% de las inversiones sectoriales en 2014-2024, mientras que, en las TIC, los inversionistas de ALC ocuparon el segundo lugar, con un 36%, seguidos de la UE, con un 10%. En el mismo periodo, la UE fue el principal inversionista en transporte y almacenamiento, con un 53% (Gráfico 4.19).

Gráfico 4.19. La UE es la segunda fuente de IED en proyectos nuevos en el sector manufacturero predominante de Costa Rica

IED en proyectos nuevos en Costa Rica, por origen y sector, % del total de IED por sector, 2003-2024

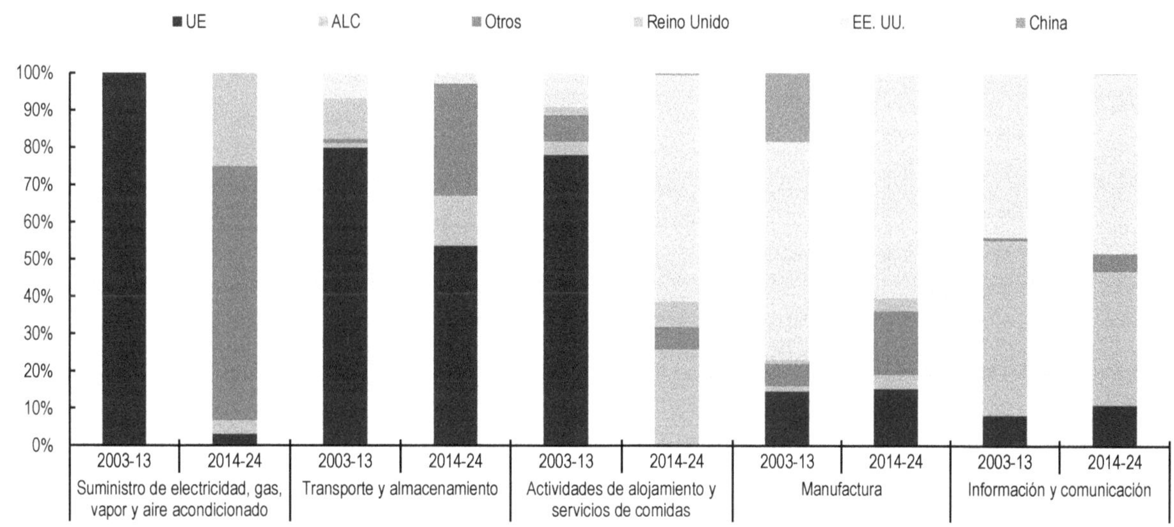

Nota: Este gráfico muestra solo los cinco sectores con mayor afluencia de IED en los periodos 2003-2013 y 2014-2024
Fuente: Basado en Financial Times (2025[2]), FDI Markets (base de datos), https://www.fdimarkets.com/.

La IED de la UE ha fortalecido la industria médica y farmacéutica de Costa Rica

La mayor parte de las inversiones en proyectos nuevos de la UE en el sector manufacturero se concentran en la producción de equipos y suministros médicos, así como en productos farmacéuticos. Aunque la UE sigue siendo el segundo mayor inversionista en el sector manufacturero, muy por detrás de Estados Unidos, más de la mitad de sus inversiones en proyectos nuevos entre 2014 y 2024 se destinaron a este sector, y las inversiones en manufactura y TIC se duplicaron en comparación con el periodo 2003-2013. Las inversiones en proyectos nuevos de la UE se concentran en gran medida en los subsectores de la fabricación de equipos médicos y productos farmacéuticos, que acaparan el 74% de las inversiones de la UE en el sector manufacturero y el 38% del total de las inversiones de la UE durante el periodo 2014-2024 (Gráfico 4.20).

La fabricación de productos médicos es un motor clave de la inversión extranjera directa en el país. Costa Rica alberga más de 90 multinacionales de tecnología médica, 9 de las cuales son de origen de la UE, incluidas 12 de las 30 empresas de tecnología médica más grandes del mundo, con operaciones de fabricación que abarcan 18 áreas especializadas. La presencia de la UE en este sector en Costa Rica sigue creciendo. En 2024, se anunciaron tres nuevas inversiones en proyectos nuevos de origen comunitario en el sector de la tecnología médica (WIPO, 2024[43]; PROCOMER, 2025[44]).

Gráfico 4.20. IED de la UE en proyectos nuevos por sectores y subsectores, Costa Rica, 2014-2024

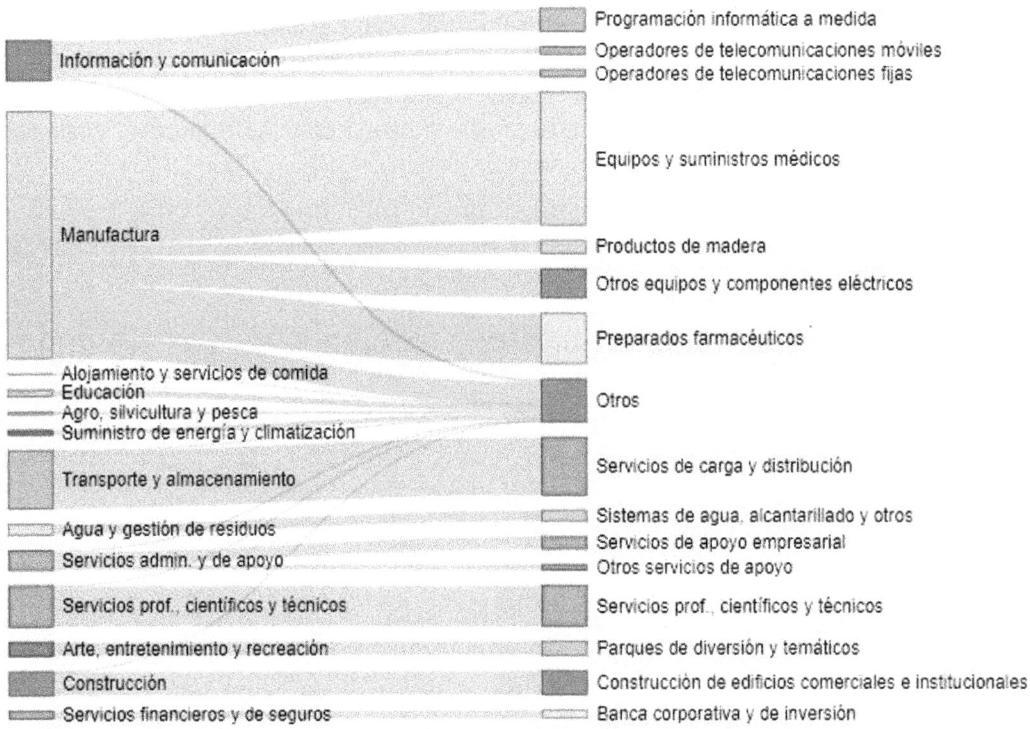

Fuente: Basado en Financial Times (2025[2]), FDI Markets (base de datos),https://www.fdimarkets.com/.

Costa Rica se ha convertido en un centro estratégico para la fabricación y exportación de dispositivos médicos, siendo el segundo mayor exportador de dispositivos médicos de América Latina y el octavo del mundo (WIPO, 2024[43]). En 2023, exportó más de 7 500 millones de dólares en dispositivos médicos, registrando una tasa de crecimiento anual del 18% desde 2017. Las exportaciones de productos médicos representan el 42% del total de las exportaciones de bienes de Costa Rica, lo que supone un aumento espectacular con respecto al escaso 5% (288 millones de dólares) registrado en el año 2000, lo que destaca la creciente importancia económica de este subsector en el país (LATAM FDI, 2024[41]; WIPO, 2024[43]). El empleo en el sector también se ha más que duplicado entre 2017 y 2023, pasando de 22 399 a 55 mil empleados, y la mayoría de los puestos de trabajo requieren un alto nivel de cualificación (LATAM FDI, 2024[41]). Casi 7 mil de estos empleados proceden de empresas de la UE (PROCOMER, 2025[44]). Las empresas se sienten atraídas por los costos competitivos, la mano de obra cualificada y las instituciones estables de Costa Rica (Recuadro 4.2Recuadro 4.2).

Recuadro 4.2. Costa Rica como centro estratégico para la fabricación e innovación de dispositivos médicos

Representantes de dos empresas alemanas dedicadas a la fabricación de dispositivos médicos, G.RAU y MeKo MedTech, destacaron que Costa Rica ofrece un entorno favorable para las inversiones extranjeras en el sector debido a sus costos competitivos, su mano de obra calificada y sus instituciones estables.

G.RAU estableció sus operaciones en Costa Rica en 2012. Sus instalaciones de 18 mil metros cuadrados se dedican íntegramente a la fabricación de componentes para dispositivos médicos. La empresa emplea a 175 personas y genera ventas anuales que superan los 15 millones de dólares estadounidenses. Con una inversión inicial de 3.5 millones de dólares, G.RAU ha reinvertido desde entonces más de 20 millones de dólares y tiene previsto invertir otros 15 millones en los próximos cinco años. G.RAU concede gran importancia al desarrollo de la mano de obra y a la excelencia técnica, para lo cual es fundamental la mano de obra cualificada de Costa Rica. La empresa ofrece formación estructurada a través de una academia interna y colabora con instituciones como el INA y universidades privadas. La formación se centra en las habilidades técnicas y el liderazgo. La empresa también ha puesto en marcha una unidad local de I+D, que tiene previsto ampliar para reforzar la capacidad de innovación en Costa Rica.

La empresa alemana MeKo MedTech reiteró que la alta cualificación de los empleados fue un factor clave en la decisión de abrir una nueva sucursal en Costa Rica, lo que supondrá una inversión inicial de 150 mil dólares y unas inversiones en infraestructura cercanas a los 500 mil dólares (Leymann, 2025[45]) . Como nuevo inversionista en el país, la empresa destacó el tratado de libre comercio del país con Estados Unidos, los regímenes arancelarios favorables y las zonas de libre comercio. También se mencionaron la sólida tradición de estabilidad democrática, la educación de alta calidad y la fiabilidad de las energías renovables como factores clave para la inversión a largo plazo. La presencia de un denso ecosistema de dispositivos médicos y una infraestructura bien desarrollada refuerzan aún más la propuesta de valor de Costa Rica.

Fuente: Basado en una entrevista con (Quesada, 2025[46]) y (Leymann, 2025[45]).

Estados Unidos es el principal inversionista en los sectores de TKI, seguido de la UE, que aumenta su interés por los sectores de alto valor agregado

Tras los esfuerzos activos de Costa Rica por centrarse en la atracción de inversiones en alta tecnología, las inversiones en proyectos nuevos en los sectores intensivos en tecnología y conocimiento (TKI) casi se duplicaron, pasando de 2 700 millones de dólares a casi 4 900 millones entre los periodos 2003-2013 y 2014-2024. Esto refleja un cambio económico en la economía de Costa Rica y una mejora en la sofisticación de la producción, posterior a una transición de la industria ligera a sectores intensivos en conocimiento. Este importante aumento se explica por el hecho de que las inversiones en la industria de alta tecnología se duplicaron con creces y las inversiones en servicios intensivos en conocimiento y alta tecnología aumentaron más del 50% (Gráfico 4.21). Entre 2014 y 2024, Estados Unidos fue el principal inversionista en ambas áreas. ALC fue el segundo mayor inversionista en servicios de alta tecnología y de uso intensivo de conocimientos, mientras que la UE fue el segundo mayor inversionista en manufactura de alta y media tecnología (Gráfico 4.21). En el periodo 2003-2013, la proporción de inversiones de la UE dirigidas a los sectores de TKI alcanzó el 13%, mientras que en la última década aumentó hasta el 36%, lo que indica el creciente interés de la UE por este sector de alto valor agregado (Financial Times, 2025[2]).

Gráfico 4.21. Estados Unidos es el principal inversionista en los sectores TKI

IED en proyectos nuevos en sectores de alta tecnología y conocimiento intensivo, por origen

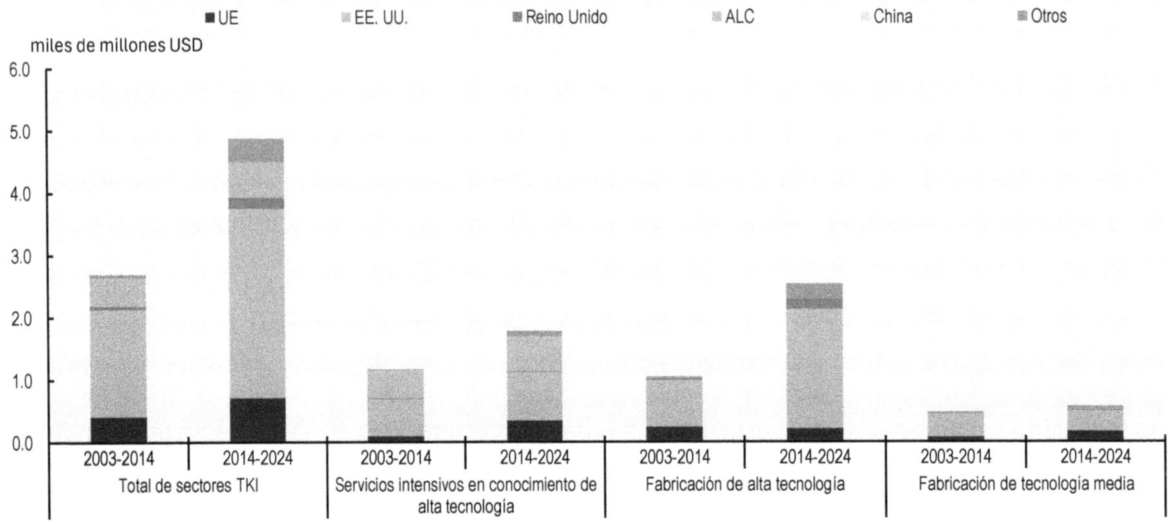

Nota: La clasificación de los sectores TKI sigue la metodología de Eurostat. Para más detalles, véase el cuadro 2.1 del Capítulo 2.
Fuente: Basado en Financial Times (2025[2]), FDI Markets (base de datos),https://www.fdimarkets.com/.

Hay margen para mejorar el impacto de la IED en la tecnología y la innovación en Costa Rica y aumentar los vínculos con las empresas locales

En las últimas dos décadas, se han anunciado en Costa Rica casi mil millones de dólares estadounidenses de IED en proyectos nuevos de actividades de I+D. Si bien la inversión total se ha mantenido estable entre los dos periodos, la proporción de IED en proyectos nuevos destinada a actividades de I+D ha disminuido en un punto porcentual, representando el 4% del total de la IED en proyectos nuevos en 2014-2024. Estados Unidos sigue siendo la principal fuente de IED relacionada con I+D en Costa Rica, aunque las inversiones estadounidenses anunciadas han disminuido ligeramente en la última década. Si bien las inversiones de la UE en I+D se mantienen en niveles más bajos, se han duplicado con creces en valor absoluto en la última década, alcanzando aproximadamente 16 millones de dólares (Gráfico 4.22). A pesar de que el potencial para atraer IED en I+D en gran medida sigue sin ser explotado, existen importantes oportunidades de beneficios indirectos para las industrias locales y los ecosistemas de innovación.

El desarrollo de la industria manufacturera, en particular de la tecnología médica – un sector de alta intensidad tecnológica – ha permitido a la economía de Costa Rica orientarse hacia sectores más sofisticados y alejarse de la anterior dependencia económica de los textiles, los alimentos y bebidas y la industria ligera (Alfaro, 2024[47]). Sin embargo, aunque el sector de la tecnología médica ha proporcionado un fuerte crecimiento y ganancias en competitividad a Costa Rica, su impacto en el desarrollo podría aumentar mediante el fortalecimiento de los vínculos internos en los bienes y servicios comercializables. Costa Rica ha logrado un éxito notable al posicionarse como un centro mundial para la fabricación de dispositivos médicos, impulsado en gran medida por multinacionales extranjeras con estrategias orientadas a la exportación y la búsqueda de la eficiencia (Mora-García and Pearson, 2024[42]). La inversión en este sector de alta tecnología e intensivo en I+D ha sido un catalizador del crecimiento económico, la creación de empleo y la mejora dentro de las cadenas de valor mundiales, con el apoyo de los esfuerzos nacionales por fomentar un entorno empresarial propicio y tendencias más amplias, como el *nearshoring* (Alfaro, 2024[47]).

Gráfico 4.22. Menos del 5% del total de la IED en proyectos nuevos se destina a actividades de I+D

IED en proyectos nuevos dirigida a actividades de I+D en Costa Rica, 2003-2013 y 2014-2024

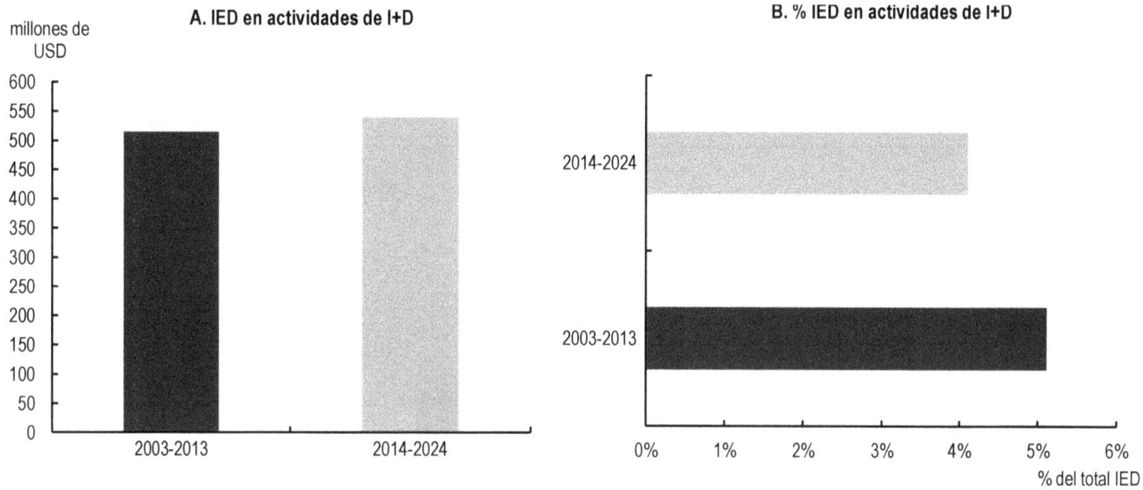

Fuente: Basado en Financial Times (2025[2]), FDI Markets (base de datos),https://www.fdimarkets.com/.

Sin embargo, a pesar de esta mejora, los vínculos con la economía nacional siguen siendo limitados. Menos del 2% del total de las compras de insumos de las multinacionales de dispositivos médicos se realiza en el mercado local (Mora-García and Pearson, 2024[42]), con lo que se enfatiza la débil integración de las empresas nacionales en las cadenas de suministro mundiales. Cuando existen vínculos, los beneficios son significativos, ya que las pruebas sugieren que las empresas que suministran a las empresas multinacionales (EMN) registran un aumento de las ventas (+33%), el empleo (+26%), los activos (+22%) y los costos de insumos (+23%) en los cuatro años siguientes al establecimiento de dichas relaciones. El suministro a las EMN también permite a las empresas nacionales ampliar la gama de productos, mejorar la calidad, reforzar las prácticas de gestión y mejorar su reputación, lo que refleja tanto las perturbaciones de la demanda como las valiosas oportunidades de aprendizaje que crea la IED (Ureña, Manelici and Vásquez, 2019[48]).

4.3.2. El papel de la IED en la creación de empleos (de calidad) y la promoción de habilidades en Costa Rica

La IED ha creado más de 200 mil empleos en Costa Rica en las últimas dos décadas

La IED en proyectos nuevos ha sido un importante impulsor del empleo en Costa Rica, generando más de 200 mil puestos de trabajo en las últimas dos décadas (2003-2024), con un aumento del 120% entre ambas décadas, ya que Costa Rica se benefició de una mayor integración en las cadenas de suministro mundiales de alto valor y del gran interés de los inversionistas de los socios de la OCDE (Capítulo 2). Estados Unidos fue el mayor inversionista en IED en proyectos nuevos y generó más de 125 mil empleos directos, lo que representa el 62% de todos los empleos relacionados con la IED en ese periodo. La Unión Europea ocupó el segundo lugar, con un 17% (más de 33 mil empleos), seguida de los inversionistas de la región de ALC con un 9% (más de 17 mil empleos), y el Reino Unido con un 2% (cerca de 5 mil empleos). Las inversiones chinas generaron menos del 1% del total de empleos relacionados con la IED entre y todos los demás inversionistas extranjeros combinados representaron el 10% (Gráfico 4.23, Panel A).

Gráfico 4.23. Estados Unidos lidera la creación total de empleos en Costa Rica y ocupa el segundo lugar en intensidad de empleo de sus inversiones

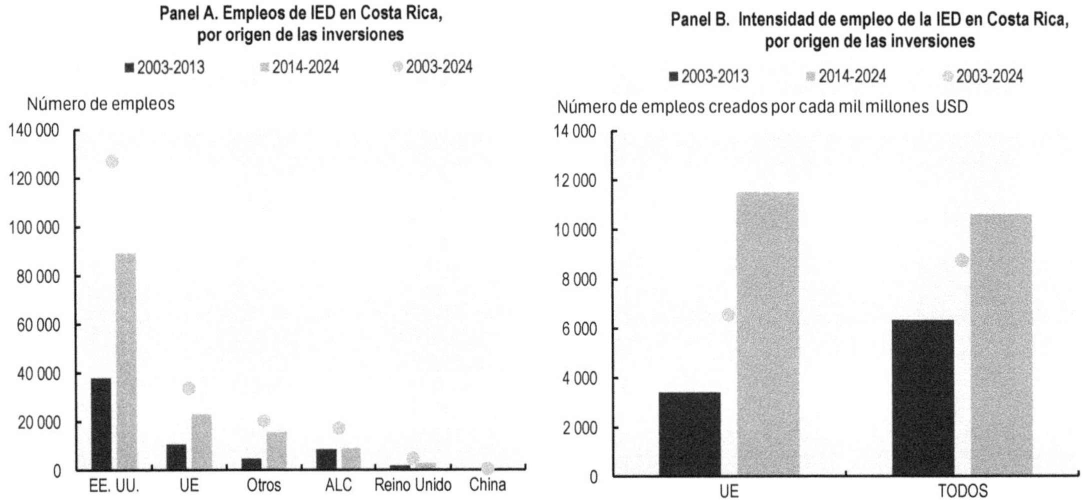

Nota: La intensidad de empleo se mide como el número de empleos creados por cada mil millones de dólares estadounidenses.
Fuente: Basado en Financial Times (2025[2]), FDI Markets (base de datos), https://www.fdimarkets.com/.

La intensidad de empleo en Costa Rica aumentó considerablemente, pasando de más de 6 300 en 2003-2013 a cerca de 11 mil en 2014-2024 de empleos creados por la IED por cada mil millones de dólares estadounidenses. La intensidad de empleo de la IED de la UE en 2003-2013 fue inferior a la de las inversiones de todos los orígenes, sin embargo, experimentó un visible aumento en más del triple durante la década siguiente, superando la intensidad de empleo de todos los orígenes (Gráfico 4.23, Panel B).

Los empleos generados por la IED se concentran en gran medida en los sectores manufacturero y de las TIC, que representan el 41% y el 22% del total de empleos generados por la IED, respectivamente, durante el periodo 2014-2024 (Gráfico 4.24, Panel A). Los empleos derivados de las inversiones en proyectos nuevos de la UE siguen un patrón similar. Durante la última década (2014-2024), el 38% de los empleos generados por la IED en la UE correspondieron al sector manufacturero y el 31% al sector de las TIC. Este es un aumento significativo con respecto a la década anterior, en la que solo el 20% y el 7% de los empleos generados por la IED en la UE correspondieron a estos sectores, respectivamente. De forma paralela, disminuyó la proporción de empleos generados por la IED de la UE en los sectores menos cualificados. En el sector del hospedaje y servicios de alimentos, los empleos disminuyeron del 39% a casi el 0% del total de empleos generados por la UE entre ambos periodos. Esto refleja un cambio en la IED de la UE hacia la creación de oportunidades de empleo más cualificados en Costa Rica.

Gráfico 4.24. Los empleos de la IED en proyectos nuevos se concentran en los sectores de manufactura y de TIC

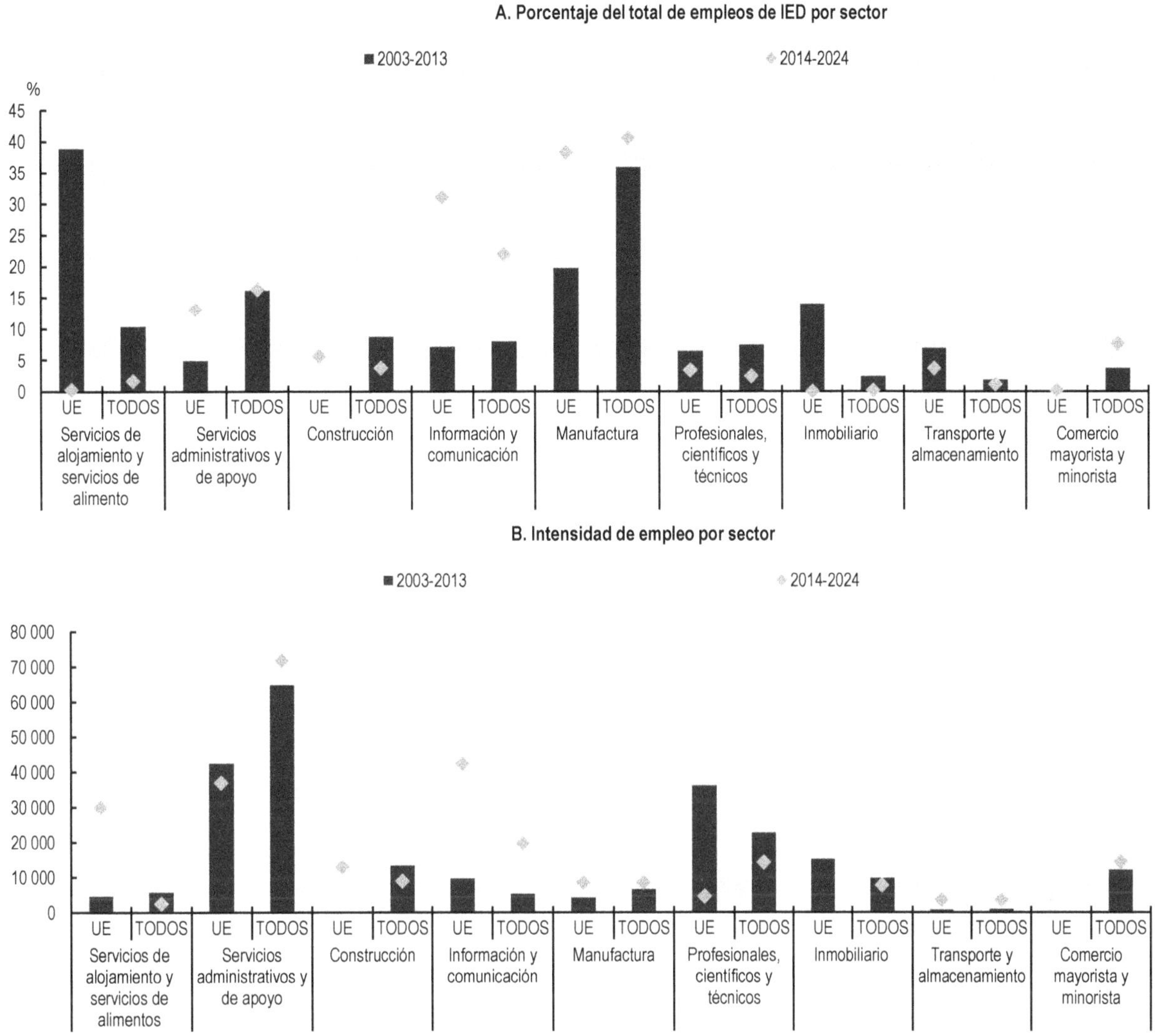

Nota: La intensidad de empleo corresponde al número de puestos de trabajo creados por cada mil millones de dólares de inversión en proyectos nuevos. Solo se presentan los sectores que representan al menos el 3% del total de puestos de trabajo de IED en cualquiera de los dos periodos o de cualquier origen. "Todos" se refiere a la IED de todos los orígenes.
Fuente: Basado en Financial Times (2025[2]), FDI Markets (base de datos), https://www.fdimarkets.com/.

En términos de intensidad de empleo en 2014-2024 – medida como el número de puestos de trabajo creados por cada mil millones de dólares estadounidenses de inversión en proyectos nuevos –, los sectores con mayor intensidad de empleo fueron los servicios administrativos y de apoyo (72 mil puestos de trabajo); TIC (20 mil puestos de trabajo); y los servicios profesionales, científicos y técnicos (14 mil puestos de trabajo) (Gráfico 4.24, Panel B). Si bien las inversiones de la UE son menos intensivas en empleo en el sector de los servicios administrativos y de apoyo, muestran una intensidad de empleo significativamente mayor en el sector de las TIC (42 mil puestos de trabajo), más del doble de la media mundial de 20 mil. Sin embargo, la intensidad de empleo de la IED de la UE en el sector de los servicios profesionales, científicos y técnicos sigue siendo insuficiente, ya que genera menos de 5 mil empleos por cada mil millones de dólares estadounidenses, una cifra baja en comparación con la media mundial de 14 mil.

Durante el periodo 2003-2024, los equipos y suministros médicos destacaron de manera abrumadora como el subsector manufacturero en el que la IED generó más puestos de trabajo, cerca de 35 mil, lo que equivale al 44% del total de puestos de trabajo creados en el sector (Gráfico 4.25). Los empleos generados en este subsector se triplicaron con creces entre el periodo 2003-2013 y 2014-2024, con Estados Unidos a la cabeza en la generación de empleos. El número de empleos creados por la IED de la UE en este subsector aumentó considerablemente en el último periodo, alcanzando casi 6 mil. Los demás subsectores manufactureros experimentaron una creación de empleo relativamente menor por parte de la IED, siendo Estados Unidos el líder en origen de la IED. Los aparatos electromédicos y electroterapéuticos, así como los productos farmacéuticos, experimentaron un aumento considerable de los puestos de trabajo creados gracias a la IED entre el periodo 2003-2013 y 2014-2024, con un papel cada vez más importante de la IED de la UE. Por otra parte, el número de puestos de trabajo creados en el sector de los equipos informáticos y periféricos disminuyó, mientras que los relacionados con los semiconductores y otros componentes electrónicos se mantuvieron relativamente sin cambios.

Gráfico 4.25. La creación de empleo en el sector manufacturero se concentra en los equipos y suministros médicos, procedentes principalmente de Estados Unidos

Puestos de trabajo de la IED en proyectos nuevos en los principales subsectores manufactureros, por país/región de origen, 2003-2013 y 2014-2024

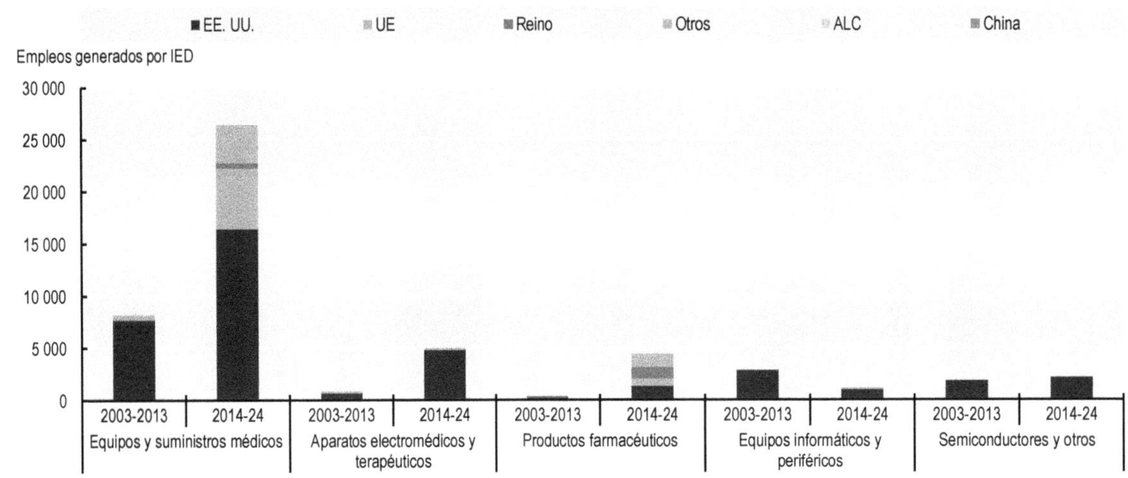

Nota: En el gráfico solo se incluyen los cinco subsectores con mayor creación de empleo en el periodo 2003-2024.
Fuente: Basado en Financial Times (2025[2]), FDI Markets (base de datos),https://www.fdimarkets.com/.

Las empresas extranjeras en Costa Rica contribuyen positivamente a dimensiones clave del desarrollo

Las empresas extranjeras en Costa Rica contribuyen positivamente al desarrollo del país al ofrecer salarios más altos, mayor productividad, mayor intensidad de exportación y un número ligeramente superior de empleos calificados. Las empresas extranjeras muestran una productividad laboral más alta, en promedio, un 85% más que las empresas nacionales (Gráfico 4.26, Panel A). También se ha observado que la propiedad extranjera está asociada positivamente con una prima salarial en Costa Rica, ya que los salarios de las empresas extranjeras son un 133% más altos que los de sus homólogas nacionales. El análisis de los datos a nivel de empresa en Costa Rica sugiere que las empresas multinacionales pagan, en promedio, salarios un 9% más altos que las empresas nacionales (Alfaro-Urena, Manelici and Vasques, 2021[49]). Este resultado, aunque más conservador y que confirma una prima salarial positiva de las empresas extranjeras en el país, muestra una relación más moderada. El salario mensual promedio de los empleados de las empresas extranjeras ubicadas en zonas francas es de 2 075 dólares estadounidenses y, concretamente, en el caso de las empresas de propiedad de la UE, de 2 029 dólares estadounidenses. Esta cifra es significativamente superior a la media nacional de 1 157 dólares estadounidenses y puede reflejar la concentración de empresas extranjeras en sectores altamente cualificados y productivos, como la fabricación de dispositivos médicos y productos farmacéuticos (PROCOMER, 2025[44]).

Las empresas extranjeras también muestran una intensidad de exportación un 192% superior a la de las empresas nacionales, lo que sugiere que la presencia de empresas extranjeras en Costa Rica ha aumentado la internacionalización y la integración de Costa Rica en las cadenas de valor mundiales (CMV) (Capítulo 1). El análisis muestra también que las empresas extranjeras contratan a un porcentaje menor de mujeres y mujeres cualificadas empleadas, así como a un porcentaje mayor de empleados cualificados en comparación con las empresas nacionales. Dicho lo anterior, estas diferencias relativas son menos llamativas (Gráfico 4.26, Panel A).

Además, las empresas extranjeras son más propensas a ofrecer programas de capacitación a sus empleados y tienen una mayor proporción de empleados con contratos indefinidos. La prevalencia de los contratos indefinidos es importante, ya que proporcionan una mayor seguridad laboral y conllevan protecciones legales específicas. Por el contrario, los contratos temporales suelen estar vinculados a condiciones de empleo menos estables y se asocian con peores condiciones de salud (OECD, 2019[50]). No se observan diferencias significativas entre las empresas extranjeras y las nacionales en términos de inversión en I+D, innovación de procesos o presencia de mujeres en la alta dirección (Gráfico 4.26, Panel B).

Gráfico 4.26. Las empresas extranjeras pagan salarios más altos, son más productivas y exportan más que las empresas nacionales

¿Las empresas extranjeras obtuvieron mejores resultados que sus homólogas nacionales en 2022? (sí, si la puntuación es >0; no, si la puntuación es <0)

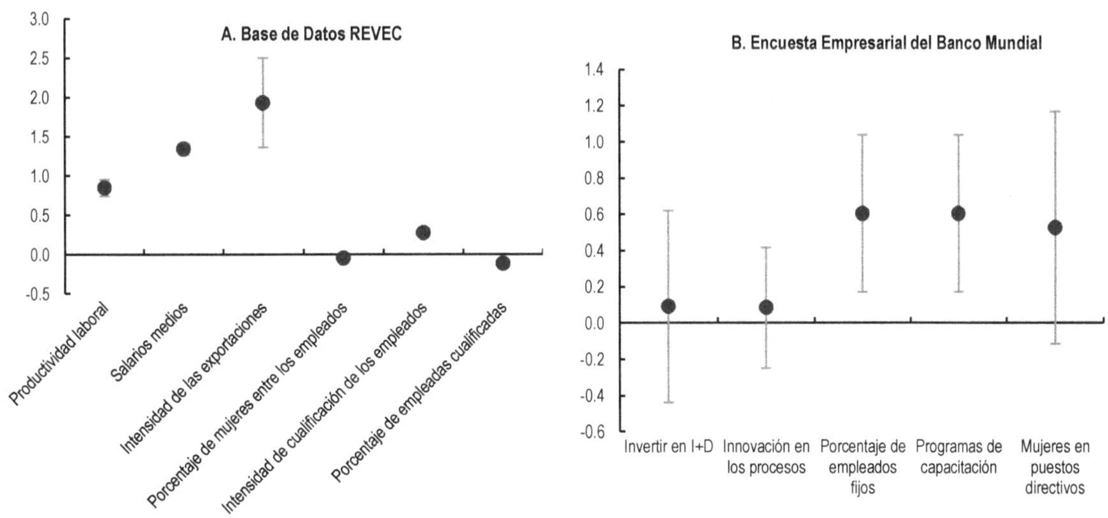

Nota: Este gráfico muestra un indicador de Tipo 1. Se considera que las empresas extranjeras son aquellas que tienen al menos un 10% de propiedad extranjera. Las barras representan intervalos de confianza del 95%. El análisis se realizó sobre la base de datos REVEC, que abarca todas las empresas que pagan impuestos en Costa Rica (panel A), así como sobre la Encuesta de Empresas del Banco Mundial (panel B). La variable subyacente a la intensidad de las exportaciones no se examinó a fondo, por lo que el valor exacto del coeficiente debe interpretarse con cautela. Para más información, véanse los Anexos 4.A y 4.B.
Fuente: Basado en Banco Mundial (2023[15]), Encuestas Empresariales del Banco Mundial, https://www.enterprisesurveys.org/en/enterprisesurveys; Banco Central de Costa Rica (2025[51]), Registro de variables económicas del Banco Central de Costa Rica (REVEC).

Del mismo modo, cuando se centra la atención en la industria de fabricación de dispositivos médicos, persisten las diferencias entre las empresas extranjeras y las nacionales. Las empresas extranjeras son más productivas, pagan salarios promedio más altos y contratan a trabajadores más cualificados que las empresas nacionales del sector. Sin embargo, los resultados relativos a la intensidad de las exportaciones y la proporción de mujeres y mujeres cualificadas empleadas no son significativos, lo que indica que no hay diferencias entre las empresas extranjeras y las nacionales (Gráfico 4.27).

Gráfico 4.27. Las empresas extranjeras del sector de la tecnología médica son más productivas y pagan salarios más altos

Desempeño de las empresas extranjeras frente a las nacionales en la industria de fabricación de dispositivos médicos de Costa Rica en 2022

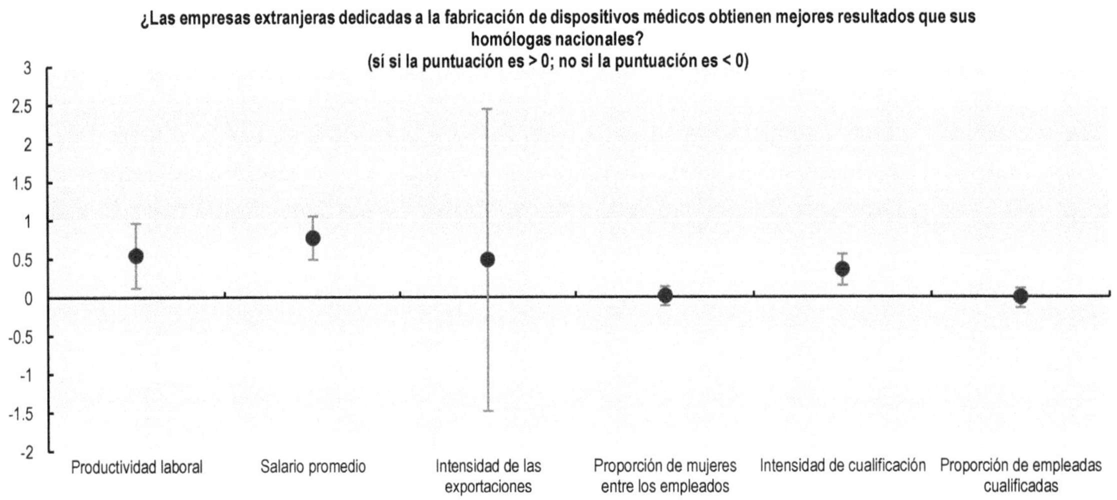

Nota: Este gráfico muestra un indicador de Tipo 1. Se considera que las empresas de propiedad extranjera son aquellas que tienen al menos un 10% de propiedad extranjera. Las barras representan intervalos de confianza del 95%. El análisis se realizó sobre la base de datos REVEC, que abarca todas las empresas que pagan impuestos en Costa Rica. La variable subyacente a la intensidad de las exportaciones no se examinó a fondo, por lo que el valor exacto del coeficiente debe interpretarse con cautela. Para más información, véanse los Anexos 4.A y 4.B.
Fuente: Basado en el Banco Central de Costa Rica (2025[51]), Registro de variables económicas del Banco Central de Costa Rica (REVEC).

Un círculo virtuoso de habilidades: la mano de obra calificada de Costa Rica atrae la IED, mientras que las empresas extranjeras ofrecen más programas de capacitación que las empresas nacionales

Un factor diferenciador clave para Costa Rica es su reserva de talento especializado en la fabricación de dispositivos médicos, una industria altamente regulada en la que las habilidades son esenciales. Esta reserva surgió gracias a la formación inicial impartida por empresas extranjeras y a los esfuerzos del gobierno por desarrollar la capacidad técnica, lo que ha dado lugar a una importante transferencia de conocimientos en las últimas dos décadas debido a la presencia en Costa Rica de líderes mundiales en el sector de la tecnología médica. La creciente oferta de trabajadores cualificados en Costa Rica ha permitido una implementación rápida de procesos sofisticados, incluyendo la producción local de la categoría más compleja y de alto riesgo de dispositivos médicos (dispositivos de Clase III) (Mora-García and Pearson, 2024[42]). La fuerte colaboración entre la industria y el mundo académico ha reforzado la cantera de ingenieros y técnicos, ya que las empresas ayudan a configurar los planes de estudio y donan equipos de última tecnología a las instituciones educativas. Esto ha respaldado un ecosistema de tecnología médica en crecimiento que opera dentro de un modelo complementario, en el que Costa Rica funge como una plataforma eficiente y confiable que permite a las empresas multinacionales reinvertir los ahorros en I+D e innovación en sus sedes principales. A su vez, esta innovación mejora aún más la competitividad de las industrias locales.

Más allá de la tecnología médica, Costa Rica también ha atraído importantes inversiones en el sector digital. Intel, presente desde 1997, reinvirtió 1.07 millones de euros en infraestructura y desarrollo de talento entre 2023 y 2025, dando empleo a más de 3 400 personas en su "Megalab" y centro de servicios globales en Heredia. Esto ilustra la manera en que la mano de obra cualificada de Costa Rica y su estrategia a largo plazo para el desarrollo sostenible han posicionado al país como un centro de negocios para las operaciones digitales avanzadas. La presencia de empresas globales como Intel, Amazon (EE. UU.), Bayer (Alemania) y Dole (Irlanda) confirma el papel cada vez más importante que tiene Costa Rica en las cadenas de valor mundiales, respaldado por la inversión continua en capital humano e innovación (Euronews, 2025[52]).

Gráfico 4.28. La UE encabeza la IED en proyectos nuevos de educación y formación en Costa Rica en 2014-2024

IED en proyectos nuevos de actividades de educación y formación en Costa Rica

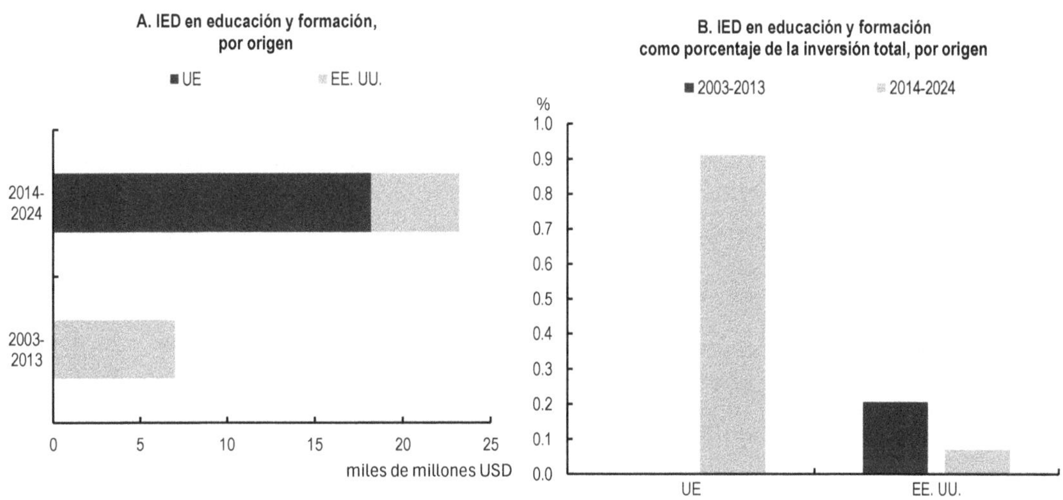

Nota: La IED en proyectos nuevos procedente del Reino Unido, ALC, otros países y China no se destinó a este ámbito de actividad y, por lo tanto, se ha omitido en este gráfico.
Fuente: Basado en Financial Times (2025[2]), FDI Markets (base de datos), https://www.fdimarkets.com/.

La IED en proyectos nuevos en educación y formación, aunque limitada, ha reforzado aún más la mano de obra cualificada de Costa Rica. La IED en proyectos nuevos de la UE en educación y formación en Costa Rica pasó de ser prácticamente nula en 2003-2013 a representar casi el 1% del total de la IED de la UE en 2014-2024, al alcanzar los 18 millones de dólares estadounidenses. Esto convierte a la UE en el principal inversionista en este ámbito, lo que refleja un compromiso creciente con el fortalecimiento de las habilidades y capacidades de los empleados. Por el contrario, la inversión estadounidense en educación y formación disminuyó tanto en volumen como en porcentaje durante el mismo periodo (Gráfico 4.28).

4.3.3. La cooperación internacional mejora la IED y su impacto en Costa Rica

La IED ha sido fundamental para el desarrollo de Costa Rica, ya que ha sustentado su sólido desempeño económico y su integración en las cadenas de valor mundiales. Junto con las importantes entradas procedentes de Estados Unidos, la inversión de la UE ha apoyado la fabricación de alta tecnología y ha logrado importantes resultados en materia de empleo. En 2024, la IED total creció un 14% al alcanzar 4 300 millones de dólares, lo que superó en un 37% el objetivo fijado en el Plan Nacional de Desarrollo e Inversión Pública (PNDIP) 2023-2026, que también busca atraer inversiones en turismo, agroindustrias y sectores sostenibles más allá del área metropolitana (Ministerio de Planificación Nacional y Política Económica, 2022[53]; UNCTAD, 2025[1]). La cooperación internacional, en especial a través de iniciativas como la Agenda de Inversiones Global Gateway de la UE-ALC (GGIA UE-ALC), puede tener un papel fundamental en la movilización de inversiones, el fortalecimiento de un entorno propicio y el fomento de la IED que impulse la innovación, el crecimiento de la productividad y el desarrollo inclusivo en todas las regiones.

El financiamiento privado movilizado en Costa Rica ha sido históricamente limitado, pero recientemente ha crecido

El financiamiento privado movilizado para el desarrollo dirigido a los sectores productivos tuvo un peso relativamente pequeño en el ingreso nacional bruto (INB) hasta alcanzar su punto máximo en 2021 y 2023 (Gráfico 4.29). Esto refleja una tendencia internacional más amplia de involucrar cada vez más al sector privado en el financiamiento del desarrollo. En Costa Rica, los mecanismos de apalancamiento más comunes en 2014-2023 fueron la inversión directa en empresas y los vehículos de propósito especial (SPV) (42%), seguidos de los préstamos sindicados (38%) (OECD, 2025[26]). Hasta 2020, la AOD en Costa Rica se alineó con las tendencias generales de ALC, mientras que otros flujos oficiales (OFO) tuvieron un papel relativamente más importante en el país que en la región durante la última década.

Gráfico 4.29. A pesar de la volatilidad, los flujos oficiales hacia los sectores productivos han aumentado recientemente

Flujos oficiales a los sectores productivos en Costa Rica y ALC como porcentaje del INB, 2014-2023

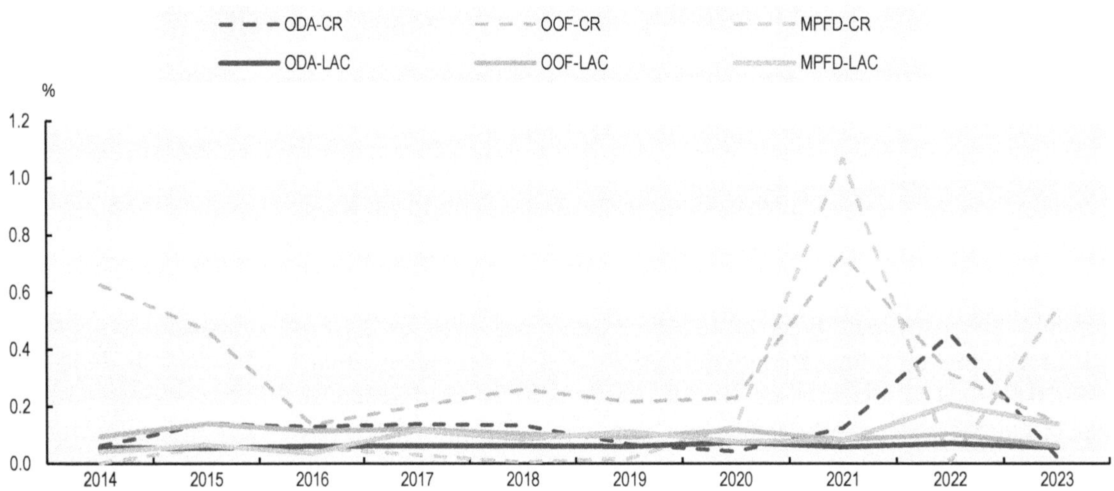

Nota: AOD: Ayuda Oficial al Desarrollo; OFO: Otros Flujos Oficiales; MPFD: Financiamiento Privado Movilizado para el Desarrollo. Los sectores productivos incluyen agricultura, construcción, energía, pesca, silvicultura, industria, recursos minerales y minería, turismo, transporte, suministro de agua y saneamiento, y turismo y almacenamiento.
Fuente: Basado en OCDE (2025[26]), CRS - Privado: Financiamiento Privado Movilizado para el Desarrollo,https://data-explorer.oecd.org/; Banco Mundial (2025[27]), Indicadores del desarrollo mundial,https://databank.worldbank.org/; OCDE (2025[28]), CRS - Sistema de Información de Acreedores (flujos), https://data-explorer.oecd.org/.

El financiamiento privado se moviliza cada vez más en una gama más amplia de sectores en Costa Rica, aunque sigue concentrándose en unos cuantos en lo que respecta al valor. Durante el periodo 2014-2023 en Costa Rica, el financiamiento privado movilizado para el desarrollo se destinó principalmente al transporte y almacenamiento (39%), la agricultura, silvicultura y pesca (24%), así como a los servicios bancarios y financieros (17%) (Gráfico 4.30). Si bien el financiamiento privado para el desarrollo se está expandiendo a sectores en gran medida complementarios a la IED y se alinea con uno de los principales enfoques de la IED de la UE en Costa Rica – el transporte y el almacenamiento –, existe la oportunidad de alinear aún más el financiamiento movilizado con sectores de IED de alto valor, tales como la manufactura y la tecnología, para fortalecer las sinergias, impulsar la innovación y mejorar los resultados de desarrollo inclusivo y sostenible.

Además, las tendencias sectoriales en Costa Rica y ALC suelen diferir. En la región, el financiamiento privado movilizado tiende a concentrarse mucho más en los servicios bancarios y financieros, un sector intensivo en conocimientos y de alto valor agregado, así como en la energía. Los flujos hacia el sector energético en Costa Rica se dedican a las energías renovables, lo que ilustra el uso del financiamiento para el desarrollo con el fin de apoyar la transición ecológica. No obstante, esto se ve debilitado por la baja proporción de financiamiento privado movilizado que se destina a este sector (4%) (OECD, 2025[26]).

Gráfico 4.30. El financiamiento privado movilizado en Costa Rica se concentra en el transporte y el almacenamiento

Financiamiento privado movilizado para el desarrollo, por sector, 2014-2023

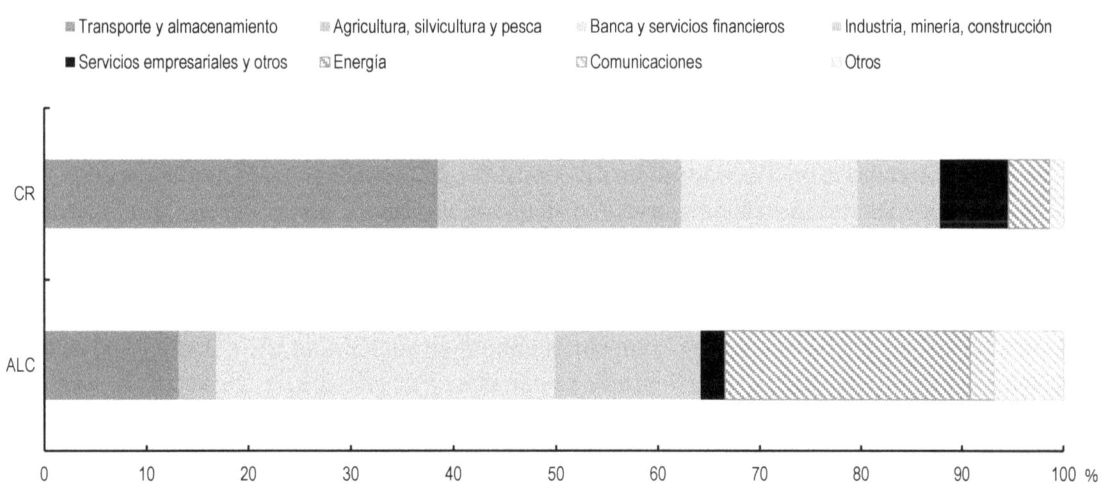

Nota: Los sectores que representan menos del 2% del total, tanto para Costa Rica como para ALC, se agruparon en "Otros", incluyendo gobierno y sociedad civil, turismo, otros sectores múltiples, abastecimiento de agua y saneamiento, educación, salud, otras infraestructuras y servicios sociales, así como las políticas y regulaciones comerciales.
Fuente: Basado en OCDE (2025[26]), CRS - Privado: Financiamiento privado movilizado para el desarrollo, https://data-explorer.oecd.org/.

Además de colaborar directamente con el sector privado, la cooperación internacional también mejora el atractivo a largo plazo de los sectores productivos, aumentando su atractivo para los inversionistas. El papel de la Ayuda Oficial al Desarrollo (AOD) es especialmente importante en las primeras etapas, cuando el financiamiento privado movilizado apenas comienza a ganar terreno, como es el caso de Costa Rica.

En particular, la AOD puede fortalecer el entorno propicio para la inversión mediante la mejora de las habilidades, la capacitación y la educación, lo que aumenta la empleabilidad de la fuerza laboral. Entre 2014 y 2023, la mayor parte de la AOD destinada al desarrollo de competencias se concentró en la formación profesional. La UE se convirtió en el principal donante en este ámbito en Costa Rica, proporcionando un apoyo significativo a las iniciativas de educación y formación profesional (2.6 millones de dólares estadounidenses). Estas iniciativas son esenciales para crear una fuerza laboral cualificada capaz de atraer y mantener inversiones de alto valor. Al centrarse en las competencias profesionales y técnicas, la AOD complementa las inversiones del sector privado. Ayuda a los mercados laborales locales a satisfacer las necesidades de la industria manufacturera avanzada, los servicios digitales y otros sectores de alta productividad, impulsando así el impacto del desarrollo de la inversión extranjera directa. Curiosamente, aunque Estados Unidos lidera la inversión en los sectores de tecnología, conocimiento e innovación (TKI) en Costa Rica y proporciona la mayor parte de la IED a actividades de I+D entre todos los inversionistas, su contribución a la AOD para la formación es relativamente menor.

La asociación de la UE apoya la inversión y las estrategias de desarrollo de Costa Rica

La Unión Europea contribuye a facilitar los objetivos de inversión y desarrollo sostenibles de Costa Rica a través de la Agenda de Inversiones Global Gateway UE-ALC (GGIA). Un área clave dentro de los objetivos de Costa Rica es la infraestructura verde y la conectividad a través del transporte público eléctrico. La UE está apoyando la creación del primer tren eléctrico de Costa Rica, con líneas que abarcan más de 50 km en el área metropolitana de San José, financiado con un préstamo de 250 millones de dólares del BEI, en consonancia con el Plan Nacional de Descarbonización del país (EIB, 2025[54]; Government of Costa Rica, 2018[55]). Este documento, junto con el PND del país, establece una visión a largo plazo para una economía 3D verde, competitiva y resiliente: descentralizada, digitalizada y descarbonizada (Ministerio de Planificación Nacional y Política Ecónomica, 2022[56]). En este contexto, en el marco de la Alianza Digital UE-ALC, se han puesto en marcha una serie de iniciativas destinadas a mejorar la conectividad, como la creación de un centro de ciber inteligencia en Costa Rica, el despliegue de la red 5G mismo que se pondrá en marcha en 2024 utilizando tecnología europea, así como la colaboración de la industria europea con el Instituto Nacional de Formación Profesional para mejorar las competencias digitales y apoyar el espíritu empresarial (European Commission, n.d.[57]).

El Programa Indicativo Plurianual 2021-2027 de la UE identifica las prioridades políticas y económicas clave en Costa Rica y establece un Mecanismo de Cooperación. El Mecanismo de Cooperación de la UE cuenta con un presupuesto de 14 millones de euros destinado a cuatro componentes fundamentales: transición verde y azul, digitalización e innovación, apoyo técnico y comunicación estratégica (European Comission, 2025[58]). En lo que respecta a la salud, otro pilar de la GGIA UE-ALC, la UE participa en la aceleración del subsector de la fabricación de productos farmacéuticos del país (European Commission, n.d.[59]). Además de las iniciativas que se inscriben directamente en la GGIA, la UE y Costa Rica tratan de ampliar su colaboración en el ámbito de las finanzas sostenibles. Por ejemplo, la UE ayudó a desarrollar la taxonomía de finanzas sostenibles del país, invirtió en el primer bono azul del país y se esfuerza por aumentar el acceso al capital dentro de la Iniciativa Global de Bonos Verdes (European Commission, n.d.[57]).

4.4. República Dominicana: Tendencias e impacto de la IED, con especial atención a las inversiones de la UE

4.4.1. El papel de la IED en la mejora de las estructuras de producción e innovación

La IED ha reforzado su papel estructural y estabilizador en la economía de República Dominicana, con especial atención al turismo

La IED tiene un papel cada vez más importante en la economía de República Dominicana y es una fuente de estabilidad macroeconómica. El país fue el mayor receptor de IED del Caribe en 2023 (UNCTAD, 2024[60]). La relación entre el acervo de IED y el PIB ha aumentado de manera constante, alcanzando un máximo del 56% en 2020 y descendiendo luego a cerca del 50% en 2024, lo que se aproxima al promedio de ALC, pero por debajo del nivel de la OCDE. Las entradas de IED han demostrado su resiliencia, manteniéndose estables incluso durante la crisis provocada por la pandemia de 2020 que afectó gravemente al sector turístico. En términos per cápita, la IED ha seguido aumentando, lo que ha permitido a República Dominicana superar ligeramente los promedios de ALC y de la OCDE, lo que destaca la gran confianza de los inversionistas y el papel estructural de la IED en un modelo de crecimiento orientado al comercio y la integración mundial (UNCTAD, 2025[1]; World Bank, 2025[61]).

Entre 2014 y 2024, el sector del alojamiento y servicios de alimentación atrajo el 53% del total de las inversiones en proyectos nuevos durante este periodo (Gráfico 4.31). Le siguió el sector del suministro de electricidad, gas, vapor y aire acondicionado con un 24%, la industria manufacturera con 11%, la información y comunicaciones con 6%, y el transporte y almacenamiento con un 4% del total de las inversiones. El resto de sectores combinados representaron solo el 3% de la IED en proyectos nuevos durante este periodo.

Gráfico 4.31. El sector de alojamiento y servicios de alimentación concentró más de la mitad de la IED en proyectos nuevos

IED en proyectos nuevos en República Dominicana, por sector

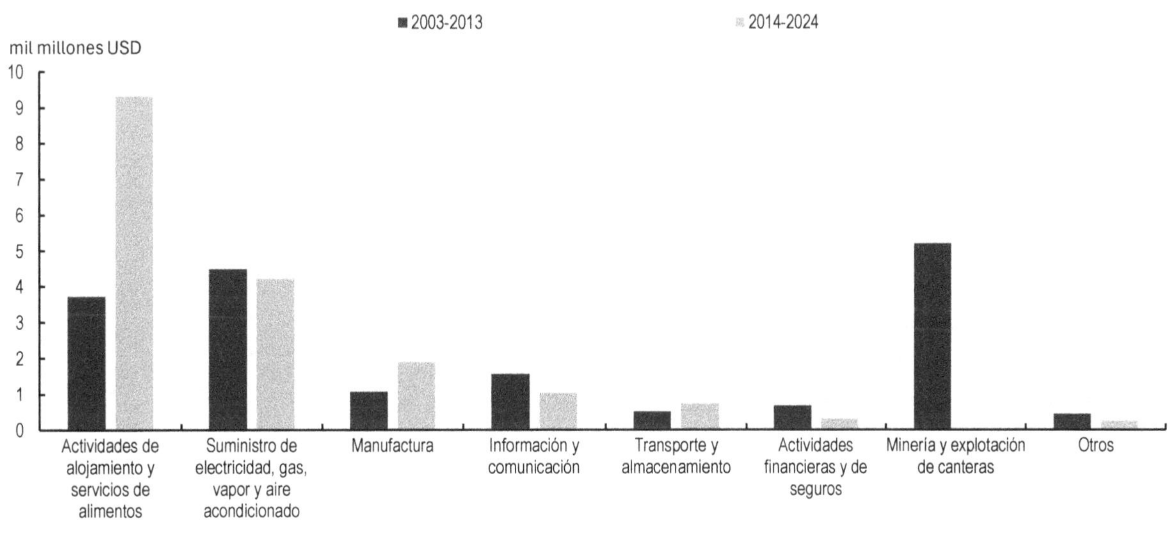

Fuente: Basado en Financial Times (2025[2]) FDI Markets (base de datos), https://www.fdimarkets.com/.

Los sectores y subsectores que atrajeron la IED en proyectos nuevos cambiaron significativamente entre 2003-2013 y 2014-2024. Entre 2003 y 2013, la minería y la explotación de canteras, junto con las energías no renovables, dominaron la IED en proyectos nuevos, representando casi el 30% y el 12% del total de inversiones, respectivamente. La década siguiente se caracterizó por un cambio hacia las energías renovables, en particular la energía solar. Entre 2014 y 2024, la minería y la explotación de canteras, así como las energías no renovables, recibieron menos del 1% del total de las inversiones, mientras que las fuentes de energía renovables atrajeron casi el 24% del total de la IED en proyectos nuevos, frente a únicamente el 11.5% en el periodo anterior. Por sí sola, la energía solar experimentó el aumento más notable entre las energías renovables, con un incremento de su participación del 2% (340 millones de dólares) a casi el 15% del total de inversiones durante los respectivos periodos (2 500 millones de dólares). Esto refleja un cambio en las tendencias de inversión hacia sectores más sostenibles desde el punto de vista medioambiental, así como una alineación con la agenda del gobierno de aumentar sustancialmente la generación de energía renovable. El sector del alojamiento también experimentó un aumento significativo de la IED, con un incremento de su participación del 21% al 52% durante los mismos periodos, lo que corresponde a 3 700 y 9 300 millones de dólares en los dos periodos respectivos (Gráfico 4.32).

Gráfico 4.32. La energía solar registró el segundo mayor aumento en la participación de la IED en proyectos nuevos

Participación de la IED en proyectos nuevos total en República Dominicana, por sector y subsector

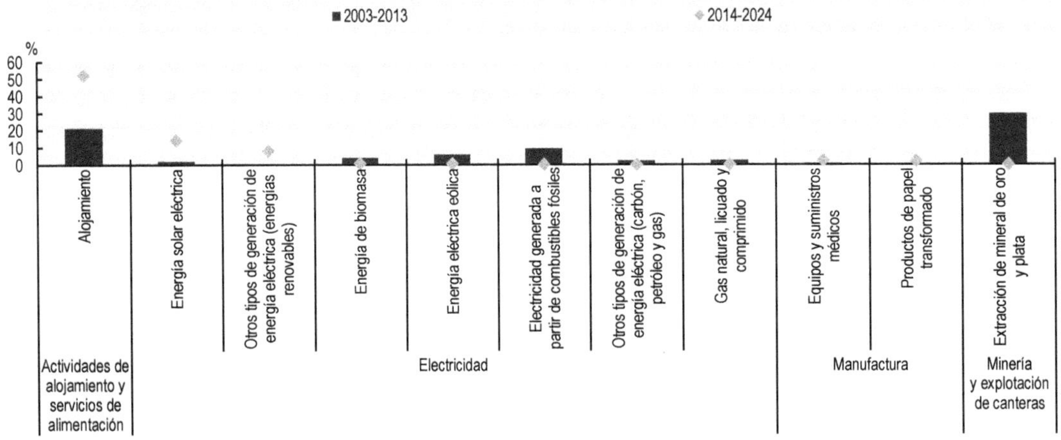

Nota: El gráfico incluye solo los subsectores (de los cuatro sectores seleccionados) que representan el 0.5% o más del total de la IED en proyectos nuevos en República Dominicana.
Fuente: Basado en Financial Times (2025[2]), FDI Markets (base de datos),https://www.fdimarkets.com/.

Entre 2018 y 2024, las fusiones y adquisiciones (M&A) en República Dominicana se concentraron principalmente en los sectores manufacturero y eléctrico, que registraron valores totales de transacciones de M&A de 1 001 y 926 millones de dólares estadounidenses, respectivamente, lo que representa todos los valores disponibles de las transacciones de IED en proyectos existentes durante este periodo. La región de ACL tiene la mayor participación en el valor de la IED en proyectos existentes en el sector manufacturero (88%), seguida de Estados Unidos (10.5%). (LSEG, 2025[7])

El aumento de la IED entrante puede atribuirse a actores fundamentales, como la agencia nacional de promoción de inversiones, ProDominicana (antes CEI-RD) creada en 2017, que se centra en sectores estratégicos como el turismo, energías renovables, tecnología, manufactura, semiconductores, agricultura y biomedicina (ProDominicana, 2025[62]; OECD/UNCTAD/ECLAC, 2020[63]). El modelo de zona franca también ha sido fundamental para atraer inversiones y mejorar la competitividad de las exportaciones, al ofrecer exenciones fiscales y facilidades administrativas. Si bien este modelo evoluciona gradualmente hacia una mayor integración económica, la atracción de IED – en particular en el turismo y la manufactura – sigue siendo fundamental para la estrategia de desarrollo del país (Consejo Nacional de Zonas Francas de Exportación, 2025[64]).

La UE es el principal proveedor de IED en proyectos nuevos en República Dominicana en sus principales sectores de inversión y un motor clave del crecimiento de las energías renovables

La Unión Europea ha sido el mayor inversionista en proyectos nuevos en República Dominicana durante las últimas dos décadas. Las inversiones de la UE representaron el 33.5% del total de la IED en proyectos nuevos entre 2003 y 2024, superando la cifra de 11 500 millones de dólares estadounidenses. Estados Unidos ocupó el segundo lugar con más de 7 mil millones de dólares (20%) en inversiones, seguido de los inversionistas de la región de ALC, con más de 3 500 millones de dólares (10%). La IED procedente del Reino Unido y China fue relativamente baja, de cerca de 1 300 millones de dólares (3%) y 150 millones de dólares, respectivamente. Las inversiones de otros orígenes combinadas sumaron más de 11 mil millones de dólares (32%). Cabe destacar que las inversiones de la UE aumentaron significativamente entre las dos últimas décadas, pasando de alrededor de 4 800 a 6 800 millones de dólares (Financial Times, 2025[2]) .

La UE es la principal fuente de IED en proyectos nuevos en los principales sectores de inversión de República Dominicana. En el periodo 2014-2024, las inversiones procedentes de la UE en alojamiento y servicios de alimentación representaron el 46% de las inversiones en el sector. Aunque la participación de la UE fue inferior comparada con la década anterior, las inversiones casi se duplicaron en valor absoluto, lo que indica una tendencia generalizada al alza de la inversión en este sector. La UE también encabezó el sector eléctrico, con 1 500 millones de dólares, que representa el 35% del total de inversiones en el sector, y el sector manufacturero, con poco más de 650 millones de dólares (35%), aumentando su participación en las inversiones en estos sectores en comparación con la década anterior (Gráfico 4.33).

Gráfico 4.33. La UE es el principal inversionista en alojamiento y servicios de alimentación, electricidad y manufactura.

IED en proyectos nuevos, por origen y sector, % del total de IED por sector, 2003-2024

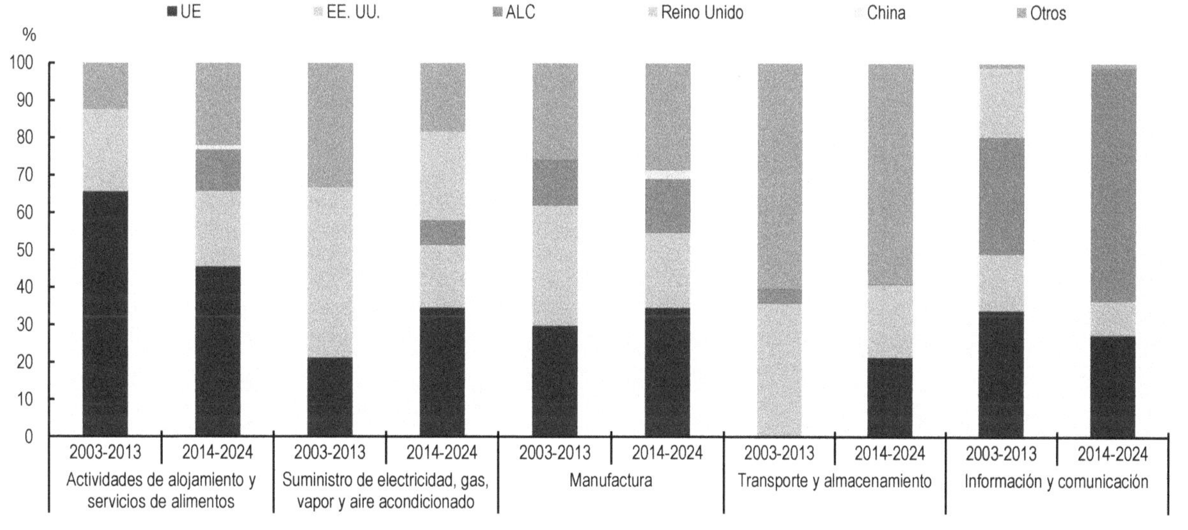

Fuente: Basado en Financial Time s (2025[2]), FDI Markets (base de datos),https://www.fdimarkets.com/.

La composición sectorial de la IED en proyectos nuevos por origen muestra patrones muy similares para la Unión Europea y Estados Unidos. Entre 2014 y 2024, la mayoría de las inversiones de la UE se destinaron a alojamiento y servicios de alimentación (62%), seguidos de electricidad (21%), manufactura (10%), TIC (4%) y transporte y almacenamiento (4%). Las inversiones estadounidenses muestran un perfil similar, con alojamiento (55%), electricidad (20%) e industria manufacturera (12%), seguidos del transporte y almacenamiento, y otras cuotas más pequeñas. Por el contrario, los inversionistas de ALC se centran más en las TIC (26%), y el resto se distribuye entre alojamiento (42%), electricidad (12%), industria manufacturera (11%) y finanzas (8%). Las inversiones del Reino Unido se dirigen casi exclusivamente a la electricidad, mientras que las inversiones chinas se concentran, casi en 70%, en el alojamiento y el resto en la industria manufacturera.

La UE es el principal proveedor de IED en proyectos nuevos para el sector eléctrico gracias al crecimiento continuo de sus inversiones en el sector durante las últimas dos décadas. La IED de la UE en proyectos nuevos se concentró principalmente en las energías renovables, tanto en el periodo 2003-2013 como en el 2014-2024, y su proporción aumentó ligeramente con el tiempo hasta representar más de una quinta parte del total de la IED de la UE en proyectos nuevos. Entre 2014 y 2024, casi toda la IED de la UE en proyectos nuevos en el sector eléctrico de República Dominicana se destinó a la energía solar, lo que representó el 21% (1 500 millones de dólares) del total de los flujos de proyectos nuevos (6 800 millones de dólares) (Gráfico 4.34). Por el contrario, la inversión en otras áreas prioritarias de la GGIA UE-ALC sigue siendo limitada. Las telecomunicaciones, que representaban una parte importante de la IED de la UE en el periodo anterior, han disminuido en términos relativos, mientras que los servicios digitales y los instrumentos médicos han surgido recientemente, manteniendo un papel marginal (Financial Times, 2025[2]) .

Gráfico 4.34. La IED de la UE se concentra en el alojamiento, las energías renovables y la industria manufacturera

IED de origen de la UE en todos los sectores y subsectores de República Dominicana, 2014-2024

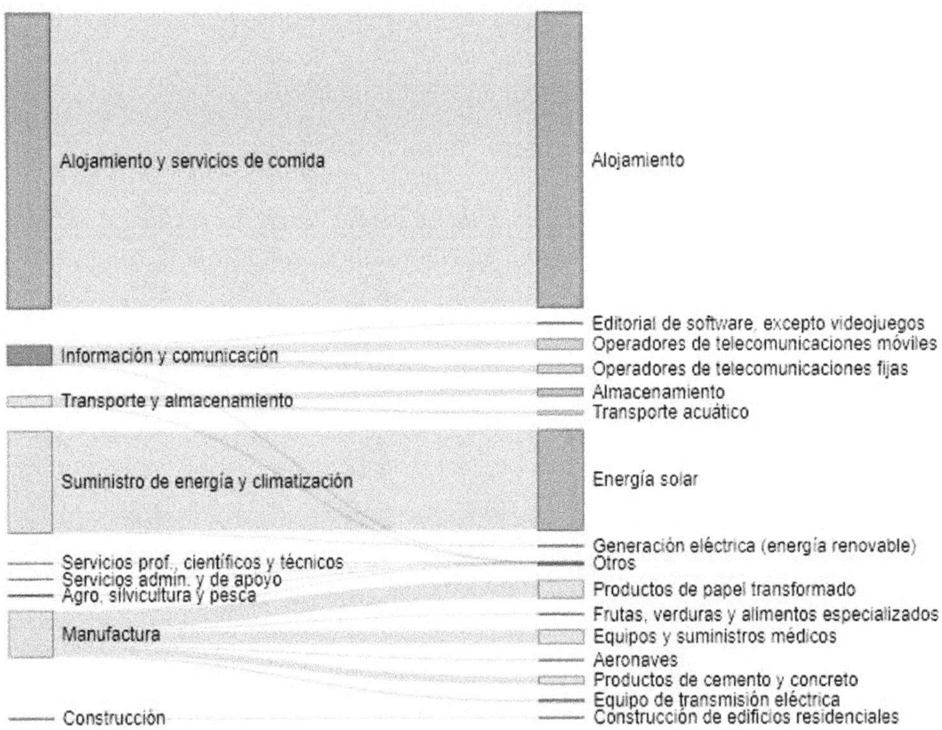

Fuente: Basado en Financial Times (2025[2]), FDI Markets (base de datos),https://www.fdimarkets.com/.

Los esfuerzos de los inversionistas de la UE se han orientado hacia el sector de las energías renovables, ya que se ha convertido en una prioridad nacional para República Dominicana. Esto se debe al alto costo de las importaciones de combustibles fósiles y al compromiso del país de reducir las emisiones de gases de efecto invernadero en un 27% para 2030 (Quevedo et al., 2024[65]). El país aspira a que el 30% de la generación de electricidad provenga de fuentes renovables para 2030, lo que supone un cambio significativo dada su actual dependencia de los combustibles fósiles importados, que representan el 62% de las emisiones y exponen a la economía a la volatilidad de los precios mundiales del petróleo (Pellerano & Herrera, 2025[66]; International Trade Administration, 2024[67]; Pichardo, 2025[68]). Se ha avanzado en ello, pues la participación de las energías renovables en la generación de electricidad se ha duplicado con creces al pasar del 11% en 2021 a más del 23% en 2024 (IRENA, 2024[69]; Dominican Today, 2025[70]; World Energy Council, 2024[71]). República Dominicana se encuentra en un momento crucial en la transición energética y la IED sirve como catalizador vital para acelerar este cambio. Sin embargo, para lograr la descarbonización total se necesitarán aproximadamente 16 000 millones de dólares en inversiones (Quevedo et al., 2024[65]) .

La IED es fundamental para impulsar esta transición, ya que aporta capital, tecnología y experiencia. República Dominicana ha creado un clima favorable para la inversión, al ofrecer incentivos a las empresas que desarrollan tecnologías de energía renovable en un esfuerzo por aumentar la producción nacional de energía a partir de fuentes sostenibles. La Ley de Incentivos a las Energías Renovables (2007) otorga exenciones arancelarias a los insumos importados y una moratoria fiscal de 10 años sobre los beneficios derivados de la venta de energías renovables y equipos (International Trade Administration, 2024[67]). Estos incentivos ya han contribuido a atraer la inversión extranjera, reducir la dependencia de las importaciones y diversificar la combinación energética, lo que sitúa al país en una importante encrucijada en su transición hacia una economía baja en carbono.

Un entorno normativo estable, combinado con las crecientes oportunidades de mercado, ha posicionado a República Dominicana como un destino cada vez más atractivo para las inversiones en energía limpia. En el índice *Climatescope* 2024 de Bloomberg, que evalúa el potencial de transición energética en los mercados emergentes, República Dominicana ocupó el quinto lugar como destino más atractivo para las inversiones en energía renovable en ALC (BloombergNEF, 2025[72]). Las empresas europeas han sido fundamentales para impulsar este sector, al tiempo que han garantizado que la IED tuviera un impacto en el desarrollo (Recuadro 4.3).

Recuadro 4.3. Akuo Energy, una empresa europea que invierte en energías renovables, fomenta el impacto local

Akuo Energy, una empresa francesa de energías renovables, ha sido fundamental en la estrategia de República Dominicana de alcanzar un 30% de energías renovables en su red eléctrica para 2030. La filial de Akuo en República Dominicana cuenta con la mayor plantilla de todas sus operaciones en América Latina (Chile, Colombia, República Dominicana y Uruguay). Desde 2017, su filial, que emplea a 22 profesionales de los cuales 90% son dominicanos, entre los que se incluyen personas de comunidades cercanas a las ubicaciones de los proyectos, ha sido pionera en proyectos en regiones desatendidas, como el emblemático parque eólico de Pecasa en Monte Cristi, cofinanciado por PROPARCO. Las inversiones de Akuo han creado empleos de calidad, promovido la inclusión de género y desarrollado las habilidades locales, al tiempo que han mejorado la infraestructura, apoyado la titulación de tierras para 120 familias y estimulado los negocios locales. Al combinar estrictas salvaguardias ambientales con el impacto socioeconómico, Akuo ilustra la manera en que la IED en energías renovables puede acelerar el desarrollo inclusivo y sostenible, sentando un precedente para futuras inversiones privadas en el sector.

Fuente: Basado en entrevistas con (Longo, 2025)

La IED en proyectos nuevos en sectores intensivos en tecnología y conocimiento (TKI) disminuyó, mientras que se requiere más IED en I+D

La IED en TKI en República Dominicana disminuyó de 1 800 millones de dólares a 1 300 millones (-30%) entre 2003-2013 y 2014-2024, ya que se ralentizaron las inversiones de todos los orígenes, excepto las de ALC. Dado que los sectores TKI son motores clave de la innovación, la productividad y el crecimiento económico a largo plazo, es preocupante la disminución de la IED procedente de inversionistas fuera de ALC, sobre todo teniendo en cuenta que la IED en proyectos nuevos en los sectores TKI de la región de ALC ha crecido considerablemente (Capítulo 1).

La UE fue la mayor fuente de IED en proyectos nuevos en este sector entre 2003 y 2013, con 684 millones de dólares estadounidenses. América Latina y el Caribe superaron a la UE entre 2014 y 2024, con 691 millones de dólares estadounidenses, tras un aumento de la inversión (Gráfico 4.35). Los servicios de alta tecnología intensivos en conocimiento destacaron como el subsector de TKI más importante por volumen de IED en ambos periodos. El enfoque en los servicios de alta tecnología intensivos en conocimiento contrasta con la tendencia de ALC, donde la industria manufacturera de tecnología media recibió la mayor parte de la inversión (Capítulo 1). La industria manufacturera de alta tecnología recibió una IED en proyectos nuevos muy baja de cualquier origen en cualquier periodo, mientras que las inversiones en la industria manufacturera de tecnología media disminuyeron sustancialmente. La tendencia adversa de la ralentización de la inversión en los sectores de TIK en República Dominicana también se refleja en la proporción de la IED en este sector del total de la inversión, ya que disminuyó para todos los orígenes (Financial Times, 2025[2]) .

Gráfico 4.35. Aunque es fundamental para República Dominicana, la IED en los sectores de TKI disminuyó

IED nueva en los sectores TKI, por origen

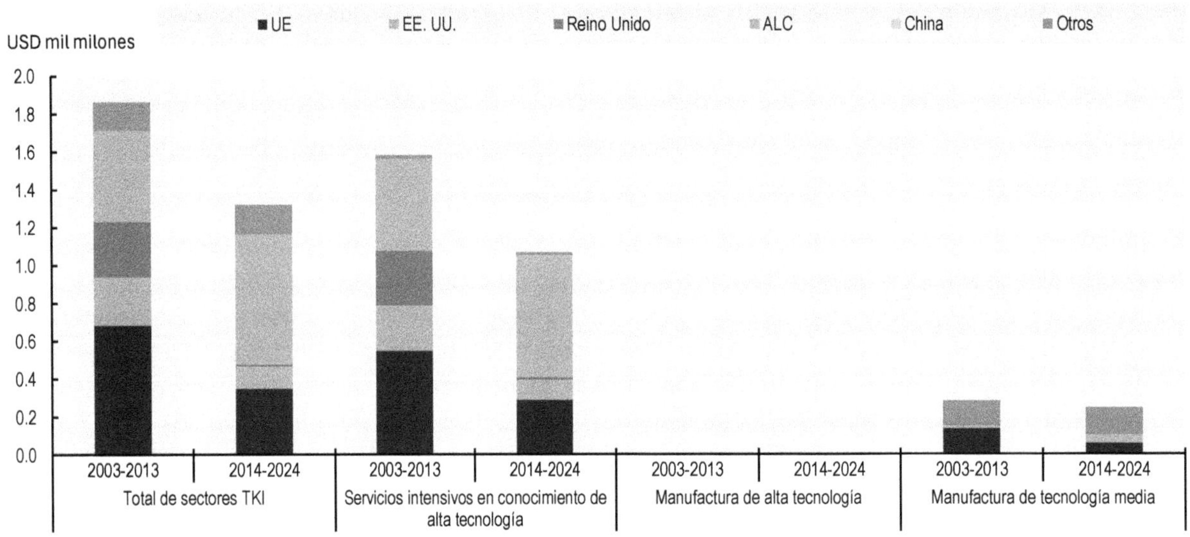

Nota: La clasificación de los sectores TKI sigue la metodología de Eurostat. Para más detalles, véase el Cuadro 2.1 del Capítulo 2.
Fuente: Basado en Financial Times (2025[2]), FDI Markets (base de datos),https://www.fdimarkets.com/.

La IED en proyectos nuevos de actividades de I+D sigue siendo limitada. En las últimas dos décadas, menos del 1% del total de la IED se destinó a I+D. La UE ha sido un actor importante, ya que ha representado la mayor parte de la IED en I+D durante este periodo, seguida del Reino Unido y los Estados Unidos. La inversión total se mantuvo relativamente estable durante las dos últimas décadas, en torno a los 150 millones de dólares estadounidenses (Gráfico 4.36). El bajo nivel de inversión en I+D puede deberse en parte a la concentración de la IED en servicios relacionados con el turismo, donde la actividad de I+D es limitada. Sin embargo, existe la posibilidad de aprovechar la IED para promover la innovación y el desarrollo tecnológico, facilitando así los efectos indirectos y la transferencia de tecnología de las empresas extranjeras a las nacionales que operan en el país.

Gráfico 4.36. La IED en actividades de investigación y desarrollo sigue siendo limitada

IED en actividades de I+D, 2003-2013 y 2014-2024

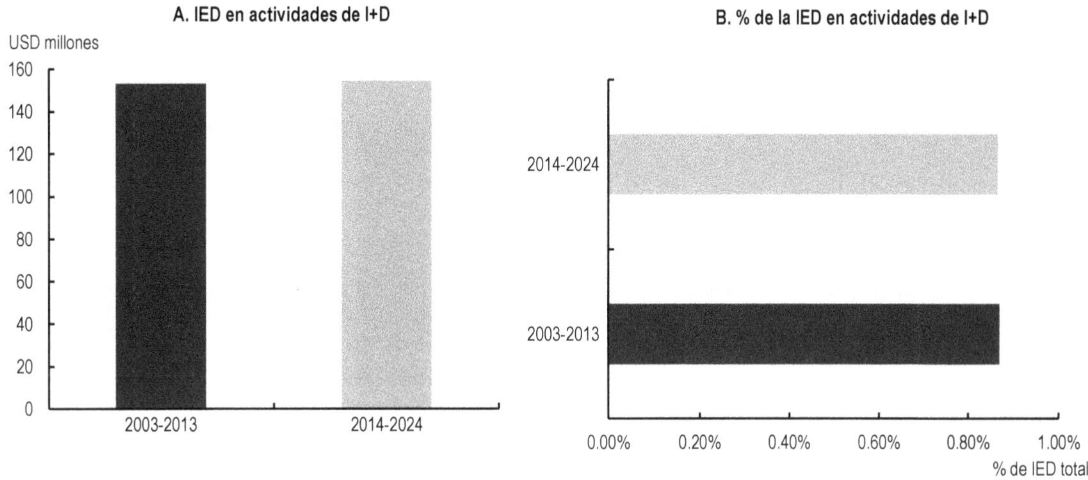

Fuente: Basado en Financial Times (2025[2]), FDI Markets (base de datos),https://www.fdimarkets.com/.

4.4.2. El papel de la IED en la creación de empleos (de calidad) y competencias en República Dominicana

La UE lidera la creación total de empleo en República Dominicana

La IED en proyectos nuevos ha generado una cantidad importante de empleos en República Dominicana, siendo la UE el principal contribuyente. Se estima que la IED ha generado más de 60 000 empleos durante el periodo 2014-2024, lo que supone un aumento del 50% en comparación con la década anterior. Durante las dos últimas décadas, las empresas de la UE fueron responsables de la creación de 36 000 empleos, lo que representa el 35% de todos los empleos relacionados con la IED en el país (Gráfico 4.37, Panel A). Estados Unidos ocupó el segundo lugar, generando el 26% de los empleos relacionados con la IED (26 000 empleos), seguido por los inversionistas de la región de ALC con el 12% (12 000 empleos). Las inversiones de China y el Reino Unido generaron cerca del 1% del total de empleos relacionados con la IED entre 2003 y 2024, y el resto de los inversionistas extranjeros combinados generaron el 25% (25 000 empleos).

La intensidad total de empleo de la IED en República Dominicana aumentó moderadamente, pasando de cerca de 2 300 en 2003-2013 a 3400 en 2014-2024 de empleos creados por cada mil millones de dólares estadounidenses de IED. La IED de la UE muestra una intensidad de empleo muy similar, aunque el aumento entre décadas fue menos pronunciado que el de las inversiones de todos los orígenes (Gráfico 4.37, Panel B).

Gráfico 4.37. La UE ocupa el primer lugar en creación total de empleo

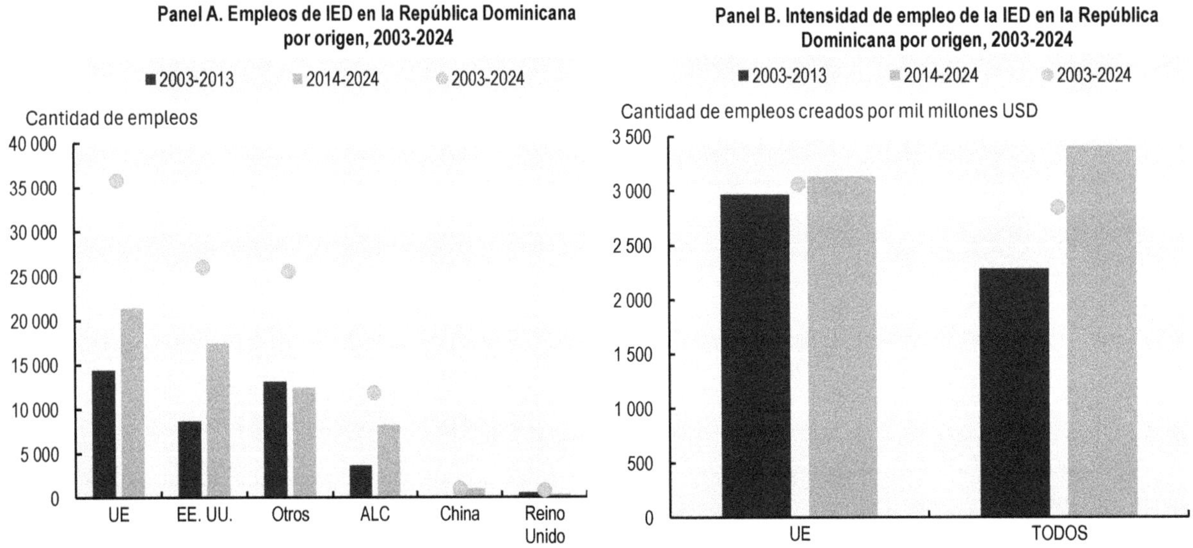

Nota: La intensidad de empleo se mide como el número de empleos creados por cada mil millones de dólares estadounidenses.
Fuente: Basado en Financial Times (2025[2]) , FDI Markets (base de datos),https://www.fdimarkets.com/.

Como sugiere la distribución de las inversiones en proyectos nuevos, la creación de empleo a partir de la IED en proyectos nuevos se concentra principalmente en el sector de alojamiento y servicios de alimentación, así como en la industria manufacturera, lo que representa el 73% de los puestos de trabajo creados a partir de todas las inversiones y el 87% de los puestos de trabajo creados a partir de las inversiones de la UE (Gráfico 4.38, Panel A). Además, se estima que una inversión de mil millones en estos sectores genera alrededor de 2 900 y 9 000 puestos de trabajo, respectivamente (Gráfico 4.38, Panel B).

Gráfico 4.38. La creación de empleo por parte de la IED en proyectos totalmente nuevos de la UE se concentra en los sectores de alojamiento y servicios de alimentación, y la industria manufacturera

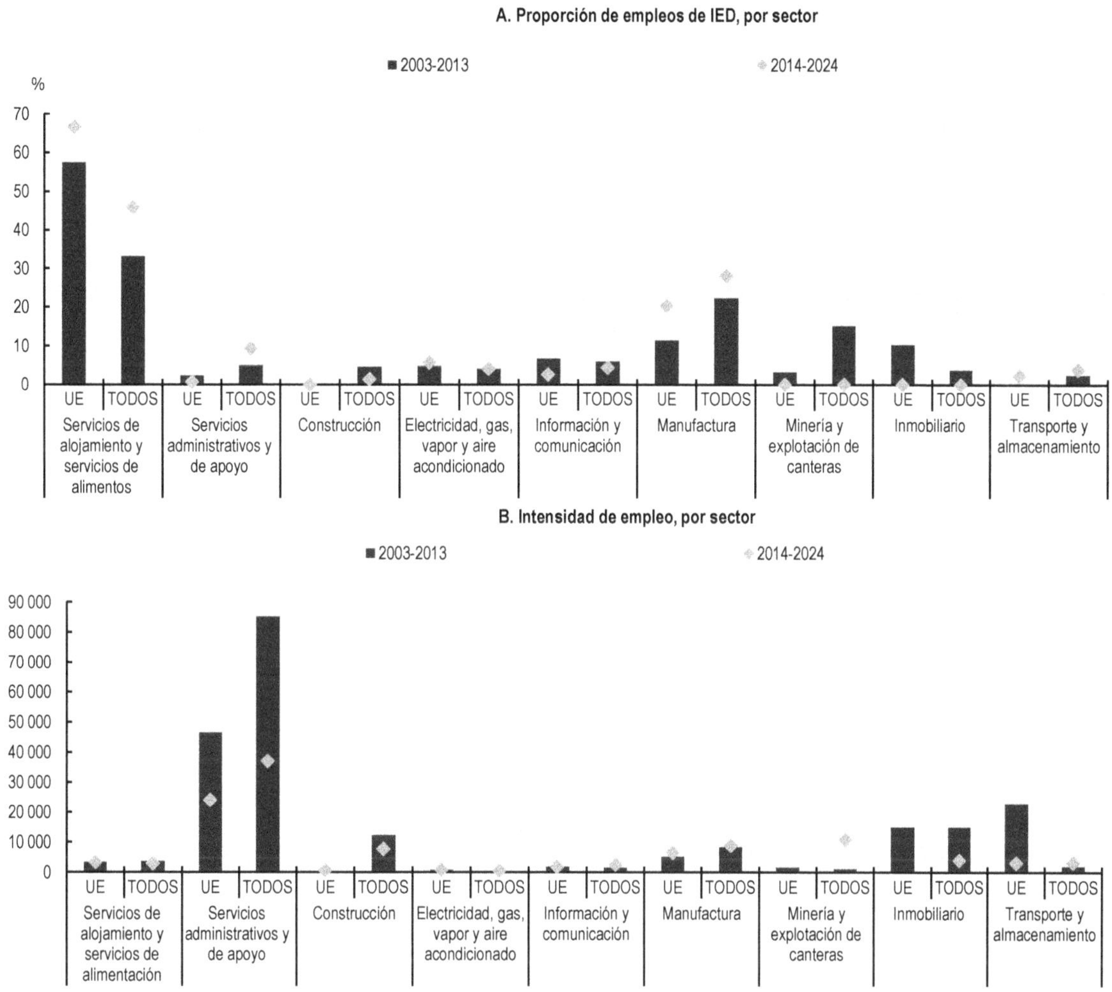

Nota: La intensidad de empleo corresponde al número de puestos de trabajo creados por cada mil millones de dólares estadounidenses de inversión en proyectos nuevos. Solo se presentan los sectores que representan al menos el 3% del total de puestos de trabajo de la IED en cualquiera de los dos periodos o de cualquier origen. "Todos" se refiere a la IED de todos los orígenes.
Fuente: Basado en Financial Times (2025[2]), FDI Markets (base de datos),https://www.fdimarkets.com/.

La IED en proyectos nuevos ha contribuido sustancialmente a la creación de empleo en el sector manufacturero, con casi 17 000 puestos de trabajo creados (Financial Times, 2025[2]). En los cinco subsectores más importantes en cuanto a creación de empleo, la IED en proyectos nuevos procedente de la UE fue la más importante (5 400), seguida de Estados Unidos en segundo lugar (4 400) (Gráfico 4.39). La creación de empleo por la IED también ha experimentado un cambio notable, ya que los puestos de trabajo se concentran cada vez más en el subsector de equipos y suministros médicos, mientras que el de ropa y accesorios de vestir ha registrado un descenso hasta llegar a cero en la última década. La IED de la UE ha sido un motor del cambio hacia la fabricación de equipos médicos, ya que ha creado la mayor parte de los puestos de trabajo en este subsector (3 300).

Gráfico 4.39. Los empleos de la IED en la industria manufacturera se concentran cada vez más en equipo médico, siendo la UE el principal origen

Creación de empleo por la IED en proyectos nuevos en los subsectores manufactureros, por origen

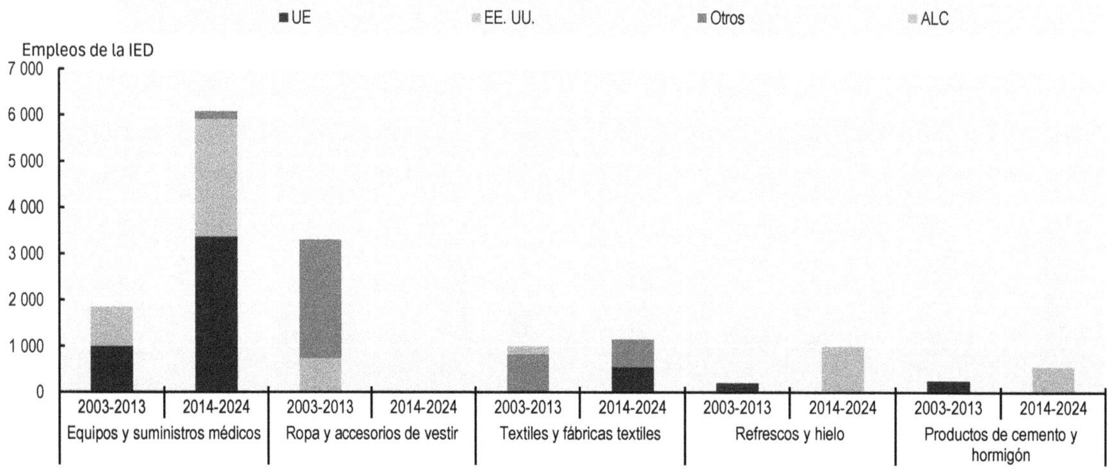

Nota: En este gráfico solo se muestran los cinco subsectores con mayor creación de empleo. No se incluyen el Reino Unido y China, ya que sus inversiones no crearon ningún empleo en estos subsectores.
Fuente: Basado en Financial Times (2025[2]), FDI Markets (base de datos), https://www.fdimarkets.com/.

Se relaciona a las empresas extranjeras con productividad laboral, prima salarial e intensidad de exportación significativamente más altas.

En República Dominicana, se ha observado que las empresas extranjeras tienen una productividad laboral, salarios medios e intensidad de exportación significativamente más altos que las empresas nacionales. Las empresas extranjeras muestran una productividad laboral un 78% superior a la de las empresas nacionales, lo que indica que generan unos ingresos por trabajador sustancialmente mayores. Además, las empresas extranjeras pagan a sus empleados, en promedio, salarios un 110% más altos que las empresas nacionales, lo que sugiere un impacto positivo de las empresas extranjeras en los resultados del mercado laboral. Sin embargo, al igual que en la mayoría de los países de ALC, los trabajadores de los sectores intensivos en IED de la UE trabajan más horas en República Dominicana: un promedio de 52.1 horas semanales, frente a las 45.5 de otros sectores (Capítulo 2). Las empresas extranjeras también muestran una mayor intensidad exportadora, es decir, las exportaciones en relación con las ventas totales, en comparación con las empresas nacionales. Este hallazgo sugiere que las empresas extranjeras pueden contribuir a la internacionalización y la integración de República Dominicana en las CMV (Capítulo 1). Por último, el análisis no señala diferencias significativas entre las empresas nacionales y las extranjeras en cuanto a la proporción de mujeres empleadas (Gráfico 4.40, Panel A).

La calidad del empleo es un indicador importante de la sostenibilidad y está influenciada por la estabilidad de los contratos laborales (indefinidos vs. temporales) y las oportunidades de desarrollo de competencias (Capítulo 2). Sin embargo, no hay diferencias significativas en lo que respecta a la existencia de programas de formación para los empleados, la introducción de procesos de innovación, la inversión en I+D o la presencia de mujeres en puestos directivos. Por último, en lo que respecta a los tipos de contrato, que son otro indicador importante de la calidad del empleo, las empresas extranjeras no difieren significativamente de las nacionales en el uso de contratos temporales (Gráfico 4.40, Panel B).

Gráfico 4.40. Las empresas extranjeras pagan salarios más altos, son más productivas y tienen una mayor intensidad exportadora que las empresas nacionales

¿Las empresas extranjeras obtuvieron mejores resultados que las nacionales en 2024? (sí, si la puntuación es >0; no, si la puntuación es <0)

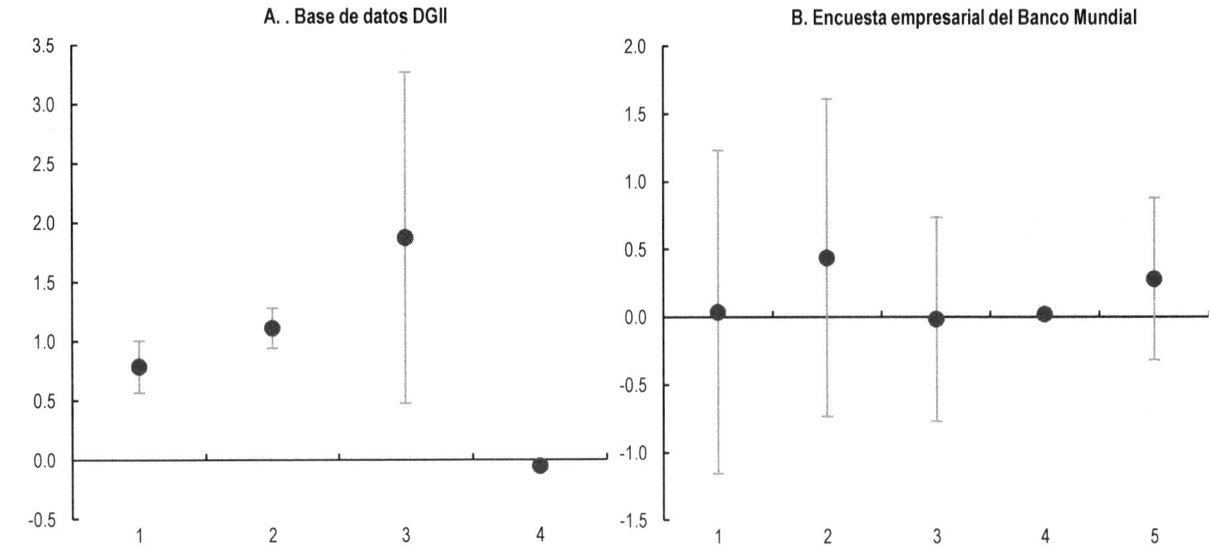

Nota: Este gráfico muestra un indicador de Tipo 1. En la Encuesta de Empresas del Banco Mundial, se define que las empresas extranjeras son aquellas que tienen al menos un 10% de propiedad extranjera. Es importante destacar que, en la base de datos de la DGII, la propiedad extranjera es autodeclarada. La DGII es la base de datos del registro de contribuyentes de República Dominicana, que incluye a todas las empresas que pagan impuestos en el país. Las barras representan intervalos de confianza del 95%. Para más información, véanse los Anexos 4.A y 4.B.

Fuente: Basado en DGII (2025[73]), Registro de contribuyentes de la Dirección General de Impuestos Internos de República Dominicana (DGII); Banco Mundial (2016[74]), Encuestas de Empresas del Banco Mundial, https://www.enterprisesurveys.org/en/enterprisesurveys.

En República Dominicana, los empleos generados por la IED de la UE se concentran en sectores con salarios más altos, mayor calidad salarial y mayor formalidad laboral. Los trabajadores de estos sectores suelen tener un contrato escrito y permanente, un plan de pensiones, seguro médico, así como más horas de trabajo y son principalmente hombres (Capítulo 3). Por lo tanto, los empleos creados por la IED de la UE tienden a estar presentes en sectores en los que los trabajadores están mejor remunerados y más protegidos por la seguridad social, pero estos sectores también tienden a contratar a muchos más hombres que mujeres. Un análisis más profundo de estas disparidades de género revela que los sectores con empleos creados por la IED de la UE también muestran niveles más bajos de informalidad laboral femenina (11%) que otros sectores en República Dominicana (37%) (Gráfico 4.41). Además, a pesar de la concentración en sectores dominados por hombres, los empleos de la IED de la UE tienden a crearse en sectores que pagan a las mujeres salarios de mayor calidad, según se determina en relación con el salario medio nacional.

Gráfico 4.41. Los empleos creados por la IED en nuevos proyectos de la UE se concentran en sectores con menor informalidad laboral femenina y salarios de mayor calidad para las mujeres

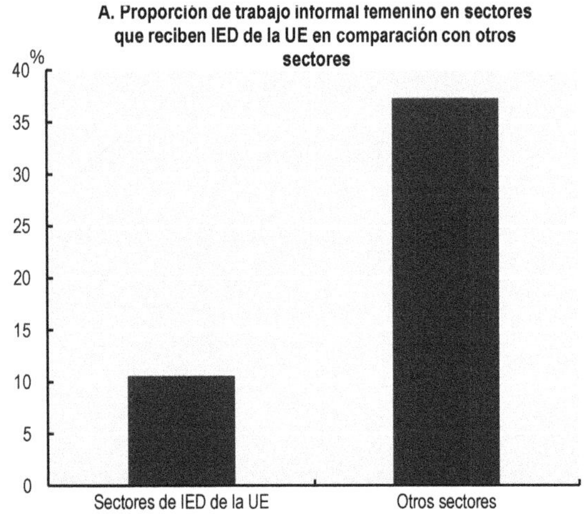

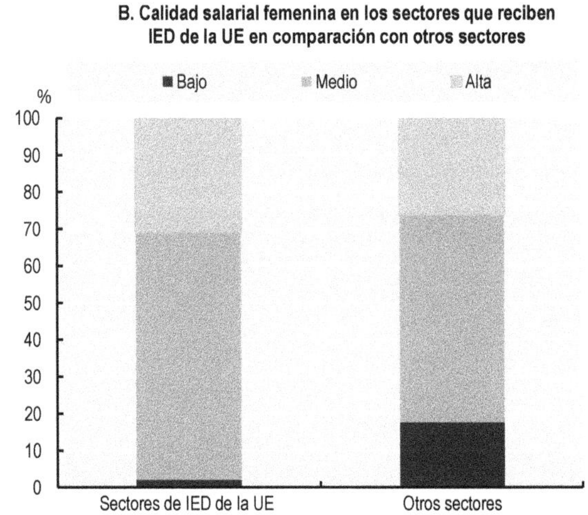

Nota: Los sectores seleccionados representan al menos el 80% de los empleos creados por la IED de la UE en el país e incluyen un mínimo de cinco sectores, según las estadísticas de fDi Markets correspondientes a los cinco años anteriores a la última encuesta de hogares disponible. Los resultados que se muestran en los siguientes gráficos son medias ponderadas para estos sectores, utilizando como ponderación la cuota de cada sector en la creación total de empleo relacionada con la IED de la UE. Para los sectores restantes, aquellos que reciben poca o ninguna IED de la UE, se presentan medias simples (no ponderadas). La calidad salarial se define en función de los ingresos laborales mensuales. El salario de una persona se clasifica como bajo si es inferior a 0.5 veces la mediana nacional, medio si se sitúa entre 0.5 y 1.5 veces la mediana, y alto si supera 1.5 veces la mediana nacional. Para más detalles, véase el Recuadro 3.7 del Capítulo 3.
Fuente: Basado en Financial Times (2025[2]), FDI Markets (base de datos),https://www.fdimarkets.com/; OCDE (2024[75]) , base de datos Key Indicators of Informality based on Individuals and their Households (KIIbIH).

La IED contribuye a la creación de empleo formal, pero tiene vínculos limitados con las empresas locales y persisten las desigualdades regionales

La IED se concentra en gran medida en las zonas francas (ZF) de República Dominicana, y casi el 60% de las empresas que operan en las ZF son de origen extranjero (LATAM FDI, 2025[76]). Sin embargo, una encuesta realizada a las empresas que operan en las ZF muestra que estas no compran sus insumos localmente, ya que los insumos locales son relativamente caros y de calidad inferior. Esto demuestra los vínculos limitados hacia atrás que la IED crea dentro del país. Es necesario fortalecer los vínculos con las empresas locales para generar derrames positivos de la IED (Ramcharran, 2017[77]). Además, existe un dualismo tecnológico entre las ZF y el resto de la economía, lo que ha dado lugar a que la IED, que se dirige principalmente a las ZF, genere un crecimiento regional desequilibrado (Ramcharran, 2017[77]) .

La proximidad del país a Estados Unidos y el tratado de libre comercio (TLC) con Estados Unidos, el CAFTA-DR, convierten a República Dominicana en un centro atractivo para los inversionistas globales que buscan relocalizar actividades productivas más cerca de los mercados finales (*nearshoring*). Muchas empresas estadounidenses han trasladado sus operaciones de Asia a República Dominicana (LATAM FDI, 2024[78]). Las ZF han creado importantes centros de riqueza que exportan principalmente a Estados Unidos. En total, las ZF representan el 67% de las exportaciones del país (LATAM FDI, 2025[79]). República Dominicana está tratando de diversificar las inversiones y está promoviendo zonas francas agroindustriales y biotecnológicas (LATAM FDI, 2024[78]).

En 2024, las ZF fueron responsables de la creación de casi 200 mil empleos directos y las mujeres representaron el 53% del empleo total. Las inversiones han desempeñado un papel clave en el empoderamiento de las trabajadoras, ofreciéndoles empleos estables y bien remunerados en diferentes industrias, como la textil, la fabricación de dispositivos médicos y la transformación agroindustrial. Las ZF también han contribuido a mejorar las condiciones de trabajo y a crear empleo formal con prestaciones, como seguridad social, asistencia sanitaria y crecimiento profesional (LATAM FDI, 2025[79]). El desarrollo y el impacto positivo de las ZF reflejan la contribución de la IED a República Dominicana, ya que la IED se concentra en gran medida en estas zonas.

4.4.3. La cooperación internacional mejora la IED y su impacto

En la última década, más del 30% de las inversiones en proyectos nuevos de la UE en República Dominicana se han dirigido a áreas prioritarias de la GGIA UE-ALC. Entre 2014 y 2024, la IED de la UE se concentró en las energías renovables (23%), las telecomunicaciones (4%) e instrumentos médicos (3%). Al centrarse en sectores críticos para la transición ecológica y digital del país, así como en la expansión de las industrias intensivas en conocimiento, estas inversiones brindan una base sólida para la cooperación internacional complementaria. Aprovechar este impulso puede ayudar no solo a atraer más inversiones sostenibles, sino también a maximizar su impacto en el desarrollo, promoviendo así el crecimiento inclusivo y sostenible, la diversificación económica y el avance gradual de República Dominicana en la cadena de valor.

El financiamiento privado movilizado está emergiendo, mientras que la AOD tiene un papel importante en la mejora de la calidad y la cantidad de la IED para apoyar la transición ecológica

La Ayuda Oficial al Desarrollo (AOD), Otros Flujos Oficiales (OFO) y el financiamiento privado tienen funciones complementarias para promover la transformación productiva y el desarrollo sostenible. Los flujos oficiales hacia los sectores productivos de República Dominicana y ALC entre 2014 y 2023 revelan tres dinámicas distintas. En primer lugar, la AOD se ha mantenido relativamente estable, proporcionando una parte predecible pero modesta del apoyo, generalmente por debajo del 0.15% del INB tanto en República Dominicana como en la región. En segundo lugar, los OFO muestran una alta volatilidad y República Dominicana registró un marcado aumento entre 2018 y 2020, con un pico de más del 0.6% del INB, antes de descender drásticamente. En tercer lugar, la movilización de financiamiento privado para el desarrollo es un fenómeno reciente, con un aumento de los flujos después de 2020, que alcanzarán alrededor del 0.2% del INB en ALC y el 0.15% en República Dominicana en 2022, aunque siguen siendo inestables y dependientes de los proyectos (Gráfico 4.42).

En comparación con el promedio de ALC, República Dominicana muestra una mayor volatilidad, lo que refleja el papel desmesurado de las transacciones individuales. Estos patrones subrayan la necesidad de consolidar una AOD predecible, canalizar mejor los fondos de financiamiento externo para apoyar la inversión productiva a largo plazo y reforzar los mecanismos para movilizar y estabilizar el financiamiento privada con el fin de reducir la dependencia de los flujos volátiles y reforzar las estrategias de transformación productiva. República Dominicana ilustra tanto las oportunidades como los retos: los flujos concesionales proporcionan una base, pero su uso catalítico es crucial para movilizar un financiamiento privado mayor y más sostenible.

Gráfico 4.42. Los flujos oficiales en República Dominicana alcanzaron su máximo en 2020

Flujos oficiales a los sectores productivos en República Dominicana y ALC como porcentaje del INB, 2014-2023

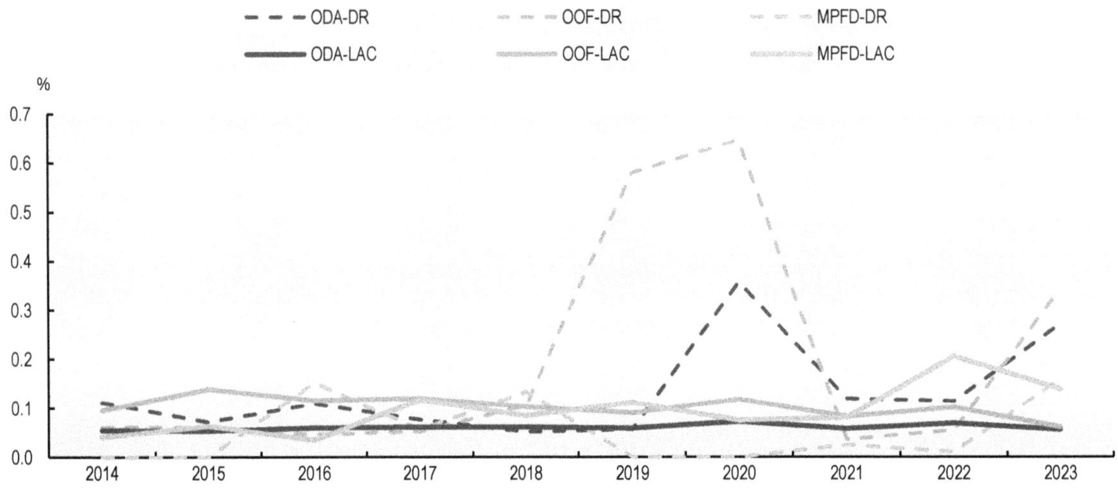

Nota: AOD: Ayuda Oficial al Desarrollo; OFO: Otros Flujos Oficiales; MPFD: Financiamiento Privado Movilizado para el Desarrollo. Los sectores productivos incluyen agricultura, construcción, energía, pesca, silvicultura, industria, recursos minerales y minería, turismo, transporte, suministro de agua y saneamiento, y turismo y almacenamiento.
Fuente: Basado en OCDE (2025[26]), CRS - Privado: Financiamiento privado movilizado para el desarrollo, https://data-explorer.oecd.org/; Banco Mundial (2025[27]), Indicadores del desarrollo mundial, https://databank.worldbank.org/; OCDE (2025[28]), CRS - Sistema de información de acreedores (flujos), https://data-explorer.oecd.org/.

El financiamiento privado movilizado para el desarrollo, aún en una fase inicial, pero en aceleración, se ha concentrado en los servicios bancarios y financieros, la energía y la industria durante la última década, reflejando las tendencias regionales en ALC. República Dominicana muestra un interés adicional por el turismo, un importante sector de IED (Gráfico 4.43). Esto complementa las prioridades de la UE en materia de IED en la transición ecológica y la industria manufacturera, y destaca el papel catalizador de los recursos concesionales en sectores productivos como el energético, donde han contribuido a desbloquear inversiones a mayor escala. Aunque los volúmenes de AOD siguen siendo modestos, su uso estratégico en la asistencia técnica, los instrumentos de distribución de riesgos y la preparación de proyectos ha sido fundamental para sentar las bases de la movilización de capital privado.

Gráfico 4.43. El financiamiento privado movilizado por las intervenciones oficiales de desarrollo se ha concentrado en los servicios bancarios y financieros en República Dominicana

Financiamiento privado movilizado para el desarrollo, por sector, 2014-2023

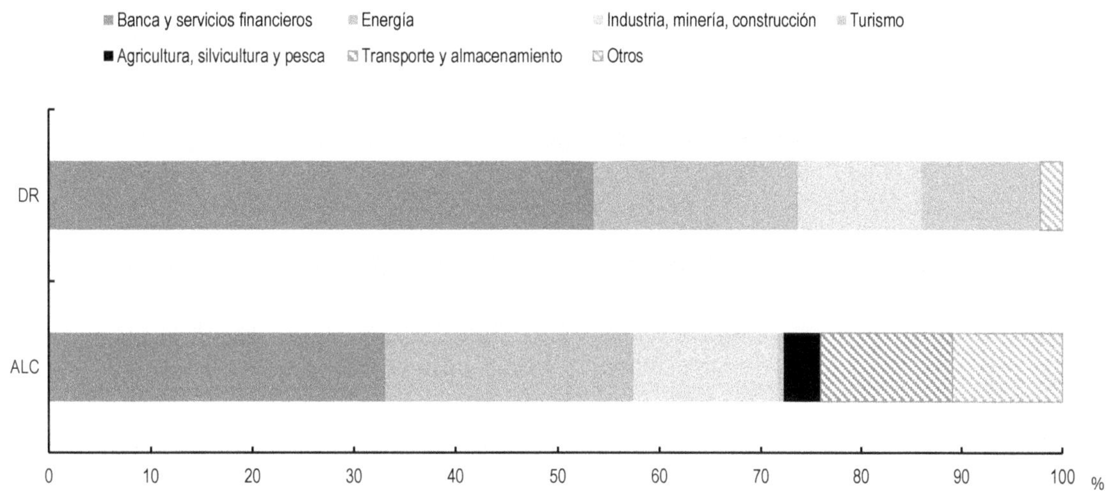

Nota: Los sectores que representan menos del 2% del total para ALC y República Dominicana se agruparon en "Otros", incluyendo educación, otras infraestructuras y servicios sociales, protección medioambiental general, gobierno y sociedad civil, otros sectores múltiples, salud, suministro de agua y saneamiento, políticas y regulación comercial, comunicaciones, y servicios empresariales y otros.
Fuente: Basado en OCDE (2025[26]), CRS - Privado: Financiamiento privado movilizado para el desarrollo, https://data-explorer.oecd.org/.

La AOD de la UE a República Dominicana entre 2014 y 2023 muestra una asignación sectorial muy fluctuante, lo que refleja la naturaleza impulsada por proyectos del apoyo de la UE y las prioridades cambiantes de la agenda de desarrollo del país (Gráfico 4.44). La composición varía principalmente entre el transporte y almacenamiento, y energía, que dominan la mayoría de los años, junto con aumentos ocasionales en la industria y el suministro de agua y saneamiento. El aumento de las asignaciones al agua y saneamiento en 2021-2022 refleja las respuestas de los donantes a las necesidades de salud pública y resiliencia durante y después de la pandemia de COVID-19, cuando el acceso al agua se convirtió en un área crítica de intervención.

Gráfico 4.44. La AOD de la UE a los sectores productivos de República Dominicana fluctúa significativamente entre el transporte y almacenamiento, y la energía

AOD de la UE a República Dominicana distribuida a los sectores productivos, 2014-2023

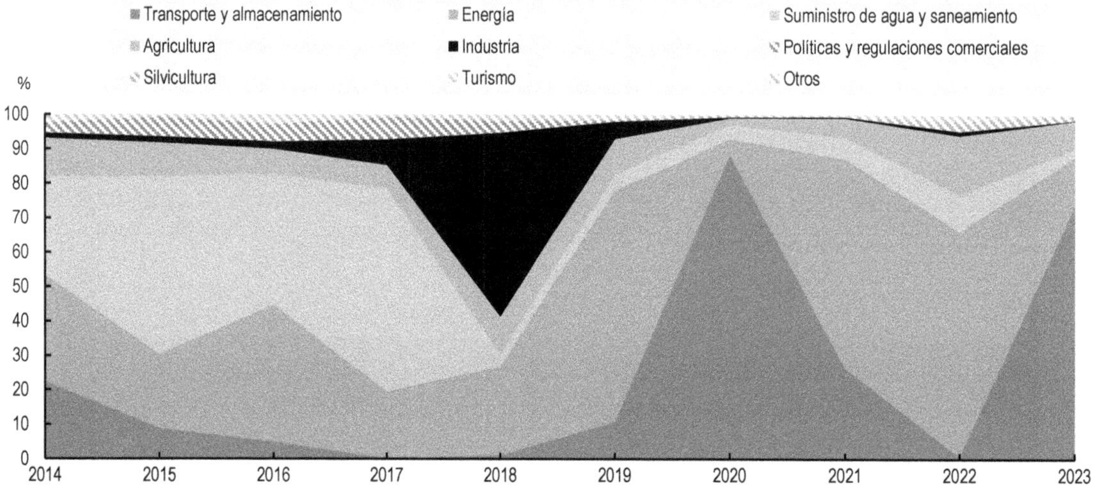

Nota: El rubro "Otros" incluye la pesca, recursos minerales y minería, y construcción.
Fuente: Basado en OCDE (2025[28]), CRS: Sistema de Información de los Acreedores (flujos),https://data-explorer.oecd.org/.

El apoyo de la AOD a las competencias, la formación y la educación fue impulsado de manera abrumadora por la UE y sus instituciones en República Dominicana entre 2014 y 2023. Representó casi la totalidad de los 35 millones de dólares asignados durante ese periodo. Otros donantes, como Corea, Japón, Australia y Estados Unidos, entre otros, contribuyeron solo de forma marginal. El apoyo de la UE se ha centrado en la educación y formación profesionales, que absorbieron cerca del 70% del total de las asignaciones. Esto refleja una orientación estratégica hacia la mejora de la empleabilidad y la adaptación de las competencias de la mano de obra a las necesidades del sector productivo. Una parte menor, pero digna de mencionar, se destinó a la educación ambiental, el abastecimiento de agua y saneamiento, así como los programas de formación multisectoriales, mientras que actividades como la capacitación docente, la formación técnica y directiva y las competencias agrícolas recibieron un apoyo limitado (OECD, 2025[28]).

Esta tendencia pone de relieve que la UE es el socio principal en el fortalecimiento de la base de competencias de República Dominicana y que los recursos se concentran en la formación profesional. Esto último es coherente con el énfasis que pone el país en vincular la educación con la demanda del mercado laboral y como base para la inversión extranjera directa. Sin embargo, la falta de financiamiento de los donantes en otras áreas de la educación, tales como la formación técnica avanzada, el desarrollo docente y las competencias específicas de cada sector, sugiere que hay margen para ampliar el apoyo con el fin de fomentar un ecosistema de competencias más completo.

La asociación de la UE apoya la inversión para el desarrollo de República Dominicana

El Plan Nacional de Desarrollo (PND) de República Dominicana establece cuatro ejes estratégicos para su desarrollo hasta 2030: un Estado democrático y de derecho; una sociedad con igualdad de derechos y oportunidades; una economía competitiva, innovadora y sostenible; y una sociedad sostenible, orientada al clima y gestionada en función de los riesgos (Ministerio de Economía, Planificación y Desarrollo, 2012[80]). En este contexto, el Programa Indicativo Plurianual 2021-2027 de la UE para República Dominicana identifica tres áreas prioritarias para la cooperación de la UE, a las que se han destinado 14 millones de euros: aumentar las oportunidades económicas, especialmente para las mujeres y los jóvenes, la naturaleza y las ciudades para las personas y un Estado moderno cercano a sus ciudadanos

(European Comission, 2022[81]). En particular, la primera área prioritaria tiene por objeto mejorar el clima empresarial, apoyar la competitividad de las micro, pequeñas y medianas empresas (MIPYME) y promover la empleabilidad, y probablemente pueda contribuir a atraer inversiones al país. La transición ecológica también es fundamental para el PND, la ambición del país de alcanzar la neutralidad en carbono para 2050, y es también una de las áreas incluidas en Global Gateway, en la que la UE contribuye al transporte urbano sostenible en la capital del país mediante la mejora de su línea de metro, con el objetivo explícito de cumplir los objetivos de emisiones (Presidencia de la República Dominicana, 2022[82]; European Commission, n.d.[83]).

La UE, en el marco de Global Gateway, también facilita el avance de la transformación digital con el objetivo de impulsar la innovación y la conectividad en todos los sectores. Por ejemplo, la UE puso en marcha *Digital Connectors*, que promueve los negocios y la internacionalización conectando a las empresas, acogió el Centro de Competencia Cibernética de América Latina y el Caribe, encabezó la cooperación en materia de ciberseguridad y promovió una Red Nacional de Investigación y Educación (European Commission, n.d.[84]). Además de los proyectos que dependen directamente de Global Gateway, la UE también participa en áreas complementarias, como la expansión de las finanzas sostenibles en República Dominicana, lo que puede contribuir a mejorar el impacto de la inversión en la transición ecológica. La UE está desarrollando mercados de bonos verdes a través de la Iniciativa Global de Bonos Verdes y ayudando a atraer inversionistas hacia ellos mediante la ampliación del marco normativo financiero del país (European Commission, n.d.[85]). En las condiciones creadas por la Iniciativa Global de Crecimiento Verde, en 2024 se emitió el primer bono verde soberano de República Dominicana (European Commission, n.d.[84]).

Referencias

Aldana, A. (2025), *Interview with Armando Aldana, Country Manager Colombia - Ecuador of Hispasat*. [18]

Alfaro, L. (2024), *Biomedical Exports and Costa Rica: The Great Reallocation of Global Supply Chains*, Revista Harvard Medical Review of Latin America, https://revista.drclas.harvard.edu/biomedical-exports-and-costa-rica-the-great-reallocation-of-global-supply-chains/. [47]

Alfaro-Urena, A., I. Manelici and J. Vasques (2021), *The Effects of Multinationals on Workers: Evidence from Costa Rican Microdata*, Center for Economic Policy Studies, https://ideas.repec.org/p/pri/cepsud/285.html. [49]

Baker McKenzie (2025), *Global Public M&A Guide*, https://resourcehub.bakermckenzie.com/en/resources/global-public-ma-guide/latin-america/colombia/topics/overview (accessed on 13 September 2025). [6]

BloombergNEF (2025), *Climatescope*, https://www.global-climatescope.org/ (accessed on 8 September 2025). [72]

Central Bank of Costa Rica (2025), *Inversión directa, economía declarante, anual (por país de origen)*, https://gee.bccr.fi.cr/indicadoreseconomicos/cuadros/frmvercatcuadro.aspx?idioma=1&codcuadro=%202185 (accessed on 4 September 2025). [39]

Central Bank of Costa Rica (2025), *Registro de variables economicas del Banco Central de Costa Rica (REVEC)*. [51]

CFM (2025), *CFM Strengthens Latin America Presence with Inaugural Investments in Colombia and New Regional Headquarters in Bogotá*, https://climatefundmanagers.com/2025/02/11/cfm-strengthens-latin-america-presence-with-inaugural-investments-in-colombia-and-new-regional-headquarters-in-bogota/ (accessed on 16 September 2025). [34]

Colantuoni, S. (2024), *The thriving Costa Rican pharmaceutical manufacturing sector*, The Central American Group, https://www.thecentralamericangroup.com/costa-rican-pharmaceutical-manufacturing/. [86]

ColombiaTIC (2023), *Índice Brecha Digital, Resultados 2022*, https://colombiatic.mintic.gov.co/679/articles-333029_presentacion.pdf. [12]

CONPES No. 4129 (2023), *Politica Nacional de Reindustrialización*. [4]

Consejo Nacional de Zonas Francas de Exportación (2025), *Datos Estadísticos*, https://cnzfe.gob.do/ (accessed on 22 September 2025). [64]

DANE (2025), *Mercado laboral según sexo. Trimestre móvil diciembre 2024 - febrero 2025*, https://www.dane.gov.co/files/operaciones/GEIH/bol-GEIHMLS-dic2024-feb2025.pdf. [19]

Departamento Nacional de Planeacion (2024), *CONPES Para la Genete 4129: Una política de reindustrialización que apuesta por la economía popular y su tejido productivo*, https://sisconpes.dnp.gov.co/SisCONPESWeb//ctmp/ConpesGente/CONPES_GENTE_4129.pdf (accessed on 26 August 2025). [9]

DGII (2025), *Registro de contribuyentes de la Dirección General de Impuestos Internos de la República Dominicana (DGII)*. [73]

Dominican Today (2025), *Renewable energy powers 23% of Dominican Republic's electricity*, https://dominicantoday.com/dr/local/2025/01/17/renewable-energy-powers-23-of-dominican-republics-electricity/ (accessed on 23 September 2025). [70]

ECLAC (2024), *Foreign Direct Investment in Latin America and the Caribbean, 2024*, https://repositorio.cepal.org/server/api/core/bitstreams/a450f098-bbcb-41d2-88fd-b8e426c92677/content. [5]

Edwards, G. (2025), *Exploring where and how to strengthen EU-LAC cooperation on climate action and the just energy transition: a focus on Colombia and Chile*, https://www.realinstitutoelcano.org/en/analyses/exploring-where-and-how-to-strengthen-eu-lac-cooperation-on-climate-action-a-focus-on-colombia-and-chile/ (accessed on 16 September 2025). [33]

EIB (2025), *EIB Global backs Costa Rica's first electric train with landmark $250 million loan*, https://www.eib.org/en/press/all/2025-367-eib-global-backs-costa-rica-s-first-electric-train-with-landmark-usd250-million-loan (accessed on 13 October 2025). [54]

Euroclima (n.d.), *EUROCLIMA+ in action: Colombia*, https://www.euroclima.org/colombia (accessed on 16 September 2025). [35]

Euronews (2025), *Green, stable, strategic: Costa Rica's rise as an FDI hub*, https://www.euronews.com/business/2025/05/26/green-stable-strategic-costa-ricas-rise-as-an-fdi-hub (accessed on 5 September 2025). [52]

European Comission (2025), *Action Document for the EU-Costa Rica Cooperation Facility*, https://www.gtai.de/resource/blob/1014844/45248220b597fc0f43713942bed8709d/PRO202306291014758.pdf (accessed on 13 October 2025). [58]

European Comission (2022), *Action Document for the Dominican Republic – Transition to a Greener and More Inclusive Economy (SRPC)*, https://international-partnerships.ec.europa.eu/document/download/78b84ddd-23f6-4545-b318-869ad3353a45_en?filename=aap-2022-c2022-9779-dominican-republic_en.zip (accessed on 14 October 2025). [81]

European Commission (2025), *Commission cuts red tape and maximises impact of foreign aid investment*, https://enlargement.ec.europa.eu/news/commission-cuts-red-tape-and-maximises-impact-foreign-aid-investment-2025-05-28_en (accessed on 22 September 2025). [25]

European Commission (2024), *International partnerships: Colombia*, https://international-partnerships.ec.europa.eu/countries/colombia_en#:~:text=Today's%20declaration%20establishes%20an%20EU,cooperation%20for%20the%20next%20decade (accessed on 15 September 2025). [31]

European Commission (2021), *REPUBLIC OF COLOMBIA Multi-annual Indicative Programme 2021-2027*, https://international-partnerships.ec.europa.eu/system/files/2022-01/mip-2021-c2021-8995-colombia-annex_en.pdf (accessed on 16 September 2025). [32]

European Commission (n.d.), *Accelerating pharma manufacturing in Costa Rica*, https://international-partnerships.ec.europa.eu/policies/global-gateway/accelerating-pharma-manufacturing-costa-rica_en (accessed on 13 October 2025). [59]

European Commission (n.d.), *International Partnernships: Costa Rica*, https://international-partnerships.ec.europa.eu/countries/costa-rica_en#:~:text=for%20Costa%20Rica-,Our%20flagship%20initiatives,a%20key%20lever%20for%20decarbonisation. (accessed on 13 October 2025). [57]

European Commission (n.d.), *International Partnerships: Dominican Republic*, https://international-partnerships.ec.europa.eu/countries/dominican-republic_en (accessed on 14 October 2025). [84]

European Commission (n.d.), *Issuance of Green Bonds*, https://international-partnerships.ec.europa.eu/policies/global-gateway/issuance-green-bonds_en (accessed on 14 October 2025). [85]

European Commission (n.d.), *Upgrade of Santo Domingo's urban transport in Dominican Republic*, https://international-partnerships.ec.europa.eu/policies/global-gateway/upgrade-santo-domingos-urban-transport-dominican-republic_en (accessed on 14 October 2025). [83]

Fedesarrollo (2016), *Impacto Económico de la Inversión Extranjera Directa en Colombia*, https://www.repository.fedesarrollo.org.co/bitstream/handle/11445/3336/Repor_Septiembre_2016_Reina_et_al.pdf?sequence=2&isAllowed=y. [16]

Financial Times (2025), *FDI Markets*, https://www.fdimarkets.com/. [2]

Government of Costa Rica (2018), *National Decarbonization Plan 2018-2050*, https://www.greenpolicyplatform.org/sites/default/files/downloads/policy-database//NationalDecarbonizationPlan%20%281%29.pdf (accessed on 13 October 2025). [55]

IEA (2025), *Colombia*, https://www.iea.org/countries/colombia/renewables (accessed on 14 September 2025). [10]

ILO (2025), *ILO Statistics*, https://ilostat.ilo.org/ (accessed on 20 August 2025). [20]

International Trade Administration (2024), *Dominican republic Country Commercial Guide: Rnewable Energy*, https://www.trade.gov/country-commercial-guides/dominican-republic-renewable-energy (accessed on 14 September 2025). [67]

IRENA (2024), *Energy Profile: Dominican Republic*, https://www.irena.org/-/media/Files/IRENA/Agency/Statistics/Statistical_Profiles/Central-America-and-the-Caribbean/Dominican-Republic_Central-America-and-the-Caribbean_RE_SP.pdf (accessed on 17 September 2025). [69]

Kimura, Y. and M. Flood (2025), *Attracting FDI in regions: Green and strategic opportunities*, OECD Publishing, Paris, https://doi.org/10.1787/085c06a1-en. [29]

LATAM FDI (2025), *Dominican Republic Free Zones Growth: Cumulative Investment Exceeds US$7.496 Billion and Projects More Jobs*, https://latamfdi.com/dominican-republic-free-zones-growth/ (accessed on 17 September 2025). [76]

LATAM FDI (2025), *ProIndustria Highlights Growth of Dominican Republic Free Trade Zones*, https://latamfdi.com/dominican-republic-free-trade-zones/ (accessed on 17 September 2025). [79]

LATAM FDI (2024), *Dominican Republic Free Zones: A Gateway to the American Market*, https://latamfdi.com/dominican-republic-free-zones/ (accessed on 17 September 2025). [78]

LATAM FDI (2024), *Why Are Costa Rican Medical Device Exports Growing So Rapidly?*, https://latamfdi.com/costa-rican-medical-device-exports/ (accessed on 17 September 2025). [41]

Lebrun, J. (2025), *Interview with Jean-Francois Lebrun, CEO EDF Colombia*. [17]

Leymann, K. (2025), *Interview with Kai Leymann, President of MeKo MedTech*. [45]

LSEG (2025), *Mergers and acquisitions (M&A)*, https://www.lseg.com/en/investor-relations/refinitiv-acquisition-documents (accessed on 2 August 2025). [7]

Ministerio de Economía, Planificación y Desarollo (2012), *Estrategia Nacional De Desarrollo 2030*, https://observatorioplanificacion.cepal.org/sites/default/files/instrument/files/ley-estrategia-nacional-de-desarrollo.pdf. [80]

Ministerio de Planificación Nacional y Política Económica (2022), *Plan Nacional de Desarrollo e Inversion Publica 2023-2026*, https://observatorioplanificacion.cepal.org/sites/default/files/plan/files/PNDIP%202023-2026%20Main.pdf. [53]

Ministerio de Planificación Nacional y Política Ecónomica (2022), *Plan Estratégico Nacional 2050*, https://siteal.iiep.unesco.org/sites/default/files/sit_accion_files/plan_estrategico_nacional_pen_abril_2022.pdf (accessed on 13 October 2025). [56]

Mora-García, C. and A. Pearson (2024), *Costa Rica's enablers and bottlenecks in*, Banco Central de Costa Rica, https://repositorioinvestigaciones.bccr.fi.cr/server/api/core/bitstreams/9d90c8a5-b47e-43e2-ac17-1ba4eda6426c/content. [42]

OECD (2025), *OECD Data Explorer - CRS: Creditor Reporting System (flows)*, https://data-explorer.oecd.org/s/356 (accessed on 21 August). [28]

OECD (2025), *OECD Data Explorer CRS - Private: Mobilised private finance for development*, https://data-explorer.oecd.org/s/357 (accessed on 21 August 2025). [26]

OECD (2024), *Key Indicators of Informality based on Individuals and their Households (KIIbIH) database*. [75]

OECD (2024), *OECD Economic Surveys: Colombia 2024*, OECD Publishing, Paris, https://doi.org/10.1787/a1a22cd6-en. [21]

OECD (2023), *Distributed renewable energy in Colombia: Unlocking private investment for non-interconnected zones*, OECD Publishing, Paris, https://doi.org/10.1787/deda64ff-en. [11]

OECD (2023), *Quarterly National Accounts*, https://data-explorer.oecd.org/ (accessed on 3 October 2025). [14]

OECD (2022), *Enabling Conditions for Bionenergy Finance and Investment in Colombia*, OECD Publishing, Paris, https://doi.org/10.1787/20f760d6-en. [36]

OECD (2019), *FDI Qualities Indicators: Measuring the sustainable development impacts of investment*, OECD Publishing, Paris, https://doi.org/10.1787/0894dfba-en. [50]

OECD (2019), *OECD Reviews of Digital Transformation: Going Digital in Colombia*, https://doi.org/10.1787/781185b1-en. [13]

OECD (forthcoming), *Improving digital connectivity in Colombia: What role for the EU's Global Gateway?, Policy Considerations and takeaways from the "Dialogue on investment attraction, connectivity and development*, OECD Publishing, Paris. [37]

OECD et al. (2024), *Latin American Economic Outlook 2024: Financing Sustainable Development*, OECD Publishing, Paris, https://doi.org/10.1787/c437947f-en. [22]

OECD et al. (2019), *Latin American Economic Outlook 2019: Development in Transition*, OECD Publishing, Paris, https://doi.org/10.1787/g2g9ff18-en. [24]

OECD et al. (forthcoming), *Latin American Economic Outlook 2025: Promoting and financing production transformation*, OECD Publishing, Paris. [38]

OECD/UNCTAD/ECLAC (2020), *Production Transformation Policy Review of the Dominican Republic: Preserving Growth, Achieving Resilience*, OECD Publishing, Paris, https://doi.org/10.1787/1201cfea-en. [63]

Osborn, C. (2024), *Colombia's Confrontational Climate Policy*, Foreign Policy, https://foreignpolicy.com/2024/03/01/colombia-petro-climate-oil-fossil-fuel-nonproliferation-muhamad/. [3]

Pellerano & Herrera (2025), *Renewable energy in the Dominican Republic: an opportunity for investors*, https://phlaw.com/post/renewable-energy-in-the-dominican-republic-an-opportunity-for-investors/ (accessed on 25 September 2025). [66]

Pichardo, C. (2025), *How the Dominican Republic is charting its path towards renewable energy independence*, https://climatetrackercaribbean.org/energy-transition-media-mentorship-cycle-2/how-the-dominican-republic-is-charting-its-path-towards-renewable-energy-independence/. [68]

Presidencia de la República Dominicana (2022), *República Dominicana prepara estrategia de largo plazo para alcanzar neutralidad de carbono en 2050*, https://presidencia.gob.do/noticias/republica-dominicana-prepara-estrategia-de-largo-plazo-para-alcanzar-neutralidad-de (accessed on 14 October 2025). [82]

PROCOMER (2025), *FDI Investments in Costa Rica, unpublished internal document, provided to the OECD by PROCOMER..* [44]

PROCOMER (n.d.), *Key Sectors*, https://investincr.com/en/key-sectors/ (accessed on 21 September 2025). [40]

ProDominicana (2025), *Inversiones*, https://prodominicana.gob.do/en/whoarewe (accessed on 22 September 2025). [62]

Quesada, J. (2025), *Interview with Joshua Quesada, representative from G RAU.* [46]

Quevedo, J. et al. (2024), "Decarbonising the power sector of the Dominican Republic: An approach from electric mobility transition", *Energy Strategy Reviews*, Vol. 52, https://doi.org/10.1016/j.esr.2024.101357. [65]

Ramcharran, H. (2017), "Foreign direct investment in the Dominican Republic: consequences and recommendations for sustainable growth", *Journal of Economics and Finance*, Vol. 41, pp. 610-629. [77]

Ray, R. (2024), *"China-Latin America and the Caribbean Economic Bulletin, 2024 Edition"*, Boston University Global Development Policy Center. [8]

Sanahuja, J. and R. Domíngues (eds.) (2025), *The EU-LAC Alliance in a Changing Global Landscape: Toward a Mutual Self-interest Partnership*, Palgrave Macmillan Cham, https://doi.org/10.1007/978-3-031-80216-4. [23]

UNCTAD (2025), *UNCTADstat Data centre*, https://unctadstat.unctad.org/datacentre/ (accessed on 24 August 2025). [1]

UNCTAD (2024), *World Investment Report 2024*, https://unctad.org/publication/world-investment-report-2024. [60]

UPME (2025), *Plan Energético Nacional*, https://www.upme.gov.co/simec/planeacion-energetica/plan-energetico-nacional/#Vision (accessed on 17 September 2025). [30]

Ureña, A., I. Manelici and J. Vásquez (2019), *The Effects of Joining Multinational*, Central Bank of Costa Rica. [48]

WIPO (2024), *Costa Rica's Medical Device Revolution*, https://www.wipo.int/en/web/global-health/w/news/2024/costa-rica-s-medical-device-revolution (accessed on 13 September 2025). [43]

World Bank (2025), *Databank: World Development Indicators*, https://databank.worldbank.org/ (accessed on 19 September 2025). [27]

World Bank (2025), *World Bank Open Data*, https://data.worldbank.org/. [61]

World Bank (2023), *World Bank Enterprise Surveys: Costa Rica*, https://www.enterprisesurveys.org/en/enterprisesurveys. [15]

World Bank (2016), *World Bank Enterprise Surveys : Dominican republic*, https://www.enterprisesurveys.org/en/enterprisesurveys. [74]

World Energy Council (2024), *Dominican Republic*, https://www.worldenergy.org/assets/downloads/Issues_Monitor_2024_Dominican_Republic_commentary.pdf (accessed on 5 September 2025). [71]

Anexo 4.A. Métodos

Indicadores Metodología de Tipo I

Los Indicadores de Tipo 1 miden el rendimiento de las empresas extranjeras en relación con las empresas nacionales para un resultado determinado (OECD, 2019[50]). Adquiere un valor positivo si las empresas extranjeras obtienen mejores resultados que las nacionales y un valor negativo si las empresas extranjeras obtienen peores resultados, en promedio. El indicador se construye como la diferencia proporcional entre los resultados medios de las empresas extranjeras y los resultados medios de las empresas nacionales:

$$\text{Tipo 1} = (\bar{Y}_F - \bar{Y}_D)\ \bar{Y}_D$$

donde $\bar{Y}_F$ es el resultado promedio de las empresas extranjeras y $\bar{Y}_D$ es el resultado promedio de las empresas nacionales

y los promedios de la población se calculan utilizando ponderaciones de la encuesta.

Se indican los intervalos de confianza para los indicadores de Tipo 1, tanto para señalar el grado de heterogeneidad de las empresas (es decir, el grado en que los datos a nivel de empresa varían en torno a la media) como para indicar si las diferencias estimadas son estadísticamente significativas con un nivel de confianza del 95%. En los gráficos, si el intervalo de confianza cruza la línea cero, la diferencia entre los resultados medios de las empresas extranjeras y nacionales no es estadísticamente significativa. El intervalo de confianza se calcula de la siguiente manera:

$$\text{IC} = (\bar{Y}_F - \bar{Y}_D) \pm t_{0,25} * s_p \sqrt{\frac{1}{n_F} + \frac{1}{n_D}}$$

donde CI representa los límites superior e inferior del intervalo, s_p es el error estándar de la muestra, n_F es el número de observaciones de empresas extranjeras y n_D es el número de observaciones de empresas nacionales utilizadas para construir el indicador.

Los indicadores de Tipo 1 son comparaciones inferenciales no ajustadas que estiman las diferencias medias en los resultados entre las empresas extranjeras y las nacionales. Adolecen de limitaciones como el sesgo de variables omitidas, no tienen en cuenta otras características relevantes de las empresas, como la ubicación sectorial o el tamaño, y no pueden utilizarse para identificar relaciones causales. Deben interpretarse como una muestra, una comparación de primer orden entre empresas extranjeras y nacionales, y no como una prueba definitiva de los efectos de la propiedad.

Metodología de los indicadores de tipo II

Los indicadores de Tipo 2 muestran si la IED se concentra en sectores con resultados de desarrollo sostenible más altos o más bajos, al tiempo que controlan el tamaño económico de cada sector (OECD, 2019[50]).

Este tipo de indicador requiere información a nivel sectorial sobre la IED, el PIB y el resultado de desarrollo considerado (por ejemplo, la productividad laboral o los salarios), y compara dos promedios ponderados por sector. El primer promedio ponderado (el resultado "ponderado por la IED") es una función del PIB y la IED a nivel sectorial. El segundo promedio ponderado (el resultado "de referencia") solo utiliza las participaciones del PIB a nivel sectorial como ponderaciones. El indicador se construye como la diferencia proporcional entre los resultados ponderados por la IED y los resultados de referencia:

$$\text{Tipo 2} = \frac{\sum_s \omega_s Y_s - \sum_s \delta_s Y_s}{\sum_s \delta_s Y_s}$$

$$\omega_s = \frac{1}{\sum_s \frac{FDI_s}{FDI_{TOT}} \frac{GDP_s}{GDP_{TOT}}} \left(\frac{FDI_s}{FDI_{TOT}} \frac{GDP_s}{GDP_{TOT}} \right)$$

$$\delta_s = \left(\frac{GDP_s}{GDP_{TOT}} \right)$$

Donde Ys es el resultado promedio del sector s; ωs es la ponderación correspondiente al sector s construida utilizando el producto de la participación en el PIB y la participación en la IED del sector s; δs es la participación en el PIB del sector s. Al controlar el PIB a nivel sectorial, el indicador proporciona información sobre la medida en que la distribución relativa de la IED entre los sectores se relaciona con los resultados de toda la economía. El indicador toma un valor positivo si el resultado ponderado por la IED es superior al de referencia, y viceversa.

Cuadro Anexo 4.A.1. Clasificación sectorial de los indicadores de Tipo 2

Sector de las cuentas nacionales	Sectores correspondientes de la CIIU Rev. 4	Código CIIU Rev. 4
Agricultura, silvicultura y pesca	Agricultura, silvicultura y pesca	A
Industria (sin incluir manufactura)	Minería y explotación de canteras; Electricidad; suministro de gas, vapor y aire acondicionado; Suministro de agua; alcantarillado, gestión de residuos y actividades de remediación	B, D, E
Manufactura	Manufactura	C
Construcción	Construcción	F
Distribución, comercio, reparaciones; alojamiento, servicios de alimentación, actividades	Comercio al mayoreo y al menudeo; reparación de vehículos automotores y motocicletas; Transporte y almacenamiento; Actividades de alojamiento y servicios de alimentación	G, H, I
Información y comunicaciones	Información y comunicaciones	J
Actividades financieras y de seguros	Actividades financieras y de seguros	K
Actividades inmobiliarias	Actividades inmobiliarias	L
Actividades profesionales, científicas y técnicas; actividades administrativas y de servicios de apoyo	Actividades profesionales, científicas y técnicas; Actividades administrativas y de servicios de apoyo	M, N
Administración pública; seguridad social obligatoria; educación; salud humana	Administración pública y defensa; seguridad social obligatoria; Educación; Salud humana y actividades de asistencia social	O, P, Q
Otras actividades de servicios	Artes, entretenimiento y recreación; Otras actividades de servicios; Actividades de los hogares como empleadores; actividades indiferenciadas de producción de bienes y servicios de los hogares para uso propio; Actividades de organizaciones y organismos extraterritoriales; No clasificados en otra parte	R, S, T, U, X

Nota: Los indicadores de Tipo 2 evalúan si la IED se concentra en sectores con mejores resultados (productividad laboral, salarios promedio, intensidad de cualificación y proporción de género). Para calcular estos indicadores se utilizan las agrupaciones sectoriales de las cuentas nacionales. El cuadro anterior muestra los sectores CIIU correspondientes.

Los indicadores de tipo 2 se ajustaron en este documento para adaptarse a la disponibilidad de datos y reflejar mejor la dinámica de la inversión. En lugar de un momento concreto, este análisis utilizó la media de la IED de los años 2013-2020. Además, se utilizó el valor agregado bruto total por sector en lugar del PIB. Los indicadores de tipo 2 se calcularon por separado para las diferentes regiones con fines comparativos.

Los indicadores de Tipo 2 son una medida descriptiva que muestra si la IED se dirige a sectores con resultados más altos o más bajos, basándose en los datos disponibles sobre dichos sectores. No identifican ninguna relación causal y no se puede afirmar que la IED influya en estos resultados. Además, debido a la falta de datos, el análisis se realizó a nivel sectorial, ocultando las discrepancias entre subsectores en cuanto a los resultados.

Anexo 4.B. Datos

Datos de los indicadores de Tipo 1

Cuadro Anexo 4.B.1. Indicadores de Tipo 1 de Costa Rica

Indicador	Año	Fuente	Variable(s) utilizada(s)	Número de empresas nacionales	Número de empresas extranjeras
Invertir en I+D	2023	WBES	¿Cuánto gastó la empresa en I+D (excluyendo estudios de mercado) durante el último ejercicio fiscal?	281	73
Innovación de procesos	2023	WBES	Durante los últimos tres años, el establecimiento introdujo procesos nuevos o significativamente mejorados.	281	72
Porcentaje de empleados permanentes	2023	WBES	Número de empleados permanentes de tiempo completo al final del último ejercicio fiscal; número de empleados temporales de tiempo completo al final del último ejercicio fiscal	281	73
Programas de capacitación	2023	WBES	Programas de capacitación formal para empleados fijos de tiempo completo en los últimos ejercicios fiscales	281	73
Mujeres en puestos directivos	2023	WBES	Mujeres en puestos directivos	281	73
Porcentaje de mujeres entre los empleados	2022	REVEC	Empleadas / total de empleados	17 013	1 246
Salario promedio	2022	REVEC	Costo laboral total / total de empleados	68 382	1 384
Productividad laboral	2022	REVEC	Ingresos de la empresa / total de empleados	59 773	1 416
Intensidad de las exportaciones	2022	REVEC	Valor de las exportaciones/ingresos totales (La variable subyacente a la intensidad de las exportaciones no se examinó a fondo, por lo que el valor exacto del coeficiente debe interpretarse con cautela).	3 039	369
Intensidad de las habilidades	2022	REVEC	Empleados cualificados / total de empleados	17 054	1 165
Intensidad de cualificación femenina	2022	REVEC	Empleadas cualificadas / empleados cualificados	11 349	1 166

Cuadro Anexo 4.B.2. Indicadores Tipo 1 de Costa Rica (subsector de fabricación de dispositivos médicos)

Indicador	Año	Fuente	Variable(s) utilizada(s)	Número de empresas nacionales	Número de empresas extranjeras
Productividad laboral	2022	REVEC	Ingresos de las empresas / total de empleados	136	48
Salario promedio	2022	REVEC	Costos laborales totales / total de empleados	151	48
Intensidad de las exportaciones	2022	REVEC	Valor de las exportaciones/ingresos totales (La variable subyacente a la intensidad de las exportaciones no se examinó a fondo, por lo que el valor exacto del coeficiente debe interpretarse con cautela).	12	16
Porcentaje de mujeres entre los empleados	2022	REVEC	Empleadas / total de empleados	53	47
Intensidad de habilidades	2022	REVEC	Empleados calificados / total de empleados	51	39
Proporción de mujeres entre los empleados cualificados	2022	REVEC	Empleadas cualificadas / empleados cualificados	45	46

Cuadro Anexo 4.B.3. Indicadores Tipo 1 em República Dominicana

Indicador	Año	Fuente	Variables utilizadas	Número de empresas nacionales	Número de empresas extranjeras
Inversión en I+D	2016	WBES	Durante el último ejercicio fiscal, ¿el establecimiento gastó en I+D (excluyendo estudios de mercado)?	321	32
Innovación de procesos	2016	WBES	Durante los últimos tres años, el establecimiento introdujo procesos nuevos o significativamente mejorados.	322	32
Porcentaje de empleados permanentes	2016	WBES	Número de empleados permanentes de tiempo completo al final del último ejercicio fiscal; número de empleados temporales de tiempo completo al final del último ejercicio fiscal	304	29
Programas de capacitación	2016	WBES	Programas de capacitación formal para empleados fijos de tiempo completo en los últimos ejercicios fiscales	321	32
Mujer en puestos directivos	2016	WBES	Mujer en puestos directivos	324	33
Porcentaje de mujeres entre los empleados	2024	Base de datos DGII	Empleadas / total de empleados	90 511219	13819
Salarios promedio	2024	Base de datos de la DGII	Costos laborales totales / total de empleados	21 970 042	23 663
Intensidad de las exportaciones	2024	Base de datos de la DGII	Valor de las exportaciones / ingresos totales	141 974	3 432
Productividad laboral	2024	Base de datos de la DGII	Ingresos totales / total de empleados	25 177 874	21 734

Base de datos REVEC

La base de datos REVEC es un conjunto de datos administrativos de empresas formales en Costa Rica. La base de datos se elabora a partir de datos procedentes de registros administrativos, principalmente registros fiscales y registros de la Agenda de la Seguridad Social, así como de encuestas económicas. Para proteger la confidencialidad, se han excluido las observaciones de empresas en sectores con menos de cinco empresas extranjeras o en los casos en que una sola empresa representa más del 60% de las ventas del sector. Los datos sobre empleados incluyen a todos los empleados formales. El procesamiento de la información necesaria para generar los resultados presentados en este documento fue realizado por el Banco Central de Costa Rica (BCCR), bajo las condiciones de seguridad tecnológica necesarias para garantizar la integridad y confidencialidad de la información. Sin embargo, las opiniones expresadas en este documento son responsabilidad exclusiva de los autores y no reflejan la posición oficial del BCCR.

Base de datos de la DGII

La base de datos de la DGII (Dirección General de Impuestos Internos de República Dominicana) se construye utilizando datos del registro de contribuyentes de República Dominicana. Abarca todas las empresas que pagan impuestos en el país. Es importante destacar que la propiedad extranjera se declara de forma voluntaria en esta base de datos. La DGII realizó el procesamiento de la información necesaria para generar los resultados presentados en este documento. Sin embargo, las opiniones expresadas en este documento son responsabilidad exclusiva de los autores y no reflejan la posición oficial de la DGII.

Datos de los indicadores de Tipo 2

Cuadro Anexo 4.B.4. Indicadores de tipo 2 de Colombia

Indicador	Rango de años	Resultado Fuente de datos	Variable de datos de resultados	Otra información
Productividad laboral	2015-2023	Cuentas nacionales de la OCDE	Valor agregado bruto total por actividad económica / empleados por actividad económica	
Salarios promedio	2015	Cuentas nacionales de la OCDE	Remuneración de los empleados (sueldos y salarios, y aportaciones sociales del empleador) por actividad económica / número de empleados por actividad económica	
Intensidad de cualificación	2020-2023	ILO STAT	Empleo por actividad económica y ocupación	La mano de obra calificada corresponde a los niveles de cualificación 3 y 4 de la CIUO.

5 La contribución de la IED de la UE al desarrollo de competencias en ALC: perspectivas de las empresas privadas

En esta sección se analiza el impacto de las inversiones de la Unión Europea (UE) en América Latina y el Caribe (ALC) en materia de educación y desarrollo de competencias, con especial atención a la educación y formación técnica y profesional (EFTP). Se examinan los programas e iniciativas de formación de cuatro grandes empresas de la UE con una larga trayectoria en ALC. A partir de entrevistas con representantes de las empresas, el estudio destaca los procesos de implementación, los retos encontrados, las lecciones aprendidas y los resultados tangibles de sus iniciativas de EFTP.

5.1. Resumen

En este capítulo se analiza cómo cuatro grandes empresas de la UE en América Latina y el Caribe (ALC) apoyan la educación y formación técnica y profesional (EFTP) para el desarrollo de competencias y la mejora de la mano de obra. Se examina la manera en que Santander, Siemens, Telefónica y Volkswagen – seleccionadas en función de su representación regional y sectorial – abordan retos importantes del mercado laboral, como el empleo informal generalizado, la baja productividad, la persistente escasez de competencias y el estancamiento de la inversión pública en educación y formación. El análisis destaca la manera en que los esfuerzos del sector privado pueden brindar modelos valiosos para fortalecer los sistemas de aprendizaje de adultos en toda América Latina y el Caribe (ALC).

En ALC, el 55.7% de los trabajadores tienen empleos informales y la productividad laboral es tan solo de alrededor de un tercio del promedio de la OCDE. Si bien el desempleo fue del 6.3% en 2023, los empleadores refieren constantemente la escasez de competencias como un obstáculo importante para el crecimiento: el 22.8% de las empresas de la región identifican la falta de formación de la fuerza laboral como una limitación, en comparación con el 9.7% en Asia meridional y el 11.2% en Asia oriental.

Las competencias básicas siguen siendo bajas: menos del 15% de los adultos alcanzaron altos niveles de comprensión lectora en los cuatro países de ALC que participaron en la Evaluación de Competencias de Adultos (PIAAC, por sus siglas en inglés) de la OCDE (frente al 44.6% en la OCDE), con Ecuador en el 5.2%, Perú en el 6.1%, México en el 11.7% y Chile en el 14.5%. Además, solo el 3.6% de los adultos en Ecuador, el 5.6% en Perú, el 8.9% en México y el 11.9% en Chile alcanzaron un nivel avanzado de competencia numérica (frente al 42.2% en la OCDE).

La inversión en educación pública se ha estancado en torno al 4.6% del PIB desde 2020, mientras que el gasto en EFTP es, en promedio, inferior al 0.2% del PIB, menos de la mitad del 0.46% que se observa en los países de ingresos altos. Aunque el 39.2% de las empresas de América Latina y el Caribe ofrecen formación (por encima de otras regiones en desarrollo, pero por debajo de la media de la OCDE), las disparidades son notables: el 61% de las empresas en Perú frente al 9% en Barbados en 2023. La participación de los trabajadores en la formación es mayor – con un promedio del 63% en 20 países –, pero principalmente son las empresas quienes financian la formación y solo el 19% de los empleadores reciben apoyo público. Estas diferencias son más acusadas en el caso de las pequeñas y medianas empresas (PYME) y los trabajadores informales, lo que refuerza la desigualdad y limita el crecimiento de la productividad.

Además, en comparación con las empresas locales, las empresas de la Unión Europea (UE) invierten más en formación, ofrecen empleos más estables y salarios más altos. Entre 2014 y 2024, los inversionistas de la UE representaron el 32% de toda la inversión en formación y educación en la región. Estas empresas suelen adaptar el sistema educativo dual europeo al contexto local, reduciendo así la brecha entre la educación y el empleo.

Los estudios de casos ilustran estas iniciativas: Santander (servicios bancarios) aprovecha las plataformas digitales y las asociaciones con casi 700 universidades para ofrecer formación escalable en habilidades muy demandadas; Siemens (manufactura y energía) promueve la educación en ciencia, tecnología, ingeniería y matemáticas (STEM) a través de programas a gran escala que llegan a estudiantes y profesores de toda la región, al tiempo que moderniza la formación técnica en colaboración con institutos de formación profesional (IFP), como el Servicio Nacional de Aprendizaje (SENAI, por sus siglas en portugués) de Brasil; Telefónica (información y telecomunicaciones) combina la inclusión digital con la igualdad de género, como lo demuestra su programa *Mujeres en Red*, que ha integrado a las mujeres en puestos técnicos en Perú y Colombia; y Volkswagen México (manufactura y energía) ha aplicado con éxito un modelo de formación dual al estilo alemán, que ha capacitado a miles de graduados cualificados para la industria automotriz.

En todas estas iniciativas, surgen varios factores de éxito que pueden servir de modelo para la región y que son coherentes con las recomendaciones de la OCDE para fortalecer los sistemas de aprendizaje de adultos en ALC (OECD, 2020[1]; 2021[2]; 2025[3]):

- **Sólidas alianzas público-privadas adaptadas a las necesidades locales**. Las empresas de la UE actúan como socios institucionales aportando su experiencia en materia de formación y la colaboración de múltiples partes interesadas. Esto se evidencia en el Centro de Formación Dual de Volkswagen en México y su asociación con el IFP público de Guanajuato y la larga cooperación de Siemens con el SENAI de Brasil. La colaboración horizontal a través de redes regionales como la Organización Internacional del Trabajo (OIT) Cinterfor mejora la eficacia de estas iniciativas al conectar los IFP de toda la región y permitir el intercambio de mejores prácticas y conocimientos técnicos.
- **Sistemas sólidos de seguimiento y evaluación que garantizan un impacto medible.** Una característica definitoria – y una buena práctica – de estas iniciativas de EFTP encabezadas por el sector privado es el establecimiento de marcos sólidos de seguimiento y evaluación. Estos no solo mejoran la rendición de cuentas, sino que también demuestran un impacto medible a las partes interesadas internas y externas. Por ejemplo, el programa *Universia* de Santander da seguimiento de los resultados de los exalumnos – incluidos el empleo, la progresión salarial y la retención – lo que garantiza un impacto sostenido y proporciona datos para informar los ajustes del programa. Redes como ILO Cinterfor apoyan el desarrollo de marcos sólidos de seguimiento y evaluación, y facilitan las asociaciones público-privadas, garantizando que la formación se ajuste a las necesidades del mercado laboral y a los requisitos de las empresas locales.
- **Centrarse en habilidades relevantes para el empleo y muy demandadas.** Al dar prioridad a las habilidades muy demandadas, como la alfabetización digital, la automatización y el liderazgo, estas empresas proporcionan a los participantes competencias prácticas y relevantes para el empleo que mejoran significativamente su empleabilidad después de graduarse. Volkswagen adapta su modelo de formación dual a los requisitos técnicos de la industria automotriz, mientras que *Conecta Empleo* y *Digital Minds* de Telefónica responden a los retos de la transformación digital.
- **Ampliar el acceso a través de métodos de impartición flexibles.** Los programas digitales e híbridos, como *Open Academy* de Santander, *Universia*, *MetaRed* y *Campus Digital*, ofrecen formación gratuita o subvencionada a las poblaciones vulnerables. Las tasas de formación pueden ayudar a llegar a los trabajadores informales, que a menudo quedan excluidos de la EFPT formal.
- **Promover la inclusión de las mujeres, las personas con discapacidad y los grupos vulnerables.** El programa *Mujeres en Red* de Telefónica integra a las mujeres en puestos técnicos del sector de las telecomunicaciones, mientras que *Experimento* y *STEM Network Latin America* de Siemens refuerzan la educación científica y la formación del profesorado. Ampliar el alcance a los pueblos indígenas, las poblaciones afrodescendientes y las personas con discapacidad sigue siendo una prioridad para lograr sistemas de aprendizaje de adultos más inclusivos.

Las experiencias de Santander, Siemens, Telefónica y Volkswagen de México subrayan el valor estratégico de las iniciativas de EFTP respaldadas por la UE para abordar los retos persistentes del mercado laboral en ALC. En una región que se caracteriza por un alto nivel de informalidad, desempleo juvenil y desajustes entre las competencias y las necesidades del mercado laboral, estas iniciativas lideradas por empresas han contribuido a reducir la brecha entre la educación y el empleo, en particular mediante la adaptación de elementos del modelo dual europeo de EFTP a los contextos locales.

5.2. El reto de las competencias en ALC

5.2.1. Alta informalidad, bajas competencias básicas y estancamiento de la inversión en educación

El mercado laboral en ALC se enfrenta a retos macroestructurales. Aunque la tasa de desempleo regional se situó en el 6.3% en 2023 (World Bank, 2023[4]), una preocupación más significativa es la prevalencia generalizada de empleos informales y de baja calidad, con un 55.7% de los trabajadores involucrados en empleos informales (OECD et al., 2024[5]). La productividad laboral sigue siendo baja – aproximadamente un tercio de la media de la OCDE – y muchos adultos jóvenes tienen dificultades para acceder a un empleo estable y bien remunerado (OECD et al., 2024[5]; OECD, 2024[6]). Mientras tanto, los empleadores suelen identificar la escasez de competencias como un obstáculo importante para la expansión empresarial (OECD, 2023[7]). Invertir en capital humano es fundamental para aumentar la productividad, reducir la desigualdad y fortalecer la resiliencia de los mercados laborales (Arias et al., 2023[8]) .

Las deficiencias en las competencias básicas son un reto clave. La Evaluación de la OCDE sobre las Competencias de Adultos (PIAAC) muestra que los adultos de los cuatro países de ALC participantes – Chile, Ecuador, México y Perú – obtuvieron puntuaciones muy inferiores a las de la mayoría de los países en materia de comprensíon lectora, capacidad numérica y resolución de problemas en entornos digitales. Menos de uno de cada ocho adultos en Ecuador (5.2%), Perú (6.1%) y México (11.7%) alcanza niveles altos de comprensión lectora en PIAAC (Nivel 3 y superior), en comparación con el 14.5% en Chile y el 44.6% en la OCDE (OECD, 2023[7]). En capacidad numérica, el 42.2% de los adultos de la OCDE obtuvieron una puntuación de Nivel 3 o superior, comparado con tan solo el 3.6% en Ecuador, el 5.6% en Perú, el 8.9% en México y el 11.9% en Chile (OECD, 2023[7]). Además, el 32.9% de los adultos en Ecuador, el 39.2% en México y el 43.6% en Perú carecían de las competencias en TIC necesarias para participar en la evaluación digital, en comparación con el 11.7% en todos los países que participaron en el PIAAC (OECD, 2023[7]). Estas deficiencias en las competencias, combinadas con un alto nivel de informalidad, obstaculizan la productividad y el crecimiento económico inclusivo.

La inversión pública en educación en ALC aumentó del 4.2% del PIB en 2000 al 5.2% en 2010, pero cayó al 4.4% en 2015 y se situó en el 4.6% en 2020 (Arias et al., 2023[8]). Este estancamiento corre el riesgo de debilitar el vínculo entre la educación formal, las habilidades prácticas y el empleo. Si bien la educación formal es fundamental, las diferencias de productividad entre países reflejan en gran medida la capacidad de los trabajadores para complementar la escolarización con el "aprendizaje mediante la práctica", es decir, las habilidades adquiridas en el trabajo (ILO, 2017[9]; OECD, 2024[10]). Esto subraya la necesidad de fortalecer las instituciones de formación profesional.

El gasto público en educación y formación técnica y profesional (EFTP) en ALC es, en promedio, inferior al 0.2% del PIB, muy por debajo del 0.46% de los países de ingresos altos. Costa Rica es un caso atípico, ya que ha aumentado el gasto del 0.3% del PIB en 2015 al 0.71% del PIB, lo que representa el 30% del gasto en educación secundaria (Hanni, 2019[11]; World Bank, UNESCO & ILO, 2023[12]). A pesar de las restricciones presupuestarias, instituciones públicas como el sistema S de Brasil, el Servicio Nacional de Aprendizaje (SENA) de Colombia, el Servicio Nacional de Educación Técnica e Industrial (SENATI) de Perú y el Colegio Nacional de Educación Profesional Técnica (CONALEP) de México están reforzando los vínculos entre la educación y las necesidades del mercado laboral en colaboración con el sector privado.

5.3. Sistemas de formación en ALC: funciones de los sectores público y privado

Las economías de ALC emplean a menos personas en sectores altamente calificados y de alto valor agregado en comparación con los países de la OCDE (OECD, 2023[7]). Aunque algunos trabajadores de

ALC reciben capacitación en el trabajo, la región sigue estando rezagada en cuanto a la oferta de oportunidades de aprendizaje para adultos. Esta brecha se debe a las bajas tasas de participación entre los trabajadores por cuenta propia y trabajadores con empleo informal, que generalmente no tienen acceso a la formación, así como entre los que trabajan en industrias con una intensidad limitada en investigación y desarrollo. Estos grupos constituyen una parte mayor de la población activa en América Latina y el Caribe que en los países de la OCDE (OECD, 2023[7]).

5.3.1. La formación en las empresas de ALC supera a la de otras regiones en desarrollo, pero sigue estando por debajo de la de los países de ingresos altos, con grandes disparidades entre países

A pesar de las diferencias en cuanto a competencias y resultados educativos, algunas empresas de ALC invierten en capacitación formal, más que en la mayoría de las demás regiones en desarrollo, aunque todavía por debajo de los niveles observados en los países de ingresos altos (World Bank, 2024[13]). En promedio, el 39.2% de las empresas de 31 países de ALC impartieron capacitación formal a sus empleados permanentes de tiempo completo durante el último ejercicio fiscal del que se dispone de datos (World Bank, 2024[13]) (Gráfico 5.1 A). El promedio en otras regiones en desarrollo oscila entre el 36.5% en Europa y Asia Central y el 9.8% en Asia Meridional. Es importante señalar que este promedio regional se basa en datos recopilados a lo largo de diferentes años dentro del periodo 2009-2025, ya que el año fiscal de referencia varía según el país o la disponibilidad de los datos (Gráfico 5.2 A).

Gráfico 5.1. Indicadores clave sobre la capacitación en el puesto de trabajo, por región (2009-2025)

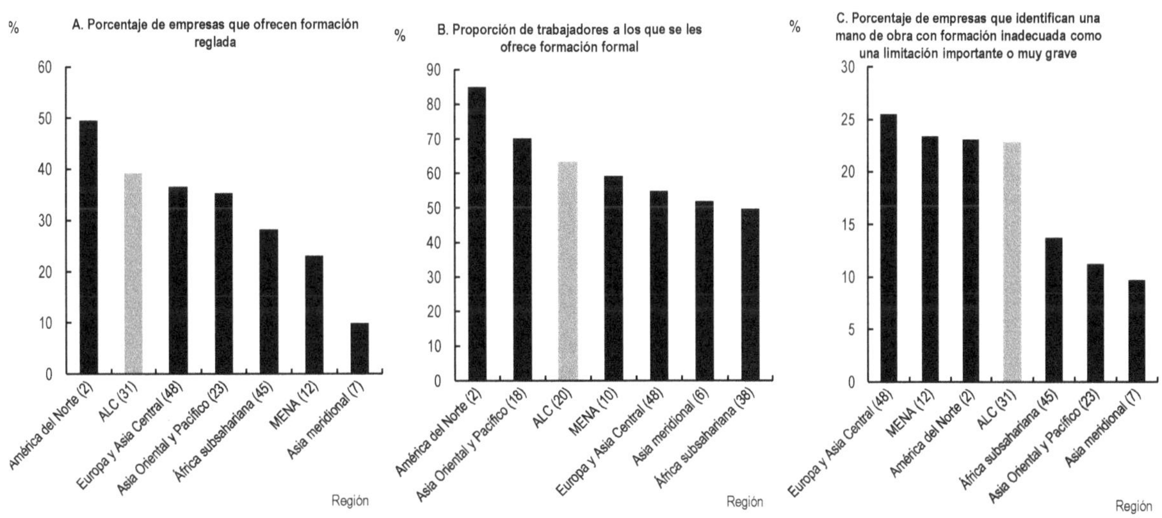

Nota: Los promedios regionales que se indican aquí se basan en el número de países que se indica entre paréntesis después del nombre de la región. Los promedios regionales se basan en datos recopilados a lo largo de diferentes años dentro del periodo 2009-2025, ya que el año fiscal de referencia varía según el país. Para el panel A, la pregunta de la encuesta fue: "Durante el año fiscal [último año fiscal completo], ¿este establecimiento contó con programas de capacitación formal para sus empleados permanentes de tiempo completo?". En el panel B, la pregunta era: "En referencia a los programas de capacitación impartidos durante el año fiscal [último año fiscal completo], ¿qué porcentaje de empleados permanentes de tiempo completo de las siguientes categorías [trabajadores de producción o no producción] recibió capacitación formal?". En el panel C, la pregunta fue: "¿En qué medida una fuerza laboral con una formación inadecuada supone un obstáculo para las operaciones actuales de este establecimiento?".
Fuente: Basado en Banco Mundial (2025[14]), Descripciones de los indicadores de las encuestas a empresashttps://www.enterprisesurveys.org/en/data/exploretopics/workforce.

Gráfico 5.2. Indicadores clave sobre la formación en el trabajo, por país de ALC.

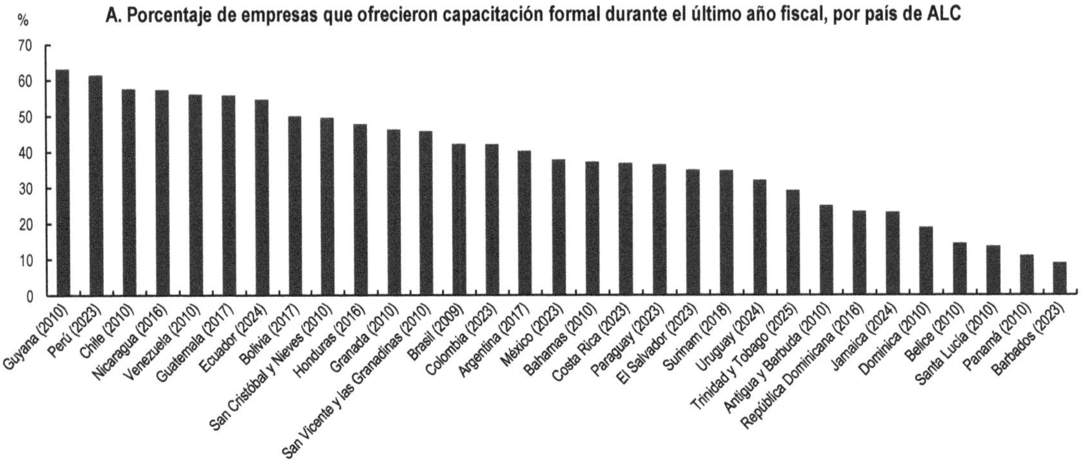

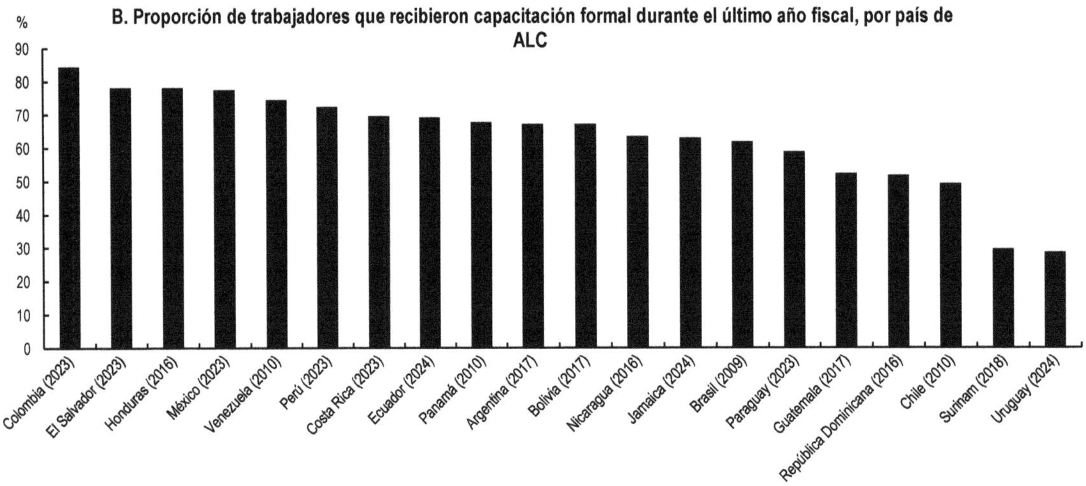

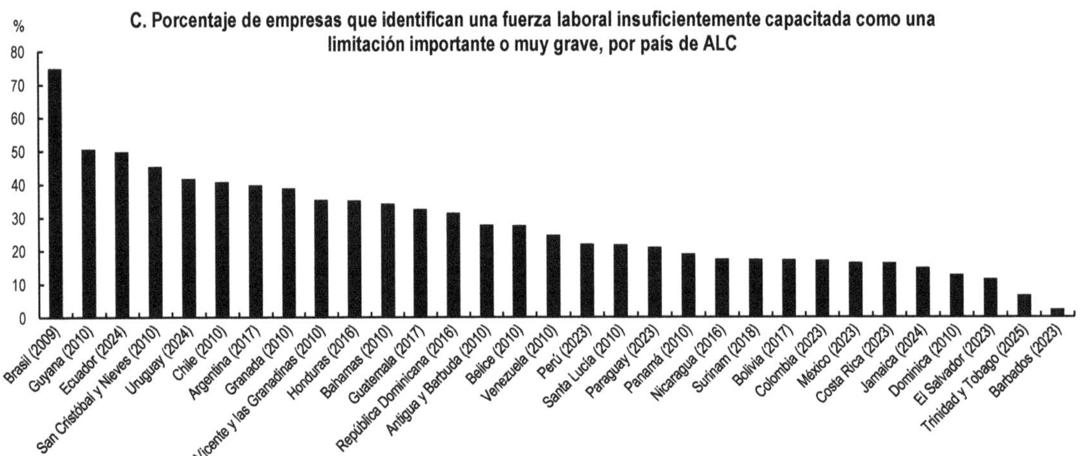

Nota: Estos datos incluyen todos los países de ALC que presentaron informes al Banco Mundial en las Encuestas Empresariales durante el último año fiscal. El año en que el país presentó su último informe se indica entre paréntesis.
Fuente: Basado en el Banco Mundial (2025[14]) , Descripciones de los indicadores de las Encuestas Empresarialeshttps://www.enterprisesurveys.org/en/data/exploretopics/workforce.

No obstante, este promedio regional oculta grandes disparidades entre los distintos países. Por ejemplo, en 2024, el 55% de las empresas de Ecuador ofrecían capacitación formal, frente a tan solo el 23% en Jamaica (Gráfico 5.2 A). En 2023, el 61% de las empresas de Perú declararon ofrecer programas de capacitación, mientras que la proporción era menor en otros países: 42% en Colombia, 38% en México, 37% en Costa Rica y Paraguay, 35% en El Salvador y tan solo 9% en Barbados (Gráfico 5.2 A). Estas disparidades reflejan factores específicos de cada país, como la composición del sector económico y el tamaño del mercado laboral formal (Hanni, 2019[11]) .

5.3.2. Participación relativamente alta en la capacitación, pero financiamiento público limitado y acceso desigual

Más de la mitad de los empleados formales en ALC informaron haber recibido algún tipo de capacitación formal, pero con grandes variaciones entre países (World Bank, 2024[13]) (Gráfico 5.1 B). Entre 2010 y 2025, un promedio del 63.1% de los trabajadores de 20 países dijeron que se les había ofrecido capacitación formal (Gráfico 5.1 B). En 2024, el 69.1% de los empleados en Ecuador recibió capacitación, comparado con solo el 28.5% en Uruguay. En 2023, la proporción alcanzó un 84.4% en Colombia, 78.2% en El Salvador, 77.5% en México, 72.3% en Perú, 69.5% en Costa Rica y tan solo 58.8% en Paraguay (Gráfico 5.2 B) (World Bank, 2024[13]).

A pesar de estas tasas de participación relativamente altas, la inversión empresarial en capacitación sigue siendo modesta. Los costos de capacitación representan solo el 4% de los gastos operativos en Honduras y el 2% en Uruguay (Hanni, 2019[11]). Cuando las empresas invierten en capacitación, ellas mismas asumen la mayor parte de estos costos: 87% en Uruguay, 86% en las Bahamas, 81% en Honduras y 75% en Colombia, mientras que el financiamiento público es mínimo (Hanni, 2019[11]). Solo el 19% de las empresas que ofrecen capacitación declararon recibir apoyo financiero público y, en 7 de los 12 países encuestados, esta proporción era inferior al 15%. El acceso es especialmente limitado para las PYMES: solo el 13% de las pequeñas empresas (menos de 20 empleados) y el 22% de las grandes empresas (100 o más empleados) recibieron apoyo público para la EFTP (Flores-Lima et al., 2014[15]). Si bien existen gravámenes para la formación – por ejemplo, el gravamen HEART/NSTA de Jamaica del 3% sobre las empresas formales –, los fondos se destinan principalmente a la administración y los cursos de capacitación de los centros de formación profesional, lo que deja un financiamiento limitado para la capacitación continua y el aprendizaje. Estos resultados ponen de relieve el uso limitado de los recursos públicos para la formación, a pesar de los esfuerzos de la región por mejorar el desarrollo de la fuerza laboral.

Los trabajadores informales, que representan el 55.7% de la fuerza laboral de ALC, tienen aún menos acceso a la formación (OECD, 2024[6]). Las PYMES, que dominan las economías de la región, también muestran una baja participación en la EFTP (Flores-Lima et al., 2014[15]) . Estas brechas refuerzan la baja productividad, limitan la movilidad y aumentan la desigualdad. Para abordarlas se requieren políticas que vayan más allá del empleo formal, garanticen el acceso de los grupos vulnerables y refuercen la colaboración entre el sector público y el privado. Las lecciones aprendidas de los fondos nacionales de capacitación de África, que destinan los ingresos procedentes de impuestos a la capacitación del sector informal, sugieren un modelo que ALC podrían adaptar. Los institutos de formación profesional tendrían un papel fundamental en la oferta de programas accesibles y adecuados.

5.4. Las empresas de ALC se enfrentan a una escasez de competencias superior al promedio, con grandes disparidades

La inversión privada en capacitación en el trabajo está impulsada en gran medida por la escasez de mano de obra cualificada. En promedio, el 22.8% de las empresas de 31 países de ALC identificaron la falta de formación adecuada de la mano de obra como una limitación importante o grave entre 2009 y 2025 (World

Bank, 2024[13]) (Gráfico 5.1 C). Esta tasa es mucho más alta que en Asia meridional (9.7%), Asia oriental y el Pacífico (11.2%) o África subsahariana (13.8%). Las diferencias dentro de ALC son notables: en 2024, el 49.7% de los empleadores de Ecuador señalaron la falta de formación adecuada de la mano de obra como una limitación, frente a solo 14.8% en Jamaica (World Bank, 2024[13]) (Gráfico 5.2 C). En 2023, la proporción era del 22% en Perú, 21% en Paraguay, 17% en Colombia, 16.3% en México, 16.2% en Costa Rica, 11.4% en El Salvador y tan solo 2.3% en Barbados (Gráfico 5.2 C) (World Bank, 2024[13]). Estas disparidades reflejan la fortaleza relativa de las instituciones de formación profesional, desde sistemas sólidos como el Instituto Nacional de Formación (INA) de Costa Rica y el SENA de Colombia hasta instituciones más débiles como el Servicio de Capacitación Profesional (SECAP) de Ecuador. A nivel mundial, el 19.2% de las empresas informaron de una mano de obra con una capacitación inadecuada (World Bank, 2024[13]), lo que sitúa a ALC por encima de la media y subraya la urgente necesidad de contar con sistemas de EFTP más sólidos para mejorar la competitividad y la productividad de la mano de obra.

5.5. Sistemas de EFTP: una fortaleza europea exportada a ALC

Los sistemas de EFTP varían mucho en todo el mundo. En los países de la OCDE, el 44% de los alumnos de educación secundaria superior están inscritos en programas de formación profesional (OECD, 2023[16]). En sistemas de empleo flexibles como los de Estados Unidos y el Reino Unido, los empleadores y el sector público ofrecen una formación limitada. Por el contrario, las economías de mercado coordinadas, como Alemania y Austria, se basan en estrechas asociaciones entre empresas, instituciones laborales y asociaciones industriales (Hall and Soskice, 2001[17]). En la Unión Europea (UE), una mayor protección del empleo y marcos laborales a largo plazo incentivan a las empresas a invertir en competencias, lo que favorece las economías altamente cualificadas y con salarios elevados (European Parliament, 2025[18]).

La EFTP es un sistema bien establecido en Europa. Los sistemas de la UE combinan marcos institucionales sólidos con la participación activa de los empleadores, lo que facilita la transición de la escuela al trabajo y apoya el crecimiento inclusivo. Los sistemas duales, pioneros en Alemania, Austria y Suiza, integran el aprendizaje en el aula con la formación en el lugar de trabajo training (European Commission, 2025[19]). Estos enfoques reducen el desempleo juvenil, refuerzan la cohesión social y crean mercados laborales resilientes (Cedefop, 2023[20]; Martin-Izquierdo and Torres Sánchez, 2022[21]).

Muchos países de ALC han adaptado elementos del modelo europeo. En lugar de replicar los sistemas tal como son, las instituciones de formación profesional (IFP) adaptan sus enfoques a los mercados laborales y las instituciones locales. Los datos de Europa muestran que la EFTP amplía el acceso a una educación de calidad y a un trabajo digno (European Commission, 2013[22]), y que cada año adicional aumenta los salarios en un 7% para las mujeres y un 10% para los hombres (Cecchini, 2019[23]). Sin embargo, la eficacia de la EFTP es limitada en los lugares donde predominan las pequeñas y medianas empresas (PYMES), ya que estas suelen carecer de recursos para apoyar una capacitación estructurada (Flores-Lima et al., 2014[15]). A diferencia de las vías académicas tradicionales, la EFTP dota a los alumnos de competencias relevantes para la industria, lo que beneficia especialmente a las mujeres, los jóvenes en situación de riesgo y las personas con discapacidad (McGrath and Yamada, 2023[24]).

Las empresas europeas en ALC tienen un papel destacado. En comparación con las empresas locales, suelen invertir más en formación, ofrecen salarios más altos (Gráfico 2.21) y emplean a más trabajadores fijos (Gráfico 2.24), lo que refleja tanto las prácticas institucionales europeas como su concentración en sectores intensivos en capital y tecnología. En 26 de los 31 países de ALC, las empresas de la UE pagan salarios superiores a la media y en 20 países ofrecen un empleo más estable (Gráfico 2.21).

Las inversiones de la UE también fortalecen los sistemas de formación locales. Entre 2014 y 2024, los inversionistas de la UE representaron el 32% de todas las inversiones en formación y educación en ALC

(Gráfico 2.35). Más allá del capital, introducen modelos de formación, promueven la responsabilidad social corporativa (RSC) y colaboran con socios locales para adaptar los programas de EFTP a las necesidades de la industria regional (EU-LAC Foundation, 2012[25]). Sin embargo, para que la adaptación tenga éxito, es necesario ser sensible al mercado laboral local, los sistemas educativos y las condiciones sociales. Las asociaciones público-privadas a nivel de los institutos de formación profesional han demostrado ser eficaces para hacer que la EFTP sea accesible, pertinente y sostenible, siempre que los gobiernos, las instituciones educativas y las empresas colaboren estrechamente.

5.6. Perspectivas de cuatro empresas de la UE: el papel en la promoción y el apoyo a las iniciativas de EFTP

La EFTP en ALC tiene raíces europeas parciales. Algunos estudios muestran la manera en que los modelos europeos de educación dual, en particular los de Alemania y Suiza, se introdujeron a través de empresas familiarizadas con la formación en el trabajo training (DHLA, 2018[26]). Instituciones como el SENAI de Brasil y el SENA de Colombia se inspiraron en el sistema dual suizo en la década de 1960. La creación del Centro Interamericano para el Desarrollo del Conocimiento en Formación Profesional (Cinterfor) de la Organización Internacional del Trabajo en 1962 también estableció un marco duradero para la colaboración horizontal regional y el intercambio de buenas prácticas entre los institutos de formación profesional, con el apoyo de comisiones técnicas anuales. A diferencia de África, donde los donantes europeos desempeñaron un papel más importante, el desarrollo de la EFTP en ALC ha sido impulsado principalmente por las propias instituciones regionales, moldeado por retos como el desempleo juvenil, la informalidad y el desajuste de competencias, tal y como se mencionó en la sección anterior.

Las propias prioridades de transición de la UE refuerzan la importancia de la EFTP. A medida que la UE avanza en sus transiciones ecológica y digital, una EFTP de alta calidad es esencial para dotar a los trabajadores de habilidades para el futuro (European Commission, 2022[27]). Las empresas de la UE reconocen esto y apoyan activamente las iniciativas de formación en ALC (European Commission, 2025[19]).

Varias empresas europeas líderes ilustran este compromiso, en particular en los sectores de información y comunicaciones, manufactura, electricidad y banca (véase el Capítulo 3). Volkswagen y Siemens (manufactura y energía), Santander (banca) y Telefónica (telecomunicaciones) fueron seleccionadas para su revisión en función de la relevancia sectorial, la presencia regional y la profundidad de sus programas de EFTP. Operan en áreas alineadas con las prioridades de la Iniciativa Global Gateway UE-ALC – conectividad digital, transporte, energía sostenible e inclusión financiera – y han demostrado una inversión sostenida, modelos de formación innovadores o participación en asociaciones público-privadas. Es importante señalar que la información que se proporciona a continuación se basa en datos informados por las empresas y recopilados por la OCDE. Estas iniciativas privadas se presentan como ejemplos ilustrativos, junto con muchas otras iniciativas de empresas europeas, ONG u organismos de desarrollo que invierten en EFTP en ALC.

Cuadro 5.1. Cuadro resumen: Estudios de casos de empresas de la UE que invierten en EFTP en ALC

Principales empresas, su sector, principales iniciativas de EFTP ejecutadas en ALC y su impacto.

Sector	Empresa	País	Programas clave	Impacto general
Manufactura y electricidad	Siemens	Brasil	Red STEM América Latina, Experimento, Centro de Recursos Educativos Abiertos	18 000 docentes capacitados; 1.45 millones de estudiantes beneficiados en ocho países de ALC
Automotriz y manufactura	Volkswagen	México	Volkswagen Group Academy México, Centro de Formación Dual, New Auto; New Engineers – Innovation in Motion, colaboraciones con universidades	Casi 6 mil graduados integrados en la fuerza laboral; 23 mil personas beneficiadas en 2024 con educación STEM; 70 graduados del programa de formación en manufactura en México
Banca y servicios financieros	Santander	Regional	Santander Open Academy, MetaRed, Campus Digital, Universia, Fundación Universia, Programa de Liderazgo Santander W50	20 millones de euros invertidos en educación, empleabilidad y emprendimiento; 1.5 millones de personas apoyadas; 700 alianzas con universidades, 131 portales de empleo en ALC
Telecomunicaciones	Telefónica	Perú	Mujeres en Red, ProFuturo, Conecta Empleo, Skills Bank, Universitas, Digital Minds	El 88% de sus empleados participa en programas de formación en los países hispanohablantes de América Latina y el 85% en Brasil; 400 mujeres accedieron a puestos técnicos en telecomunicaciones en Perú y 612 en Colombia.

Nota: Los datos anteriores son información facilitada por las propias empresas.
Fuente: Elaboración propia del autor a partir de entrevistas con representantes de las empresas y de la información facilitada directamente por estas.

5.6.1. Siemens

Siemens es una empresa tecnológica multinacional alemana con más de 130 años de presencia en América Latina, especializada en automatización industrial, energía y movilidad. En Brasil, donde se centra este estudio de caso, Siemens construyó la primera línea telegráfica larga del país en 1867, conectando Río de Janeiro con la provincia de Rio Grande do Sul (Siemens, 2025[28]).

La inversión de Siemens en la EFTP en América Latina demuestra un compromiso estratégico con el fomento de la empleabilidad, la cohesión social y la generación de valor local. A través de Siemens Stiftung, desarrolla y pone en marcha iniciativas centradas en las STEM, como *Experimento*, *Educación STEM para la Innovación* y el *Centro de Recursos Educativos Abiertos*, que dotan a los educadores y estudiantes de conocimientos prácticos, habilidades digitales y acceso a recursos didácticos de alta calidad. Las asociaciones con instituciones de formación técnica como SENAI en Brasil y redes regionales como *STEM Network Latin America* fomentan la colaboración entre la educación, la sociedad civil y el sector privado.

Los programas de EFTP de Siemens ayudan a reducir las brechas socioeconómicas al brindar a los jóvenes habilidades relevantes, impulsar su empleabilidad y prepararlos para carreras profesionales significativas en industrias emergentes. Al alinear la educación con la responsabilidad social, Siemens apoya la innovación, la sostenibilidad y el desarrollo económico en la región.

5.6.2. Volkswagen

El Grupo Volkswagen, un fabricante multinacional alemán de automóviles, considera desde hace tiempo a México y Sudamérica como mercados estratégicos. Su primera planta fuera de Alemania se estableció en São Paulo en 1953, y en 1964 fundó una filial en México, Volkswagen de México, para encargarse de la fabricación, venta y distribución de vehículos Volkswagen en México y América Latina (Volkswagen, 2024[29])

La inversión de Volkswagen de México en la EFTP es fundamental para crear mano de obra cualificada y fomentar la creación de valor local. Su Centro de Formación Dual con la *Universidad Tecnológica de Puebla* ha formado a casi 6 mil graduados en mecatrónica, muchos de los cuales trabajan en Volkswagen o en su red de proveedores. Las asociaciones con instituciones como el *Colegio de Estudios Científicos y Tecnológicos de Guanajuato* han graduado a más de 70 estudiantes en fabricación automatizada, lo que ha permitido vincular directamente a los graduados con puestos de trabajo en la planta de motores de Silao.

La empresa también integra la diversidad y la inclusión en su estrategia de personal. Iniciativas como *"Por amor a México"* llegaron a más de 23 mil personas en 2024, mientras que los esfuerzos específicos han aumentado la participación de las mujeres en las carreras técnicas. Reconocimientos como la certificación en Igualdad Laboral y No Discriminación y su designación como Mejor Empleador 2025 destacan este compromiso. Al fortalecer su cadena de suministro local, invertir en formación de alta tecnología y promover el empleo inclusivo, Volkswagen de México mejora su competitividad, al tiempo que contribuye al desarrollo económico sostenible y a la resiliencia industrial en México.

5.6.3. Telefónica

Telefónica, una empresa multinacional española de telecomunicaciones y uno de los mayores operadores de telefonía y proveedores de redes móviles del mundo (Telefónica, 2025[30]), opera en América Latina desde hace más de 35 años, habiendo iniciado en Chile en 1989. En la actualidad, 8 de sus 12 mercados se encuentran en la región: Brasil, Chile, Colombia, Ecuador, México, Perú, Uruguay y Venezuela. En los últimos años, la empresa ha llevado a cabo una desinversión estratégica en muchos de sus mercados, con la notable excepción de Brasil (Stone, 2025[31]).

Las iniciativas de EFTP de Telefónica abordan retos estructurales como el desempleo, la brecha digital y la desigualdad de género. Programas como *ProFuturo*, *Conecta Empleo* y *Mujeres en Red* proporcionan habilidades digitales y técnicas a comunidades desfavorecidas, y este último ha formado a más de 400 mujeres para desarrollar carreras en el sector de las telecomunicaciones. Muchas iniciativas se llevan a cabo a través de alianzas nacionales e internacionales; por ejemplo, *Conecta Empleo* en Chile se llevó a cabo conjuntamente con el Banco Interamericano de Desarrollo, la Secretaría del Trabajo y ChileValora, una institución pública de formación profesional que certifica las habilidades de los trabajadores para mejorar su empleabilidad.

Telefónica también promueve la inclusión digital a través de *Internet para Todos*, que amplía la conectividad e integra componentes educativos. A nivel interno, iniciativas como *Universitas* y *Digital Minds* promueven la mejora de las habilidades y el aprendizaje permanente entre los empleados. En conjunto, estas iniciativas refuerzan la empleabilidad, la inclusión y la adaptabilidad de la fuerza laboral en un mercado laboral en rápida evolución.

5.6.4. Santander

Santander es una empresa multinacional española de servicios financieros dedicada principalmente a la banca minorista. Santander estableció una importante presencia bancaria en América Latina a partir de 1963. A mediados de la década de 1990, volvió a entrar en la región y adquirió varios bancos, convirtiéndose en 1998 en el banco extranjero líder en América del Sur (López-Morell and Bernabé Pérez, 2018[32]). En 2023, Brasil, México y Chile se encontraban entre sus principales mercados por ingresos, siendo América Latina un motor clave de su crecimiento global (SIA, 2020[33]).

Las iniciativas colaborativas y digitales de Santander en materia de EFTP han ampliado el acceso al desarrollo de competencias, fomentando vías equitativas de transición de la educación al empleo y el progreso socioeconómico regional. A través de un conjunto de programas, entre los que se incluyen *Santander Open Academy*, *Universia*, *MetaRed* y *Campus Digital*, el banco ha creado un sólido ecosistema que conecta las instituciones de educación superior con los mercados laborales y promueve el aprendizaje permanente. La empresa ha creado iniciativas replicables y escalables, centradas en las competencias digitales, el aprendizaje permanente y el apoyo específico a las poblaciones vulnerables. En colaboración con alrededor de 700 universidades, ha llegado a más de 1.5 millones de personas en América Latina en 2024. La experiencia de Santander ofrece importantes conocimientos para la implementación de iniciativas de capacitación a gran escala en contextos regionales diversos y complejos. Su enfoque, centrado en la flexibilidad, la adaptación al contexto y la divulgación inclusiva destaca la manera en que la capacitación en competencias a gran escala puede ser escalable y socialmente transformadora mediante alianzas estratégicas, innovación digital y una sólida medición del impacto.

Cómo las empresas de la UE impulsan el desarrollo de competencias en ALC: buenas prácticas del sector privado

Las iniciativas de EFTP de las empresas seleccionadas muestran cómo las principales empresas de la UE consideran cada vez más el desarrollo de competencias como clave para un crecimiento inclusivo y sostenible en ALC. A pesar de operar en sectores diversos – telecomunicaciones, manufactura o banca – comparten varios factores de éxito en común: asociaciones público-privadas, alineación con las necesidades del mercado laboral, uso de plataformas digitales y flexibles, apoyo específico a grupos vulnerables, promoción de carreras técnicas y marcos sólidos de seguimiento y evaluación. Estas buenas prácticas proporcionan modelos valiosos para otras empresas europeas e internacionales que buscan fortalecer el desarrollo de competencias en la región.

Las asociaciones público-privadas eficaces con los IFP son fundamentales para los resultados en materia de empleo

La Agenda de Inversión Global Gateway de la UE-ALC, presentada en la Cumbre UE-CELAC de 2023, subraya la importancia de la participación del sector privado en proyectos públicos para el desarrollo sostenible (European Commission, 2025[34]). Sin embargo, para garantizar que estas inversiones se traduzcan en crecimiento inclusivo, prácticas sostenibles y trabajo digno, es esencial tener en cuenta el entorno propicio, en particular el papel de las políticas activas del mercado laboral (PAML). El aumento del gasto público en PAML se asocia con la reducción de las tasas de desempleo (European Commission, 2020[35]).

Las empresas privadas de la UE han desarrollado iniciativas de EFTP para abordar los retos de empleo en ALC. Las alianzas con los IFP, como la colaboración de Telefónica con los institutos nacionales de formación o el trabajo de Siemens con los IFP locales, son especialmente eficaces al proporcionar mano de obra cualificada cuando estas instituciones están estrechamente vinculadas a las empresas, como se observa en el sistema S de Brasil. A nivel regional, la red Cinterfor de la OIT proporciona una plataforma para el intercambio de conocimientos y la colaboración entre los IFP de ALC, lo que favorece la adaptación a las necesidades de las empresas y fomenta las mejores prácticas. La asociación de Volkswagen con la institución pública de EFTP del estado de Guanajuato ha permitido ofrecer oportunidades de empleo a estudiantes universitarios antes de su graduación (Recuadro 5.1). Del mismo modo, la asociación de Siemens con el SENAI de Brasil ha sido fundamental para la modernización de la educación técnica en todo el país (Recuadro 5.2).

Recuadro 5.1. Las asociaciones público-privadas de Volkswagen de México

Desarrollo de competencias en Mecatrónica: Centro de Formación Dual

Operado por la Academia del Grupo Volkswagen México (VWGAM), el Centro de Formación Dual (CFD) se ha expandido gracias a alianzas académicas estratégicas. Reconocido oficialmente como centro de formación por la Cámara de Comercio y Industria México-Alemania (CAMEXA) en 1971, el CFD se asoció con la Universidad Tecnológica de Puebla en 2021 para ofrecer una titulación en mecatrónica. Los estudiantes pueden continuar sus estudios para obtener un título de ingeniería mecatrónica, al tiempo que obtienen un diploma de la CAMEXA, que les proporciona una certificación internacional. Casi 6 mil graduados del CFD se han incorporado a Volkswagen de México o a sus proveedores, principalmente como especialistas en producción, y algunos han ascendido a puestos de dirección. Esto pone de relieve la eficacia del programa para mejorar la empleabilidad y el desarrollo profesional dentro del sector automovilístico.

Hasta abril de 2025, el CFD de Puebla formó a 116 estudiantes de tres generaciones en fabricación, automatización y movilidad sostenible. Estos aprendices, de entre 17 y 21 años de edad, fueron seleccionados mediante un proceso competitivo y demuestran valores como la integridad, la responsabilidad, el trabajo en equipo y una fuerte alineación con la cultura corporativa. Al graduarse, están capacitados para analizar, diseñar, construir e implementar sistemas tecnológicos, con competencias en mecatrónica, automatización, robótica y mecanizado, fundamentales para optimizar los procesos de producción.

Fortalecimiento de las habilidades de fabricación: CECyTE Guanajuato

En 2019, la planta de motores de Volkswagen de México en Guanajuato se asoció con el Colegio de Estudios Científicos y Tecnológicos del Estado de Guanajuato (CECyTE) a través de VWGAM para promover la participación de los estudiantes en la fabricación de automóviles. Este programa permite a los estudiantes del CECyTE recibir formación dual en la planta de motores de Volkswagen en Silao. Hasta abril de 2025, más de 70 estudiantes se han graduado de este programa, y muchos de ellos continúan trabajando en la planta. Esta asociación se centra en las habilidades técnicas y sociales, con un periodo de formación de 24 meses que incluye la participación activa en la planta. En abril de 2025, hay 52 estudiantes matriculados, que adquieren experiencia profesional estrechamente relacionada con su campo de especialización. Fomenta el desarrollo de competencias profesionales, el acceso a empleos productivos y bien remunerados, y la experiencia laboral práctica antes de graduarse.

Nota: En el Anexo 5.A de se ofrece información adicional sobre los programas de EFTP de Volkswagen de México.
Fuente: Información facilitada por Volkswagen de México.

Recuadro 5.2. Siemens y SENAI impulsan la innovación industrial en Brasil

Desarrollar carreras profesionales en la era digital

Para apoyar el futuro de la industria y la educación en Brasil, Siemens se ha asociado con SENAI para proporcionar a los jóvenes una formación de alta calidad y un mayor acceso a la tecnología moderna. Desde 2022, esta colaboración ha fortalecido la educación técnica, promovido la innovación y ayudado a las escuelas a modernizar sus métodos de enseñanza.

Siemens y SENAI han desarrollado experiencias de aprendizaje prácticas en casi 600 escuelas de todo Brasil. En 2023, Siemens apoyó el mayor proyecto del país para mejorar el equipamiento de las aulas en los centros de formación industrial de SENAI. Los estudiantes aprenden cómo funciona la industria moderna explorando escenarios del mundo real, tales como la supervisión de máquinas, la mejora de la seguridad en el lugar de trabajo y el aumento de la eficiencia. Estas sesiones de capacitación ayudan a los jóvenes a comprender cómo se puede utilizar la tecnología para resolver los retos que se plantean en las fábricas y otros lugares de trabajo. El éxito de esta iniciativa ha despertado el interés de instituciones similares fuera de Brasil, como el SENATI en Perú, que recibe apoyo del SENAI y otros miembros del Cinterfor de la OIT. El fortalecimiento de la colaboración horizontal entre las instituciones de formación profesional a todos los niveles es un objetivo clave del Cinterfor, que facilita el intercambio de conocimientos, mejores prácticas y apoyo técnico en toda la región.

Al combinar la enseñanza presencial de disciplinas técnicas – como la mecatrónica industrial, la automatización y la ingeniería mecánica – con la formación práctica en las instalaciones de Siemens, el programa de EFTP ofrece a los estudiantes una experiencia real con tecnología de vanguardia. Siemens también ayuda a los estudiantes a descubrir cómo la tecnología puede hacer que el trabajo sea más eficiente, seguro y sostenible mediante visitas a su Centro de Experiencia Digital, un espacio interactivo que reúne al mundo físico y el digital (Siemens, 2024[36]). El enfoque del programa en las habilidades de la Industria 4.0, que incluyen la alfabetización digital, la automatización y la robótica, refleja el compromiso de Siemens de preparar a los estudiantes para las demandas de la industria moderna que evolucionan con rapidez. Al incorporar contenidos de la Industria 4.0, Siemens aborda el creciente cambio global hacia la digitalización y la automatización, dotando a los estudiantes brasileños de las habilidades esenciales para el empleo futuro.

El impacto del programa va más allá del empleo individual, ya que también refuerza la mano de obra técnica e industrial de Brasil. Este desarrollo de la mano de obra es esencial en un país en el que el desajuste y las carencias de competencias han obstaculizado tradicionalmente la productividad y el crecimiento (Cardin, 2024[37]).

Nota: En el Anexo 5.A se incluye información adicional sobre los programas de EFTP de Siemens.
Fuente: Información facilitada por Siemens.

Las empresas y agencias de desarrollo de la UE colaboran estrechamente con los IFP para reforzar las iniciativas de EFTP. La Iniciativa Team Europe para Sociedades Inclusivas y Equitativas de la UE, en la que participan la UE y seis Estados miembros, da prioridad a la educación y la formación para la empleabilidad y la inclusión social (EU, 2024[36]).

Como complemento a estos esfuerzos, la Cinterfor de la OIT fomenta la colaboración horizontal entre los institutos regionales de formación profesional, facilitando el intercambio de mejores prácticas, metodologías y experiencias. Esta red se extiende más allá de ALC, conectando con IFP de Europa como el Instituto Nacional de Empleo (INEM) de España y el Instituto de Empleo y Formación Profesional (IEFP) de Portugal, lo que permite a las empresas europeas mejorar su capacidad y ampliar el alcance de sus iniciativas de formación profesional. Otros socios, como el Banco Mundial, el Banco Interamericano de Desarrollo, la UNESCO, la GIZ y la Agence Française de Développement (AFD), también invierten en iniciativas de EFTP y desarrollo de capacidades en toda la región ALC. Esta colaboración multirregional permite a las empresas ampliar su impacto, fortalecer los sistemas locales y generar beneficios tanto sociales como empresariales.

Alinear la capacitación con la demanda del mercado laboral garantiza mejores resultados en materia de empleo

Un factor crítico para el éxito es centrarse en la alineación entre los programas de formación y las demandas cambiantes del mercado laboral. Las cuatro empresas han incorporado la empleabilidad como objetivo fundamental, centrándose en las habilidades más demandadas, como la alfabetización digital, la automatización, la programación y el liderazgo. El modelo de formación dual de Volkswagen está vinculado a las necesidades técnicas de la industria automotriz; *Conecta Empleo* y *Digital Minds* de Telefónica abordan las brechas de la transformación digital; Santander integra los conocimientos sobre el mercado laboral en el diseño de programas a través de *Universia* y asociaciones externas; y Siemens promueve la educación STEM a través de su *Red STEM Latinoamérica*. Esta alineación garantiza que los participantes adquieran habilidades prácticas y relevantes para el trabajo, lo que mejora su empleabilidad al graduarse.

Recuadro 5.3. Los esfuerzos de Telefónica para promover la inclusión digital

Iniciativas de educación digital: *ProFuturo, Tecnología con todos los sentidos, Conecta Empleo* y *Digital Minds*

La Fundación Telefónica pone en marcha iniciativas destinadas a mejorar la empleabilidad en todos los grupos etarios, con un enfoque marcado en la inclusión digital. *ProFuturo*, una iniciativa de educación digital, busca reducir la brecha educativa global utilizando la tecnología para mejorar las habilidades digitales de los estudiantes y profesores de comunidades vulnerables (Telefónica/La Caixa, 2025[37]). Del mismo modo, el programa *Tecnología con todos los sentidos* sensibiliza a los niños sobre el uso seguro, saludable y responsable de la tecnología (Fundación Telefónica, 2025[38]). Los programas *Campus de Programación* y *Conecta Empleo* ofrecen formación y orientación en competencias digitales a jóvenes y adultos, ayudándoles a acceder a oportunidades de empleo (Fundación Telefónica, 2025[39]). Por su parte, la iniciativa *Reconectados* ayuda a los adultos mayores a adquirir los conocimientos digitales necesarios para desenvolverse en el mundo actual (Fundación Telefónica, 2025[40]). Programas como *Digital Minds* se concentran en mejorar las competencias digitales y la mentalidad ágil de la fuerza laboral. Las iniciativas de reciclaje profesional específicas apoyan el desarrollo de funciones especializadas en análisis de datos, ciencia de datos y automatización de procesos. Se ofrece formación adicional en áreas como ingeniería *business-to-business* (B2B), excelencia comercial y servicio al cliente B2B.

Los empleados también pueden obtener certificaciones técnicas alineadas con las demandas del mercado, especialmente en disciplinas relacionadas con la tecnología. El *Centro de Innovación* fomenta una cultura de resolución de problemas e innovación más allá de los objetivos tradicionales de eficiencia. El *Programa Lean Six Sigma* ofrece formación estructurada en diferentes niveles de complejidad, que prepara a los empleados para mejorar los procesos y la experiencia del cliente. Telefónica promueve además programas de reciclaje y mejora de las competencias a gran escala, destinados a desarrollar competencias empresariales críticas y mejorar la empleabilidad de los profesionales. Esto se facilita a través del proceso *de Planificación de las competencias de la fuerza laboral*, que se aplica a nivel mundial, incluyendo sus operaciones en América Latina. El proceso ayuda a identificar las brechas de competencias y a abordar el impacto del cambio tecnológico, la digitalización y la automatización en la fuerza laboral. Reconociendo el entorno dinámico en el que opera, Telefónica invierte en formación profesional continua para garantizar que los empleados puedan actualizar sus competencias y seguir siendo esenciales en un mercado en evolución (Telefónica, 2025[41]).

Gracias a estas diferentes iniciativas de EFTP, Telefónica ha logrado avances sustanciales en la promoción del aprendizaje y el desarrollo de los empleados en toda América Latina, especialmente en Brasil. El compromiso con el aprendizaje es alto, ya que el 85% de los empleados en Brasil y el 88% en América Hispánica participan en el desarrollo de habilidades. En promedio, los empleados brasileños dedican 57 horas al año al aprendizaje, en comparación con las 24 horas de otros países de América Latina.

Nota: En el Anexo 5.A se ofrece información adicional sobre los programas de EFPT de Telefónica.
Fuente: Información facilitada por Telefónica.

Los modelos digitales e híbridos amplían el acceso y la adaptabilidad de EFTP

El uso de plataformas digitales y modos de impartición diversificados ha ampliado en gran medida el alcance y la adaptabilidad de los programas de EFTP. *Santander Open Academy,* que ofrece cursos digitales en disciplinas de gran demanda como la inteligencia artificial y la ciberseguridad; la formación en línea de Telefónica a través de *Digital Minds* y *Universitas*; la combinación de Volkswagen de formación presencial y en el puesto de trabajo sobre mecatrónica, así como los recursos educativos abiertos en línea de Siemens a través de la iniciativa *STEM Education for Innovation* ilustran la eficacia de integrar el aprendizaje digital e híbrido. Estos modelos han permitido a estudiantes de diversas latitudes y entornos socioeconómicos acceder a oportunidades y han permitido que los programas se adapten rápidamente a condiciones cambiantes, como las planteadas por la pandemia de COVID-19.

Recuadro 5.4. Las plataformas digitales y las becas de Santander impulsan la empleabilidad de los jóvenes

Santander Open Academy: Aumentar la empleabilidad a través del aprendizaje digital

Santander Open Academy aprovecha las plataformas digitales para ofrecer programas educativos formales con características de ser flexibles y escalables, así como cursos gratuitos en habilidades digitales, idiomas, liderazgo y otras disciplinas alineadas con las demandas del mercado laboral (Santander, 2025[42]). Al otorgar más de 1000 becas al año, estos programas contribuyen a que los participantes adquieran habilidades blandas y técnicas esenciales para la empleabilidad a lo largo de toda la vida.

Santander ha establecido alianzas con 1 181 universidades e instituciones de todo el mundo, de las cuales casi 700 se encuentran en América Latina. Estas colaboraciones financian becas para estudios de pregrado y posgrado, apoyos para la manutención, movilidad internacional y oportunidades de investigación. Además, el banco impulsa la educación para adultos mediante programas de formación continua y acceso abierto.

El banco ofrece modelos de enseñanza flexibles (en línea, híbridos y presenciales) para maximizar la accesibilidad. Iniciativas como *MetaRed* y *Campus Digital* promueven la transformación digital, la sostenibilidad, el emprendimiento y la innovación académica en las instituciones de educación superior (MetaRed, 2025[43]; Universia, 2025[44]). La empleabilidad se mejora aún más a través de *Universia*, una plataforma que conecta a jóvenes talentos con universidades y empresas a través de portales de empleo, ferias de empleo virtuales y oportunidades de prácticas (Universia, 2025[45]). En 2024, *Universia* contó con más de 100 800 ofertas de empleo de aproximadamente 3 800 empresas de América Latina y Europa.

Nota: En el Anexo 5.A se ofrece información adicional sobre los programas de EFTP de Santander.
Fuente: Información facilitada por banco/fundación Santander.

Los modelos de EFTP centrados en la equidad promueven la igualdad de género y la inclusión de las personas con discapacidad

El compromiso compartido con la inclusión, en especial con la igualdad de género y el apoyo a las poblaciones vulnerables, ha sido fundamental para el éxito de estas iniciativas. El programa *Mujeres en Red* de Telefónica ha superado los estereotipos de género al integrar a las mujeres en puestos técnicos dentro del sector de las telecomunicaciones, mientras que *la Fundación Universia* de Santander (en proceso de expansión en América Latina) y los programas de liderazgo centrados en las mujeres tienen como objetivo mejorar los resultados de las personas con discapacidad y las poblaciones en riesgo. Estos esfuerzos específicos garantizan que los beneficios de la EFTP se extiendan a los grupos subrepresentados, lo que contribuye a la cohesión social y la equidad.

Recuadro 5.5. Los esfuerzos de Telefónica para hacer frente a la subrepresentación de mujeres en el sector de las telecomunicaciones

Fomento de la igualdad de género en las telecomunicaciones: *Mujeres en Red*

La iniciativa *Mujeres en Red* de Telefónica hace frente a las disparidades de género en los puestos técnicos mediante la capacitación de mujeres para carreras en telecomunicaciones. El programa, que fue lanzado en Perú en 2020 y ampliado a Colombia, se asocia con contratistas y ONG para reclutar y formar a mujeres en la industria de las telecomunicaciones, ofreciendo apoyo tanto técnico como emocional. Desde su lanzamiento, *Mujeres en Red* ha pasado de tener solo 12 participantes a más de 400 mujeres que ahora trabajan en el sector de las telecomunicaciones en puestos como atención al cliente, mantenimiento de infraestructuras, logística y operaciones B2B.

Hasta mayo de 2025, el programa operaba en 12 regiones de Perú, contribuyendo a la creación de valor local. Apoya el empoderamiento digital al involucrar a las mujeres en la expansión de las redes de fibra óptica, aumentando así la conectividad en las comunidades desatendidas. Asimismo, más de 2 900 personas, entre técnicos y personal administrativo, han recibido formación en materia de igualdad de género, que comprende temas como el empoderamiento de las mujeres y los prejuicios inconscientes. Estos esfuerzos contribuyen a construir una industria más inclusiva, en la que tanto las mujeres como los hombres tienen el mismo acceso a las oportunidades de desarrollo.

Ampliar el programa para llegar a más regiones de Perú ha sido un reto clave en el que se ha requerido establecer alianzas más sólidas con las partes interesadas a nivel local para fomentar una participación más amplia e incorporar a más mujeres a la iniciativa *Mujeres en Red*. El lanzamiento contó con el apoyo del Ministerio de la Mujer y Poblaciones Vulnerables de Perú, que brindó formación social y emocional a las participantes y ayudó a incluir a mujeres de entornos vulnerables. En 2024, Telefónica también formó una alianza estratégica con la ONG CESAL y la Cámara de Comercio Española en Perú para ampliar aún más la iniciativa. Además, *Mujeres en Red* se ha extendido más allá de Perú. Desde 2021, se implementó también en Colombia, donde ha integrado a 614 mujeres en la plantilla técnica de los contratistas de Telefónica.

Mujeres en Red ha demostrado que la equidad de género no es solo una cuestión de justicia social, sino también un motor de innovación y rendimiento empresarial. En 2024, las técnicas lograron niveles de satisfacción del cliente y productividad iguales a los de sus compañeros varones. Estos resultados confirman que el aumento de la participación de las mujeres en el sector contribuye a reducir las desigualdades de género, al tiempo que se mantienen altos estándares de calidad del servicio y de experiencia del cliente.

Nota: En el Anexo 5.A se ofrece información adicional sobre los programas de EFTP de Telefónica.
Fuente: Información facilitada por Telefónica.

Más allá del género, algunas iniciativas también se concentran en las personas con discapacidad y en una inclusión más amplia. Santander, por ejemplo, cuenta con varios programas: Enable Network, que aborda los prejuicios y los estereotipos; DiverTechies, que promueve la empleabilidad, y Open Your Senses, que ayuda a los empleados a experimentar los retos a los que se enfrentan las personas con discapacidad. Como resultado, Santander emplea a 4 700 personas con discapacidad (Santander, 2024[46]). De manera similar, Siemens lleva a cabo actividades de sensibilización sobre las discapacidades, colabora activamente con organismos de promoción global, promueve la accesibilidad laboral y dispone de un Acuerdo de Inclusión en Alemania para reforzar su compromiso (Siemens, 2025[47]).

Telefónica cuenta con múltiples programas y políticas relacionados con la inclusión de las personas con discapacidad. En 2023, la empresa empleaba a 2 700 personas con discapacidad y se fijó el objetivo de duplicar esa cifra para finales de 2024 (Telefónica, 2023[48]). La accesibilidad se integra como un elemento transversal en todos los productos, servicios, instalaciones y canales (Telefónica, 2023[49]). Telefónica también reforzó su compromiso mediante la firma de los "Principios para impulsar la inclusión digital de las personas con discapacidad", destinados a cerrar la brecha digital. Para promover la inclusión de la fuerza laboral a nivel interno, la empresa publicó una guía titulada "Discapacidad en el trabajo" con el fin de apoyar la interacción y la inclusión (Telefónica, 2023[50]).

Otras organizaciones, como la Organización Nacional de Ciegos Españoles (ONCE), colaboran con socios del sector privado para ofrecer formación y oportunidades de empleo a personas con discapacidad. Esto demuestra la manera en que las alianzas entre diversas partes interesadas pueden mejorar la inclusividad de los programas de EFTP. En conjunto, estos esfuerzos destacan el potencial de las empresas y las instituciones públicas para ampliar el impacto y fomentar el acceso equitativo al desarrollo de competencias (ONCE, 2025[51]).

Atraer a los jóvenes hacia las carreras técnicas e invertir en los docentes impulsa el éxito de la EFTP

Reconociendo la necesidad de atraer a más jóvenes hacia las profesiones técnicas, las cuatro empresas han puesto en marcha campañas de sensibilización y actividades de divulgación en las escuelas. Volkswagen ha promovido la educación técnica en las regiones cercanas a sus instalaciones de producción; Telefónica aprovecha el interés de los jóvenes por las carreras digitales a través de la iniciativa *Tecnología con todos los sentidos*; Santander utiliza su plataforma *Universia* para poner en contacto a jóvenes talentos con oportunidades de empleo y recursos para el desarrollo de competencias; y Siemens ofrece contenidos educativos en STEM a través de *Experimento*.

La eficacia del programa se ha respaldado al invertir en la formación de los instructores. El enfoque de educación dual de Volkswagen incluye una rigurosa formación para los profesores alineada con la industria. Las asociaciones de Telefónica con instituciones educativas ayudan a modernizar la pedagogía y Santander colabora con líderes mundiales como la London School of Economics, Google y la Universidad de Harvard para garantizar la excelencia de su oferta formativa. Siemens también ofrece desarrollo profesional para educadores a través de su Centro de Recursos Educativos Abiertos.

Recuadro 5.6. Promoción de la educación STEM por parte de Siemens

Ampliación de la educación STEM a través del aprendizaje práctico: *Experimento*

Experimento es el programa educativo internacional de la Fundación Siemens, diseñado para promover el aprendizaje de calidad en STEM a través de la práctica y el aprendizaje activo. Está diseñado para alinearse con los planes de estudio nacionales y apoya a las instituciones con la *Red STEM de América Latina* proporcionando contenidos educativos accesibles y de alta calidad, recursos y formatos de enseñanza para todos los niveles educativos (Siemens Stiftung, 2023[52]).

El programa inició en América Latina en 2011, siendo Chile el primer país en adoptarlo. Desde entonces, *Experimento* ha ampliado su alcance de forma constante. Al 2023, el programa está presente en 6 mil instituciones educativas de ocho países de América Latina: Argentina, Bolivia, Brasil, Chile, Colombia, Ecuador, México, Perú y Uruguay (Siemens, 2025[53]). Ha formado a más de 18 mil docentes y ha llegado a aproximadamente 1.45 millones de alumnos de preescolar y primaria. Esta estimación se basa en un supuesto efecto multiplicador, según el cual cada docente formado transfiere sus conocimientos a varias clases o grupos (Siemens Stiftung, 2023[52]) .

El programa ofrece desarrollo profesional gratuito para educadores en STEM, junto con materiales de enseñanza y aprendizaje de alta calidad. Estos materiales se brindan tanto en formato en línea como mixto, lo que garantiza el acceso a pesar de los niveles locales de conectividad. Es importante destacar que *Experimento* está clasificado como un recurso educativo abierto, lo que significa que los educadores locales pueden utilizar, adaptar y enriquecer libremente el contenido para alinearlo con los planes de estudio nacionales y responder a necesidades educativas específicas. *Experimento* se basa en un enfoque interdisciplinario que abarca materias como la ciencia, la tecnología, la sostenibilidad y el cambio climático. Una característica clave del programa es la integración del aprendizaje académico con la responsabilidad social. Esta conexión ayuda a fomentar un aprendizaje más comprometido, reflexivo y empático.

Adaptando el sistema alemán de aprendizaje dual, el programa hace hincapié en el aprendizaje activo, animando a los estudiantes a explorar, hacer preguntas e investigar los retos del mundo real. Este enfoque pedagógico transforma a los estudiantes en actores activos de su propio proceso de aprendizaje, al tiempo que equipa a los docentes con las herramientas y estrategias necesarias para inspirar a una nueva generación de pensadores e innovadores en el ámbito STEM. A través de *Experimento*, la Fundación Siemens contribuye a ampliar el acceso a una educación de alta calidad, apoyando la equidad educativa y fortaleciendo las capacidades locales para innovar en la enseñanza y el aprendizaje de STEM en toda América Latina (Siemens Stiftung, 2023[52]).

Nota: En el anexo 5. A se ofrece información adicional sobre los programas de EFTP de Siemens.
Fuente: Información facilitada por Siemens.

El seguimiento y la evaluación basados en datos refuerzan los resultados en materia de calidad y empleabilidad

Los actores del sector privado tienen fuertes incentivos para traducir sus iniciativas en valor para sus partes interesadas y mantener la buena reputación de sus fundaciones e iniciativas. Cada una de las empresas estudiadas ha integrado mecanismos de seguimiento del impacto para medir la eficacia de los programas y orientar su perfeccionamiento. Santander recopila datos integrales sobre la participación en los cursos, su finalización y la satisfacción de los usuarios, mientras que Telefónica realiza un seguimiento de la adquisición de competencias y los resultados en materia de empleabilidad. Volkswagen evalúa sus programas mediante ciclos de retroalimentación con las instituciones educativas y supervisa los resultados en materia de empleo.

Recuadro 5.7. El enfoque basado en datos de Santander para el desarrollo de competencias

Los marcos de seguimiento y evaluación vinculan la formación con la mejora de la empleabilidad

Santander ha establecido un marco integral de seguimiento y evaluación para valorar la eficacia de sus iniciativas de formación profesional y desarrollo de habilidades. El banco recopila de manera sistemática datos sobre las tasas de participación en los cursos, los niveles de finalización, la satisfacción de los usuarios y el compromiso institucional para orientar la mejora continua de los programas y garantizar su adecuación a las necesidades del mercado laboral.

A través de plataformas como *Universia*, Santander realiza un seguimiento de las métricas de participación de los usuarios y recopila comentarios que sirven de base para las mejoras continuas. La empleabilidad es un aspecto fundamental: tan solo en 2024, se publicaron más de 100 800 ofertas de empleo en *Universia*, con 131 portales de empleo activos en universidades de América Latina, España y Portugal. Al conectar a las universidades, los jóvenes talentos y las industrias locales, Santander ayuda a alinear la educación con las necesidades del mercado laboral y apoya a los jóvenes para que consigan un empleo digno. Los datos de la encuesta recopilados entre los participantes revelan un aumento promedio de la empleabilidad del 8.5 sobre 10 tras la conclusión del programa, lo que demuestra un impacto tangible. Santander también supervisa los resultados de iniciativas específicas, como los programas para personas con discapacidad, en los que se inscribieron más de 1 100 personas en 2024, de las cuales más de 650 recibieron becas y formación en España, y cuya expansión está prevista en Latinoamérica en 2025. Los participantes informaron que habían adquirido habilidades muy solicitadas en áreas como la ciencia de datos, inteligencia artificial, programación, el marketing digital, ciberseguridad, liderazgo y dominio de idiomas, lo que mejoró su preparación para el empleo.

Las iniciativas de educación y desarrollo de habilidades de Santander en Latinoamérica se llevan a cabo principalmente a través de colaboraciones estratégicas con instituciones de educación superior. Estos convenios formales con universidades permiten ofrecer programas adaptados a las prioridades nacionales y regionales específicas. Gran parte de estos esfuerzos se canalizan a través de la *Santander Open Academy*, que facilita el acceso a convocatorias globales y específicas de cada país para becas y programas de formación.

Para garantizar la calidad, Santander se asocia con instituciones de renombre, como el British Council, Google, Harvard Business Publishing Education, London School of Economics (LSE), Udemy y la Cambridge Judge Business School. Muchos programas incorporan componentes de mentoría, tutoría y *networking* para apoyar el desarrollo profesional de los participantes. Por ejemplo, el *Programa de Liderazgo Santander W50*, desarrollado con la LSE, ofrece formación en liderazgo a medida para mujeres ejecutivas.

El impacto de los programas de educación y formación de Santander ha sido de gran alcance. En 2024, Santander prestó apoyo a 2.2 millones de personas y empresas en todo el mundo, incluidas 1.5 millones en América Latina. A nivel internacional, sus 1 181 asociaciones con universidades e iniciativas como *MetaRed* han contado con la participación de más de 10 mil personas de instituciones de educación superior de 18 países.

Nota: En el Anexo 5.A se ofrece información adicional sobre los programas de formación profesional de Santander.
Fuente: Información facilitada por Santander.

5.7. Fortalecimiento de los sistemas de aprendizaje de adultos en ALC: perspectivas y repercusiones políticas

El fortalecimiento de los sistemas de aprendizaje de adultos en ALC es esencial para ampliar el acceso a una formación de alta calidad y a oportunidades de empleo, así como para apoyar el desarrollo económico sostenible. Los cuatro estudios de caso presentados en este capítulo proporcionan lecciones valiosas no solo para otras empresas de la UE e internacionales que invierten en la región, sino también para los gobiernos y los institutos de formación profesional de ALC. Sus conclusiones coinciden en gran medida con las recomendaciones de la OCDE y las áreas de acción prioritarias para mejorar los sistemas de aprendizaje de adultos:

1. **Alinear la formación con las necesidades del mercado laboral**
   a) **Desarrollar la alfabetización y las competencias digitales.** Varios países, entre ellos Uruguay, Perú y Argentina, han puesto en marcha planes nacionales de alfabetización o

inclusión digital. Iniciativas como "Talento Digital para Chile" se enfocan en la formación de grupos vulnerables en competencias digitales para empleos de calidad (OECD, 2021[2]).

b) **Impartir formación para empleos muy demandados y dirigirse a los adultos cuyas competencias corren mayor riesgo de quedar obsoletas.** Esto es fundamental, dada la elevada tasa de desajuste de competencias en América Latina en comparación con los países de la OCDE y la gran proporción de la población que carece de competencias básicas (OECD, 2021[2]).

2. **Promover la igualdad de género en las carreras de EFTP y STEM**

   a) **Ampliar las becas y el apoyo a las niñas,** especialmente en las zonas rurales y desfavorecidas, para fomentar su participación en las carreras STEM (OECD, 2025[3]).

   b) **Promover la participación en STEM a través de iniciativas de mentoría y campañas de sensibilización.** Dar a conocer a mujeres profesionales de STEM y ofrecer mentoría, como se ha demostrado en Perú, puede influir positivamente en las aspiraciones de las niñas (OECD, 2025[3]).

3. **Aumentar la participación y la inclusión en el aprendizaje de adultos**

   a) **Ofrecer un enfoque integrado de la formación, en particular para los grupos vulnerables.** Esto es esencial, ya que quienes más necesitan mejorar sus competencias y reciclarse, como los adultos poco cualificados, los adultos mayores, las mujeres, los trabajadores informales y los empleados de las PYMES, suelen ser quienes menos participan en la formación (OECD, 2021[2]).

   b) **Abordar las barreras financieras y de tiempo que impiden la participación.** Los altos costos son una barrera importante, ya que aproximadamente el 24% de los adultos en países latinoamericanos que deseaban capacitarse no lo hicieron debido al costo, en comparación con el 16% en los países de la OCDE (OECD, 2020[1]).

4. **Aprovechar la tecnología para el aprendizaje y la formación**

   a) **Impulsar la conectividad y la adopción de Internet** como primer paso. Las brechas digitales, influenciadas por el contexto socioeconómico, el género, la edad y el territorio, son grandes obstáculos (OECD, 2020[1]).

   b) **Garantizar la calidad de las herramientas digitales y la infraestructura de las TIC.** Las inversiones deben equilibrar la ampliación del acceso con la mejora de la calidad y la pertinencia de las tecnologías digitales, alineándolas con las necesidades de enseñanza y aprendizaje (OECD, 2020[1]).

Referencias

Arias, E. et al. (2023), *The State of Education in Latin America and the Caribbean 2023*, https://publications.iadb.org/en/state-education-latin-america-and-caribbean-2023. [8]

Cedefop (2023), *The future of vocational education and training in Europe*, Publications Office of the European Union, https://data.europa.eu/doi/10.2801/57908. [20]

DHLA (2018), *Modelo Dual de Educación con sabor latino*, https://bibliotecadigital.ccb.org.co/items/26ae2c5f-a60f-43e5-9549-ec82df945554. [26]

ECLAC (ed.) (2019), *Technical and vocational education and training in Latin America and the Caribbean: Socioeconomic impact and financing*, ECLAC, https://www.cepal.org/sites/default/files/events/files/tvet_eclac.pdf. [23]

EU (2024), *Inclusive and Equitable Societies in LAC*, https://capacity4dev.europa.eu/resources/team-europe-tracker/partner-countries/latin-america-and-caribbean/inclusive-and-equitable-societies-lac_en. [36]

EU-LAC Foundation (2012), *EU-Latin America Relations: Turning Investment into Opportunity*, https://eulacfoundation.org/system/files/digital_library/2023-07/EU_LA%20RELATIONS%20TURNING%20INVESTMENT%20INTO%20OPPORTUNITY.pdf. [25]

European Commission (2025), *International Partnerships*, https://international-partnerships.ec.europa.eu/policies/global-gateway/eu-lac-global-gateway-investment-agenda_en. [34]

European Commission (2025), *Vocational education and training (VET)*, https://employment-social-affairs.ec.europa.eu/policies-and-activities/skills-and-qualifications/skills-jobs/vocational-education-and-training-vet_en#:~:text=The%20Commission%20is%20supporting%20Member%20States%20in%20their,economy%20as%20well%20as%20the%. [19]

European Commission (2022), *Vocational education and training: Skills for today and the future*, European Commission, https://op.europa.eu/en/publication-detail/-/publication/da80dd16-af08-11ec-83e1-01aa75ed71a1/language-en. [27]

European Commission (2020), *European Semester Thematic Factsheet: Active Labour Market Policies*, https://commission.europa.eu/system/files/2020-06/european-semester_thematic-factsheet_active-labour-market-policies_en_0.pdf. [35]

European Commission (2013), *TVET and Skills Development in EU Development Cooperation*, https://www.skillsforemployment.org/sites/default/files/2024-01/wcmstest4_180057.pdf. [22]

European Parliament (2025), *Employment Policy*, European Parliament, https://www.europarl.europa.eu/erpl-app-public/factsheets/pdf/en/FTU_3.6.3.pdf. [18]

Flores-Lima et al. (2014), *Cinco hechos sobre la capacitación en firma en América Latina y el Caribe*. [15]

Fundación Telefónica (2025), *Fundación Telefónica*, https://conectaempleo-formacion.fundaciontelefonica.com/espana. [39]

Fundación Telefónica (2025), *Fundación Telefónica*, https://www.fundaciontelefonica.com/voluntarios/reconectados/. [40]

Fundación Telefónica (2025), *Telefónica*, https://www.fundaciontelefonica.com/tecnologia-con-todos-los-sentidos/. [38]

Fundación Telefónica (2022), *Telefónica*, https://www.telefonica.com/en/communication-room/press-room/telefonica-reinforces-its-innovation-and-talent-hub-with-the-opening-of-the-new-universitas-campus/. [55]

Fundación Universia (2025), *La Fundación*, https://www.fundacionuniversia.net/es/quienes-somos.html. [57]

Hall, P. and D. Soskice (2001), *Varieties of Capitalism: The Institutional Foundations of Comparative Advantage*, Oxford Academic, https://doi.org/10.1093/0199247757.001.0001. [17]

Hanni, M. (2019), *Financing of education and technical and vocational education and training (TVET) in Latin America and the Caribbean*, Economic Commission for Latin America and the Caribbean, https://repositorio.cepal.org/server/api/core/bitstreams/b0c12e08-5580-44f1-9587-a94a022c1c50/content. [11]

ILO (2017), *The Future of Vocational Training in Latin America and the Caribbean: Overview and Strengthening Guidelines*, https://www.oitcinterfor.org/en/publications/future_vt#:~:text=This%20report%20on%20the%20Future%20of%20vocational%20training,work%20during%20the%20working%20lives%20of%20the%20people. [9]

López-Morell, M. and M. Bernabé Pérez (2018), *Conquering the market: The expansion strategies of*, https://www.econstor.eu/bitstream/10419/175835/1/1016034601.pdf. [32]

Martin-Izquierdo, L. and M. Torres Sánchez (2022), *Dual vocational education and training and policy transfer in the European Union policy: the case of work-based learning and apprenticeships*, https://doi.org/10.1080/2331186X.2022.2154496. [21]

McGrath, S. and S. Yamada (2023), "Skills for development and vocational education and training: Current and emergent trends", *International Journal of Educational Development*, Vol. 102, p. 102853, https://doi.org/10.1016/j.ijedudev.2023.102853. [24]

MetaRed (2025), *¿Qué es MetaRed?*, https://www.metared.org/global/que-es-metared.html. [43]

OECD (2025), *Gender Differences in Education, Skills and STEM Careers in Latin America and the Caribbean: Insights from PIAAC*, OECD Publishing, Paris, https://doi.org/10.1787/4ea07281-en. [3]

OECD (2024), *Breaking the Vicious Circles of Informal Employment and Low-Paying Work*, OECD Publishing, Paris, https://doi.org/10.1787/f95c5a74-en. [6]

OECD (2024), *Policy Brief: Adult skills and productivity: New evidence from PIAAC 2023*, OECD Publishing, Paris, https://doi.org/10.1787/8bc2c556-en. [10]

OECD (2023), *Education at a Glance 2023: OECD Indicators*, OECD Publishing, Paris, https://doi.org/10.1787/17f90e56-en. [16]

OECD (2023), *Skills in Latin America: Insights from the Survey of Adult Skills (PIAAC)*, OECD Skills Studies, OECD Publishing, Paris, https://doi.org/10.1787/5ab893f0-en. [7]

OECD (2021), *Future-Ready Adult Learning in Latin America*, OECD Publishing, Paris, https://doi.org/10.1787/18d2f2f1-en. [2]

OECD (2020), *Making the Most of Technology for Learning and Training in Latin America*, OECD Publishing, Paris, https://doi.org/10.1787/ce2b1a62-en. [1]

OECD et al. (2024), *Latin American Economic Outlook 2024: Financing Sustainable Development*, OECD Publishing, Paris, https://doi.org/10.1787/c437947f-en. [5]

ONCE (2025), *Employment and Training*, https://www.fundaciononce.es/en/we-do/employment-and-training. [51]

Santander (2025), *Santander Open Academy*, https://www.santanderopenacademy.com/es/about/becas-santander.html. [42]

Santander (2024), *Santander's initiatives to promote the inclusion of people with disabilities*, https://www.santander.com/en/stories/our-initiatives-to-promote-the-inclusion-of-persons-with-disabilities. [46]

SIA (2020), *Santander Outperforms European Peers Globally*, https://www.sia-partners.com/en/insights/publications/santander-outperforms-european-peers-globally. [33]

Siemens (2025), *Disability and Inclusion*, https://www.siemens.com/global/en/company/sustainability/social-commitments/belonging/disability-inclusion.html. [47]

Siemens (2025), *Electrical telegraph*, Siemens, https://www.siemens.com/global/en/company/about/history/stories/siemens-in-brazil.html. [28]

Siemens (2025), *Locations*, https://www.siemens.com/global/en/company/jobs/our-locations.html. [53]

Siemens (2023), *Declaración de Monterrey*, https://monterrey.encuentroredstemlatam.org/declaracion-de-monterrey/. [64]

Siemens (2023), *Red STEM Lationamérica: II Encuentro Red STEM Latinoamérica*, https://monterrey.encuentroredstemlatam.org/wp-content/uploads/2023/01/SMS_039_declaration_of_monterrey.pdf. [65]

Siemens (2022), *Siemens Stiftung*, https://www.siemens-stiftung.org/en/projects/stem-education-for-innovation/. [67]

Siemens (2020), *Siemens*, https://press.siemens.com/global/en/feature/vocational-training-siemens. [60]

Siemens Stiftung (2025), *Educación STEM Latinoamérica*, https://educacion.stem.siemens-stiftung.org/red-stem-latinoamerica/. [62]

Siemens Stiftung (2025), *Educación STEM Latinoamérica*, https://educacion.stem.siemens-stiftung.org/crea/. [69]

Siemens Stiftung (2024), *Educación STEM Latinoamérica*, https://educacion.stem.siemens-stiftung.org/. [61]

Siemens Stiftung (2024), *Global Alliance of Siemens Foundation: Joining forces for sustainable development*, https://www.siemens-stiftung.org/en/foundation/global-alliance-of-siemens-foundations/. [68]

Siemens Stiftung (2023), *Educación STEM Latinoamérica*, https://educacion.stem.siemens-stiftung.org/red-stem-latinoamerica/. [63]

Siemens Stiftung (2023), *Educación STEM Latinoamérica*, https://test.educacion.stem.siemens-stiftung.org/que-son-las-mesas-de-trabajo-regionales-stem/. [66]

Siemens Stiftung (2023), *Experimento*, https://test.educacion.stem.siemens-stiftung.org/el-impacto-de-los-proyectos-en-la-region/experimento/. [52]

Siemens Stiftung (2023), *Foco en REA*, https://test.educacion.stem.siemens-stiftung.org/el-impacto-de-los-proyectos-en-la-region/foco-en-rea/. [70]

Siemens Stiftung (2018), *STEM Education*, https://www.siemens-stiftung.org/en/media/background-stories-and-interviews/steam-regions-in-latin-america/. [58]

Stone, N. (2025), *Telefonica's Strategic Exit from Latin America: Assessing the Investment Implications of the Mexican Unit Sale and Regional Divestments*, AInvest, https://www.ainvest.com/news/telefonica-strategic-exit-latin-america-assessing-investment-implications-mexican-unit-sale-regional-divestments-2507/. [31]

Telefónica (2025), *Telefónica*, https://www.telefonica.com/en/. [30]

Telefónica (2025), *Telefónica Empresas*, https://www.telefonicaempresas.es/grandes-empresas/servicios/para-tus-empleados/formacion-a-los-empleados/. [41]

Telefónica (2023), *Accesibility*, https://www.telefonica.com/en/sustainability-innovation/society/accessibility/. [49]

Telefónica (2023), *Telefónica*, https://telefonica.com.pe/mujeres-en-red-empoderamiento-femenino-impulsa-la-transformacion-de-las-telecomunicaciones/. [56]

Telefónica (2023), *Telefónica and the road towards real inclusion*, https://www.telefonica.com/en/communication-room/blog/telefonica-and-the-road-towards-real-inclusion/. [50]

Telefónica (2023), *Telefónica is committed to doubling the number of employees with disabilities over the next two years.*, https://www.telefonica.com/en/communication-room/news/telefonica-is-committed-to-doubling-the-number-of-employees-with-disabilities-over-the-next-two-years. [48]

Telefónica/La Caixa (2025), *ProFuturo*, https://profuturo.education/. [37]

UNESCO (2025), *Siemens Stiftung*. [59]

UNESCO (2024), *UNESCO*, https://www.unesco.org/en/articles/skills-priority-building-ethical-ai-according-unesco-business-council-companies. [54]

Universia (2025), *Campus Digital, la credencial de la universidad en el móvil*, https://www.mycampusdigital.com/es-es. [44]

Universia (2025), *Universia*, https://www.universia.net/es/quienes-somos.html. [45]

Volkswagen (2024), *Del Vocho a Jetta: 70 años de historia en México*, Volkswagen, https://www.vw.com.mx/es/experiencia/cultura/historia-volkswagen-mexico.html. [29]

World Bank (2025), *Enterprise Surveys Indicator Descriptions*, World Bank, https://www.enterprisesurveys.org/content/dam/enterprisesurveys/documents/methodology/Indicator-Description.pdf. [14]

World Bank (2024), *World Bank Enterprise Surveys*, https://www.enterprisesurveys.org/en/data/exploretopics/workforce. [13]

World Bank (2023), *World Bank Group*, https://data.worldbank.org/indicator/SL.UEM.TOTL.ZS?locations=ZJ. [4]

World Bank, UNESCO & ILO (2023), *Building Better Formal TVET Systems: Principles and Practice in Low- and Middle-Income Countries*, https://www.worldbank.org/en/topic/skillsdevelopment/publication/better-technical-vocational-education-training-TVET. [12]

Anexo 5.A. Estudios de casos detallados de empresas

Volkswagen: Fortalecimiento de la educación en mecatrónica y el desarrollo industrial

El fabricante multinacional alemán de automóviles Volkswagen estableció su filial mexicana, Volkswagen de México, en 1964 para gestionar la fabricación, las ventas y la distribución en México y América Latina. Con sede en Puebla, esta filial ha convertido la EFTP en un pilar estratégico de su modelo de negocio y su crecimiento industrial. Como empresa pionera en la industria automotriz en la implementación del modelo alemán de formación dual, Volkswagen de México ha formado especialistas para puestos de producción e ingeniería desde 1966, contribuyendo a crear una fuerza laboral altamente calificada. Volkswagen de México ha invertido en múltiples iniciativas de EFTP para impulsar la empleabilidad en México. Entre los programas clave se encuentran:

- **Centro de Formación Dual (CFD)**: un referente de la formación dual en la industria automotriz mexicana, con casi 60 años de funcionamiento ininterrumpido. Actualmente ofrece un programa de mecatrónica en Puebla en colaboración con la Universidad Tecnológica de Puebla (UTP).
- **New Autos, New Engineers: Innovación en movimiento**: una iniciativa dirigida a estudiantes y profesores de escuelas secundarias y preparatorias cercanas a las plantas de Puebla y Silao.
- **Alianza con el Colegio de Estudios Científicos y Tecnológicos del Estado de Guanajuato (CECyTE)** (a través de la Academia del Grupo Volkswagen México, VWGAM): promueve la formación dual para estudiantes de Guanajuato, lo que les permite trabajar en la planta de motores de Silao.
- **Alianza con la Universidad IBERO Puebla** (a través de VWGAM): apoya un programa de doble titulación en Ingeniería Mecánica Industrial.
- **Programa *Por Amor a México***: iniciativa de RSE que promueve la educación en ciencia, tecnología, ingeniería y matemáticas (STEM). Más de 1 175 estudiantes participaron en talleres entre 2023 y 2024.

Estas iniciativas refuerzan la educación técnica, estimulan los intereses vocacionales tempranos y mejoran la empleabilidad local en sectores de alto valor. Volkswagen de México promueve un lugar de trabajo diverso, inclusivo y orientado al crecimiento. En mayo de 2025, la empresa empleaba a casi 13 mil personas en sus dos centros de producción: la planta de vehículos de Puebla y la planta de motores de Silao, Guanajuato. Su estructura organizacional garantiza la eficiencia, la calidad y la innovación, respaldada por una plantilla altamente cualificada y alineada con los estándares internacionales del Grupo Volkswagen.

Volkswagen de México participa en alianzas público-privadas sólidas, que incluyen instituciones de educación superior, ONG y fundaciones. Entre sus socios más destacados se encuentran UTP, Fundación Juconi México A.C., Fondo Unido IAP, Fundación Merced, Benemérita Universidad Autónoma de Puebla, Universidad Iberoamericana (IBERO) y CECyTE Guanajuato. Estas alianzas han apoyado el crecimiento del CFD, los talleres de ciencia, tecnología, ingeniería y matemáticas (STEM) y otros proyectos de impacto social.

A través de su programa de responsabilidad social corporativa *Por amor a México*, Volkswagen de México llegó a más de 23 mil personas en 2024, centrándose en la educación STEM. Una iniciativa destacada,

Acelerar el cambio, se realizó con la Fundación Merced para financiar proyectos STEM seleccionados con hasta 400 mil pesos mexicanos. Ese mismo año, se pusieron en marcha talleres centrados en STEM para estudiantes de secundaria y bachillerato cerca de sus plantas de producción en Cuautlancingo, Puebla y Silao, Guanajuato, como parte del programa *New Auto; New Engineers – Innovación en Movimiento*, una iniciativa con visión de futuro que subraya el compromiso de la empresa con una educación inclusiva, equitativa y de calidad.

Programas de capacitación adicionales y procesos de implementación

Innovación en ingeniería: New Auto; New Engineers - Innovación en Movimiento

Esta iniciativa ofrece talleres prácticos en áreas como la ingeniería automotriz, la movilidad sostenible, la descarbonización, la seguridad, la conservación de recursos, las energías renovables y el almacenamiento de energía. El programa está dirigido a estudiantes y docentes a lo largo del año académico y culmina con una feria de ingeniería en la que los estudiantes presentan sus proyectos, promoviendo la aplicación en el mundo real de los conocimientos adquiridos. Volkswagen de México evalúa el impacto del programa mediante encuestas, grupos focales y entrevistas para recabar opiniones, lo que permite la mejora continua y la eficacia del programa.

Tendiendo puentes entre el mundo académico y la industria: Alianza IBERO Puebla

En 2022, Volkswagen de México e IBERO formalizaron un acuerdo de colaboración para promover la educación, la investigación y el desarrollo del talento. En 2024, VWGAM e IBERO lanzaron una doble licenciatura universitaria-industrial en Ingeniería Mecánica Industrial, en la que actualmente 15 estudiantes se encuentran inscritos: 5 de la primera generación y 10 de la segunda. Los graduados adquieren habilidades altamente demandadas en diseño mecánico, manufactura sostenible, técnicas de producción, procesos metalúrgicos y ciencia de los materiales. Los estudiantes dividen su tiempo entre los estudios académicos y la formación práctica en el CFD, lo que garantiza la aplicación industrial real de los conocimientos teóricos.

Retos y lecciones aprendidas

Para atraer a los jóvenes hacia las disciplinas técnicas ha sido necesario llevar a cabo campañas de sensibilización y realizar inversiones sociales complementarias. Se prevé que las carreras STEM, con frecuencia llamadas "habilidades del futuro", representen 7 de cada 10 oportunidades de empleo en las próximas décadas, según Volkswagen de México. Teniendo esto en cuenta, la empresa está tomando el reto de fomentar el interés por estos campos entre los estudiantes de primaria y secundaria, así como entre sus padres.

Un reto importante ha sido adaptar el modelo educativo dual alemán al sistema educativo mexicano. Las diferencias en los calendarios académicos, los métodos de enseñanza, la regulación local y la disponibilidad de instructores altamente cualificados han requerido ajustes continuos y un diálogo abierto entre las partes interesadas.

Volkswagen de México ha abordado estas barreras mediante alianzas estratégicas, en particular con universidades técnicas, organizaciones empresariales y cámaras binacionales como CAMEXA. Esto ha permitido el desarrollo de un modelo híbrido adaptado al contexto mexicano, manteniendo al mismo tiempo los estándares técnicos internacionales. La implementación de programas duales de EFTP ha revelado varias lecciones importantes:

- La adaptación cultural y educativa requiere una escucha activa y una estrecha colaboración con las instituciones locales.
- La necesidad de promover las vocaciones técnicas desde una edad temprana, especialmente en las comunidades situadas cerca de los centros industriales.

- La evaluación continua y el diálogo interinstitucional permiten mejorar la pertinencia y la eficacia de los programas educativos.
- Invertir en la formación de los docentes y brindar instalaciones prácticas adecuadas es fundamental para mantener una enseñanza de alta calidad y apoyar los resultados de aprendizaje avanzados.

Estas ideas son la base para mantener y ampliar las iniciativas de educación técnica.

Resultados

Las iniciativas educativas y sociales de Volkswagen de México han tenido un impacto transformador tanto en la organización como en las comunidades locales. Ha creado un ecosistema de talento técnico especializado, lo que refuerza su papel como centro industrial de primer orden. Los graduados no solo contribuyen a la plantilla interna de la empresa, sino que también mejoran las capacidades y los estándares de calidad de la cadena de suministro local.

A nivel interno, ha fomentado una cultura corporativa de aprendizaje, inclusión e innovación, lo que contribuye a la sostenibilidad y la equidad a largo plazo en el entorno de producción. Entre los hitos más importantes se encuentran:

- casi 6 mil graduados del CFD en mecatrónica
- más de 70 graduados del programa dual de la planta de motores de Silao y el CECyTE
- Divulgación de la RSE a más de 23 mil personas en 2024
- Reconocimiento como Mejor Empleador 2025 e inclusión en el Ranking de Responsabilidad ESG de Merco 2024
- Certificación según la Norma Mexicana NMX-R-025-SCFI-2015 de Igualdad Laboral y No Discriminación.

Estas iniciativas han aumentado la empleabilidad de los jóvenes, reducido la rotación de personal y elevado los estándares técnicos, lo que impulsa la productividad y la calidad de los productos. El abastecimiento local contribuye a la eficiencia logística, la competitividad de los costos, el cumplimiento normativo y el desarrollo regional. Al invertir activamente en programas de formación profesional y reforzar la cadena de suministro local, la empresa reafirma su compromiso a largo plazo con el crecimiento económico, la creación de empleo y la excelencia en la fabricación en México.

Telefónica: Promoción de la inclusión digital y la igualdad de género

Telefónica es una empresa multinacional española de telecomunicaciones y uno de los mayores operadores de telefonía y proveedores de redes móviles del mundo (Telefónica, 2025[30]). La empresa opera en América Latina desde hace más de 35 años, e inició su expansión internacional en Chile en 1989. En la actualidad, ocho de los once países en los que opera se encuentran en América Latina: Brasil, Chile, Colombia, Ecuador, México, Perú, Uruguay y Venezuela.

A través de su fundación, Telefónica promueve la inclusión digital a través de cuatro pilares fundamentales: reducir la brecha educativa, mejorar la empleabilidad, fomentar la integración social y digital, y promover el arte, la cultura y el pensamiento crítico. Anticipándose a las oportunidades y retos que plantea la digitalización, la empresa ofrece programas de formación gratuitos para apoyar a las personas a lo largo de su vida. Estos incluyen la educación de los niños en habilidades digitales y el uso responsable de la tecnología, la formación de jóvenes y adultos para carreras en la economía digital y el apoyo a adultos mayores para que se mantengan al día con los avances tecnológicos. Telefónica promueve el uso responsable de la tecnología y está comprometida con un enfoque ético de la inteligencia artificial (IA) que genere oportunidades para todos, siempre colocando a las personas en el centro. La IA tiene un papel fundamental en muchas de las iniciativas de la Fundación, sustentando proyectos en materia de educación, arte y cultura, acción social, voluntariado y formación centrada en el empleo.

Como parte de su estrategia, la Fundación Telefónica aprovecha las alianzas público-privadas para ampliar el alcance y la sostenibilidad de sus proyectos. Con presencia en 30 países y una misión transformadora, la Fundación atiende las necesidades individuales y al mismo tiempo contribuye al desarrollo económico, social y cultural de las comunidades. Su impacto social, definido por el número de personas que se benefician directa o indirectamente de sus iniciativas de EFTP, ha alcanzado los 16.2 millones.

Un ejemplo clave del compromiso de Telefónica con el aprendizaje permanente es *Skills Bank*, que se enfoca en identificar y desarrollar capacidades relacionadas con la inteligencia artificial dentro de la organización (UNESCO, 2024[54]). La empresa ha actualizado su modelo de aprendizaje para personalizar y adaptar la oferta formativa a las preferencias y habilidades existentes de cada profesional. Otra iniciativa emblemática es *Universitas*, la universidad corporativa de Telefónica, que ofrece cursos presenciales y en línea sobre habilidades digitales y humanas (Fundación Telefónica, 2022[55]). Esta plataforma única ofrece formación personalizada para todos los empleados e incluye cursos especializados para ejecutivos y directivos con el fin de reforzar sus capacidades de liderazgo.

En Brasil, por ejemplo, Telefónica (que opera como Vivo) ofrece programas integrales de capacitación y desarrollo para fomentar la innovación y el crecimiento de los empleados. *Vivo Explore*, un centro de desarrollo especializado, ofrece recursos sobre habilidades blandas y técnicas, estructurados en torno a cuatro pilares: habilidades humanas, liderazgo, creatividad y tecnología. El programa *Track Future Professional* se alinea con las competencias clave identificadas por el Foro Económico Mundial. Por su parte, *Explore+* y *Explore+ Leadership* ofrecen subsidios educativos que permiten a los empleados cursar estudios de pregrado y posgrado, obtener certificaciones, realizar cursos de idiomas y mucho más, con un reembolso de hasta el 100% de la colegiatura. A través de *Galena Educational Partnerships*, los empleados pueden acceder a contenidos de aprendizaje gratuitos y obtener descuentos de hasta el 80% en cursos de instituciones asociadas. *Tech Mind* ofrece formación en liderazgo en tecnologías emergentes, como inteligencia artificial, big data, Internet de las cosas y computación en la nube. *El Programa de Liderazgo Femenino* está diseñado para mujeres que ocupan puestos ejecutivos, mientras que *Xponetial Business Administration* ofrece formación ejecutiva centrada en la innovación y las tecnologías del futuro.

Telefónica también apoya el EFTP para los nuevos talentos. El *Programa de Becarios* identifica y acelera el desarrollo de los mejores talentos futuros en áreas estratégicas, con un fuerte énfasis en el liderazgo y la inclusión. Ofrece oportunidades de MBA, rotaciones de puestos, tutorías, observación y presentación de proyectos. El *Programa de Prácticas* ayuda a los estudiantes universitarios a desarrollar habilidades técnicas y conductuales, con un enfoque en el apoyo a las mujeres de color. El *Programa de Jóvenes Aprendices* promueve la inclusión social mediante el desarrollo de jóvenes talentos y el apoyo al cumplimiento de las cuotas funcionales, lo que contribuye a la sostenibilidad empresarial a largo plazo.

Telefónica también considera la diversidad como un factor clave para el talento y se compromete a crear entornos inclusivos y accesibles en los que todos puedan prosperar. Entre las iniciativas específicas se incluyen programas de formación y contratación especializados para personas con discapacidad, mentorías para mujeres y grupos minoritarios, así como medidas de apoyo para empleados LGTBQ+ y de edad avanzada. Al ampliar el acceso al liderazgo y fomentar el desarrollo de los grupos subrepresentados, Telefónica contribuye a mercados laborales más inclusivos y ayuda a reducir las desigualdades.

Para reforzar la diversidad de género, Telefónica promueve activamente a las EFTP que apoyan el desarrollo y el liderazgo de las mujeres en toda la organización. Vincula el 5% de la remuneración variable de los empleados a la proporción de mujeres en puestos ejecutivos. Entre las medidas principales se encuentran garantizar la igualdad salarial, aumentar la participación de las mujeres en los campos de la ciencia, la tecnología, la ingeniería, las artes y las matemáticas (CTIAM) y los campos digitales, promover la conciliación de la vida laboral y familiar y promover el acceso de las mujeres a puestos de liderazgo. En 2025, las mujeres ocupan el 34% de los puestos ejecutivos a nivel mundial, con un objetivo del 37% para 2027. En América Latina, las mujeres representan el 33.6% de los ejecutivos en Brasil y el 35.5% en América Hispana. Telefónica también ofrece programas de mentoría y redes de apoyo para facilitar el avance profesional de las mujeres.

En Brasil, iniciativas como *Mujeres en el Liderazgo*, *Academia de Liderazgo* y *Mujeres en Campos Técnicos* son fundamentales para estos esfuerzos: 284 mujeres en áreas de CTIAM han participado solo en la *Academia de Liderazgo*. En América Hispánica, programas como *Futura* y *Womentech* ofrecen formación certificada en liderazgo para dotar a las mujeres de las herramientas y la confianza necesarias para avanzar en el ámbito profesional. Para alcanzar estos objetivos, Telefónica aprovecha una sólida red de alianzas estratégicas. En Brasil, por ejemplo, forma parte del *Movimento Mulher*, una coalición empresarial que aboga por la igualdad racial y de género, así como la prevención de la violencia contra las mujeres y las niñas.

La formación juega un papel fundamental en el fomento de la inclusión. Telefónica aborda temas como la valoración de las diferencias, los prejuicios inconscientes y el liderazgo inclusivo a través de talleres y cursos en línea. También se imparte formación especializada al personal clave para integrar prácticas inclusivas en toda la organización. Las iniciativas de formación interna de Telefónica se extienden a otras empresas de su cadena de valor. Un ejemplo notable es el programa *Mujeres en Red*, que se puso en marcha en Perú en el año 2020 para abordar la subrepresentación de las mujeres en puestos técnicos de telecomunicaciones, un ámbito históricamente dominado por los hombres (Telefónica, 2023[56]).

Mujeres en Red: proceso de implementación

Lanzado en 2020 en colaboración con empresas contratistas, *Mujeres en Red* tiene como objetivo mejorar la empleabilidad de las mujeres en puestos técnicos de telecomunicaciones y desafiar los estereotipos de género en el sector. Este programa de formación refleja el compromiso de Telefónica de "hacer el mundo más humano conectando la vida de las personas", una visión que depende de la diversidad de talento en todos los niveles de la organización. Como parte de la estrategia de sostenibilidad más amplia de Telefónica, la iniciativa da prioridad a la igualdad de género y está estrechamente alineada con sus objetivos empresariales fundamentales.

El programa se estructura en torno a cinco pilares fundamentales:

1. **Contratación y selección:** Las empresas asociadas supervisan la contratación y selección de mujeres técnicas, con el apoyo de organizaciones aliadas y la difusión específica a través de las redes sociales.
2. **Formación:** Las mujeres reciben formación técnica, práctica y emocional, y el apoyo emocional se extiende también a los compañeros de trabajo masculinos para fomentar la igualdad de género en el lugar de trabajo.
3. **Seguridad:** Telefónica audita a sus contratistas para garantizar el cumplimiento de las normas de seguridad y la normativa laboral, en particular las que afectan a la igualdad de género.
4. **Indicadores:** El programa realiza un seguimiento de los indicadores clave de desempeño, como la satisfacción del cliente y la productividad, con planes de mejora continua basados en los datos.
5. **Comunicación y posicionamiento:** Se promueven los casos de éxito a través de diversos canales para inspirar a más mujeres a incorporarse al sector.

Retos y lecciones aprendidas

Mujeres en Red no se ha inspirado en los sistemas educativos europeos y su implementación en Perú se ha adaptado a las realidades locales del sector de las telecomunicaciones. Uno de los principales retos ha sido superar el estereotipo de que los puestos técnicos son exclusivamente para hombres. *Mujeres en Red* ha demostrado que las mujeres pueden, y deben, prosperar en puestos técnicos, rompiendo barreras arraigadas y ampliando sus horizontes profesionales.

Las alianzas estratégicas han sido fundamentales para el éxito del programa. La colaboración con empresas contratistas es fundamental para el reclutamiento, la formación y el desarrollo profesional de las participantes, mientras que las alianzas con instituciones educativas ayudan a identificar y promover el talento femenino en los campos técnicos.

Santander: Aprovechar las alianzas universitarias para impulsar la empleabilidad de los jóvenes

Banco Santander, una de las mayores instituciones financieras de España y grupo bancario líder en Europa y Latinoamérica, goza de amplio reconocimiento no solo por sus servicios financieros, sino también por su firme y prolongado compromiso con la responsabilidad social y el desarrollo inclusivo. Durante casi 30 años, Santander ha incorporado el desarrollo de habilidades y la empleabilidad en su estrategia de inversión social, centrándose en tres pilares fundamentales: educación, empleabilidad y emprendimiento. Tan solo en 2024, el banco destinó 104 millones de euros a estas áreas, de los cuales aproximadamente 20 millones se destinaron específicamente a América Latina, incluyendo México, Brasil, Chile, Argentina y Uruguay, lo que subraya la importancia estratégica de la región en la agenda global de inversión social de Santander.

Santander también promueve la inclusión social a través de la *Fundación Universia*, que ofrece becas y formación personalizada para individuos con discapacidad y en riesgo de exclusión social (Fundación Universia, 2025[57]). Aunque actualmente solo opera en España, la fundación está expandiéndose a países latinoamericanos en 2025. Todas las demás iniciativas mencionadas anteriormente – *Santander Open Academy*, *Universia*, *MetaRed* y *Campus Digital* – ya funcionan por completo y se han extendido por toda la región.

Retos y lecciones aprendidas

A pesar del alcance del programa, persisten varios retos. **La brecha digital sigue siendo una barrera,** ya que las disparidades en el acceso a Internet y la infraestructura tecnológica dificultan la impartición de formación digital en algunas partes de la región. La adaptación de los contenidos y los métodos de impartición a los diversos contextos locales, realidades socioeconómicas y entornos normativos también requiere una flexibilidad considerable.

Garantizar la inclusión social, es decir, que los programas lleguen efectivamente a las poblaciones vulnerables y a las personas con discapacidad, exige divulgación continua y diseño de programas a la medida. Además, medir el impacto a largo plazo, como la empleabilidad y la sostenibilidad de las iniciativas, resulta complejo y con frecuencia requiere la coordinación de múltiples partes interesadas.

Para hacer frente a estos retos, Santander hace hincapié en la creación conjunta con las partes interesadas locales, incluyendo a las universidades, las autoridades gubernamentales y los socios privados, con el fin de garantizar la adecuación a las habilidades requeridas. Las plataformas colaborativas como *MetaRed* facilitan el intercambio de mejores prácticas y apoyan la transformación digital y la innovación institucional. Otra lección clave aprendida es el valor de los modelos de prestación flexibles (en línea, híbridos y presenciales) para maximizar la accesibilidad. El banco también sigue ampliando las iniciativas dirigidas a los grupos vulnerables, reconociendo el potencial de obtener resultados inclusivos y de gran impacto.

Resultados

Los esfuerzos de Santander también han contribuido a reducir el abandono escolar por dificultades económicas mediante ayudas financieras y un mayor acceso equitativo a la educación superior y la movilidad internacional. Esto ha contribuido a reducir la desigualdad y a salvar la brecha de competencias en América Latina. El banco también promueve la inclusión de género a través de programas como el *Programa de Liderazgo Santander W50*, que apoya el acceso de las mujeres a puestos de liderazgo. Por último, la disponibilidad de capacitación en habilidades tecnológicas ha ayudado a reducir la brecha digital, facilitando una mayor participación en la economía del conocimiento y contribuyendo a un desarrollo socioeconómico más inclusivo en toda la región.

Al integrar el desarrollo de competencias en su estrategia de inversión social y fortalecer los vínculos entre universidades, estudiantes e industrias, Santander refuerza su compromiso con el crecimiento inclusivo, el desarrollo del talento y la creación de valor sostenible en América Latina.

Siemens: Mejorar la educación STEM

Siemens es una empresa tecnológica multinacional alemana que se centra en los campos de las infraestructuras, la salud, el transporte y la industria. La empresa cree que, en tiempos de desarrollo tecnológico, la EFTP en ciencia y tecnología no solo es la piedra angular del éxito futuro de la empresa, sino también un factor clave para crear puestos de trabajo y garantizar la prosperidad (Siemens Stiftung, 2018[58]) . Principalmente a través de su fundación independiente Siemens Stiftung, Siemens ha puesto en marcha iniciativas internacionales que contribuyen al desarrollo social (UNESCO, 2025[59]). En 2020, 10 400 jóvenes profesionales, de los cuales el 70% se encuentra en Alemania, se inscribieron en la formación dual de Siemens (Siemens, 2020[60]). Estos programas ofrecen formación en disciplinas comerciales y técnicas, e introducen temas clave de digitalización, como el análisis de datos, el desarrollo de software y la ciberseguridad, en los planes de estudio de todos los programas de aprendizaje y formación dual. Una de las prioridades fundamentales de estos programas de EFTP es fomentar el uso responsable de las tecnologías digitales, que están transformando profundamente tanto el lugar de trabajo como la sociedad (Siemens, 2020[60]).

En ALC, Siemens Stiftung promueve el desarrollo social sostenible con el impulso a la educación STEM y el apoyo hacia el desarrollo de ecosistemas de innovación social y educación (Siemens Stiftung, 2024[61]). A través de colaboraciones estratégicas en los campos de la educación, el emprendimiento social y las artes y la cultura, la Fundación Siemens concentra sus esfuerzos en tres áreas temáticas clave: Acceso a servicios esenciales, Sociedades conectadas y Clima y sostenibilidad (UNESCO, 2025[59]).

Programas de capacitación adicionales y procesos de implementación

Iniciativas regionales de educación STEM

La Fundación Siemens está dando prioridad a la educación STEM para mejorar el desarrollo social en la región (Siemens Stiftung, 2018[58]). La empresa alemana cree que una educación exitosa, que logre un impacto real y un cambio significativo, debe ser el resultado de una colaboración abierta y dinámica (Siemens Stiftung, 2025[62]). En consecuencia, la Fundación Siemens puso en marcha la *Red STEM Latinoamericana*: una red regional que agrupa a más de 200 instituciones de 14 países, entre las que se encuentran universidades, ONG y organizaciones internacionales como la UNESCO (Siemens Stiftung,

2023[63]). El 29 de enero de 2023, 115 representantes de 63 instituciones de 12 países firmaron la Declaración de Monterrey con el objetivo de "formar ciudadanos comprometidos, responsables y empáticos que contribuyan activamente a la construcción de comunidades y territorios sostenibles" (Siemens, 2023[64]). Siemens y sus socios persiguen este objetivo promoviendo la educación STEM como un enfoque transformador e innovador del aprendizaje holístico (Siemens, 2023[65]).

La Red colabora para proporcionar y perfeccionar contenidos educativos STEM de calidad, programas de formación y promover la educación STEM entre los responsables políticos y los educadores. Se estructura en torno a ocho grupos de trabajo temáticos: desarrollo sostenible y cambio climático, pensamiento de diseño, educación técnica, género, pensamiento computacional, salud, educación financiera y primera infancia (Siemens Stiftung, 2023[66]).

En apoyo de su misión, la Red promueve cinco objetivos estratégicos:

1. fomentar un diálogo inclusivo y una acción colaborativa para promover una educación de calidad que apoye la equidad y la transformación social en América Latina
2. promover la innovación pedagógica para generar experiencias de aprendizaje relevantes y significativas
3. fortalecer las capacidades locales y regionales para la innovación educativa basada en el enfoque STEM
4. promover el movimiento de educación abierta para ampliar el acceso al conocimiento y los recursos
5. generar y difundir conocimientos basados en la evidencia para informar la transformación educativa a través de la investigación y la sistematización (Siemens Stiftung, 2023[63]).

La Red también organiza reuniones anuales (por ejemplo, el IV Encuentro en Cali) para establecer prioridades regionales y promover la inclusión, la digitalización y la sostenibilidad en la educación. Estas reuniones facilitan el intercambio de mejores prácticas en materia de políticas públicas, gestión educativa y pedagogía, al tiempo que proporcionan una plataforma intersectorial para compartir y amplificar las iniciativas de educación STEM (Siemens Stiftung, 2025[62]). En colaboración con estos socios, Siemens implementa proyectos educativos centrados en STEM+, un enfoque holístico que, además de las ciencias y las matemáticas, integra habilidades de comunicación y colaboración, pensamiento creativo y crítico, así como de comprensión intercultural. Este marco integral dota a los niños y jóvenes de las herramientas que necesitan para afrontar el futuro (Siemens Stiftung, 2024[61]). Destacan cuatro iniciativas de educación y formación: *Educación STEM para la innovación*, *Centro de recursos educativos abiertos para la enseñanza de STEM, Experimento* y *Experimento Blended.*

Educación STEM para la innovación

En respuesta a la pandemia de COVID-19, que puso de manifiesto la necesidad de la enseñanza digital, Siemens lanzó la iniciativa *"STEM Education for Innovation"* (Siemens, 2022[67]). Esta iniciativa tiene como objetivo abordar los retos globales actuales, como el cambio climático, la digitalización y la salud, proporcionando recursos educativos abiertos en línea para estudiantes y profesores sobre materias STEM. Este programa, que opera en siete países de ALC (Argentina, Brasil, Chile, Colombia, Ecuador, México y Perú), apoya 14 proyectos de transformación digital (Siemens, 2022[67]), lo que ha dado lugar a los siguientes logros:

- Creación del *Centro de Recursos Educativos Abiertos* (CREA): más de 400 materiales didácticos digitales con licencia abierta para todos los niveles educativos con el fin de fomentar la educación STEM accesible. Estos materiales ofrecen sugerencias para la enseñanza de STEM y elementos para estimular el aprendizaje de los estudiantes en estas materias.
- Creación de *Redecanedu*, una red de colaboración que conecta a los decanos de 44 universidades de 13 países.

- Formación de comunidades de aprendizaje virtuales para docentes en seis países.
- Programas de aprendizaje certificados y talleres regionales para docentes sobre materias STEM, cambio climático, salud y sostenibilidad.
- En 2021, más de 300 mil docentes participaron en seminarios web sobre contenidos y métodos innovadores en STEM, lo que repercutió en cientos de miles de estudiantes de siete países de ALC.

Además, en colaboración con la Fundación Siemens Argentina, el proyecto *Solid Edge for Social Impact*, que forma parte de la iniciativa *STEM Education for Innovation*, mejora la educación técnica en las escuelas secundarias haciendo hincapié en el desarrollo de habilidades digitales y ofreciendo certificaciones internacionales en competencias técnicas y digitales (Siemens Stiftung, 2024[68]).

Centro de Recursos Educativos Abiertos

Además, uno de los objetivos clave de Siemens Stiftung es garantizar que un número cada vez mayor de personas tenga acceso gratuito a una educación STEM de calidad. En consecuencia, Siemens lanzó CREA, que ofrece acceso público gratuito a más de 1 800 materiales didácticos y cursos de formación STEM, incluyendo educación sobre el cambio climático, robótica y pensamiento computacional (Siemens Stiftung, 2025[62]; Siemens Stiftung, 2025[69]). La plataforma es un punto central para la distribución de recursos STEM desarrollados por Siemens Stiftung y sus socios, que apoya tanto a docentes como a estudiantes de toda América Latina (Siemens Stiftung, 2025[69]). Mediante la inversión continua en el desarrollo y la difusión de recursos educativos abiertos, Siemens contribuye a ampliar el acceso a una educación de calidad y a promover la igualdad de oportunidades para todos (Siemens Stiftung, 2023[70]).

www.ingramcontent.com/pod-product-compliance
Ingram Content Group UK Ltd.
Pitfield, Milton Keynes, MK11 3LW, UK
UKHW051818051026
15588UKWH00012B/1344

9 789264 442702